A FIELD GUIDE to THE HIDDEN WORLD of EVERYDAY DESIGN

[美]罗曼·马尔斯 [美]库尔特·科尔施泰特 —— 著

江北 —— 译

文汇出版社

新经典文化股份有限公司
www.readinglife.com
出 品

目 录

引言 · i

第一章
默默无闻

无处不在 · 3
官方涂鸦：公共设施代码
初始印象：人行道标记
故意失败：分离柱
安全升级：应急箱

伪装 · 17
桑顿的香水瓶：臭气管道
穷尽出口：假立面
催化转向器：通风工程开发
社区变压器：变电站
细胞生物学：无线发射塔
足智多谋的发明：生产井

堆积 · 33
看到星星：锚板
瘢痕建筑：填补城市
视线：中继节点
托马森们：保留的遗骸
积"重"难返：爱情锁
战争转用材：建设性再利用

第二章
引人注目

身份 · 53
旗帜学规则：市旗
公共的身体：公民纪念碑
知识的圣池：历史牌匾
显著特征：奇特的图形

安全 · 65
混合信号：交通信号灯
能见度助手：道钉
方格图案的过去：识别模式
难忘却无意义：警示标志
时代印记：避难所标志

招牌 · 85
粗笔画：手绘图案
弯管工：霓虹灯
空中舞者：充气人偶
杰出导演：片场标语牌
刻意为之：去掉广告

第三章
市政设施

市政 · 103
官僚不作为：并非故意捣乱的大桥
妥善交货：邮政服务

水 · 111
脚下的圆形：井盖
朝上的饮用水：喷泉式直饮水机
倒流：垃圾处理
回旋：地下蓄水池
从"大苹果"到"大牡蛎"：抗洪

技术 · 125
细线：电线杆
交流电：电网
月光塔：路灯
回拨：电表
网络效应：互联网电缆

道路 · 137
加速变化：绘制中心线
转移责任：责怪乱穿马路的人
关键指标：撞击测试
加强分区：车道分隔带
额外转弯：更安全的十字路口
循环逻辑：旋转连接
不完全停车：交通稳静化
回动装置：改换车道

公共性 · 155
边缘：夹缝空间
过马路：行人信号灯
共用车道：自行车道
拥堵成本：缓解交通堵塞
车外活动：裸街

第四章
建筑

阈限 · 169
缺乏安全感：上了锁的入口
开与关：旋转门
改进逃生通道：紧急出口

材料 · 177
被盗的外墙：回收砖块
骨料效应：开裂的混凝土
混合手段：积累木材

规章制度 · 185
世俗订单：收税项目
正式退线：折线形屋顶
从天堂到地狱：财产限制

大厦 · 195
平稳制动：现代电梯
龙骨：幕墙
封顶：摩天大楼竞赛
意外负荷：危机管理
透视的影响：重新定义天际线
超越高度：地标工程
群组动力学：城市峡谷

地基 · 211
乡土飞地：国际化街区
兑现支票：营业点
平易近人的鸭子：商业符号
争奇斗艳的明星建筑：反差式扩建

遗产 · 221
异教徒之门：重叠的叙述
裁定地标：历史性建筑保护
重获新生的珍宝：复杂的修复

建筑许可：不忠实的重建
非自然选择：主观稳定
褪色的吸引力：诱人的遗弃物
符文景观：地表的痕迹
建筑拆除规范：计划性拆除

第五章
地理

划界 · 245
起始点：零英里标志
城市的边界：界石
确定时刻表：标准时间
公路推广者：国家公路

布局 · 257
舍入误差：杰斐逊的网格
未规划土地：拼凑地块
直线启示：协调布局
优秀的巴塞罗那扩展区：重置超级街区
标准偏差：发展模式

命名 · 271
要说明出处：非正式地名
混合首字母缩写：社区的绰号
故意跳过：不吉利的数字
深思熟虑的错误：虚构条目
错置的地点：空虚岛
道路：图森大道
可达的空地：无名之地

景观 · 287
墓地变身：乡村公园
轨道空间：改头换面的绿道
吸引小偷的棕榈树：行道树
草坪执法：自家后院
空中树屋：不接地的植物

与人共生 · 301
归化的居民：灰松鼠
幽灵溪：鱼的故事
栖息地：不受待见的鸽子
大战浣熊：垃圾熊猫
无人区：野生动物走廊

第六章
城市化

敌意 · 317
人见人爱的公园：可疑的滑板障碍物
小便的麻烦：令人沮丧的尖头钉
顽固的东西：让人不舒服的座椅
光明之城：劝阻性照明
针对特定人群：声音干预措施
另有所图：欺骗性威慑

干预措施 · 329
游击式维修：非官方的标志牌
引起注意：病毒式传播的标志牌
请求许可：打开消防栓
寻求谅解：巨石大战
合法化行动：中庸之道

催化剂 · 343
爬上斜坡：路缘坡
骑车上路：清除汽车
停车位：改造小公园
嫁接：草根园艺
出格：合作建设场所

尾声 · 359

致谢 · 361

引言

这世上充满了神奇的事物。当你漫步在任何一座大城市,你都会发现高高耸立的令人叹为观止的摩天大楼、堪称工程奇迹的桥梁建筑和绿意盎然的公园,它们能让人在水泥森林中得以喘息。旅游指南里都会写到这些东西。然而这本书,写的却是常被忽视的平凡之物:一些看似无聊的东西。事实上,在人们路过却未注意到,或是被绊倒过却从来没有多想过的普通物件里,蕴藏着跟最高的建筑物、最长的桥梁或景致最胜的公园同样多的天才和创新。和设计有关的话题总是集中在美上,但在建筑的世界里,更吸引人的故事却围绕着问题的解决、历史的局限和人性的戏剧。

这也是播客"99% 视线之外"一如既往的世界观。从 2010 年开始,我们讲述了许许多多人们从未思考过的事物背后的故事,各种奇思妙想。我们播客的名字指的是那些因为太过日常而被人们忽视的东西,但也指向你确实在关注的事物中不可见的部分。以美国纽约的克莱斯勒大厦为例,这座巨大的艺术装饰物的美学和建筑风格仅占故事的 1%。我们的使命是告诉你建筑故事背后的东西:它的施工速度,它在曼哈顿摩天大楼竞赛中的地位,设计这栋大楼的打破传统的建筑师,以及此人在最后一刻击败竞争对手的秘而不宣的大胆策略。克莱斯勒大厦这栋建筑的确很美,但"99% 视线之外"的那部分才是最好的。

与播客不同的是,我们有机会在这本书中向你展示一些精彩的图片(由帕特里克·维尔创作),它们有助于讲述这些设计背后的历史和设计发展过程。也就是说，这本指南不会像百科全书那样刻板地描述一样东西的发明者及其生平故事。你可以在维基百科上获取这类资料。这本书旨在将城市景观分解成更迷人的子系统。比起讲述史上第一个红绿灯，我们更想告诉你世上最有意思的红绿灯是怎么回事：它就在纽约州的锡拉丘兹市，为了展示爱尔兰的荣耀①，那里的绿灯被安置在红灯的上面。与其讲述令人咋舌的布鲁克林大桥是怎么建成的，我们更想为你介绍北卡罗来纳州达勒姆市的一座看似平淡无奇的"开罐器"大桥，它有一段不可思议的经历——曾有一辆高大的载重卡车试图从它底下经过，结果被它削掉了车盖顶。布鲁克林大桥代表着工程技术史无前例的变革，但达勒姆市诺福克南部－格雷格森街路口的立交桥则展示了当代官僚制度给僵化的交通系统造成的危险，而这正是让市民们每天都感到头疼的问题。

就像善意的城市规划者一样，在这本注定无法事无巨细的城市指南里，我们为你开辟一条路，带你走进一桩桩你之前从未注意到的事情里，还有那些你有所留意但可能不太理解的东西——有些是由训练有素的规划者经手的、自上而下的大型市政基础设施，还有一些是由城市行动主义者发起的、自下而上的市民运动干预的结果。无论如何，没有理由能阻挡你在这本书中选择适合自己的旅程，开出一条能满足你个人的道路，这也是在"99%视线之外"的世界里最受欢迎的主题。当城市规划者没有给人们提供一条专门的人行道时，大家便在草地上踩出了一条通往目的地的路线，期望路径就此出现。这些人心所向的小径是由路人走出来的，人们实际上是在用脚投票。在一座城市中，你所遇到的大多数期望路径都是两点之间的最短距离，人们通常是为了少走弯路，但还有许多情况只是因为人们想走一条少有人走的路。一条期望路径一旦被创造出来，它往往会自动强化：会有其他人追随这条新路线，这使它变得更加可见，并让人们更持续地使用它。

---

① 绿色是爱尔兰民族的代表颜色。——本书注释均为译注

所以，当你行走在自己的城市街头或去其他城市时，请带上这本书，随手翻阅，找到一个故事，然后静下心来细读。如果你正在城市里，你可能会发现一些与书里谈论的事情类似的东西，不管书中举的例子位于伦敦、大阪，还是加利福尼亚州奥克兰美丽的市中心。

无论你在哪座城市，这都是一本帮你解码建筑世界的指南。一旦了解了这本书里的所有设计，你就会对这个世界另眼相待。你会对路缘石赞不绝口，会用拳头拍打着长凳扶手告诉身边经过的路人：街上的橙色喷漆标记表示路面底下有通信线路。

你会

发现

到处都有

故事,

你这

可爱的

书呆子。

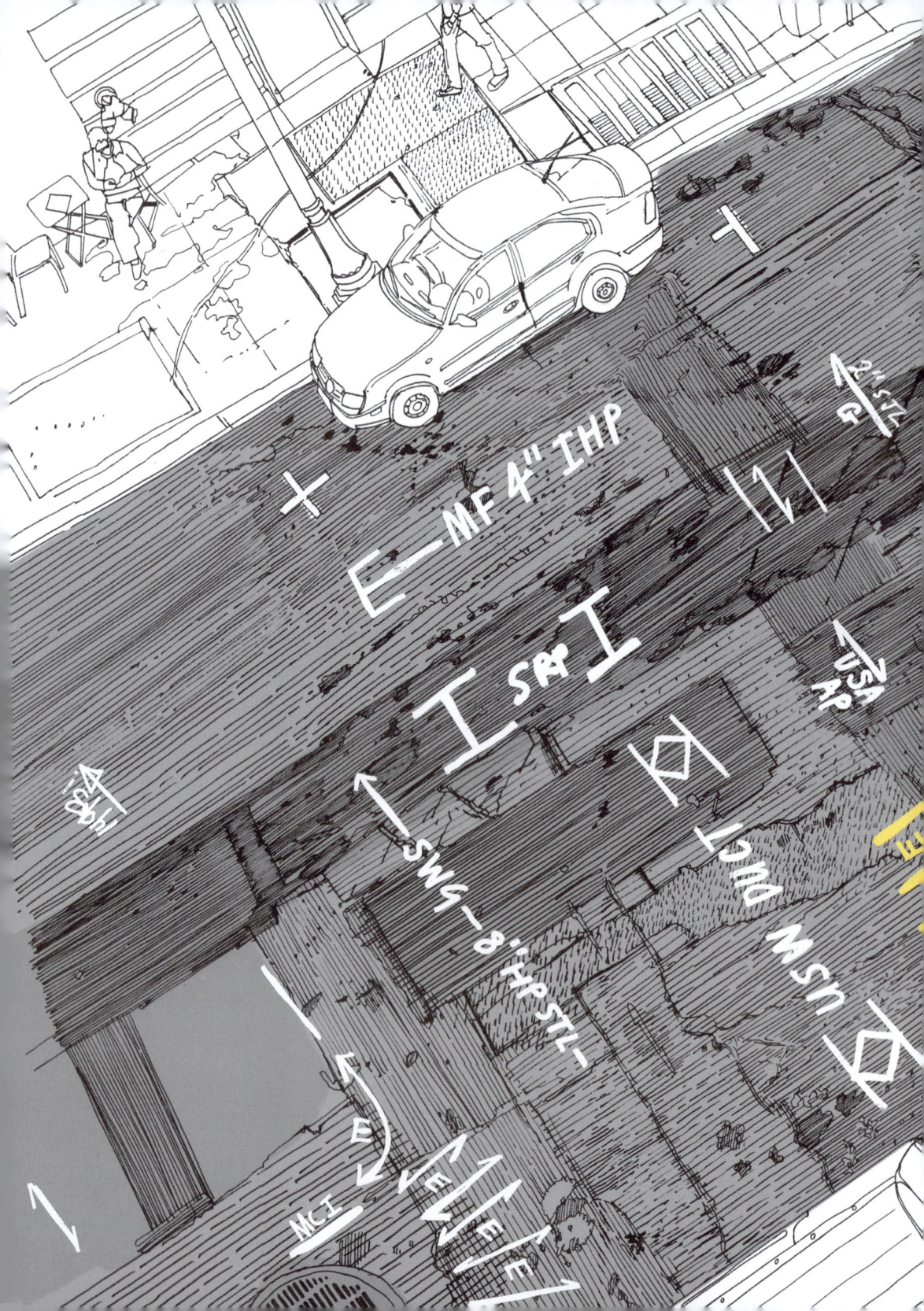

第一章

默默无闻

若你仔细观察，就会发现身边有个隐秘而精心设计的世界，但城市中繁杂的视觉刺激会让你很难留意到其中的关键细节：防止你被炸飞的街道安全标志，安装在建筑外墙上、能在火灾中救助居民的小巧的急救箱，还有那些能够加固整个砖石建筑的装饰物——尽管它们看上去似乎只是在装点门面而已。在其中，人们还在不断添砖加瓦，只为让城市变得更符合他们的需求。见微知著，解码城市景观中这些细微之处能带你接近那些对城市做出改变的人，尽管他们中大多数人只是在讨生活，但其中还有一些人的确正在想尽一切办法救你的命。

无处不在

一旦你开始将它们看在眼里，就会奇怪自己以前怎么没注意到。城市里任何一条马路，都遍布着在日常生活中和紧急情况下能保护你的设计细节。即使是那些由专业人士发明并使用的、晦涩难懂的符号，也蕴含着建筑世界的普世信息，能够为任何一个懂得如何破译它们的人所读取。

左图：人行道标志、分离柱和应急箱

官方涂鸦

公共设施代码

不小心或不知情挖到电缆和管道，会导致各种事故：从市政供应中断到煤气泄漏，甚至是加州 1976 年的那场意外——巨型爆炸将半个街区夷为平地。当时正值六月，洛杉矶的一群工人在挖掘威尼斯大道上的一个路段时，意外地挖到一条隐秘的输油管。管道爆裂，高压下的气体燃作一团火球，吞噬了过往的车辆和附近的商铺。这次失误造成二十多人死伤。这类悲剧从未停歇，但这场惨剧的严重性促使了一套至关重要的公共设施颜色标记代码的出台，这些标记如今已经无处不在。假如你正身处一座美国的城市，朝下看，你会发现无处不在的彩色官方涂鸦，这些符号标记着你我之下纵横交错的市政管道、电缆和隧道网。

洛杉矶大爆炸激发了 DigAlert 的创立，这家非营利组织旨在帮助南加州在未来避免类似的悲剧。今天，这一地区的施工者被要求用白漆、粉笔或竖立旗帜的方式标出他们的挖掘区域，并与 DigAlert 取得联系；然后 DigAlert 会确认工地辖区的市政设施公司并联系他们，让其技术人员到场标出潜在的危险物。技术人员会用定位工具避开电缆，探测并确认地下物体的具体位置和深度。雷达和金属磁场探测设备能为混凝土管道、塑料管和金属电缆精准定位。接下来，再用标准化的彩色代码标出地下潜在的危险物。

几十年来，与 DigAlert 类似的服务机构遍布美国。为方便起见，美国联邦通信委员会在 2005 年指定 811 为联邦专线，挖掘作业者可以通过这个号码联系服务机构。一般来说，所有要在公共地产上进行挖掘的人，都必须事先联系所在区域的警报机构，私有地产的业主也被鼓励这么做。DIRT（损坏信息报告工具）最近的一则报告表明，若每个想进行挖地、钻孔、爆破或挖沟作业的人都能在施工前先拨打电话，每年将能避免数万起事故。

为了保证标准清晰、统一，美国市政设施服务公司遵循美国市政工程协会开发的统一颜色代码，把地下管道分布情况绘制在与其相对应的地面上。在今天的城市街道上，你会发现美国国家标准学会制定并在数十年间修订的施工安全用色标准：

- **红色**：电力线、电缆和导电管线
- **橙色**：电信、警报及信号线
- **黄色**：包括天然气、汽油、煤油和蒸汽在内的气状物、易燃物
- **绿色**：污水管道和排水管道
- **蓝色**：饮用水
- **紫色**：收集再利用水管、农用灌溉水管或带淤泥的水管
- **粉色**：临时标记、未识别或确定未知的市政设施
- **白色**：拟定挖掘的区域、边界或线路

虽然不同颜色的使用能提供一些基本信息，但仍需要特定符号——包括线条、箭头和数字——来标记危险物的位置、宽度、埋置深度和危险级别。在这里，安全标准依然大有作为，甚至有一些机构专门致力于协调和传播这些安全标准。一家名为"标准联盟"的非营利组织，除了履行其他职能之外，还开出了一份详尽的"地下施工安全和损坏预防"行动指南。这类文件也为热心市民破译路面标记提供了有效的图文讲解。

还有一些热心人士进一步创造出更广泛的行动指南。艺术家英格丽德·伯灵顿在《纽约网络》一书中，就纽约市（即"大苹果"）市政设施中的一类——用橙色代表的，洋洋洒洒写了100多页。书中深入探讨了竞争激烈的电信行业史，同时还展示了一些实用的例子，比如旁边标有 F 和 O 这两个字母的箭头，表示人行道正下方有光纤线路穿过。在野外，这个标记有时还伴随数字，用于标示埋深、相关市政设施服务公司名称和材料类型的缩写（如 PLA 表示塑料管道）。

各国都有自己专属的国家和地方公共事业规范，这些规范或多或少带有官方性质。记者劳伦斯·考利就曾在一篇发表于英国广播公司（BBC）的文章中，对伦敦地下的市政设施做出简要分析，并以直观的例子说明各种符号的用途，例如：在标注电线时，大写 D 边上的数字一般表示深度；H/V 表示高压线，L/V 是低压线，S/L 是路灯照明；就输气管道来说，HP 指的是高压，MP 指中压，LP 指低压。

有些标记乍看上去令人毫无头绪，比如无限循环符号其实标注的是项目工地的起始点，这种用法显然违背直觉，因为无限循环符号通常意味着没有起点或终点。

各种颜色的字母和符号标记通常用可降解涂料制作，由专家喷涂到城市街道和人行道上。在挖掘的过程中，这些奇特的标记要么慢慢消失，要么被后来的道路施工项目所使用的更新、更活跃的标记所覆盖。不过，在它们存续期间，这些标记却能为施工者提供关键的挖掘信息，并为后来的人进入纷繁复杂的地下世界提供暂时的窗口。

初始印象

人行道标记

作为美国最初的首都和美国历史上众多重要时刻的背景地，费城的重要标志性纪念碑和牌匾做得相当糟糕，人们会因为它们的微妙和不太引人注目而忽略与之相关事件的重要程度。这其中包括很多广场雕像和贴在建筑物表面的石碑，还有嵌在人行道路面里的一系列令人费解的牌匾。这些金属牌匾上的蚀刻或浮雕信息读起来就像抽象派版本的《古兰经》或都市诗歌，提醒着行人"建筑红线内的空间无地役权"或"此牌匾下方的财产无地役权"。

在物权法中，地役权意味着不动产的拥有者把不动产交给另一方——比如公众。这些牌匾上的措辞各异，但这些所谓的"地役权标志"要传达的基本信息是一样的：欢迎行人从这里走过，但要提醒你，你脚下的这块土地其实是私人财产。为了界定这类区域，人们通常会用细长的矩形石板沿着不动产边界，交错铺砌成锯齿状的分界线，而在边界的拐角处则用长石板拼成直角。

在2016年的一篇费城本地新闻报道中，记者吉姆·萨克萨解释道："当建筑红线与建筑物的尺寸或各类围栏、景观及其他清晰界定公私产权的改进措施不统一时，这些牌匾就会派上用场。"换句话说，路人可能会以为栅栏、树篱或建筑物边缘是建筑红线所在处，而真正的建筑红线可能在人行道上。

地役权法能够赋予人们从他人土地上穿行的有限权利，但也会纵容各种有不利影响的侵犯形式。正如萨克萨对地役权概念的解释：若有人"公然、持续地独占一块土地足够长的时间（宾夕法尼亚州的规定是21年），他就会得到这块土地的所有权。"以费城的地役权规定为例：如果私人业主无法清楚标明他们的领地，别人就可以争辩说他们已经丧失这块土地的所有权。这就是为什么嵌在人行道路面上的这些标记随处可见，不光是费城，其他城市也有。这些牌匾确保公众知道该人行道是有主人的，纵然它的主人允许路人暂时在自己的地盘上走动。

这些嵌在人行道上的牌匾只不过是城市景观的一小部分。当然，还有一些随处可见的非正式的、无关法律的标记，由普通市民制作，比如在人行道的混凝土未干时刻上的、用心形标记圈起的"某人"与"某人"的名字。但还有其他官方标记，不只关于地役权。在那些半永久的示爱宣言之间，你还会看见优雅的签名——它们则是由铺设人行道的施工公司留下的，在许多城市都有。

在加州旧金山湾区，奥克兰等城市人行道上的压印或牌匾可以追溯到20

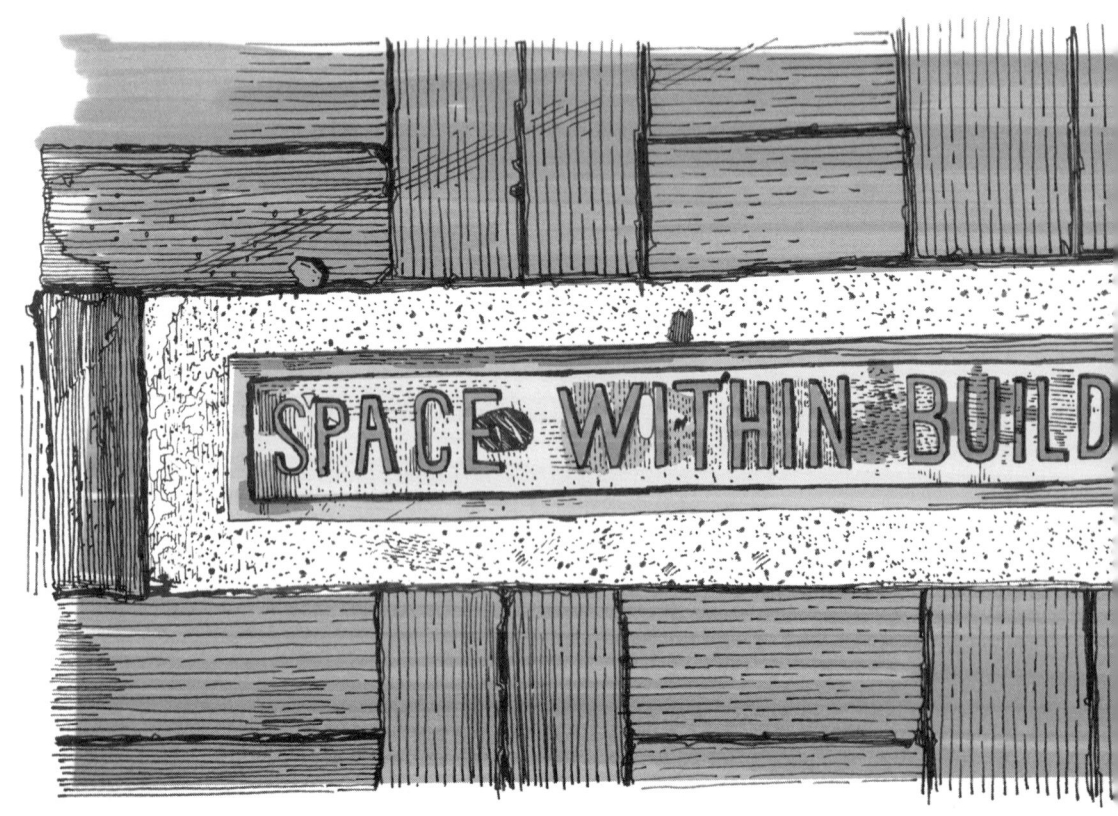

第一章 默默无闻

世纪初,那时混凝土开始作为廉价而坚固的替代品,取代砖块或木板人行道。许多保留下来的人行道压印可以追溯到 20 世纪 20 年代至二战后城市快速扩张的时期。有些人行道压印四周有装饰性的边框,压印里的内容包括施工日期、地址、电话号码,甚至工会编号。爱盘根问底的人可以记下加盖印章的工会编号,然后去工会办公室查找 50 年前整平那块混凝土地面的工人的名字。

在芝加哥这种地方,这些标记随处可见,而且相当详细,因为城市法律规定:"在混凝土人行道路面或饰面完工前,承包人行道施工的公司或个人须在每个地块或地产前方的人行道上附上压印或牌匾,标明人行道承包商或施工人员的姓名、地址和竣工年份。"于是,这些标记最终成为城市发展的实景档案,讲述着城市和施工企业的历史,勾画出社区建设与扩张的逸事。加州伯克利的一些人行道标记则记录了一个家族企业数十载的演变。一处印

有"保罗·施努尔"的压印上可能标记着1908年，而在较新一点的社区里，你会发现一处印着"施努尔父子"的压印，这大概是年轻一代开始为其父亲工作时更新署名的结果。你还会看到"施努尔兄弟"的标记出现在年份更近的建筑项目上，这让人想起父辈退休、子承父业的时代。

在某些情况下，混凝土作业工人还会颇有效率地将人行道变成路标——通过在十字路口的地面上刻印路名，赋予其额外的指路功能。可这对城市来说并不总是好事。早在1909年，《卡尔加里先驱报》的一篇题为《卡尔加里不懂拼写》的文章就对刻在人行道上的"Linclon Ave"和"Secound Ave"等明显的拼写错误痛心疾首。① 这篇文章强烈要求防止"把不光彩地拼错了的道路名称印在砖路上这样的糗事再次发生"，并警告说，"这样的工艺或许在破败不堪的边境小镇无人追究，但在卡尔加里绝不能被容忍"。市政工作人员被命令拆掉这些有问题的石板，让一向骄傲的艾伯塔公民不必再为此感到难堪。在加州圣迭戈和其他城市里，过去的人行道压印（至少是那些拼写正确的压印）受到了积极保护——建筑工人在拆除和翻新人行道时，也会尽可能避开地面上有刻印的部分，以便将这些记录城市历史的微小片段保存下来。

如今，许多城市不再要求在人行道的新路段上留下标记。有些官僚主义者甚至大煞风景地强制承包商必须获得许可才能在自己的作品上署名，并大大限制了签名压印的尺寸，毕竟这些签名意味着数十年乃至更久的免费广告。但对我们来说更重要的是，人行道标记讲述了关于谁创造了建筑环境的生动故事，具体地说，那些跪下身来整平每块土地、让几代人都能在上面行走的工人们的故事。你的确能从人行道的标记里学到不少东西，尤其是当它们被拼写正确的时候。

---

① 正确拼写应该是 Lincoln Ave（林肯大道）和 Second Ave（第二大街）。

故意失败

分离柱

用于悬挂路标、路灯和市政管线的柱子必须坚固耐用,足以抵御强风、暴雨、海啸和地震。即使如此,它们经常还要担负与其日常功能完全相悖的关键责任:在受到撞击时立即折断。若被疾行车辆撞上,这些柱子必须以正确的方式断开,以降低伤害、挽救生命。工程师们已经花了很长时间来尝试解决这个显而易见的悖论。

在各种方法中,有一种能让坚固的柱子以恰当的方式断裂,它被称为"可脱落底座"系统。可脱落底座法不是用一根连续的单柱,而是用连接件在靠近地面的位置将两根支柱连成一体。它的连接头能让两根柱子在规定接口处分离。它的工作原理是这样的：把底部的立柱安装在地面上，再将另一根立柱用可分离螺栓连接在它上面。当柱子受到一定强度的撞击时，螺栓会裂开或者移位，于是上方的立柱会倒下，而底部的立柱则会从移动的车辆底盘下安全通过。只要设计奏效，这样的设计还能辅助车辆减速，并将伤害降至最低。后期基础设施的维修也因此变得更容易：大多数情况下，只需把上方的柱子换成新的，简便地用螺栓把它固定在下方未受损的基础立柱上就完成了，这么做能节省材料、减少工作量。支撑可脱落系统的关键接口明显到一览无余，或者就藏在螺帽底下。

比这种基础的工程设计更进一步的是倾斜式可脱落底座，其接口倾斜与地面形成夹角，以此优化预设冲击方向上的撞击效果。柱子不是简单地滑到一边，而是在被撞击时弹射到空中，完美地落到撞击车辆的尾部。在慢速播放的撞击测试视频中，路标会弯曲，在车顶上空旋转，然后在车辆碾过路面时回落。这一设计也有其缺陷：若是柱子被从意料之外的方向撞击，它可能根本不会断开。

无论是直立式还是倾斜式可脱落底座，都能单独使用，不过它们还能跟有助于保护基础设施和拯救生命的顶部铰链系统搭配使用。在某些情况下，即便电线杆被车撞击，它顶端的电线也能起到支撑电线杆的作用。电线杆不会倒在车上或行车道上，因为根据设计，它能从底部断开，然后像荡秋千一样荡到远离道路的适当位置再倒下，这样一来，电线另一头的电线杆就会暂时起到支撑作用。

除了可脱落底座和铰链系统，建筑环境中还有各种各样的分离式立柱。世界上的很多停车标志牌都是由连接式金属柱支撑的。其连接方式各异，但基本原理相通：两节支柱的连接方式让它们更易分离。基础立柱与在它上方的立柱互相配合，做了受撞击后弯折或断裂的设计。一旦你注意到它们，便很难对汽车撞上标志牌这一常见问题的处理方案视而不见了。

人们常常认为开发安全系数更高的汽车会保护乘客，这在一定程度上是对的：优质车轮提供附着力，坚固的车架抵抗伤害，安全带和安全气囊通过提供缓冲保障乘客的安全，安全玻璃的设计则是为了在它碎裂时能尽量不伤到人。然而归根结底，车辆的设计和构造只是安全考量繁复因素中的几个变量。人体撞击工程学看似不显眼，但对保障我们的安全起着至关重要的作用。

安全升级

应急箱

"诺克斯盒"（Knox Box）很容易被人忽视，尽管它们常被装在与视平线同高的建筑入口的位置，并且还装饰有红色反光带。就像 Kleenex（舒洁牌面巾纸）、Dumpster（垃圾桶）或曾是注册商标的 Escalator（自动扶梯）一样，诺克斯盒的品牌名称也跟人们司空见惯的日用品有关：诺克斯盒是附在各类城市建筑上供急救人员快速进入建筑物的盒子。大难临头时，这些城市保险柜就瞬间从平日不知作何用处变得举足轻重。

危机之下刻不容缓，所以快速、安全地进入建筑物至关重要。诺克斯盒给出了一个简单的解决方案：当急救人员接到电话并赶赴现场时，他们能用万能钥匙或专用密码解开快速进入建筑物的锁箱，并查看里面显示的内容。典型的应急箱里会有一把备用钥匙或密码，用来进入特定的建筑。所以基本上消防员都有一把可以打开他们所在辖区所有应急箱的万能钥匙。有了这把钥匙，他们就可以成功进入他们负责保护的数量庞大的建筑物，包括公寓楼、商店、办公大楼、艺术博物馆等。

诺克斯盒有多种类型，有的类似小型保险箱，内有打开建筑物的单把或一组钥匙；有的更高级，打开之后可以看到功能复杂的控制面板；还有的自带开关，允许负责人在出现假警报时切断电力、天然气管道或消防喷淋系统。

若是连最基本的进入建筑物的应急箱都没有，消防员和医护人员就只能等着有人给他们开门，或者强行闯入建筑物，这很可能会造成人员受伤和财产损失。考虑到砸烂大门、打破窗户甚至烧毁建筑物等潜在风险，在建筑物外加个应急箱似乎是明智之举。

从安全角度来看，这些打开建筑物的应急箱听上去可能会给盗贼大肆抢劫提供千载难逢的机会，但建筑物业主和主要用户都意识到了这个风险，并采取了相应的预防措施。有些物业经理把用以进入建筑物的应急箱附在一个更大的安全警报系统上，任何闯入建筑的人都会触发警报。说到打开应急箱的万能钥匙，有的消防队采用追踪技术，以免万能钥匙遗失或落入坏人手中。虽然并不是所有城市和业主都认可诺克斯盒的必要性，但还有许多人认为它们利大于弊，因此你会发现这些智能小盒子无处不在。

伪装

从华丽的古代高架渠到构造惊人的现代桥梁,这些上乘的市政基础设施作品令人感到灵魂满足。不过总的来说,绝大多数基础设施都没有这等至尊礼遇。比起把通风口或变电站化为现代工程华丽的展示场,人们通常只是把它们掩藏起来。日常伪装无奇不有,从石油井架到手机信号塔,它们诡异多变,令人难辨真假。

左图:巴黎地铁排气口前方的假立面

桑顿的香水瓶

臭气管道

悉尼海德公园是澳大利亚最古老的公园，其最初设想来自一位名为弗朗西斯·格林韦（Greenway，意为"绿道"）的建筑师，人如其名，格林韦想让海德公园成为一片对大众开放的空间。18世纪末，这片空地主要被当地人用来放牧和砍柴。随着时光的推移，这里变成孩子们玩耍和举行板球赛的地方。到了19世纪50年代，城市和周围社区继续发展，草地、树木、自来水和纪念碑陆续出现。公园也变得越来越正规和宏伟，成为了政治演说和皇室造访时官方集会的场所。它在那个时代最突出的特征之一，就是一座高耸的方尖碑。

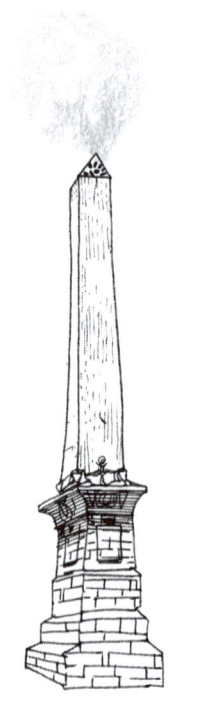

海德公园方尖碑于1857年由时任悉尼市长的乔治·桑顿揭幕，其灵感则来自克莱奥帕特拉方尖碑——如今竖立在伦敦、巴黎和纽约的古埃及系列文物。这座高约50英尺[①]的纪念碑坐落在20英尺高的砂岩基座上，其锥形体的四面覆盖着狮身人面像和蛇形纹饰。据一家报纸报道，改造后的海德公园和其充满异国情调的中心装饰物让当地人如此着迷，以至于市长在结束揭幕仪式上的演讲后，"被保安们举在肩头扛到"附近的酒店。

① 1英尺≈0.305米。

然而随着热情消退，人们开始注意到从这座令人印象深刻的纪念碑里飘出一股刺鼻的难闻气味，于是给它又起了个名字，也就是"桑顿的香水瓶"。从塔里排出有害气体并非意外，而是设计下的真实意图。正如世界各地许多看起来无害的城市雕塑一样，这座方尖碑有两个主要用途：一是观赏性的，二是功能性的。它不仅是大都会的繁荣一个令人印象深刻的体现，更是城市地下污水管道系统向外排气的方式。

拿一座知名纪念碑来为污水管道通风的想法听上去有点奇怪，但悉尼的城市污水处理系统在当时的澳大利亚属于先进技术。工程师们在功能方面已经开发出导入和排放这两套基本的下水道通风系统：进气管压进空气，排气通风口抽出轻型气体。系统必须解决压力差、臭气和疾病预防问题，因此海德公园方尖碑这个颇具教育意义的设计启发了设计师，用风格独特的手段来解决这类问题。如此一来，方尖碑既是基础设施，又是地标。自建成以来，方尖碑经过多次调整、维修，但绝大部分都按原型保存了下来。

海德公园方尖碑这个范例启发了悉尼市区周围其他早期的装饰性砖制通风井。在其他大城市，污水排放的设计令人喜忧参半：伦敦周边许多所谓的"臭气管道"还比较实用；还有一些则打扮得有点像是纪念碑或路灯柱，但大多数可能会被误认为是生锈的旗杆。相较而言，悉尼方尖碑直至今天仍在使用，尽管功能略有改变。它如今被用于排放雨水径流，而非发臭的城市污水系统。它本身仍是一座纪念碑，2002 年被列入新南威尔士州遗产名录。最终，这座埃及女王克莱奥帕特拉纪念碑的赝品化为一座真正的纪念碑，纪念现代城市及其适应新型基础设施的方式。

穷尽出口

假立面

德国纽伦堡有一组名为埃赫卡鲁塞尔的雕塑颇具争议，其特色是一组超过真人尺寸的青铜雕像——它围绕着低矮的水池展开，描绘了婚姻生活中的起伏。从青春爱恋到配偶去世，这盏"婚姻走马灯"的生动场景捕捉了人生的悲欢离合、激情与痛苦，而这些都是让许多本地居民在这座古老城市里悠闲漫步时心感不悦的东西。不仅如此，这组充满戏剧性的雕塑在美学之外还有更特别的目的：其放置颇具战略性地隐藏了纽伦堡地铁路段中的一个排气口。伪装地铁通风口的传统由来已久，伪装物小至雕像，大到建筑物。相对而言，这一装置算是比较新近的案例，于20世纪80年代完工。

当世界上首个城市地下铁路系统于1863年开通时，英国土木工程师们深知隧道通风对维护乘客的健康及心情至关重要，或者至少能保证生命安全。当时的火车使用冷凝器来冷却蒸汽、减少排放，但仍需要伸向户外的延伸段来排放废气。考虑到这一点，"大都会铁路"（后来的伦敦地铁）的隧道挖掘采取盖挖法：分段挖开地面来铺设铁轨，挖到一定深度后把之前挖开的顶部封闭，同时特意为通风留出了开放路段。由于路线是既定的，它们不可避免地要穿过已建成的地区。在伦敦地铁沿线经过的建筑中就有莱斯特花园街23、24号，这两个地址刚好位于高端住宅区一排老住宅的正中间。地铁线路开发者于是找到了基于该场地的特殊机遇。

为了避免在地面上留下巨大的通风孔（毕竟这会给贝斯沃特的高端住宅市场留下不好的形象），人们在莱斯特花园街上竖起了一个假立面，其样式与紧邻的中期维多利亚式的房屋相契合。它在邻近的建筑群中可以假乱真，端庄的正门两侧和它上方悬挑的围栏阳台上都有带凹槽的科林斯柱装饰，看上去与一栋房子无异，但这座富丽堂皇的展示物的进深只有一英尺多。它后面的地上有个洞，内藏支架和金属支撑杆，用来固定缺口并支撑立面。虽然伪装的整体效果近乎令人信服（特别是从远处看），但还是有露馅的地方。被恶作剧电话骗上门送比萨的司机发现，这个地址敲门无人应答。不过最主要的马脚是，本该有玻璃窗的地方被涂上了灰色的矩形。世界各地的同类结构物也有类似的缺陷。

经过纽约布鲁克林乔拉莱蒙大街58号时，人们经常会不假思索地把这栋三层砖构建筑当成整排希腊复兴风格住宅中的一个。它跟它的邻居确实有不少共同点：它的高度和比例是与其相似的，而且还有一部楼梯通向配有别具一格外框的正门。然而凝视其正面越久，你就会越明显地感觉到这不是一栋普通建筑。它的窗户、窗格条、外框以及边梁都乌黑发亮。这栋建筑实际上承载着地铁的通风功能，同时它还是地铁发生严重事故时乘客从地底下逃出生天的紧急出口。如此一来，这里确实有栋建筑，只不过它内部早已被掏空，另作他用。无论是特制的还是被改造的，这样的结构物都是一种有趣的谜题，是一种基于特定场地的奥秘，就像一个三维的视觉骗局。

催化转向器

通风工程开发

连接纽约和泽西城的霍兰隧道建于 20 世纪 20 年代,虽然它并非世界上第一条海底隧道,但在当时却是一项罕见的大工程。在海底泥浆和基岩上开辟出一条隧道只是挑战的一部分,更艰巨的任务是容纳数量庞大的高油耗汽车和不断排放有毒废气的卡车。持怀疑态度的人们担心,如此大跨度的隧道无法保持通风,这可能会导致司机受伤甚至丧命。

为了应对这一工程难题,项目工程师与政府机关及大学合作,以便向公众保证拟建隧道的安全性。数百英尺长的试验用隧道被密封在一座废弃矿井内部,用于测试通风策略。此外,耶鲁大学的学生志愿者还接受了数小时的密室实验,研究人员将一氧化碳泵入密室内,以检测人体的耐受极限和副作用。(哇哦!20 世纪初的学生可真了不起!)研究人员得出的结论是:隧道需要保持每秒近千立方英尺的空气流通速度,才能防止司机和乘客窒息。多亏有了这么多谨慎的工程学实验,隧道内的空气质量其实比纽约很多街道表面的空气质量还要好。(公平地讲,这标准定得可不算高。)

这一通风系统的关键不仅在于隧道内部,还在于隧道周边上空的一系列工程构造,直至今天它们依旧在运转。哈得孙河两岸有一对混凝土通风井结构,在水面 100 英尺以上的地方还有另外两个混凝土通风井结构。这四座结构物配有数十个巨型鼓风机用来换气,每一分半钟就能将隧道内的空气全部更新一遍。

与隧道同名的工程师克利福德·霍兰恐怕是该项目最知名的贡献者,不过隧道至关重要的通风工程系统其实是由挪威建筑师埃尔林·奥尔设计的。奥尔创造了一个美化过的排气口，但他做的远不只这些，他创造出系统功能主义的框架，还设计出其中顶级的建筑作品。"奥尔的制图板上呈现出一种斯堪的纳维亚风格的表现力——极简主义、精湛工艺、形式美。"泽西市地标保护协会创始人约翰·戈麦斯解释说，"他一定受过传统建筑学的教育……罗马式、拜占庭式和哥特式建筑，以及德国新创立的包豪斯、俄罗斯建构主义，以及勒·柯布西耶和弗兰克·劳埃德·赖特的建筑风格。"

在这些建筑学派的综合影响下，奥尔在霍兰隧道项目上的做法可谓别具一格，戈麦斯写道："壮观的钢梁，巨大的现浇混凝土柱和黄色大教堂式砖石，通过细条纹圆拱顶、叠涩拱顶、玻璃百叶窗板、小型石制头像和悬臂式底座表达出来。"最终，这些建筑看起来大胆又现代，如同弗兰克·劳埃德·赖特设计的拉金行政办公楼、图书馆或市民中心。它们是建筑学和基础设施工程的融合，是即将到来的汽车时代的先兆，它们体现了一种优雅的过渡，向着现代主义，当然，也向着新泽西[①]。

---

① 指颇有新泽西州的工业感。

社区变压器

变电站

从简朴的平层小宅到多层豪华公寓楼，竟然没有统一的美学特征能用来处理和隐藏多伦多的区域能源基础设施。墙壁、屋顶、门窗和园林景观能制造出一种错觉，让这些设施看起来跟普通建筑一样，但有一些迹象表明，事情没有那么简单。

多伦多水电公司成立于 1911 年，也是在这一年，尼亚加拉大瀑布上新建的大型发电机组的电力首次点亮了城市中心的大街小巷。这就需要把新发电站发的电转换成适合的电压输送给千家万户，并把自然界中的原始能量转化为可用的电力，以供沿途的消费者使用。不过，说服市民接受碍眼的金属件和电缆出现在他们生活的社区里，是一件颇有挑战性的事，因此一群建筑师受雇来开发其他方案。

"大萧条"时期之前的一些变电站建造得美观大方，而且规模不小。这些宏伟的建筑用石头和砖块建成，带有模仿博物馆或市政厅这样的公共场所建造的装饰。后来，在二战后的住宅建设热潮中，大量的小型变电站开始涌现，它们采用造型朴素的住宅样式，以便自然地融入社区的建筑环境。

绝大多数住宅造型的变电站是 6 个基本型的变体，其设计适配不同类型的社区。在 20 世纪，多伦多市建造了成百上千个这样的构造物，它们所涵盖的美学范畴十分广泛——从有着梁柱结构和不对称屋顶的牧场式住宅到带有山墙屋顶、门上方有三角形底座的仿格鲁吉亚式宅邸，风格各异。

据当地记者克里斯·贝特曼解释，通常情况下，"断路器和电压表位于房屋的主体部分",而"用来把高压电转换成适合家庭使用的民用电压的、不雅观的重型设备,通常被安置在房屋后面的砖房里"。在砖房内部,这些建筑物的功能显而易见,屋里装满了设备和工程师造访时需要用到的几把椅子。但即使从屋外看,也有微妙的迹象表明,这些建筑并不是它们看上去的那样。

许多貌似住宅的变电站的门窗似乎都有些格格不入,或是过于工业化,而另一些经过景观美化的变电站,其设计和维护往往又过分完美。在某些情况下,社区已经变了,周围的建筑变得更大,这让原本温馨的木构或砖构变电站显得十分矮小,并因此更显突出。四周遍布的摄像头也是变电站的一个明显标志,城市或公用事业公司也会把作业车辆停在它们周围的车道上。除此之外,还有更为普遍、更不可思议的似曾相识感,那就是尽管时光在变,人们却在不同地点一再看到几乎一模一样的冒牌房屋。

多伦多水电公司已经不再新建看起来像住宅的变电站,甚至开始拆除一些技术上落伍,有时甚至会产生危险的老变电站。在 2008 年,就曾有一个变电站发生爆炸,造成火灾和局部停电事故,这自然引起了类似建筑物附近的居民们的担忧。随着时光推移,这些地区的居民可能会越来越少见到这种基础设施,起码这些基础设施会逐渐停用。事实上,一些变电站已经用作他途,被改造成了它们最初所仿造的住宅。

细胞生物学

无线发射塔

20 世纪 40 年代，当贝尔实验室的工程师首次设想建立一个现代无线通信网络时，他们想到了信号塔——它能通过把信号从一个塔传递到另一个塔来给跨区域移动的人提供不间断、全覆盖的通信信号。随着商业蜂窝通信基站在 20 世纪 70 年代涌现，描绘通信覆盖区域的图表看起来就像一团团动物或植物细胞挤在一起，"细胞电话机"（cellphone）的名称便是由此而来。

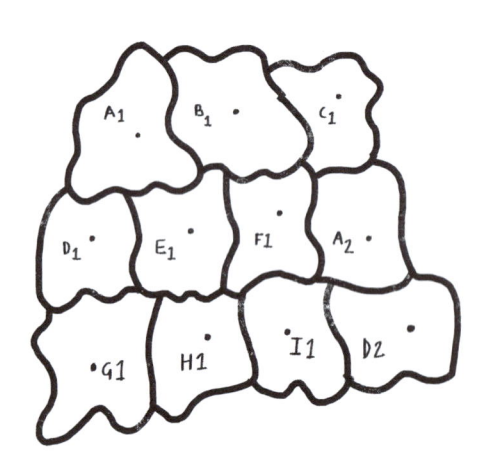

开发这一系统和绘制这些插图的工程师恐怕从未料到，该网络中的许多基站后来会被伪装成各种不同类型的树木，模拟大自然的形态，从而变得不那么显眼。

20 世纪 80 年代，随着移动电话日益流行，人们不得不加建更多的蜂窝信号塔，其中大部分设施都相对地实用主义，且外观具有工业感。这很自然地引起所在地区居民名为"邻避症候群"（别在我家后院）的不满，居民们将其视为眼中钉。因此，不断扩张的信号塔技术同时催生出一系列伪装术。这种伪装生意的领头羊是亚利桑那州图森市的拉森伪装公司，当时这家公司完全有能力转型进入一个新领域：多年

以来，这家公司一直在仿造自然环境，用人造石和绿色植物为迪士尼乐园建造人工景观，替博物馆的展品和动物园提供仿真的自然环境。拉森公司于 1992 年推出了它的第一座仿树形信号塔，也就是在蜂窝塔相关法律发生剧变的几年前。

1996 年的《美国电信法》限制了社区对电信公司的信号塔位置的约束，这令市政府感到沮丧。由于不能完全控制或彻底叫停施工，某些地区出台法令，要求对新信号塔实行隐蔽处理。一时间，与美观有关的招数从值得做变成了义务。有的新塔甚至在高大的建筑元素中彻底隐身，比如教堂尖塔，而另一些则与水塔、旗杆等结构融为一体，这些建筑结构若非原先就在那里，那便是专门为了伪装而建的。无论如何，有不少这类带有明显人造痕迹的地点都很亮眼，所以树形蜂窝塔的点子才会如此深入人心。

在这之后的几十年里，随着手机用户的激增，这些基础设施伪装公司的生意越发兴隆。拉森公司增加了树木品种以适配不同地区环境。单管信号塔常被称为"单极"，所以，拉森首座伪装成松树的蜂窝塔自然就被称作"单极松"。不久之后，"单极棕榈树"和"单极榆树"也出现了，拉森甚至还制作出了形似仙人掌的信号塔。如今，美国各地有成千上万座蜂窝通信基站，其中许多都被拉森这样的公司做了一定程度的伪装。

其中有些伪装隐藏得挺好，有的却露馅了，成本上的挑战是一部分原因。伪装可能让建设造价增加十万美元以上，这使得一心节约的客户决定减少树枝。树枝越多，成本就越高，还会增加负重，进而又要为加固树干追加更多经费。另外，蜂窝塔必须足够高才能正常作业，只有信号塔的半截高的树丛就会显得尴尬。在拉斯维加斯一马平川的风景中，人们在几英里外就能看到人造的棕榈树形信号塔。当然，地域性的季节变化也会让这些伪装塔更加抢眼。人造松树虽然能跟自然界里的松树一样保持常绿，可一旦四周的真松树开始落叶，这些机塔就会变成反常的异类。

最终，某些半伪装的塔反而比光秃秃的、纯功能主义的铁塔更吸引眼球，掉进了介于天然树木和电线杆之间的植物版"恐怖谷"。把塔伪装成树是挺明智的，但可以说，功能主义的塔设计更简单、诚实、一目了然。事物不一定必须看起来像自然界里的东西才是美的。抛开对功能主义工业潮流的审美评价和难看的人造绿化，留意"冒牌货"也可以是一种乐趣。

足智多谋的发明

生产井

贝弗利山庄高中校园里的"希望之塔"高达 150 多英尺，最初它只是一座平淡无奇的混凝土制尖塔。几十年前，这个建筑物表面添了一层彩色壁画，但即便在这种美化的尝试下，它也显得太高了，显然对景观不起什么作用。不过，在它锥状主体的墙壁之内，其实安装着一系列机械，每天能抽取数百桶石油和大量天然气。多年以来，这些产出都被计入学校的年度营收，但久而久之，关于这座塔的争议也越来越多。

在洛杉矶地区进行的城市钻探，既不是新现象，也不局限于高档社区。早在 19 世纪 90 年代，这个当时只有 5 万人口的小镇就成了能源热潮的中心。到了 1930 年，加州的石油产量占全世界的 1/4。在一些地方，泵取地下原油的金属井架因为彼此靠得太近，架腿甚至会重叠。洛杉矶这片广袤的土地上布满了这些设备，它们形成了一片光秃秃的人工"森林"。奇异的、科幻小说式的高塔景观成了海滨活动的背景，创造出了工业时代机械与无忧无虑的娱乐场景的并置。在以电影为中心的怀旧情怀中，人们很容易忘记好莱坞那时髦的、精心打造的黄金时代其实是赤裸裸、粗暴地工业化开采城市地下原油的时代。

多年过去，随着油田干涸、业务合并，许多井架和抽油泵被拆除。那些

留存下来的则出现在快餐店的停车场和被栅栏围起的住宅及高速公路旁，还有的隐身在公园边一排排树木后面，甚至藏在高档高尔夫球场的沙坑深处。那些较高大的抽油泵，比如贝弗利山庄里的那座，通常被扮成烟囱的样子，或者披上无趣办公大楼的外壳。许多装置还被裹上吸声材料，以求从听觉上掩饰它们的存在。

一些新型采油设备也被转移到了近海钻井平台和人工岛上，包括长滩附近那一串显眼的群岛。图姆斯（THUMS）群岛是美国境内唯一经过装饰美化的石油群岛，它的伪装规模达到了一个全新的高度。这些热带风格的人造乌托邦以标新立异的建筑为傲，建筑四周满是棕榈树和用以削减噪音的景观元素。群岛最初的名字THUMS是德士古石油公司（Texaco）、亨布尔石油公司（Humble，如今的埃克森美孚石油）、联合石油公司（Union Oil）、美孚石油公司（Mobil）和壳牌公司（Shell）名称的缩写，但后来这个群岛被重新命名为"宇航员群岛"。考虑到其太空时代风格的建筑外观，这个新名字很是恰当。

这些岛屿建于20世纪60年代，用掉了来自附近天然岛屿上数百吨的巨石和从圣佩德罗湾挖出的上百万立方码①的材料。大约一亿美元被花在了

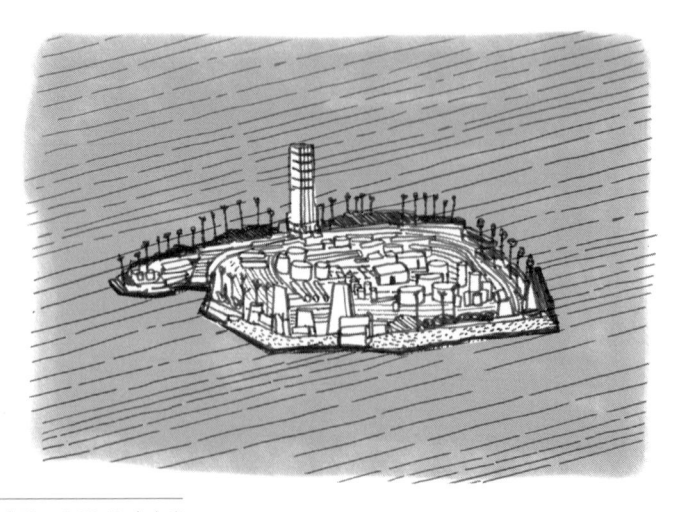

---

① 1立方码≈0.7646立方米。

所谓的"美学补偿"上。项目的这一部分由主题公园建筑师约瑟夫·莱恩施监督完成,此人曾为加州迪士尼乐园和佛罗里达州的新纪元乐园(EPCOT Center)制作了精良的人工景观。岛上造型离奇的伪装结构被一位评论家形容为"迪士尼、《杰森一家》、《海角乐园》的结合体"。这些伪装总的来说起到了作用,部分原因是人们只从远处观望它们。岛上的建筑容易被人误认为是海上酒店综合体,或是一个豪华度假村。在过去的半个世纪中,石油钻探者已经从这片土地中开采了超过 10 亿桶的石油,而这一切都被隐藏在了一览无余的水上人造景观之中。

然而,一度繁荣的洛杉矶石油业在内陆地区已经放慢了脚步。几十年后,"希望之塔"的石油产量减少到其巅峰时期的 10% 左右。就在几年前,管理这座钻井塔的韦诺科公司申请破产,令钻井塔的命运岌岌可危。与此同时,加州也已经转向了可再生能源,减少了在大都市区里开采化石燃料的行为。从某种程度上讲,如果伪装物的存在不再符合公众利益,那么无论它如何掩饰,也将无济于事。

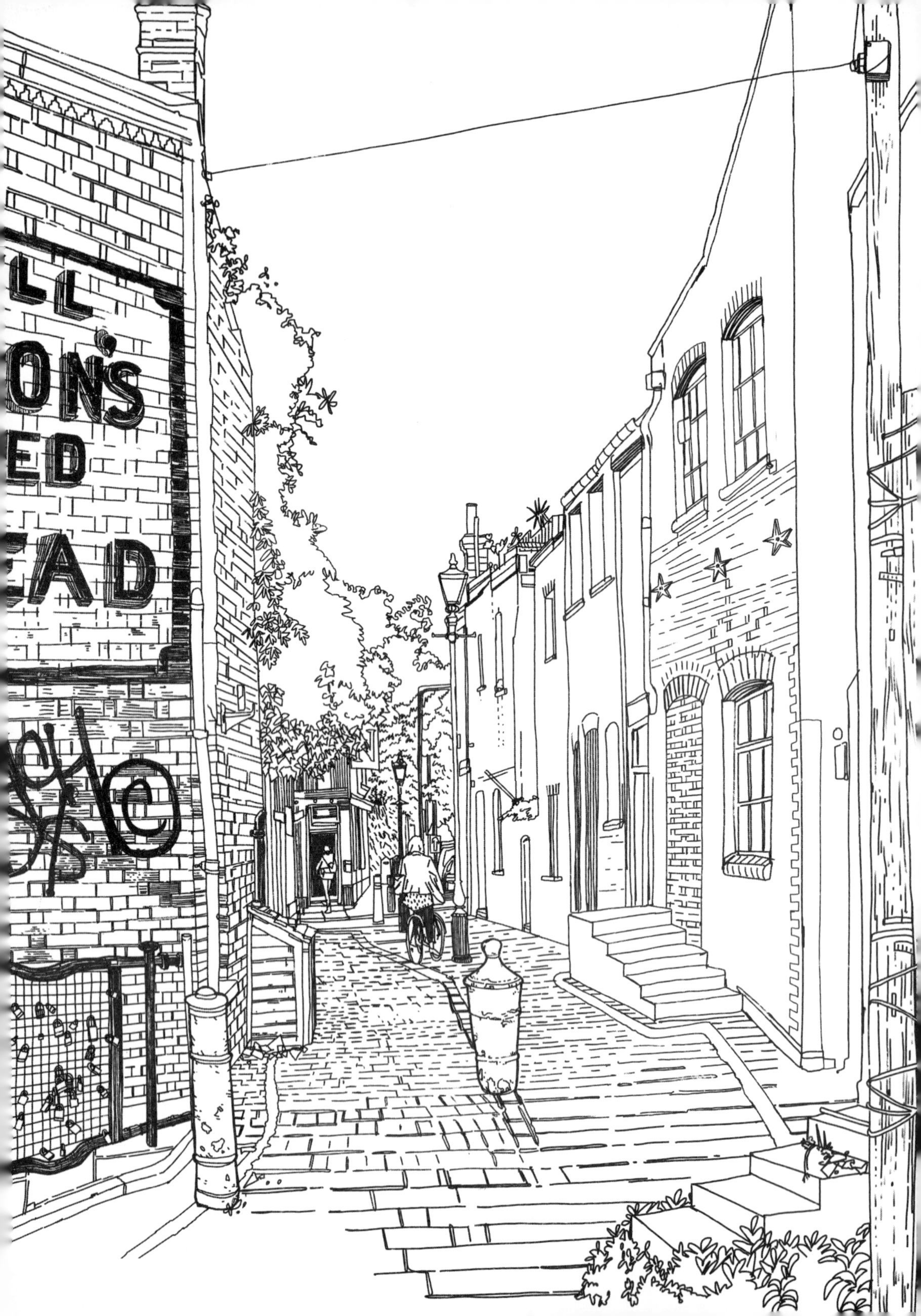
LL
ON'S
ED
EAD

堆积

随着城市走向成熟，它会被居住于其间的人们使用和糟蹋。有时我们会修补自己损坏的东西，但有时候，我们会任由它走向毁灭。因此，大部分城市环境都是由杂乱无章的补丁与千奇百怪的残余组成的大杂烩。然而，这些无谓的残余和长期累积的遗留物并非虚设，它们也是城市之中费尽了设计者的心思且仍在起作用的一部分。这些不完美之物或许不是我们能造出来的最漂亮的范例，但它们完美地呈现了我们富有缺憾而又复杂的人性。

左图：锚板、爱情锁和建设性重新利用

看到星星

锚板

刷了白色灰浆条纹的红砖墙嵌着金属材质的星星,这乍一看是爱国主义的表达,尤其是在费城这样的城市。然而这样的金属板和世界上其他城市中那些历史悠久的联排别墅上所饰的金属板,其实并非严格意义上的装饰品——实际上,它们还发挥着关键的结构性功能。

在许多旧式砖石排屋里,地板和顶梁平行,连接着与街道垂直的承重墙。因此,这些住宅的前后立面都没有很好地与建筑主体相连接。费城建筑师伊恩·托纳解释了这其中的问题:"有时这些边墙会向外凸,因为它们只有边缘处与房屋的其他部分相连。"如果建筑商使用的是劣质石灰砂浆,风险则会更大。地基移位、重力和时间都会给这些建筑物造成威胁。在某些情况下,屋墙甚至有倒塌的风险。

如果有砖块凸出墙面,就需要将其推回原位,但这只是第一步。用于加固改造这类结构的常见工件包括螺栓、拉杆和锚板。拉杆能从砖块的缝隙钻过,穿进砖块后的托梁,在立面和内墙之间形成更坚固的构造连接。在外部,拉杆有足够大的宽垫圈作支撑,垫圈能将荷载分散到相邻的砖块上。

星形锚板是这种墙锚结构的合理选择,因为星形图案指向多个方向,有助于分散荷载。星形的视觉效果也很好,因为它们即使旋转了,看上去也不错。当然了,你还能在世界各地历史悠久的砖石建筑和其他砖石构造物上发现矩形、八边形、圆形的锚板,甚至其他更精致华美的形状。

这些类型的建筑改造工作揭示了过去修建房屋的方法、随时间流逝发生的朽坏、安全标准的变化，还有地区的条件差异所要求的不同干预措施。在加州湾区这种地震频发的地方，需要额外加固砌体，锚板则有助于防止砖块在地震时从墙面脱落。无论形状或功能如何，墙锚都是砖墙立面讨人喜欢的补充，而且它们肯定比一堆砖头更具吸引力。

瘢痕建筑

填补城市

随着城市逐渐发展，建筑通常会逐步扩张，来填补那些原本为汽车、火车及其他交通工具所建，后来却废弃了的固定路线。道路、铁轨被拆除后，留下的空白有时会以新建筑的形式被赋形，它们的边缘勾勒出被忘却的主干道的形状。其结果便是一种建筑的瘢痕组织，仿佛新建成的环境正在填补和治愈旧的伤口。其在街道层面上的效果会很微妙。个别建筑可能会呈现出一个反常的角度或曲线，但从上空望去，横跨不同街区乃至整个社区的、更宏观的布局将会浮现。这种瘢痕肌理在与城市的总体规划方案

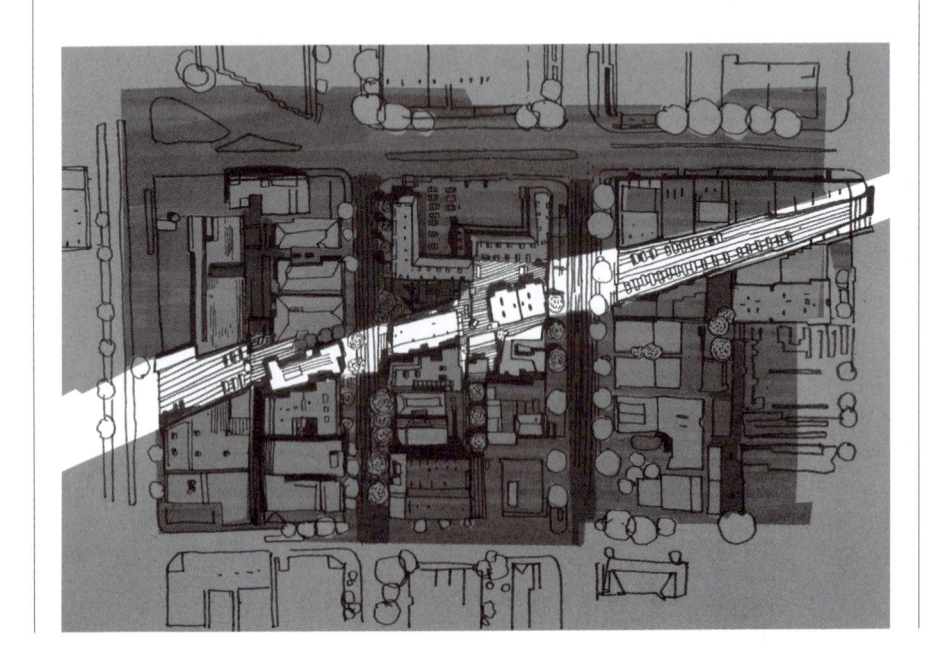

相悖时，就会尤显突出。

火车经常给发展中的工业城市留下难以磨灭的痕迹。在加州伯克利的一整条路段上，许多住宅不像其邻居那样与街道保持平行，而是沿着曾为联合太平洋铁路公司所用的地块边缘呈斜线排列。这里和其他地方的中央铁轨线早已作废，它们留下的空地成了宝贵的房地产资源，注定要被重新利用。填充式建筑保留了空地原有的外廓，不经意间也为当地城市史保存了大量重要的痕迹。

"一想到每座城市都有这种从未消失的深邃伤口，我就感到难以置信，"杰夫·马诺在谈到洛杉矶"幽灵街"一类现象的时候说，"你去掉了一些东西，过了一代人后，它又变出来一栋建筑。你把整条街拆除了，然后它又成了某些人的客厅。"调整过的路线也能够塑造开放空间，包括停车场、绿道和带状公园。无论采用哪种形式填补，这一举动对城市的意义都是多重的。城市的局部被擦除、被改写，但你依然可以发现与过往有关的证据。在现代的线形城市中，瘢痕往往更为明显和特别。不过，在世界各地的古老城市里，瘢痕组织都会不断累积，以至于人们很难判断裂痕到底是在何时、以何种方式产生的。总的来说，这些不寻常的痕迹诉说着关于城市迭代的故事：城市曾被城墙围绕，曾因灾难毁于一旦，或者仅仅是被铁路轨道切割。

视线

中继节点

明尼阿波利斯市的世纪互联大厦（CenturyLink）是该市天际线中一幢优

雅的摩天大楼。它的外立面是相对统一的花岗岩材质，上面有一些长长的垂直线，这是装饰艺术风格的标志。据《明星论坛报》的詹姆斯·利莱克斯回忆，在20世纪30年代它建成的时候，"它是一个很有明尼苏达州特色的项目"，它的石材"来自卡索塔市和莫顿市，水泥来自德卢斯港，钢材来自梅萨比岭"。20世纪60年代，在它的顶部戴上那顶达几层楼高的、大胆的新"皇冠"前，这幢建筑就已经是一个区域级的地标了，而这顶"皇冠"改变了它在之后几十年里的功能与外观。建筑顶部环绕着的新型微波天线阵列让这座建筑处于当代科技的前沿。这一添加物也令这幢建筑成为视距通信中继网络中的关键节点，该网络史无前例地覆盖美国全境，人们至今仍可在乡村地区的山顶和城市的信号塔上看到它的残迹。

明尼阿波利斯首次开通电话服务是在1878年，服务是由当时市政厅的一台交换机提供的，这部交换机就位于后来世纪互联大厦所在地的街道对面。这个最初只有11条线路的电话网在10年内迅速扩张到有近2,000条。直到1920年，已有近10万条电话线投入使用，它们需要一个新的专属空间。世纪互联大厦最初的名字是"西北贝尔电话大楼"，它是一个建有总机、办公室、机械室的工作空间，可以容纳大约1,000名员工。但技术一刻不停地更新迭代，电话服务也跟着不断扩张。

20世纪50年代，为了应对长途电话业务的日益增长和家庭电视业务的崛起，美国电话与电报公司（AT&T）推出了一种新技术作为解决方案。它们的微波中继塔系统能把信息从美国东岸传到西岸，并在美国各地的信号塔之间反射信号。在当时，它是同类网络中规模最大的，并在无线微波使用技术方面领先，相比传统的通信线路，这一系统部署起来也更容易、更快捷。定向天线大小接近运动型多用途汽车（SUV），承担着从肯尼迪总统遇刺到尼克松总统退位期间的电话和电视信号通信。与州际公路和铁路一样，微波通信需要远程直线通路，它也相应地塑造着城市的形态。

20 世纪 90 年代，美国电话与电报公司卖掉了当时剩余的大部分电话电视网络。如今，在光纤、卫星和无线互联网的世界里，许多微波中继信号塔已被拆除，或通过改造拥有了提供蜂窝信号数据的功能。离市区更远的那些信号塔曾经构成了这个洲际网络的支柱，如今却被私人业主买下，改造成度假屋或末日地堡。另一些则成了农村地区应急通信网络的后备品。

明尼阿波利斯于 2019 年宣布，将要拆除世纪互联大厦上的微波通信继电器"皇冠"。这顶"皇冠"注定要被拆除，尽管 1967 年的一篇文章曾称赞它改善了"屋顶整体外观、建筑剪影和城市天际线"，并称颂它具有"现代主义"的设计特色。利莱克斯感叹，"拆掉天线"，摘掉"华丽的头饰"之后，"整栋建筑看起来可能会更庄严"。

在其他城市，人们很少留意那些遗留在原地的东西——它们就混在暖通空调挂机、卫星天线和城市屋顶上冒出来的各种杂物之中。不过人们一旦熟悉了它们的独特形状，它们就会从不起眼变得难以忽视。有些遗留下来的装置如此和谐地隐藏在屋顶一览无余的视觉设计中，以至于一旦移除它们，就会重塑天际线的样子。所以，出于外观的考虑，人们会反常地积极维护一些早已废弃的东西。

托马森们

保留的遗骸

1972 年的一天，日本艺术家赤濑川源平和几位朋友散着步去吃午饭，他注意到，在一栋建筑物的旁边，有一段奇怪而无用的楼梯。几级台阶通向一个楼梯口，但楼梯顶上却没有门，照理说那里应该是有门的。然而让他感到特别奇怪的是，那段不通向任何终点的楼梯旁的栏杆刚刚被翻修。尽管这段楼梯看似无用，但它显然仍在被正常使用。在后来的散步途中，赤濑川开始越来越多地留意建筑环境中这些莫名其妙地保留下来的功能。

城市总是不断发展，新建筑不断增加，旧建筑被拆除、翻新或扩建。在这个过程中，一些琐细的残片被遗落，成为时代更迭的痕迹，比如没挂电线的电线杆、空无一物的管道、无用的楼梯。这些残余物通常会被人清除，或者自生自灭，但有时它们也会被清洁、抛光、修复和重新喷漆，哪怕它们没有任何用处。

艺术家赤濑川为这些奇事而着迷——无用的物件仍在被保养。他认为它们代表一种艺术，所以他开始在一个反文化主题的摄影杂志专栏上兴致盎然地写跟它们有关的事。

很快,世界各地的读者就给他寄来了各种类似物件的照片,他根据物件的无用程度及其表面的维护状况来评估它们。他 1985 年出版的一本书收录了许多这类图像和他对它们的思考。

此时,赤濑川已经为这些残余物创造了一个术语,这个词乍一看相当离奇——他以美国天才棒球运动员加里·托马森的名字将它们命名为"托马森们"(Thomassons)。托马森曾为洛杉矶道奇队、纽约洋基队和旧金山巨人队效力,后来又去日本为赤濑川最喜欢的球队读卖巨人队效力。托马森得到了很高的薪水,到海外生活、工作,但到了那里,一切都变了。1981 年,他从一个全明星球手变成了一个险些创造日本中央联赛历史上最高三振出局纪录的人。在合同到期前,他的表现一直不见起色。大多数时候他都只作为板凳队员在一旁观战,但他在无所事事的同时也赚得钵满盆满。他即使没有用

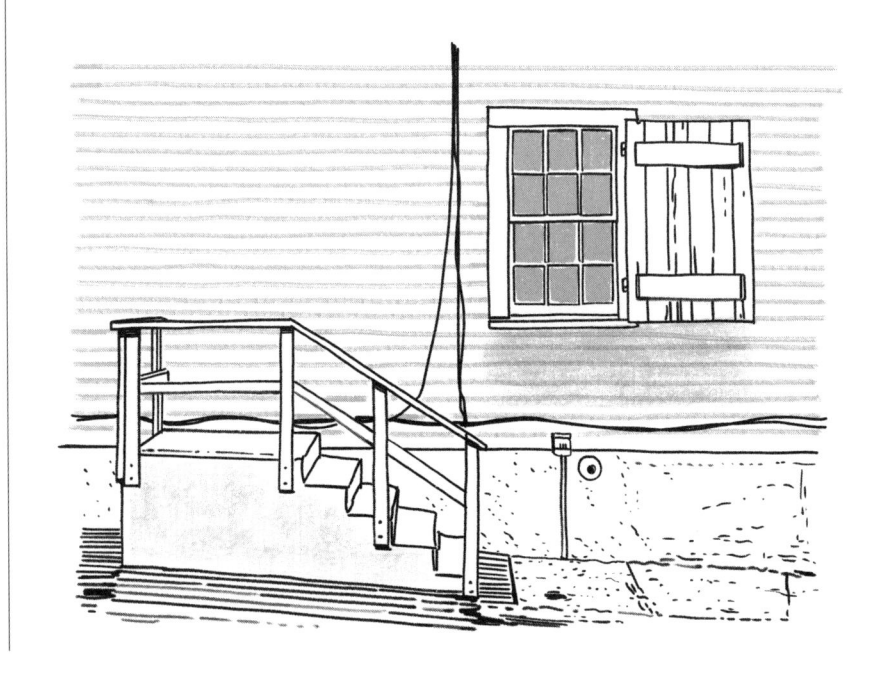

处，也仍然在那里。

随着"托马森们"这一概念越发普及，赤濑川开始用它来表达对无用但始终存在之物的一种复杂情感。他非常尊重运动员加里·托马森，并不想冒犯他的球迷及家人，但"托马森们"这个称谓最终还是被保留了下来，这是其他棒球运动员可望而不可即的殊荣。发现"托马森们"也令人颇感愉快，因此这种联系可能并不像起初看上去那么消极。"托马森们"是等待着被发现和分析的宝藏——无论是否关乎艺术，它们都提供了一种有趣的视角，你能透过它们观察并理解时间带来的变化。

积"重"难返

爱情锁

爱情锁的流行可以追溯到塞尔维亚弗尔尼亚奇卡矿泉镇上一位名叫娜达的教师与一位名叫雷利亚的军官的故事。在雷利亚赶赴第一次世界大战的战场之前，这对情侣曾站在当地的一座桥上，向对方宣示自己的爱情誓言。然而就在希腊与同盟国作战时，雷利亚却另寻新欢并与之结婚。故事里说，娜达在遭遇这场背叛后死于悲痛。这场悲剧催生了一项传统：当地的情侣们开始把刻有自己名字的挂锁系在桥上，然后把钥匙扔进水里，这一公开的仪式性行为标志着他们对彼此的承诺。诗人德桑卡·马克西莫维奇听说了这个故事，便把它写进了一首诗中，遂使得这个做法流行开来。

如今在弗尔尼亚奇卡矿泉镇，"爱桥"的金属栏杆上挂满了形状、大小、颜色和材料各异的挂锁，挂锁上刻着（或用其他方式记录着）姓名、日期和留言。世界各地的大桥、墙壁、篱笆和纪念碑上都有爱情锁，尤其是在巴黎、罗马和纽约这样举世闻名的浪漫都市。

人们喜欢爱情锁，不过城市对这些挂锁的态度通常更谨慎。2015年，澳大利亚首都堪培拉就曾因为担心一座桥被压垮而拆除了桥上的爱情锁；同年晚些时候，在墨尔本的一座桥上，承载着两万把挂锁的缆线因超重开始下垂，这些挂锁也被剪断并从桥上摘下。还有巴黎的艺术桥，这座人行桥不堪70万道挂锁的重压，直到当局拆掉系锁的整个面板。各地纷纷在栏杆下面安装了亚克力或玻璃面板，以防有人在栏杆上面再挂新锁。

一则起初简单的浪漫故事，如今已经演化为一种全球性（有时也具有争议性）的活动。挂爱情锁在某些城市被认为是破坏公物的行为，恋人们在挂锁时如果被抓住，可能会面临罚款。在其他地方，爱情锁则受到积极鼓励，还有专门用来系锁的构造。例如，中国的长城上就有专门用来固定爱情锁的锁链，因而有人认为爱情锁起源于古代的中国，而不是现代的塞尔维亚。与此同时，在莫斯科一座很受欢迎的桥边，人们竖起了一些金属的人造树木，作为另一个挂锁的地方。这样的做法与一些城市处理涂鸦的方式不谋而合，在那些城市中，专门的涂鸦墙被视为非法破坏行为的替代品。就像在爱尔兰亲吻布拉尼石（又名"巧言石"），或者在西雅图把口香糖粘在一堵粗糙的墙上①，挂锁看起来像是一种奇特的乐趣，但是当很多人都在排队做这件事时，这项传统就可能会失去其浪漫的魅力。

---

① 指西雅图派克市场内的"口香糖墙"。

战争转用材

建设性再利用

在第二次世界大战期间,英国当局组装了60多万个钢制担架,以备遭德国空袭后用。这些担架设计得坚固耐用,而且在遭受毒气弹袭击后也易于消毒。然而战争结束后,遗留的担架数量过多,伦敦郡议会为它们在全城范围内找到了出人意料的用途:不是用作雕像或纪念碑,而是用作示意各种不动产边界的围栏。这些围栏大多是黑色的,由金属网和把担架抬离地面用的弯曲的支撑物组成。这些弯曲使得它们就算在野外也很容易被识别。担架掉了个个儿,挂在垂直的支撑杆之间,被成排地放置在佩卡姆、布里克斯顿、德特福德、奥瓦尔和伦敦南部与东部的一些地区,从而组成了长长的栏杆。不过,由于暴露在大自然中,许多栏杆正在朽坏。

据担架栏杆协会称,几年来,一些地方政府由于栏杆老化而将其拆除。担架栏杆协会的宗旨是让人们和他们一样积极地为这些二战时期的担架寻找新的用途,并让地方议会也参与到这项保护工作中来。他们认为"这些栏杆是我们遗产的重要组成部分,应该作为标志性的中世纪住宅区的组成部分加以保护"。

这并不是英国第一次或唯一一次用实物纪念过去的战争。一些旧碉堡和掩体已被改造成棚屋和民房。英国海岸线上的所有海上堡垒都变成了私人度假岛、地下电台，甚至还有一个名为"陆海"的备受瞩目的微型岛。不过，像担架改成的栏杆或舰炮制成的墩柱这样循环利用的小物件更常见，尽管它们也更不易察觉。

墩柱是种矮桩，几个世纪以来一直被用于停泊船只、治理城市交通，以及帮助保护行人免受马车与后来出现的汽车伤害。历史上的大多数墩柱都是木制的，但早在17世纪，半埋在地下的老式铁炮就开始成为坚固的替代品了。

英国有个传说：英国皇家海军舰队从拿破仑战争中带回了一些法国火炮，并将其作为战利品安置在东伦敦的船坞中，不过这种再利用实际上是出于经济原因，而不是为了庆祝胜利。许多回收再利用的火炮都是由铁制成的，但它们作为废铁的价值太低，不值得回收，只有找到更值钱的火炮之后，人们才会将其熔化，提炼出其中的金属。

英国的街道和人行道上仍然有改装后的火炮，它们经常充当交通分界线或土地测量标志。在世界各地，人们总会路过炮桩——你可以在加拿大新斯科舍省哈利法克斯的建筑角落里找到这些坚固的残余物；在古巴哈瓦那的人行道上，它们则保护着行人免受往来车辆的伤害。在大多数炮筒已经被熔化或以其他方式被循环利用很久之后，城市中仍然有炮桩的身影，包括那些原本并不作为武器的炮桩。这种审美观念流传至今，人们已经很难分辨哪些是真火炮，哪些是假的，不过它们确确实实都是路桩。

城市中的建筑再利用现象就跟城市本身一样古老。任何人类长期居住的地方都有"转用材"（spoila）的例子。这个词来自拉丁语词spolia，意即"战利品"。历史上，这个词被用来表示将石头从被毁的建筑中取出，再将其用于新的事物中。与金属担架栏杆或炮桩一样，这种再利用可能是实用导向的。毕竟，如果可以从被击败的敌人队伍中掠夺东西，为什么还要制造新的呢？"转用材"的词源看似不太常规，但考古学家彼得·萨默提出了一个更积极的观点。他观察到"我们都能接受视觉艺术家、作家、诗人、音乐家甚至是学者在他们前作的基础上创作新作品，他们经常在新作品中融入并'重新利用'他们的原材料。"他认为"转用材"在整个人类历史中都以类似的方式发挥着作用。

如今，把历史文物重新应用到新的建筑作品中的想法通常会遭到大多数建筑师和艺术史学家的反对，更不要说广大的普通市民了。没有人会主张把万神殿拆成零件，或把它变成唐恩都乐（Dunkin' Donuts，甜甜圈店）。即便是那些试图通过使用复古风与装饰品来追求多样性与乐趣的后现代主义者，也只是从古代的作品中汲取灵感，而不是从中攫取真实的物质材料。我们在世界各地的城市中所看到的大部分东西都是相对较新的，它们是为了适应当前的功能而制造的。尽管如此，在这些较新的建筑物当中，建筑环境里的许多元素在一代又一代的城市演变中被改造，以满足新的需要，看起来都饱经沧桑。

RUMORS OF WAR
KEHINDE WILEY
2019

PRETTY LITTLE
THE PHANTOM OF THE OPERA
HERSHEY'S
GEORGE M. COHAN
Beautiful
The Carol King Musical

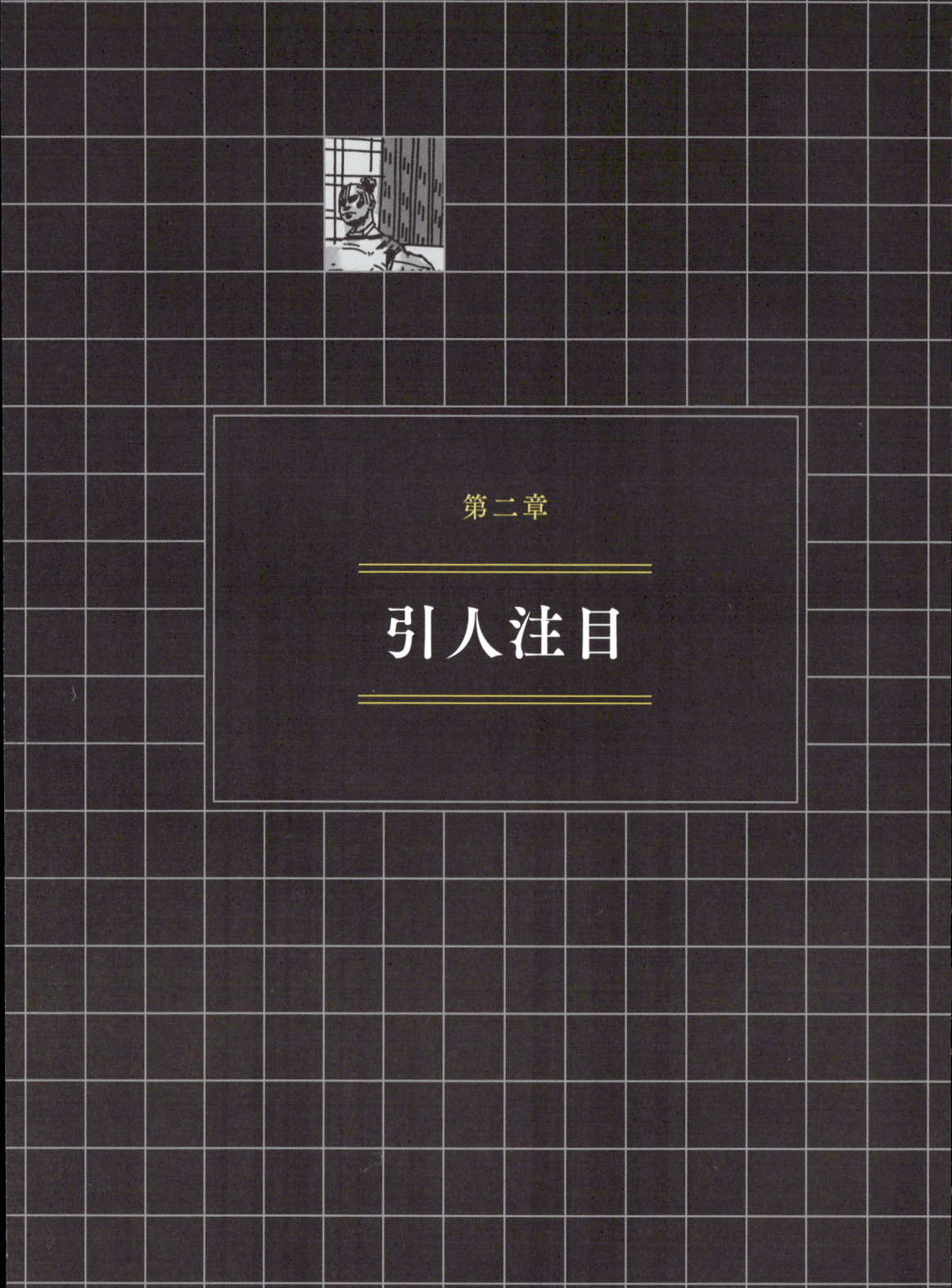

第二章

引人注目

人们常说，好设计是看不见的。当被设计之物正常工作时，它们不会引起注意。然而还有一些东西是专门为了被人们看见而设计的。诸如警告信号、牌匾、旗帜这样的东西就是用来传达某种重要信息的，比如："停车！""这样做才安全！""你已进入芝加哥！"如果它们没有被人注意到，那就是它们的失职。最好的视觉信号能在匆匆一瞥间向人们传递大量的信息。

第48、49页：旗帜、纪念碑、牌匾、标志牌和广告

BEAUTY
OLD YET EVER NE
ETERNAL VOICE
WARD WO
Library
New York
Public
Fift

身份

一座城市或一个社区的特色通常是由各种人群的一系列偶然而独立的行为构成的：街区里一家新开的咖啡馆；一栋翻修成亮色调的维多利亚式房屋；将所有邻居聚集在一起的、一年一度的社区聚会。不过走近细看，为了建立特定的公民身份认同，还存在着覆盖面更加广泛的、自上而下的市政工程。我们认为，最好从一面好旗帜讲起。

左图：纽约市公共图书馆分馆的曼哈顿小姐雕像

旗帜学规则

市旗

爱达荷州波卡特洛市的市旗是全美国最差的。至少 2004 年北美旗帜协会对 150 个城市的市旗进行调查时得出的结论如此。旗帜学是一门研究旗帜的学问，就像大多数风险很低的领域一样，旗帜学领域的专家们的意见可能非常激烈。不过，即便只瞥一眼，你也会明白受访者为何对这个城市的市旗兴味索然。正如罗曼·马尔斯 2015 年在一次广为人知的 TED 演讲中解释的：波卡特洛市旗的颜色、形状、字体都设计得一团糟，而令人分心的商标和版权符号更是雪上加霜。当然有人可能会说，任何关于旗帜设计的看法都是主观的，但在《好旗帜与坏旗帜：如何设计一面很棒的旗帜》这本小册子中，旗帜学专家特德·凯列出了一些行之有效的经验法则。

凯认为，好的旗帜设计应符合 5 个关键原则，这些原则有不少也适用于其他设计：（1）保持简洁；（2）使用有意义的象征符号；（3）使用两到三种基本色；（4）避免使用字母或印章；（5）与众不同或能引发联想。换言之，好的市旗设计应该简单、难忘、好记，并且适用于不同的尺寸；它还应该具备有意义和辨识度的色彩、样式和图形，以及与当地历史或公民身份认同有关的元素。

第二章　引人注目

大多数人都认识自己国家的国旗，许多人还对州旗——至少对自己州的州旗——十分熟悉。不过，就市旗而言，有些城市的市旗的确比其他市旗更有名。芝加哥的市旗不仅被大范围地悬挂在市区的市政建筑上，也因其引人注目的设计而深入人心。它的特点是白底加两道蓝色的横条纹，四颗红六角星在两道条纹之间一字排开。蓝色条纹代表水，特指密歇根湖和芝加哥河，四颗星则代表这座城市历史上的四个关键时刻：迪尔伯恩堡的建立、芝加哥大火、哥伦比亚世界博览会（小说《白城恶魔》让人们对它印象深刻），以及少有人记得的进步世纪国际博览会（又称芝加哥世界博览会）。

芝加哥的市旗符合很多条"好设计"的原则：它简洁，有象征意义，独特，而且极具标志性。从朋克爱好者到警察，各行各业的芝加哥人都在展示这面市旗。当然，芝加哥公民发自内心的城市自豪感可能是他们佩戴市旗徽章的原因，但特德·凯指出，市旗的设计和公民自豪感之间可能存在一个正向反馈的机制。人们不仅会出于对这座城市的爱而爱它的市旗，还会因为这面旗帜很酷而更爱这座城市。芝加哥市旗之所以在全城随处可见，部分原因在于它的设计如此精良，既可以作为整体也可以作为局部印在各种尺寸的物品上。你可以在咖啡杯、T恤衫，甚至是文身图案上看到那些六角星。

理解了芝加哥市旗的优点所在，或许你就会明白旧金山市旗在其家乡

备受冷落的原因。旧金山市旗上有一只从灰烬中升起的凤凰，它暗指19世纪那场摧毁这座城市的大火。虽然这种象征符号很大胆，但其关联性并不独特。亚特兰大市也曾被烧成灰烬，它的市旗上也有一只不朽的凤凰；美国还有一座城市名为"凤凰城"，它的市旗上也有一只醒目的凤凰。亚特兰大和凤凰城的市旗都比旧金山的好，因为旧金山的市旗图案上细节太多，人们很难凭记忆将其画出来，因此它违反了旗帜设计原则的第一项：简洁。它对神鸟形象的描绘既繁复又粗糙。市旗上还有一条飘扬的丝带，上面用小号字体写着西班牙文，从远处根本看不清。更糟糕的是，市旗的底部还有用蓝色粗体字母拼写的城市名。"如果你还得在市旗上写下它代表的城市名字，"特德·凯断言，"那么它的符号就是无效的。"

国旗要面对国际宣传和严格审查，因此通常设计良好，但到了地区、州和城市层级，旗帜制作的过程可能就会更不正规、更随意。由于缺乏可借鉴的经验，也没有标准可依，人们便倾向于把地方旗帜设计成现有的各种城市标志的大杂烩。旗帜常常只是将城市的图章印在纯蓝色的底上，这就是旗帜学学者们所说的"床单上印图章"（SOB，seal on a bedsheet）。图章本应被盖在纸上，其中的细节只适合近距离解读，因此对于那些通常被远观的在风中飘动的旗帜来说，"床单上印图章"是个糟糕的选择。这种对城市象征的滥用导致了波卡特洛市旗成了一团糟，一个城市的宣传标志被断章取义地摘出来，贴在白色背景、商标符号和其他东西上，然后被指定为市旗。

当上文提到的TED演讲将波卡特洛的市旗推到了聚光灯下时，波卡特洛市从容地接受了这一负面宣传，并将它转化成了一个创造更好的设计的机会。2016年，波卡特洛市的一则新闻写道："在过去一年里，波卡特洛的市旗设计受到全国的关注，专家们认为它是美国最糟糕的市旗……社区领袖和民选官员已经注意到这一点，新的特别委员会将致力于为波卡特洛创造一面新市旗。"最终，在对参与竞标的设计的评估中，一项名为 *Mountains Left*

（《山之左》）的入围作品脱颖而出，被官方指定为新市旗。在这面新市旗里，三座用几何抽象图案来表示的红色山峰坐落在蓝色的田野上，最高的山峰顶部是一个金色罗盘玫瑰，象征着交通在该地区历史上的重要地位，而贯穿山峰底部的蓝线则代表波特纳夫河。这个设计很成功：它的形式和色彩简洁，但同时很独特，具有象征性。

美国的许多城市都在先后重新设计市旗，其中有一些是在公民组织的民间力量努力下展开的，不少人认为"99%视线之外"是这场运动的催化剂。没有哪个城市想被推到聚光灯下，步波卡特洛前市旗的后尘。然而，要让市政府参与进来可能仍很困难。当市领导声称他们有比操心市旗更重要的事要做时，特德·凯回应道："如果你有一面好市旗，你就能把大家团结起来一同面对重要的事情。"坏市旗被闲置，把视觉营销的阵地让给来来去去的运动队和企业。好市旗具有融合性与适应性，能成为长期有效地推动公民参与的工具和地域荣誉感的来源。

公共的身体

公民纪念碑

在众多的城市雕像中有个反复出现的人物，她有许多名字，包括"明星少女""哀悼的胜利女神"和"文化女祭司"。然而，所有这些雕像都是以同一个女人为原型，她就是奥德丽·芒森。尤其在纽约，到处都是她体态各异的雕像及裸体像：在纽约市公共图书馆的主馆，她倚着一匹白马；在第59街和第5大道的交叉口，她在喷泉上栖居；在第107街和百老汇大街，她躺

在一张床上；在曼哈顿市政府大楼的顶部，她矗立着，全身镀金。大都会艺术博物馆里有超过30尊以芒森的样子为原型制作的雕像。她在这座大都市里装点了许多纪念碑、桥梁和建筑物。尽管她的身体在铁和大理石的纪念碑中得到了永生，但她的名字却在很大程度上被人们遗忘了。然而，在20世纪初，芒森还是位明星，后来更被称作"美国第一超模"。

像许多后来的超模一样，奥德丽·玛丽·芒森也是在纽约街头被星探发掘的，当时她和刚刚离婚的母亲搬到纽约开始新生活。1907年一个明媚的春日清晨，一位摄影师走近芒森，询问她是否愿意摆几个姿势让他拍照，她妈妈也被邀请陪她一起出镜。在最初的这些照片上，她都衣着得体，初获成功的芒森被介绍给知名雕塑家伊西多尔·孔蒂，对方也很愿意聘请芒森做他的模特，但她为此不得不摆出"全然投入"的姿态，也就是赤身裸体，她跟她妈妈都同意了。由此而来的这套三缪斯女神雕像几十年来一直被摆在阿斯特酒店的大堂里，每位缪斯女神都以芒森为原型。回首往事，她称该系列为"我母亲的同意的纪念品"。

随着芒森开始为纽约其他有名的艺术家工作，她的名声越来越大，因此《纽约太阳报》戏称她为"曼哈顿小姐"。芒森因能够用她的姿态和面部表情唤起特定的气氛而出名；她还能够长时间地保持一个姿势不动，这一点也是出了名的。芒森与艺术家们密切合作，了解对方的性情，熟悉他们的工作。她的风靡在某种程度上与融合了大量装饰和雕塑的学院派风格建筑的兴起有关。随着这场运动向西蔓延，奥德丽的肖像也随之流行，她的形象很快就见诸美国国会大厦和东西海岸大大小小的纪念碑。在1915年于旧金山举行的巴拿马万国博览会上，有3/4的雕像都是以她的形象为原型制作的，甚至还有游客地图专门标出了这些雕像的位置。

刚到西海岸，芒森就去了好莱坞，电影制作人总是让她演模特。不幸的是，对她潜在的演员生涯而言，她唤起情绪和传达丰富情感的特长似乎在她变换姿势的那一刻便失效了。她在镜头前是如此僵硬，以至于剧组有时候会给她安排替身，让一种风险较小的特技替身替她拍动态镜头，所以她没能成为一位一鸣惊人的电影明星，也就不足为奇了。

随着现代主义的流行，学院派风格中的复杂装饰不再受新建筑欢迎了，这也标志着"曼哈顿小姐"时代的终结。芒森最终搬回了纽约州北部，在母亲家生活，后来她还经历过一次自杀未遂，在那之后她便辗转于各家精神病院。

这位模特呈现在人物雕像和雕塑上的公共的身体已经是真理、记忆、公民荣誉、明星甚至宇宙的代表。然而不幸的是，这位激发灵感的女神本人近2/3的人生都是寂寂无闻的。但即便如此，那光芒万丈的前1/3的人生也足以让奥德丽·芒森不朽。她的形象遍布美国的各个城市，被那些对她几乎一无所知的人瞻仰。在世界各地的城市里，许多拥有自己的生活故事的无名者，他们的肖像都比他们本人留存得更久，芒森只是其中之一。

知识的圣池

历史牌匾

几年前，当作家约翰·马尔在波特兰州立大学史密斯纪念学生会大楼演讲时，他问台下的听众，有谁知道这座建筑名字的由来。听众们被难住了，于是他讲述了迈克尔·史密斯年轻时的一个故事：1956年，史密斯带领小组在"大学碗"问答比赛中逆势取胜，但毕业后不久，他便不幸死于囊性纤维化。而当马尔被问及他是如何得知这所当地大学的逸事时，他解释说，他正是在自己演讲的大楼外显眼的牌匾上读到的，而他的座右铭就是"永远都要看牌匾"。这是个字面意思再明显不过的口号，但它也换了一种方式提醒我们每个人，要始终留意藏在建筑环境里的故事。

牌匾还能让人们对日常的物品另眼相看。在旧金山米申区，细心观察的路人可以在寻常的人行道上发现消防栓背后的英雄史。在1906年旧金山大地震发生之后，一场大火席卷了整座城市。当时许多自来水管道都无法使用，供水管也干涸了，但有一个消防栓还在继续发挥着作用。恰恰是这一个微不足道的基础设施，让米申区免遭彻底损毁的劫难。如今，这个消防栓被漆成了金色，它旁边的牌匾也进一步纪念着它的重要性。这个小小的标志讲述了一座城市劫后余生的伟大故事，也在时间的长河中彰显了重塑这座都市的时刻。

不同国家和城市对官方牌匾的位置、形状、大小和允许纪念的内容有不同规定。在一些地方，统一标准的材料、颜色和字体有助于市民和游客识别官方牌匾，比如在英国文化遗产保护机构管辖之下的大伦敦地区的蓝色牌匾。这些圆形标志牌标明了名人故居和重大事件的发生地。它们装点着查尔斯·狄更斯、艾尔弗雷德·希区柯克、约翰·列侬和弗吉尼亚·伍尔夫等文化偶像的家。

重要的是，你要注意到牌匾和历史纪念碑上面的文字并不总是完全符合历史真相。在《遍布美国的谎言》一书中，作者詹姆斯·洛温指出，历史纪念碑对它们所处时代的描述往往和它们对其纪念的特定时代、地点和人物的描述同样多，甚至更多。美国南部许多粉饰奴隶制的纪念碑是20世纪初的产物，当时人们对美国重建时期激进观点的反对情绪十分强烈。西部和其他区域的纪念碑往往会忽略美国原住民的视角，而更偏向白人殖民者的观点。

牌匾对它们所在的城市做出了很多直接和间接的说明。"永远都要看牌匾"是与建筑环境和蕴藏其中的故事打交道的好方法，但这并不意味着压印在金属牌面上的每个故事都绝对真实或完整，对牌匾感到好奇的人们在面对这些（闻名遐迩的）精美压印时，应该保持批判的眼光。

显著特征

奇特的图形

这是一个简单的图形,但从潮流手袋到华丽的大教堂窗户,它无处不在。四叶草图案很容易辨别,它是一个去掉标志性根茎、有着四片对称叶子的三叶草属植物。其形状的简洁之美通常被用来传达一种时尚感和精致感。这种奇特形状象征着高档的社区或个人。一排排的四叶草图案铺满了哥特复兴式建筑的精致立面、维多利亚式和布道院风格的老宅、罗得岛纽波特的别墅和华盛顿国家大教堂的窗户。如果你仔细观察,你还会在金属栏杆、混凝土大桥和其他日常设施上重复出现的装饰图案中找到它们的踪迹。

"四叶草"(quatrefoil)这个英文单词来自英国法语里的"四"(quatre)和中世纪英语中的"叶子"(foil)。这两个词最早在 15 世纪被合并成了一个新单词,但四叶草的形状可以追溯到更早的时候。在拜占庭帝国时期的君士坦丁堡以及古代的中美洲,都可以找到四叶草的形象,它被用来象征云、雨,以及天界和冥界之间的十字路口等元素。

执教于多伦多大学的建筑历史学家克里斯蒂·安德森将西方对这一设计的新近用法追溯到了伊斯兰建筑——伊斯兰建筑将有机形状提炼为几何图形的传统悠久。四叶草通过"丝绸之路"来到了欧洲,这一图案也跟随着地毯、天鹅绒和丝绸这些奢侈品一起到了那里。

进入欧洲后,四叶草保持了它们的形状,但用法和意义却发生了变化。四叶草图案被镶嵌在大玻璃窗边的石质花窗格中,用来传达某种富有的意味，部分原因是它们的制作工艺颇具挑战性。教堂也开始将四叶草融入浮雕、镂空和其他装饰中，与基督教十字架相似的几何形状使它更具宗教色彩。这个流行符号经过了多年的浮沉，在不同时期和语境中有着不同的含义。四叶草曾在哥特式和文艺复兴式建筑中颇为流行，后来又被哥特式复兴建筑所用，因为工业革命引发了人们对华丽、有机的前工业形态的复古风潮。

安德森解释说："在19世纪后半叶，有很多建筑师和设计师创造了设计图案集，供建筑师、泥瓦匠、工匠——实际上，所有领域的人士——使用。"工匠们借鉴了诸如欧文·琼斯《装饰的法则》这样的指南，其中有来自全世界的例子，包括中国人的、印度人的、凯尔特人的、土耳其人的、摩尔人的，等等。琼斯的书和其他类似的作品将装饰物抽象化，并将其从语境中提取出来，变为启发设计灵感的素材，再结合新材料、新场合加以运用。设计师们也的确是这么做的，他们将四叶草的形状应用在实体建筑、基础设施以及各种平面设计中。

在琼斯1856年出版的书中，他列出了37条关于优秀装饰设计创意的建议。这些都是他在建筑和装饰艺术创作中构想的形式和色彩的安排原则。与后文炫目的图案相比，这本书的概论部分极易被忽视，但书中的第13条建议让我们得以洞悉四叶草的力量。琼斯写道："花朵或其他自然物体不应被用作装饰品。"相反，他提倡"基于它们的一般表现手法已经足以向人们传达欲表现的形象，同时不破坏被它们所装饰物品本身的统一性。"简言之，抽象是关键。当自然被数学化时，混沌的和有机的东西就会变成有规律的、可理解的、可重复的，并且终究是美丽的东西。考虑到当时人们对四叶草图案的滥用，他可能已经发现了一些问题。不管出于什么原因，简化版的四叶草图案确实变得无处不在、令人垂涎，成为了奢华和高雅风格的永恒象征。

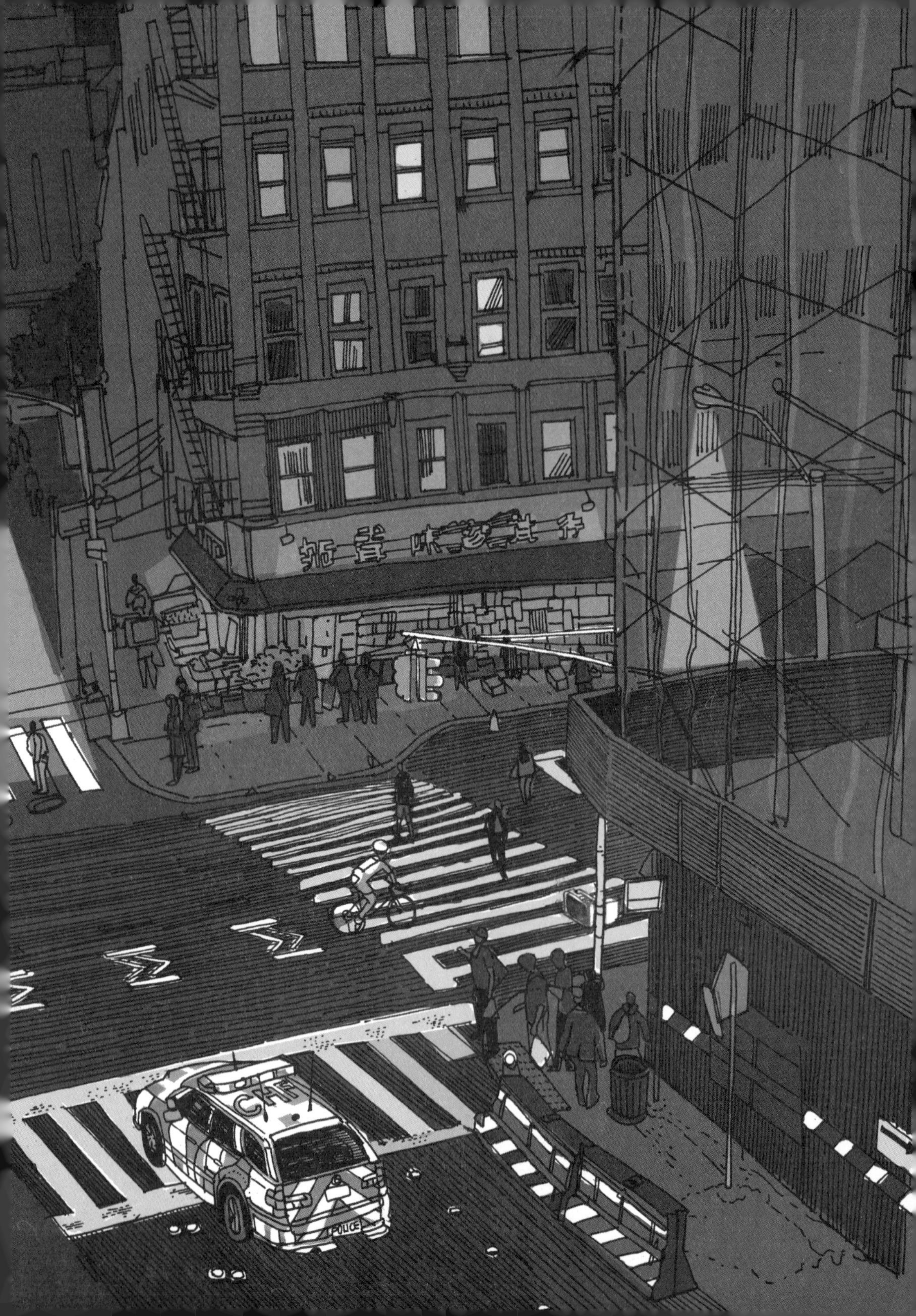
POLICE

安全

　　现代人的福祉很大程度上得益于抗生素、疫苗等医学领域的突破，但建筑景观中的警示灯、交通信号灯、道路标志、安全符号其实也为保护你尽了一份力。随着世界的发展，新的无形危险层出不穷，视觉设计也在随之不断发展。

左图：夜间的交通信号灯、反光道钉和识别图案

混合信号

交通信号灯

在纽约州锡拉丘兹市一个看似普通的十字路口，有一个倒转的红绿灯。自从它在20世纪初建成以来，这类红绿灯一直是个神秘的例外，在美国仅有此一处。当时，红灯在上、绿灯在下的交通信号灯还是一件新鲜事物。因此，当一个新的交通灯出现在蒂珀雷里山社区（Tipperary Hill，以爱尔兰一个郡名命名的社区）汤普金斯街与米尔顿大道交叉的十字路口时，它将代表联邦主义的红色置于代表爱尔兰的绿色之上的交通信号灯严重冒犯了某些当地人。

在这个十字路口发生了一场激烈的反击战。据大多数人说，这盏普通的交通信号灯引起了公愤，破坏公物者朝着红灯砸石头或砖头。每次灯被修好之后，这种事就会再次发生。最终，区议员约翰·赫克·瑞安介入此事，请愿将红灯和绿灯的位置对调过来并成功了。然而州政府又推翻了这一决定，并下令恢复交通信号灯上红灯和绿灯的原始位置，从而引发了新一轮的敌对行动。官员们最终意识到抵抗是徒劳的，于是让步了，将交通信号灯掉了个个儿，再没变过。

1994年，锡拉丘兹市开始在那个十字路口的一角动工建一个纪念公园。那里乍一看像是典型的用传统材料和景观手法建成的袖珍公园，但只要你细观察，你就会发现一系列线索，关于蒂珀雷里山纪念公园（又称"投石者公园"）是为了纪念什么而设计的。这是一组位于街角的家庭雕像，一个父亲形象的人用手指着十字路口，他的儿子就站在旁边，青铜背袋里塞着弹弓。

公园的某些区域铺着地砖，上面印有当地捐赠者的名字，其中许多显然是爱尔兰人的名字。悬挂在绿色旗杆上的爱尔兰国旗也在公园的上空飘扬。倘若以上这些还不够明显，还有被绿色篱笆包围着的公园一角，篱笆上有装饰用的三叶草。显然，这里对整个社区而言意义重大。掉转的交通信号灯是一个微小但有意义的让步，凸显了文化与基础设施之间不可分割的联系。

在地球另一边的日本，交通信号灯受文化因素的影响也十分鲜明：那里的许多表示"通行"的信号灯都是青绿色的。艾伦·理查兹在发表于"奇趣地图集"（Atlas Obscura）网站上的一篇文章中写道："回顾历史，日语里带 midori（绿色）和 ao（青色）字根的单词有明显的重叠。"他解释说："青色、红色、黑色和白色是日语中最初确立的四种传统颜色，青色在历史上曾包含很多在其他文化中被描述为绿色的物品。"于是就形成了一种"青绿色"或"青蓝色"。比方说"苹果"在英语中叫绿苹果，但它在日语中则被叫作青苹果——交通信号灯也是如此。

值得注意的是，日本并没有签署《维也纳道路标志和信号公约》。该公约是一项多边条约，系统化地规定了几十个国家的道路标志、标线和交通信号灯。尽管在许多语言中，交通信号灯从一开始就被定为了绿色，但在日本近一百年来的官方文件中，交通信号灯一直被规定为青色。就连日本司机的色觉测试，用的也是红色、黄色和青色。几十年来，人们一直争论不休，到底是让交通信号灯真实地反映语言，让它更青一点，还是按照国际标准把它换成绿色，结果双方相持不下。

"最终，"理查兹写道，"政府采用了一个新颖的解决方案。1973 年，日本政府通过了一项内阁法令，要求交通信号灯使用尽可能偏青的绿——这种颜色严格来说属于绿色，但其中肉眼可见的青色调又令人有理由继续以青色字根为其命名。"到了现在，"虽然现代日语在青色和绿色之间划分了清晰的界限，但青色本身就包含着绿色这一概念仍旧深深扎根于日本的文化和语言"。

无论"青绿色"或"青蓝色"传达出关于一个地方和其居民的何种信息，人类在色轮上画下的分界线都不是一成不变的、不可讨论的或统一的。锡拉丘兹市和日本在交通信号灯问题上公然无视"红黄绿"三色的惯例，这似乎出人意料，但换个角度来看，人们对这类问题的意见竟然能如此一致，这才更让人惊讶。

能见度助手

道钉

发明家珀西·肖的手足塞西尔讲了这样一个故事：1933 年的一个晚上，珀西·肖从他最爱的克莱顿高地的"老海豚"酒吧开车回家，途经浓雾，这时一只猫发光的眼睛救了他一命。当肖在昆斯伯里路的路肩上发现这只猫时，他立即调整车道，避开了一个危险的陡坡。当时，肖和其他司机一样，在能见度很低的情况下依靠设在路中间的金属电车轨道的反光，在笔直而狭窄的车道上直线行驶。然而在这次事件中，这些金属轨道要么被永久拆除了，要么暂时处于维修状态。在英格兰各地，越来越多有轨电车被汽车取代，这导致了一种关键的（虽然它的本意并非如此）路标装置的流失。肖一辈子都在当修理工，这一转折性的事件启发了他，他开始研究一种被他巧妙地称为"猫眼"的、用

来解决道路能见度过低问题的方案。

　　肖的发明是在一个铸铁圆壳内放置两颗露出头来的反光玻璃珠。这些机巧的装置不仅能反光，还能聚光，将光线导向司机。它们还能自动清洁：在雨中或雨后，当汽车驶过时，紧贴在玻璃上的橡胶雨刷会擦亮玻璃表面。这些装置微微凸出路面，也起着分隔车道的作用——车轮轧上它时产生的颠簸能及时提醒司机已经偏离车道。

　　一开始，肖以不太合法的方式来测试他的想法，他利用自己早期当铺路工的经验，挖开了当地道路延伸路段的路面，以部署他的设计原型。他成功引起了一些市政府官员对这项设计的兴趣，但直到二战期间大范围停电频发时，他的设计才被真正采纳。突然间，夜间道路的能见度比以往任何时候都更重要。肖受邀访问了白厅，并最终获得了资助，其金额足够他每周生产4万套他设计的装置，这几乎在一夜之间改变了他的命运。在英国，这些"猫眼"在相当长的一段时间内都颇受欢迎，部分原因是它们在雾天很管用。而在世界上的其他地方，道路标志也都有各自的演变过程，反映着不同的地域条件。

　　在二战后的美国，加州汽车交通量以及相关的撞击事故的发生率迅速上升，促使美国交通部开发了一种名为"博茨圆点"的圆形标记。它是以为加州运输局公司研发这些圆点的埃尔伯特·戴萨特·博茨博士的名字命名，这

些凸起的圆点是为了提高道路能见度而设计的，但它们自身微微凸起的高度也让它们发挥着隆起的道路分隔带的作用。这一装置的早期版本是用玻璃打造的，通过顶部的孔被钉在地面上，但这样它很容易碎裂或松动，导致钉子暴露出来，刺破轮胎。这项设计后来由于更好用的黏合剂的出现而获得改进。1966 年，加州立法机构规定，所有不下雪地区的高速公路都要使用这种圆点，于是在此后的几十年里，全美总共安装了超过 25 万个"博茨圆点"。然而就在最近，加州再次调整规定，逐步淘汰了"博茨圆点"。它的设计尽管有所改进，但仍需要定期更换。如今被广泛使用的是新的热塑胶条，因为它价格低廉，还可以直接与路面熔为一体，因此使用寿命更长。在一些地方，路标技术已经变得更加高端，有的用了太阳能，还有的用了能自动闪光的各色发光二极管。

发光的凸起路标（RPM）有不同颜色，它们通常被用于增强其他标线的可见性，例如白色和黄色的凸起路标能强化车道分隔线。但它们也可以用于更专业的用途，例如在高速公路上为交通警察标记路边停车的位置。在一些城市，蓝色的凸起路标提醒消防员路边有消防栓，绿色的凸起路标则为应急车辆指明出入点，包括进入封闭社区的入口，或者帮市政设施服务公司寻找快速进入的关键安装位置。凸起路标的倾斜方向——许多路标略微向上倾斜，然后逐渐变平，然后再向下倾斜——也可以朝不同方向传达不同信息。一边的红色可以告诉驾驶员他们走错了路，而另一边的白色则可以让他们在掉头驶入正确方向后松一口气。

经历了这一切之后，珀西·肖成了他的家乡哈利法克斯的一名传奇人物。他的"猫眼"设计赢得了多个国家级的奖项，并且受到了英国王室的赞誉，他的故居如今也有一座蓝色纪念牌作为装饰。但肖从不炫耀这些个人名利。他周游世界四处工作，但他更喜欢回到家中，到处修修补补，举办低调的聚会。为数不多能显出他已经是个有钱人的，是他新买的豪车。人们经常看到一个司机开着劳斯莱斯幻影，载着肖行驶在那条曾激发他的灵感、使他一举成名的道路上，前往他最爱的酒吧。

方格图案的过去

识别模式

典型的美国警车看上去是这样的：白色的车门、车顶和黑色的车盖、挡泥板、引擎盖与行李箱形成鲜明的对比。达拉斯警察局的新闻发言人詹妮丝·克劳瑟解释说："黑白相间的外观代表着执法机关。这种外观犀利又聪明。很少有非执法车辆是黑白色的，所以它们真的很出挑。"虽然有些部门仍在使用这种传统的配色，但已经有其他部门尝试用不同的颜色和乙烯涂料技术改变这一外观。在美国和其他地方，越来越多执法车辆使用方格图案，其起源可以追溯到警察开始开车巡逻的最初几十年。

警方使用的棋盘方格图案来自苏格兰纹章、苏格兰传统方格花纹和英国北部一位特别开明的警长。据格拉斯哥警察博物馆的资料记载，"在第一次世界大战期间及其后不久，许多苏格兰警察都戴着黑色尖帽，警方想方设法地让自己的警察看上去不同于戴相同帽子的公交车司机和其他地方的官员"。起初警队给警帽加上白顶，以示区分，但事实证明这样的帽子很容易脏。因此从 20 世纪 30 年代开始，格拉斯哥市的警察开始使用黑白棋盘格纹的帽带，以区别于公务人员。这种特殊的图案是由珀西·西利托爵士引入执法系统的。

身为格拉斯哥市的警长，西利托因为粉碎该市臭名昭著的帮派"剃刀帮"

（这个名字来自他们最偏爱的武器），并用无线收音机令他所在的警察局实现了装备现代化而声名鹊起的。后来，他还成了英国军情五处的总干事。然而这些都没法与他把简洁的格纹引入现代警察系统的全球性贡献相媲美。苏格兰格纹注册处澄清道："严格地说，它不是传统的苏格兰格纹，也不是珀西·西利托爵士设计的。"据注册处解释，事实上，"它已经在苏格兰的许多军装上作为纹章标志存在了大约100年。据说高地士兵将白色丝带编织在自己的黑色帽带中，从而产生了棋盘格的效果"。从这些船形无边便帽中，我们可以看到西利托手下的警官所使用的格纹，三行方格图案是其特色。

从那时起，所谓的"西利托格纹"及其变体便开始出现在整个英国以及巴西、南非、冰岛和其他国家的警车和救护车上。一些地方仍然使用黑白或蓝白色的基本格纹，但还有无数其他的颜色组合。这种图案也经常被急救组织用在包括坎肩、帽子在内的官方服装上。不同颜色也可以随地区而异地传达不同的信息。在澳大利亚，蓝白相间的棋盘格图案被应用在州、领地、国家和军队的警车上，甚至澳大利亚联邦警察局的官方旗帜也是以西利托格纹为边的。同时，红、黄、橙组合的方格图案也被其他急救机构使用。交通、惩教部门和志愿者救援组织用的则是西利托格纹的变体。在澳大利亚西部，至少有一家救护车服务机构采用了更新潮的设计，即所谓的"巴滕堡格纹"，这种格纹看上去和西利托格纹很像。

与西利托格纹一样，巴滕堡格纹也是一种方格图案，但它不是三行颜色交错的，而是通常只有一至两行较大的白色、黑色或其他颜色的方块。20世纪90年代，警方科学发展处（PSDB）开发出了巴滕堡格纹，将它应用在巡逻车上，目的是最大限度地提高警车的辨识度和可见度。这种图案的名字来源于它看上去很像巴滕堡蛋糕的横截面这一事实。

西利托格纹当时已经为英格兰和威尔士的警方所广泛使用，所以方格图案在英国的大部分地区都很常见，但人们发现这种经典的三排格纹也有

西利托格纹

巴滕堡格纹

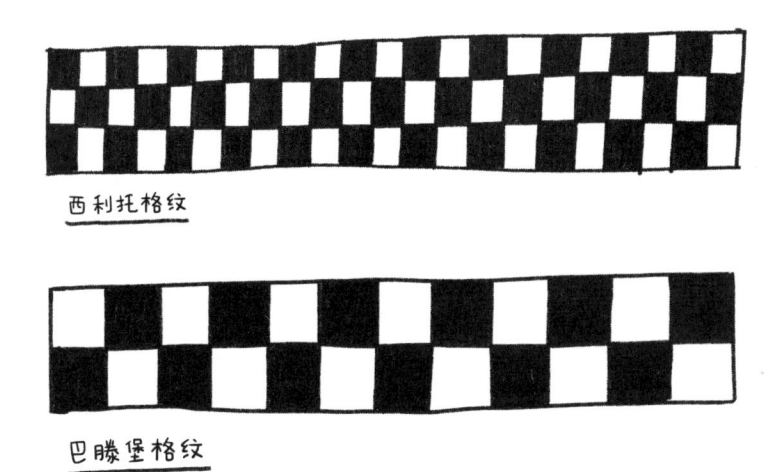

它的局限性。正如重症监护护理人员兼纹样爱好者约翰·基林恩所概括的那样:"西利托是一种识别图案,而算不上是高可见度的纹样方案。"虽然它能让人从近处区分不同种类的救护车,但尺寸较小的西利托格纹可能就更难区分,而且从远处看也不够清晰。除了识别度,公务车辆也需要有很高的可见度,不管是在行车时,还是在马路和高速公路边停车时,都有助于降低遭遇撞击的概率。

在创造巴滕堡格纹的过程中,PSDB 试验并最终选择了更大的亮黄色和蓝色方块作为新图案的组成部分。根据基林恩的说法,黄色在白天很醒目,而蓝色则提供了对比度,同时,蓝色也是"黑暗降临时,人的视觉从彩色转为单一的灰色之前所能看到的最后一种颜色"。

这两种色调也都搭配了反光设计,以便在夜间可见度更高。幸运的是,蓝色和黄色(或金色)也是市民所熟悉的,因为它们与英格兰大部分地区的警服的渊源由来已久,这使得蓝黄格纹的推出更受警察和公众的欢迎,从而满足了 PSDB 的一项关键任务标准。

在英国的测试中,PSDB 进一步发现,由两排水平排列的方格组成的所谓全巴滕堡格纹在空旷的农村环境中表现良好，而只有一排方格的半巴滕堡格纹在城市中效果更好。然而在其他地方，方格图案已经失去了控制。基林恩认为，当设计师的创意过了头时，问题就会出现。"很少有机构深入研究图案的可见度和醒目性，以便在选择设计时最大程度地提高安全水平。"他们经常会想出一些奇怪的混合方案，"就像在西利托格纹、巴滕堡格纹和荧光灯之间的某种像彩虹蛋糕一样的混合物"。在有些情况下，这些设计走向了令人眼花缭乱的极端，图案不仅仅是一排、两排或三排，而是从上到下铺满车辆的侧面，有时还被文字覆盖着。过多的方块可能会导致车辆更难而不是更容易被辨认和识别。

珀西·西利托爵士帮助人们打开了通往如今世界各地使用的各种方案的大门，但各个城市仍然需要考虑本地的情况。警察和其他应急部门不会只因为西利托或巴滕堡格纹在别的地方效果好、成本低、易于复制就采用它们，而是会借鉴英国的经验，在设计前制定标准，然后测试效果，这样做对警察和其他应急部门是很有帮助的。在未经更全面的重新设计和测试的情况下，对于达拉斯这样的城市，也许最明智的方案是选择使用更传统也更为人所熟知的图案：用大片黑色和白色的颜料涂装车辆。

难忘却无意义

警示标志

世界上到处都是警告我们要小心的图标——别碰这个，别做那个。其中许多都不难理解，因为它们代表了某种易于识别的东西，比如一个简化版的火焰形图标，或是在湿地板上滑倒的小人图标。然而，还有一些图标警告我们注意的危险更难以想象，因此也更难通过视觉形式呈现或传达。

生物威胁通常都潜伏于无形之中，有时小得需要用显微镜观察，而且常常是无色无味的，这就使得它们很难以抽象的方式来表示。不过，含有危险微生物、病毒或毒素的房间和包装仍需要有醒目的警告标志。在统一的标志出现之前，从事危险生物材料研究的科学家总要面对令人眼花缭乱的警告标志，每个实验室所用的标志都不同。美国陆军实验室曾用蓝色的倒三角形来表示危险生物材料，而美国海军实验室用的则是粉红色的矩形，所以说即便在军队内部，标志用的图形和颜色也不统一。与此同时，《万国邮政公约》要求，在运送生物材料时，必须使用由紫色背景和一支被白蛇缠绕的权杖组成的标志。

20世纪60年代，陶氏化学公司对警告标志缺乏一致性的情况越来越关注。当时他们正在跟美国国立卫生研究院一起开发适用于危险生物材料的密封系统，他们担心使用不统一的包装设计会导致实验室人员意外感染，从而引发更大的灾难。1967年，陶氏化学公司的查尔斯·L.鲍德温和美国国立卫生研究院的罗伯特·S.朗克尔基于这些问题，在《科学》杂志上发表了一篇关键性的论文，呼吁广泛采用我们今天所熟知的危险生物品标志。

在设计的过程中，项目团队首先制定了一套包含5个标准的法则：符号应该醒目，易于识别和记忆；同时，它必须是独特和无歧义的，不会跟其他符号混淆；出于实用的目的，符号的形状必须适合印到容器上；它还需要有一定的对称性，以便从不同的方向都能识别；最后，它不能带有冒犯性，它的设计不能与任何种族或宗教团体有负面或可疑的联系。

在没有人们熟悉且常见的物品可与图形关联起来时，设计者应该尽量避免不确定的联想，创造新的联想。鲍德温后来在一次采访中解释说："我们想要的是令人难忘但本身毫无意义的东西，这样我们才能教人们去了解它的含义。"秉持这一指导原则和他们已经定好的标准，陶氏化学公司的团队着手开发了一些候选符号。为了确保最终获选的符号既令人难忘又毫无意义，项目工程师和设计师将他们的6个半成品方案公之于众，在现实世界展开了测试。

来自25个城市的300人参与了测试，测试者向他们展示了6个测试标志和18个常用标志，比如花生先生、《德士古明星剧院》、壳牌石油公司和红十字会的标志，甚至还有纳粹标志。参与者被要求辨识或猜测每个标志的含义。然后研究人员将他们的回答转化成一个相应的"意义分"。一周后，研究人员会向同一批参与者展示60个标志，其中包括原先的24个和新增的36个标志。参与者们被要求回忆自己在首轮测试中看到过哪些标志，他们的答案将被转换为"记忆分"。

经过测试，一个设计从众多候选方案中脱颖而出，两项得分都是6个作品中的最高分。获胜的标志最容易被记住，也最难与任何特定意义产生关联。这个标志也满足甚至超过了其他基本标准。尽管它的形状很复杂，但它不仅易于制版，而且只需用直尺和圆规就能画出来；它的三叶草形设计是另一个优点：具有三向对称性的三个叶片形状可以以任何方向粘贴或印刷在物体表面；即使它标记的桶或盒子被侧放或倒置，这个符号仍然很容易识别。亮橙色的标记在对比色的背景中显得非常醒目。

虽然表面上看毫无联系，但可以说，危险生物材料标志的成功得益于它与早于它多年开发的三叶草形电离辐射警告标志的相似性。后者诞生于加州大学伯克利分校，它的设计更简洁一些。内尔斯·加登当时是辐射实验室健康化学小组的负责人，他后来回忆说："许多小组成员兴致勃勃地提出了不同的图形方案，最后一个原本代表原子辐射活动的图标引起了众人的兴趣。"事后再看，你也可以说三叶草形标志从那时起就在三叶草形状和严重的危险之间建立了视觉关联。

但是，在 20 世纪 60 年代，危险生物材料标志仍然是新鲜而抽象的，因此接下来，研究人员还要通过建立它与具体情况的联系，来为这种本身毫无意义的标志赋予意义。鲍德温和朗克尔在 1967 年提议"应该在有实际或潜在生物危害存在时使用这个标志"，它应该被用来标识设备、容器、房间、材料、实验动物或以上任意几种的组合。他们还定义并澄清了"生物危害"这一术语——它是指"通过感染人类或破坏人类环境而直接或间接给人类健康带来风险或隐患的传染性物质"。当然，这个标志只有被人们广泛地使用才算成功。幸运的是，美国陆军生物战争实验室、农业部和国立卫生研究院的研究小组同意对这个新的符号进行为期 6 个月的测试。而当它被疾病控制和预防中心（CDC）和职业安全与健康管理局（OSHA）采用后，这个标志就迅速成为美国的标准符号，并得到了国际上的广泛关注。

在我们的建筑环境中，有许多标志的设计都是物理现象的视觉模拟。然而，危险生物材料标志之所以有效，是因为它在独特、醒目、复杂的同时还易于记忆。它的成功归根结底取决于它的设计与人们所熟悉的其他标志、形状和符号都保持着合适的距离。然而事到如今，它引人注目的独特性也可能成为它的缺点——它有点过于酷了！这个标志已经被用在了衬衫、马克杯、太阳镜、头盔、运动包、背胶贴纸和其他日常用品上。

鲍德温对这一趋势表示担忧，他回忆起一次与生物危害研讨会组织者的争执："作为给参会者的礼物，他设计了一条漂亮的领带，上面印满了生物危险品标志。这让我心烦意乱，我给他写了一封不太客气的信，说这个标志不是用来当装饰的。"鲍德温的反应看似激烈,却基于一个合理而严肃的担忧:这个标志在其预期用途之外越流行,它用来提醒人们注意实际的生物危害和拯救生命的效果就越差。以海盗旗为例,它曾是世界上最令人恐惧的标志之一,代表着死亡、海盗和毒药等事物。不过现在,骷髅头和交叉的骨头更容易让人联想到叫座的电影或万圣节的装饰,而不是真实的危险。

根据物理学家、科幻小说作家格雷戈里·本福德(Gregory Benford)的经验,设计一个能够长期保持其意义的危险标志出人意料地困难。本福德受邀参与了美国能源部在 20 世纪 80 年代发起的一项特别行动。他们希望他能在与废物隔离试验工厂(WIPP)相关的事情上提供帮助,这是一个位于新墨西哥州东南部平原的大型放射性废物储存地。本福德的任务是协助计算在接下来的一万年里——在它仍然危险的情况下——人或物入侵这个场所的概率。事实证明,很少有标志能在如此长的时间内保持其意义。像骷髅和交叉的骨头或危险生物材料标志这样的警示标志设计是行不通的;人们可能不理解它,或者误以为它标志着一些有价值的东西,比如被埋藏的宝藏。

一个由工程师、人类学家、物理学家和行为科学家组成的"人为干涉特别工作组"提出了不同的设计方案,来应对如何在未来一万年内警告众生远离核废料这一重要问题。一种方法是通过一系列像报纸上的连环画一样排列的面板来阐释因果关系,告知人们进入放射性场所的危险。然而,这种策略基于一个假设,那就是未来的人能理解画面之间的因果关系,并从左到右阅读,而这项能力在今天也并未完全普及。其他设计人员则侧重于将建筑环境本身打造为警示标志。他们利用人类本能的恐惧和不适感,设计了如长钉原野和巨型金字塔这样的宏伟景观。但没有人能确定这些建筑物的未来如何,后人究竟会视之为恐怖还是迷人之物也不得而知。

1984 年，德国《符号学期刊》发表了一系列由不同学者提出的解决方案。语言学家托马斯·谢伯克提出了一种叫"原子祭司"的方案。在他的这个设想中，一个像宗教一样具有排他性的政治团体将使用特有的仪式和神话来传递一代代人对于放射性地区的了解，正如任何宗教都会做的那样。与此同时，法国作家弗朗索瓦丝·巴斯蒂德和意大利符号学家保罗·法布里提出了另一种解决方案，即通过基因工程让带有生物发光机能的猫在接近放射性物质时发光。理论上说，通过创作有关发光的猫科动物之危险的歌曲和传统，我们能将这些警告保存在我们文明最古老的遗物——文化之中。

在所有这些想法和建议中，没有一个权威或明确的方案能解决为人类的子孙后代提供警告的问题。与此同时，设计清晰且具有包容性的标志将依旧是目前保障人类安全的核心所在。文化会变，人们视觉交流的方式也会变，所以我们的警示标志也必须随之改变。可以预见，如今出现在领带、打火机、T 恤、自行车头盔和你最喜欢的咖啡杯上的危险生物材料标志也会改变。

时代印记

避难所标志

在冷战中期，新墨西哥州的阿蒂西亚镇颠覆性地将一座传统建筑打造成一所地下小学。阿博小学的"屋顶"被用作操场，上面铺着跟地面平齐的沥青。地面上一座座不起眼的、方方正正的建筑通向与地下连接的楼梯间，学生们就从那里下楼。这些孩子每天都在摆满了课桌和黑板的地下教室里度过。但在那些看似普通的走廊上，还有一间停尸房、一排消毒淋浴间，以及食物和药品储藏库。一旦遭到核武器袭击,这所小学就会变成能供该地区的两千多人避难的掩体。当这个空间里的人数饱和时,它的钢门就会砰地关闭。就连学校的吉祥物"阿博地鼠"也和它超现实的地下场景相契合。

这个项目在当时是雄心勃勃的,但它也预示着在冷战期间担惊受怕的国家会发出全面的行动号召。1961年夏天,约翰·肯尼迪总统曾慷慨激昂地指出:"在导弹时代,(我们需要)承认核战争的可能性,当炸弹开始落下,如果我们的公民不知道自己接下来应该做什么,应该去哪里,那将是国家的失职。"当时局势高度紧张,美国与苏联之间的战争一触即发。因此,肯尼迪指示国会资助了一个项目,用于"识别和标记可以在遭遇袭击时用作避难掩体的空间和既存的公共及私人建筑"——实际上,他指的就是阿博小学这样的地方。这些避难所应该储备"食物、水、急救箱和其他保障我们最低限度生存的必需品"。

按照肯尼迪总统的指示,美国陆军工程兵团在全国范围内调查可以作为避难所的地点。为了给这个新的国家避难所系统创建它的标志,该部队向一位名叫罗伯特·布莱克利的基层行政人员求助。布莱克利曾参加过两场战争,在退伍军人管理局工作。但在20世纪50年代,他还曾在加州大学伯克利分校研习过景观建筑学。

在负责这个项目时,布莱克利采取了一种实用又容易上手的方法。他认为避难所的标志应该用金属来制作,这样才能经久耐用,而标志的配色则需要既简单又醒目,这样即使在城市遭到核威胁、陷入混乱时,这些标志仍旧能为人们指引逃生方向。于是他在地下室里测试了不同的符号和反光涂料。最后,他设计出了这样一套方案:三个黄色的三角形被一个黑色的圆圈围起来，这与辐射警示标志极为相似——后者也是三叶草形的，而且有着相近的配色。大写的文字则强调"防空洞"这一信息。标志牌上留有空白，用于填写避难所能容纳的人数。撇开字母和数字不谈，可能会有人争论说这种标志有个潜在问题——核辐射警示标志的目的实际上与防空洞的截然相反，混淆两者可能会造成严重的危害。但是，当时这样的声音也在这个设计的推广过程中被忽略了。

很快就有超过100万个这样的标志牌被制造出来，附在了全国各地的建筑上，包括学校、教堂、办公室、公寓楼和政府大楼。一时间，人们对在后院、地下室设置防空洞兴致高涨，以至于推销员挨家挨户推销防空洞。有游泳池等设施建造经验的公司看到了这一商机，转而投向避难所的挖掘和建造。与此同时，由布莱克利设计的防空洞标志被广泛使用，它被用来标示那些可以成为大批受到惊吓的美国公民的紧急避难所的、现存或为此专门建造的建筑物。

在那个似乎注定会发生核战争的年代，防空洞标志变成了随处可见、触手可及的存在，至于它到底是代表希望还是绝望，则见仁见智。随着它在整个建筑环境里的传播，人们开始对这一标志采取不同的理解和使用方式。对一些人来说，它是防御计划必要的组成部分，能在灾难发生时拯救生命；若事态严峻，这些标志能将人们引向能提供掩护和生存基本必需品的地方。然而对另一些人而言，这一标志则成了反战人士用来反对主流文化的标志。批评者认为避难所预示着一个更加军事化的美国，一个由混凝土陋屋组成的国家，即便能在核打击中幸存，这个国家也会变成一片反乌托邦式的荒地。就像核裁军标志一样，这个更经常用来表示和平的符号成了那个时代的象征。

担心冷战升级的人们把阿博小学这样更具戏剧性、更极端的避难所当作尖锐批评的焦点。甚至就连苏联人也对此大加挞伐，莫斯科的一家报纸谴责该镇向市民灌输战争不可避免的思想。不过，对于阿蒂西亚来说，这只是个简单的数学问题：该镇本就打算建一所新学校，而民事防护办公室同意支付建造一所能作为防空洞的学校的额外费用，因此他们就这样做了。孩子们在学校期间几乎没意识到他们接受教育的地方有着多么不同寻常的设计。对罗伯特·布莱克利来说，与避难所相关的设计在他的人生中也算不上大事，那只不过是他漫长军事和民事服务生涯中的一个项目而已。幸运的是，这个设计除了作为一个象征性的姿态以外，从未真正派上用场。

The House Of
SOS
SOS
CREW PARKING
EXTRAS PARKING
BARGAIN USED
FAMOUS
OR GIRLS
TIKI BAR
Cocktails
Made

招牌

　　充斥你视野的绝大多数平面设计都是广告。忽略其中的大多数，恐怕也不会有什么问题。

　　这并非"99%视线之外"通常的思路，但如果不把批量生产的视觉垃圾排除在外，你可能就不会注意到那些真正独特的商业设计，它们为一座城市增添了许多的个性和活力。

左图：手绘图案、霓虹灯和片场标语牌

粗笔画

手绘图案

在 20 世纪的大部分时间里，专业的广告牌制作者靠他们的双手从根本上塑造了城市的外观和氛围。从理发店的橱窗到三明治店的招牌甚至市政设施路牌，广告牌制作者们认真地为一座座建筑、一块块广告牌绘制字体。这些专业人士被称为技术工人而非艺术家，因为他们的工作是创造具有功能性而不是艺术性的广告牌。在某些情况下，一个漂亮的或自夸的广告牌可能也有一定的功能性，但在许多日常场景中，比如限速或停车标记，其可读性、清晰度和简洁性至关重要。

对于专家和广告牌爱好者来说，有些细微的线索可以揭示一位广告牌画匠的技术水平。一个字母手绘大师可以用松鼠毛刷寥寥几笔就画出一个形似字母 O 的圆形，而新手可能要用更多颜料、画上几十遍才能完成。速度对于项目的完工也是至关重要的。像广告牌绘制这样的计件工作，一个技术工人必须做得够快才能维持生计，他们经常在恶劣天气下挂在建筑物的外侧绘制广告牌。无论从体力还是审美来说，能做到这一点都很不容易。广告牌制作者需要卖力推销自己。一些画匠身怀绝技四处闯荡，说服当地的企业主当场雇用他们。一个典型的美国大城市会有几十位专业人士熟练掌握特定的风格和笔触，以及将图纸上的小样转移到更大表面上的技术。

广告牌绘制并没有随着绘画软件和其他新技术的推广而消失殆尽，但是像乙烯基绘图仪这样的新发明确实让整个行业发生了翻天覆地的变化。随着大型打印机的出现，制作广告牌变得相对简单。用户只需输入一串字母，然后等待这些机器用他们需要的任何字体准确无误地输出。乙烯基印刷也更容易维护，它们不会像手绘字母那样因为反复清洗而磨损。到了 20 世纪 80 年代中期，机器开始占领广告牌制作领域，降低了入行的门槛，使广告牌设计和制造对所有人来说都更容易上手，无论他们是否真的能设计出一块好看的广告牌。无论是好还是坏，城市面貌都发生了变化，在广告牌绘制的方式转换之前、期间和之后的电影中，我们都能看到这种影响的痕迹。

但许多旧日的手绘广告牌至今仍然存在。"老式广告牌拥有一种独特的持久力，"劳拉·弗雷泽在《手工艺季刊》的一篇文章中写道："广告牌塑造了我们的城市和景观的美学特征，在我们的居住地创造了一种视觉考古学。"即使其商业功能逐渐消逝，它们仍在讲述过去的故事。"每一个年代，每一个地方，都有属于它的特定外观和氛围：通灵板字体、粗体黑色珐琅字母、眨眼的卡通人物、花哨的剪纸、泡泡和星星、卷曲缠绕的花朵，抑或流畅、简约的设计。"

每一项新技术的诞生都会伴随着强烈的抵制，而每一种时尚趋势也都有与之相悖的风潮。如今，新的手绘广告牌越来越频繁地出现在高档的精品店、温馨的咖啡店、时髦的餐车和高级食品杂货店的周围。它们自然的字体有着某种怀旧的吸引力，但也许还有其他因素促成了它们的流行。瑕疵、笔触和充满个性的标记从潜意识的层面暗示观看者，在广告牌的背后有一个真实的人，此人关心的是如何造出既实用又美观的事物。

弯管工

霓虹灯

白天，各种高楼大厦组成了加州奥克兰市中心优美的天际线，但一到晚上，有一栋建筑熠熠生辉，让其他伙伴黯然失色。论坛报大厦既高且细，由沙砖包裹着，顶部是镀铜的孟莎式屋顶。不过，真正让它与众不同的是那些发光的霓虹灯。大楼的四面都有用鲜红的字母拼出的"tribute"一词，和四个霓虹灯时钟配合着，用发光的数字和指针来显示时间。霓虹灯保养得当，引人注目，这不仅是因为它的亮度，还因为它很少被用作现代建筑中的设计元素。不过霓虹灯夜景曾一度成为常态，它光芒四射，照亮了世界各地的城市，至今，我们仍能看到霓虹灯的踪迹。

1898年，科学家威廉·拉姆齐爵士和莫里斯·特拉弗斯发现了氖气。氖气得名于希腊语neos（意为"新的"），这一发现很快就引发了新技术的诞生。20世纪初，一位名叫乔治·克劳德的法国人首次将霓虹灯用在招牌上，他的第一个商业创作是巴黎一家理发店的招牌。20世纪20年代，他的克劳德霓虹公司将霓虹灯招牌引入美国。到了20世纪30年代，霓虹灯已经遍布世界各地；仅曼哈顿和布鲁克林就有两万个霓虹灯广告牌，其中大部分都是由克劳德霓虹灯公司制作的。

霓虹灯的原材料很简单：玻璃、电力和气体（大部分来自我们平时呼吸的空气）。长期以来，红色一直是霓虹灯招牌的流行色，部分是因为它是氖气燃烧时的本色。蓝色也很受欢迎，然而它是用氩气加上一点水银制成的，所以蓝色霓虹灯严格来说不能算是"氖气"霓虹灯。其他的颜色则是通过混合其他气体、材料，或在玻璃管内添加荧光粉来实现的。

  霓虹灯最初被用来装饰高档场所和高档餐厅，但随着它的普及，它的文化意义发生了变化。几十年来，随着郊区的扩张和市中心的衰落，霓虹灯越来越成为肮脏场所的象征和都市孤独感的晦涩隐喻。简陋的夜总会上空绚烂的灯光，或是小餐馆侧面噼啪作响、忽隐忽现的灯光，都与腐朽和堕落联系在一起。在20世纪50年代的照片中，旧金山的市场街看上去就像拉斯维加斯大道一样明亮耀眼。后来，在60年代，清理和美化该地区的措施导致大部分霓虹灯广告牌被拆除。同样的故事还发生在其他的城市，包括纽约——它也曾是一座满是霓虹灯的大都会。在一些地方，比如香港，限制条例则使得许多霓虹灯广告牌被逐步拆除和更换。

  与此同时，许多历史学家、保护主义者、艺术家和其他创作者继续从历史和美学的立场出发，倡导使用霓虹灯。"没有什么比霓虹灯更好的了。"约翰·文森特·劳一边思考，一边自言自语道，他是奥克兰的一位霓虹灯长期承包商，负责维护论坛报大厦的灯光。他说："其他光源没有霓虹灯那种朦胧飘忽、超凡脱俗的外观。"不过，他理解人们对霓虹灯的批评，承认有些人认为"霓虹灯庸俗难看，代表着某种垂死挣扎的商业主义，令他们感到不快"。

  尽管如今发光二极管市场蓬勃发展，但霓虹灯还是迎来了温和的复苏。"弯管工"依然有工作可做：他们手工加热直玻璃管，并将其弯曲成字母和其他形状。这些弯管工们通常从制造商那里拿到四英尺长的玻璃管，然后画出一个如何弯曲的草图——通常从字母或形状的中心向外弯曲。然后，他们加热玻璃管，抽空里面的杂质，向其中充进空气，并将其与电源熔合。这是一项既昂贵又费力的工作，这也是破损的霓虹灯往往会被发光二极管取代的部分原因。

  我们在城市街道上看到的大多数大型霓虹灯作品都是由当地的弯管工一

个字母一个字母精心制作的。即使是在中国批量生产的霓虹灯广告牌，它们的形状大多也是用手拧成的。霓虹灯坏掉之后的修理或更换费用十分高昂，所以你可能会经常发现失灵的霓虹灯。就连著名的论坛报大厦也曾暗淡多年。但最终，新业主重新粉刷并修复了钟面，他们请约翰·劳来维护照亮大厦特色之处的霓虹灯，使奥克兰市中心那颗指引方向的星星继续闪亮。

空中舞者

充气人偶

它们在汽车经销商、加油站和购物中心的街道和人行道边狂舞，预示着大减价和盛大开业。当这些动感十足的广告翻转、摇摆、起落时，你几乎无法忽视它们。这些形状和名字各异的充气人偶有着纤细的手臂和彩绘的脸，它们通常由一台风扇和一根乙烯基柱组合而成。有人认为它们欢乐活泼，也有人觉得它们俗气至极。一些城市充斥着大量这样的充气人偶，而另一些城市，比如休斯敦，则取缔了充气人偶。该地 2008 年出台的一项市政条例认定，这些充气人偶"造成了城市视觉混乱和破坏，在环境美观方面产生了不利影响"。

人们可能会想象，这些管形人偶可能是一个二手车经销商为了招揽生意而用吹叶机和塑料袋制作的小发明，但其实它们的历史远比这更久远、更丰富，也更奇特。它始于彼得·明歇尔，一位 1941 年出生于加勒比地区的著名艺术家。明歇尔因他所创造的比真人更大的人偶而闻名，这些人偶会随着鼓点在街头起舞。他的作品被收入了《加勒比节日艺术》一书，它的副本最终落入了奥林匹克运动会指导委员会的某个成员手中。

明歇尔为1992年巴塞罗那奥运会开幕式设计了一些极具戏剧性的服装和表演,将这些巨型人偶融入其中。几年后,他在美国与其他艺术家合作,一起为1996年亚特兰大奥运会的开幕式做设计。正是在这一时期他想到了,当下面有风扇驱动时,人形的充气长管可以像他家乡特立尼达和多巴哥的人们一样跳舞。不过要想让这些"高个儿男孩"发挥作用,他还需要一些帮助。

彼得·明歇尔联系了多伦·加齐特,一位曾参与过前几届奥运会的设计工作的以色列艺术家。加齐特精通充气造型艺术,他还曾在耶路撒冷街头贩卖过动物造型的气球。两人最终设计出来的东西看上去和如今遍布世界各地的管状人偶很像,只不过它们是双足的,而且大得多。1996年奥运会开幕式上的表演结束了,但这些人偶一直留到了今天。

奥运会结束后,多伦·加齐特取得了一项他称之为"飞人"的专利,授权其他公司出于各种商业目的制造和销售"飞人"。如今世界上不仅有"高个儿男孩"和"飞人",还有"充气舞者"和"充气护林员",后者就像稻草人一样,用来阻止动物入侵农场、吃掉庄稼;它们的脸上没有笑容,只有愤怒的五官和锋利的牙齿。LookOurWay公司解释说,他们"富有动感而不重复的舞蹈动作能一次次地驱赶鸟儿,使它们远离庄稼"。然而,这种商业化的某些方面却成了争议的焦点。

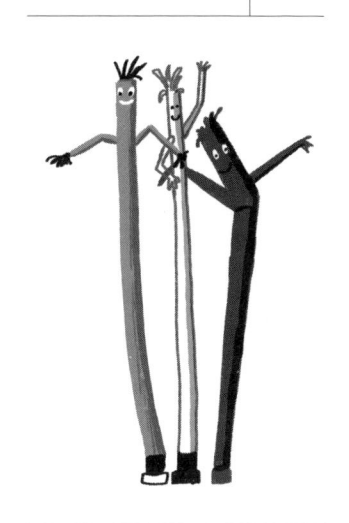

根据彼得·明歇尔的阐述,他曾接到一个艺术家同行的电话,对方告诉他多伦·加齐特正在售卖他们共同设计的充气人偶。加齐特一方则说,他的律师告诉他,申请专利并销售充气人偶的衍生商品是合法的,因为从法律的角度看,明歇尔不算是发明者。彼得·明歇尔和多伦·加齐特一致同意,跳舞的充气人偶是明歇尔的创意，他们也同意由加齐特把这个想法变成现实。然而他们就加齐特在不告知明歇尔的情况下申请专利是否合乎道德持有异议，因为明歇尔认为加齐特申请专利之前应该征求他的意见。尽管如此，明歇尔还是很高兴看到这些人偶把特立尼达和多巴哥的传统舞蹈风格带到世界各地的城市街头。在这些为促销做宣传的花哨充气人偶飘忽不定的动作背后，是一种与一个国家的节奏共舞的文化艺术品。

杰出导演

片场标语牌

在洛杉矶，你总能看到明亮的标语牌被贴在栅栏上，绑在路灯上，粘在圆锥形路障上，对当地人而言，这些标语牌毫不起眼，但对其他人来说，它们十分显眼。这些黄色的标语牌每天为许多在城里穿梭的洛杉矶娱乐产业工作者提供帮助，将演员和剧组引向各种作品的拍摄地点。和官方的绕行标志一样，它们的间距和位置一般都能让人们只需跟随它们的指引就能到达目的地。这种标语牌每年生产上万块，随处可见，以至于游客误以为它们是官方设立的标语牌，但实际上它们不是——至少严格来说不是。洛杉矶市政府通常对它们睁一只眼闭一只眼，毕竟它们服务于作为当地经济支柱的电影业。

随着时间的推移，这些标语牌的样式也发生了变化，变得更加正规。在过去的几十年里，制作标语牌的工人只是在手头现成的材料上随手涂画文字和箭头。而现在，一个典型的标语牌会以亮黄色为背景，在一个黑色箭头的上方或下方用黑色字体各写一个神秘的单词、短语或者缩写，上面一行文字正常书写，下面一行则是颠倒的。这个设计不难看明白：每个标语牌都是模式化的，可以翻转以指向左右两个方向。无论从哪个方向看，这些 18 英寸宽、24 英寸长的标语牌至少能清楚地指明一个方向。

　　文字通常只是地名的代号，对不知情的人而言毫无意义。写出真实片名会把影迷和媒体引到秘密的片场，尽管狡猾的影迷有时也能破解代号。《星际迷航》重启拍摄时，剧组曾用"公司总部"作为片场代号，直到粉丝们琢磨明白了这一点，剧组才又把"沃尔特·莱斯"作为替代印在新的标语牌上。在某些情况下，这些名字包含了内部暗示，只有在某个相关节目或电影项目组工作的人才能识别，其他人很难破译。熟悉经典漫画人物"美国队长"的人可能会意识到，"冷冻烧伤"（freeze burn）是对这个虚构的二战英雄的微妙指代——他被冰封了几十年，才重新回到现在的世界。这些假名必须足够有辨识度，才能发挥出作用；但它们又不能太过幽默，因为如果它们太奇怪或太有趣，往往就会被人偷走。这些标语牌已经成为洛杉矶文化肌理的一部分，甚至还成了洛杉矶官方音乐短片的主角。伴随着游艇乐队唱出的《洛杉矶影话》的旋律，观众会经过遍布洛杉矶的黄黑相间标语牌，它们会拼出这首歌的歌词。

　　在数字地图盛行的现代世界中，这样的标语牌似乎略显多余，但据 JCL 交通服务公司的合伙人吉姆·莫里斯表示，这种标语牌其实比以往任何时候都更受欢迎。他解释说，它们在快节奏的电影业内具备固有的重要功能。电影摄制组的工作人员会在拍摄前一天晚上拿到附有位置图和时间表的日程表。问题是拍摄地点并不总能通过移动设备上的 GPS（全球定位系统）找到，而边开车边查看打印出来的地图或路线也不是特别安全。有些不知名的地方无法在地图上找到，或者地图上只笼统地标示出一大片地区，这会使事情进一步复杂化。所以黄色标语牌对人们到达目的地来说必不可少，尤其是当他们一天要赶去好几个地方的时候。

这些标志明显得似乎有悖常理，因为其目标是保证拍摄地点不被人发现，使电影工作者拍摄时不被打扰。然而正如莫里斯所指出的，在洛杉矶进行的大量拍摄工作有助于缓解这一潜在问题。几乎没人会愿意跟随意义不明的路标，毕竟遍地都是电影片场。莫里斯还指出，狂热的粉丝往往会想尽办法找到去目标拍摄地点的路，所以就算没有标语牌，也不能阻碍他们。

没有规定要求标语牌必须是现在这个样子，但违背约定俗成标准的黄色标语牌设计往往会给辗转于洛杉矶不同片场的演员和工作人员带来麻烦。莫里斯回忆起曾有客户要求将白色字母写在蓝色标牌上，"我们一次性做了300来个，大约三天后，它们又被退回来了"。他说，客户要重买一批新的，并抱怨道："每个人都从这些标语牌旁边经过，但就是对它们视而不见！所有人都在找黄色标语牌。"

刻意为之

去掉广告

像许多城市一样，巴西圣保罗市曾经遍地都是广告，但与许多城市不同的是，这座城市的市长就这一情况提出了一个大胆的计划。2006 年，市长吉尔伯托·卡萨卜提出了一项全面的清洁城市法，以减少视觉污染，消除城市里泛滥成灾的图像广告。这项清洁城市法瞄准了一万多块广告牌和数十万个浮夸的商业招牌，其中许多招牌为了争夺注意力，都悬挂在人行道和街道上空。这项法规还明令禁止在公交车和出租车上打广告，甚至连发放宣传单都是违法的。最终，这项法规的通过不仅令城市的视觉效果焕然一新，还揭露了隐藏在圣保罗光鲜亮丽的外表下的一些黑暗现实。

这项新法规在刚颁布时赢得了不少民众的支持，市民们对私营企业无节制地侵占公共场所打广告感到失望。然而不出所料，那些因打广告而获益的商界领袖对这一法案发起了反击。代表企业的说客们认为禁令将打击经济，并损害房地产价值。他们还试图直接对普通市民喊话，说后者交的税可能被用来拆除那些废弃的广告牌。有人甚至认为发光的广告牌有助于人们在夜间的城市街道上安全行驶。世界上最大的户外广告商之一——清晰频道户外公司甚至起诉了该市的市政府，声称这条禁令违反了宪法。

最终，广告鼓吹者败诉，圣保罗市通过了这项法规。企业有90天的时间来履行新规，否则将遭受罚款。清除广告的过程彻底改变了这座城市的面貌，在某些情况下，可爱的老建筑和美丽的建筑细节再次展露出来。当地记者维尼修斯·加尔旺在纽约公共电台《媒体》栏目上将他的家乡描述为"一座十分垂直的城市"，他指出，在这项法规出台之前，"你甚至看不到建筑本来的样子……因为所有建筑……都被广告牌、标志和宣传标语盖住了"。突然之间，许多业主失去了用来吸引顾客的大招牌，于是他们将建筑重新粉刷成鲜艳的色调，这让曾经因褪色的外墙上挂满广告牌而拥挤的街道面貌一新。

在这座以壁画和涂鸦闻名的城市里，清理建筑物四周的广告不经意间也为街头艺术家们腾出了新画布。然而有的时候，热情的市政工作人员在执行清洁城市法时过于急迫，把一些公共壁画也擦掉了，包括那些获得了官方许可的壁画。其中有一幅两千英尺长的大作遭到了部分清除，这招致了本地群众的愤怒和各国媒体的关注。最终，在公众的支持下，该市成立了一个官方登记处，以保护那些重要的街头艺术作品，如今它们比以往任何时候都引人注目。

撇开美学和艺术不谈，这项法规还带来了一些更重要的意外结果：事实证明，广告牌长期掩盖了一些严重的社会问题。拆掉主干道旁的巨大广告牌，使得广告牌后面惨不忍睹的棚户区露了出来。长期以来，人们驱车经过这些棚户区，却不曾真正注意到它们，因为这里直击人心的残破景象被广告牌围起来了。广告牌的拆除迫使人们目睹贫富悬殊的状况。除了贫民窟，曾被广告牌遮住的工厂窗户也变得清晰可见，人们发现里面许多工人不仅工作条件恶劣，还因为买不起住房而只能住在这些工厂大楼里。换言之，拆除光鲜的广告牌有助于人们发现问题，或者从乐观的角度看，强化了城市进步的可能。

这种减少公共场所广告数量的举措并非圣保罗独有，尽管很少有城市能采取同等规模和力度的禁令。有些地方只允许特定形式的广告牌，或对广告内容加以限制。美国有几个州全面禁止广告牌，包括阿拉斯加州、夏威夷州、缅因州和佛蒙特州。北京市禁止房地产广告使用"豪宅""奢侈"等字眼。巴黎也打击了大型视觉广告。几年前，伊朗首都德黑兰暂时用艺术作品取代了部分广告，这种做法在其他城市则早有先例，尽管官方未必都批准。

与此同时，已经有一些广告被重新引入圣保罗，只不过这一次该市采取了缓和而谨慎的做法。交互式搜索引擎广告被安装在一些公共汽车站的候车亭，方便居民查询目的地的天气状况。这种做法想表明，想铺设广告的企业得提供实用的公共服务。此外，广告商必须承诺维护这些候车亭。类似做法也在更大范围内出现，比如政府准许广告商安装32块LED广告牌，每一块都与圣保罗市的一座主要桥梁有关联，作为招商条件的一部分，广告商还必须负责这些桥梁的修补和日常维护。也许这么做过于乐观和简单化，也许现在下结论还为时过早，但曾掩盖城市问题的广告牌如今成了解决城市问题的助手，这仍然令人耳目一新，尽管公共基础设施的逐步私有化也可能带来新的问题。

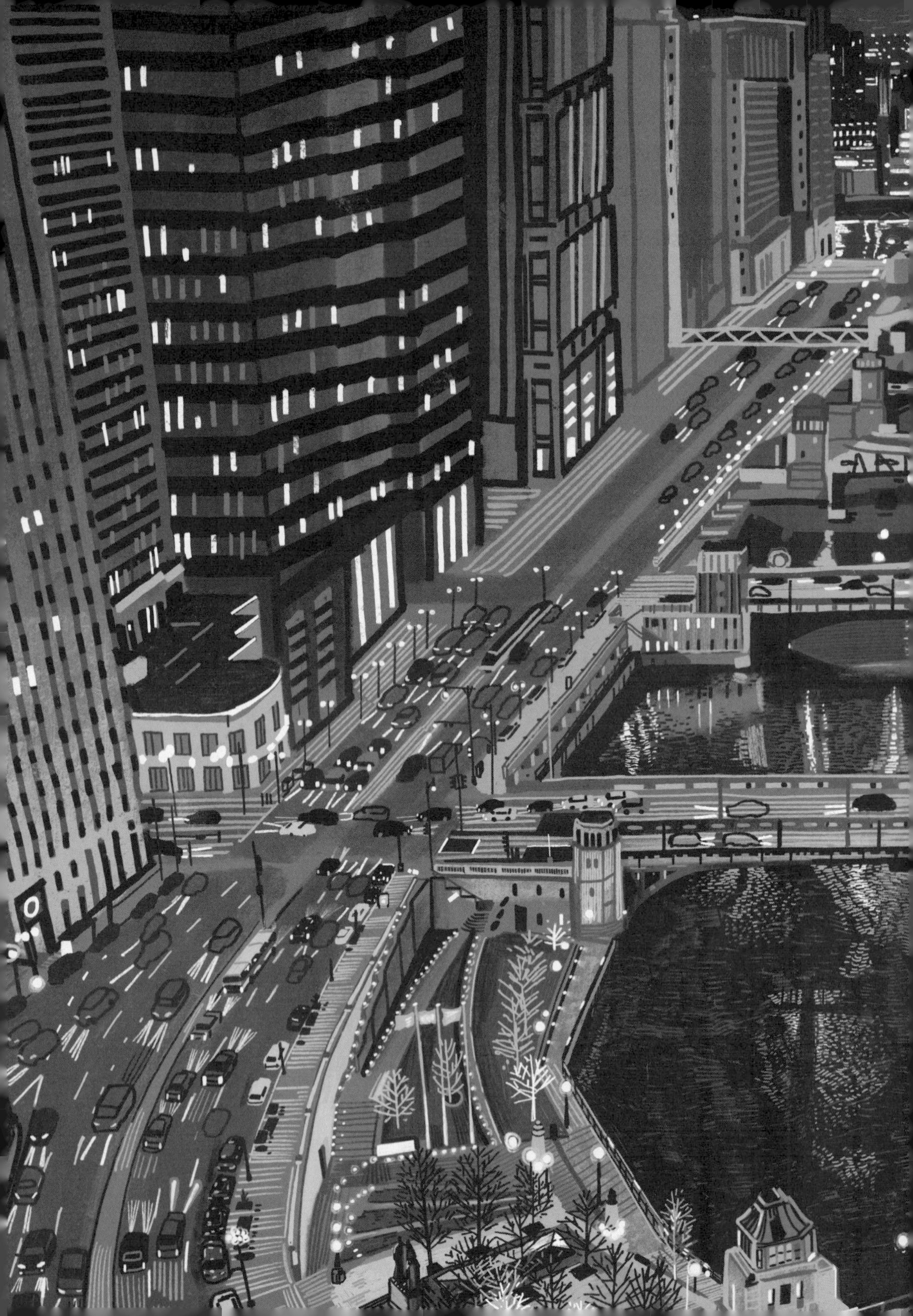

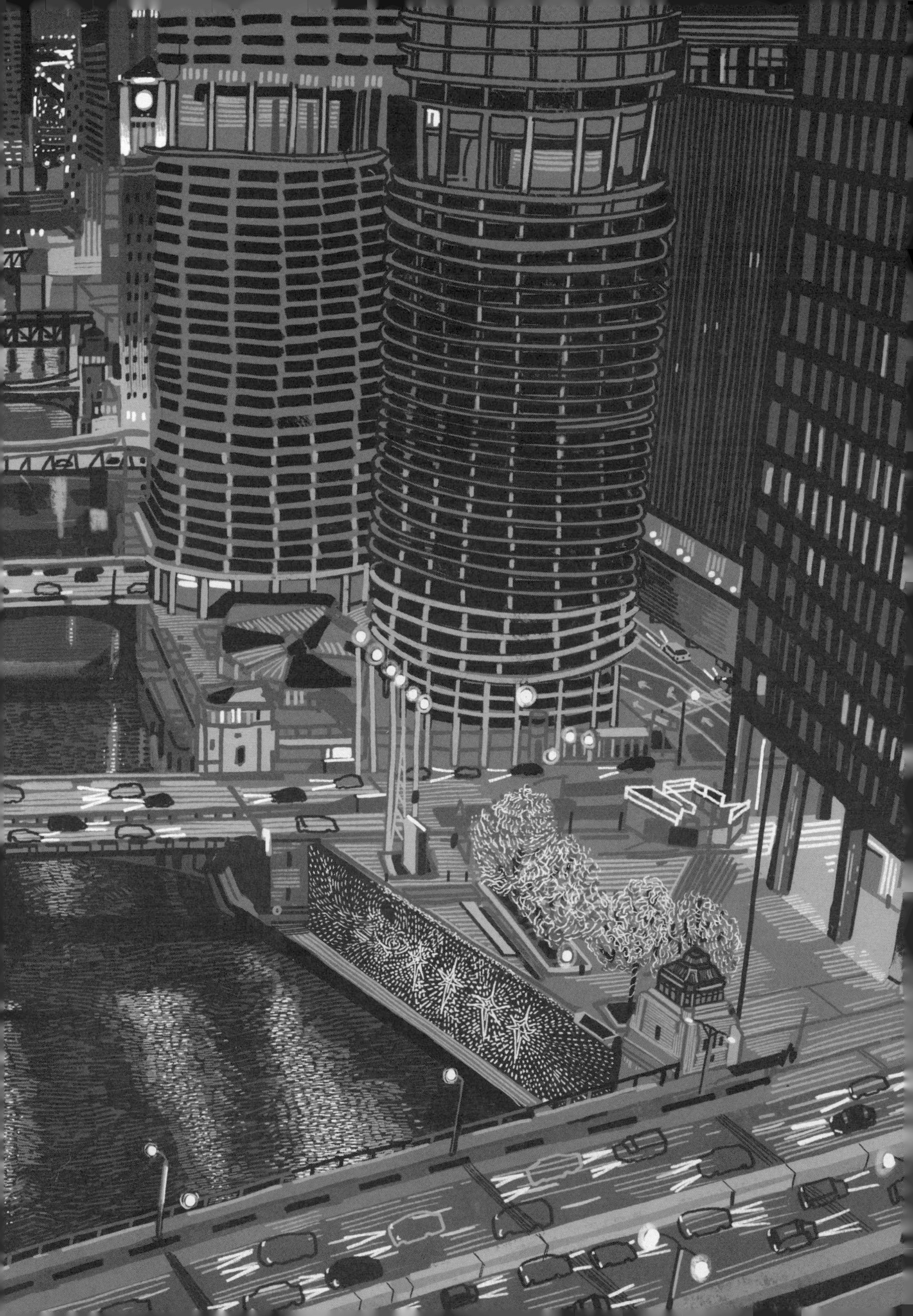

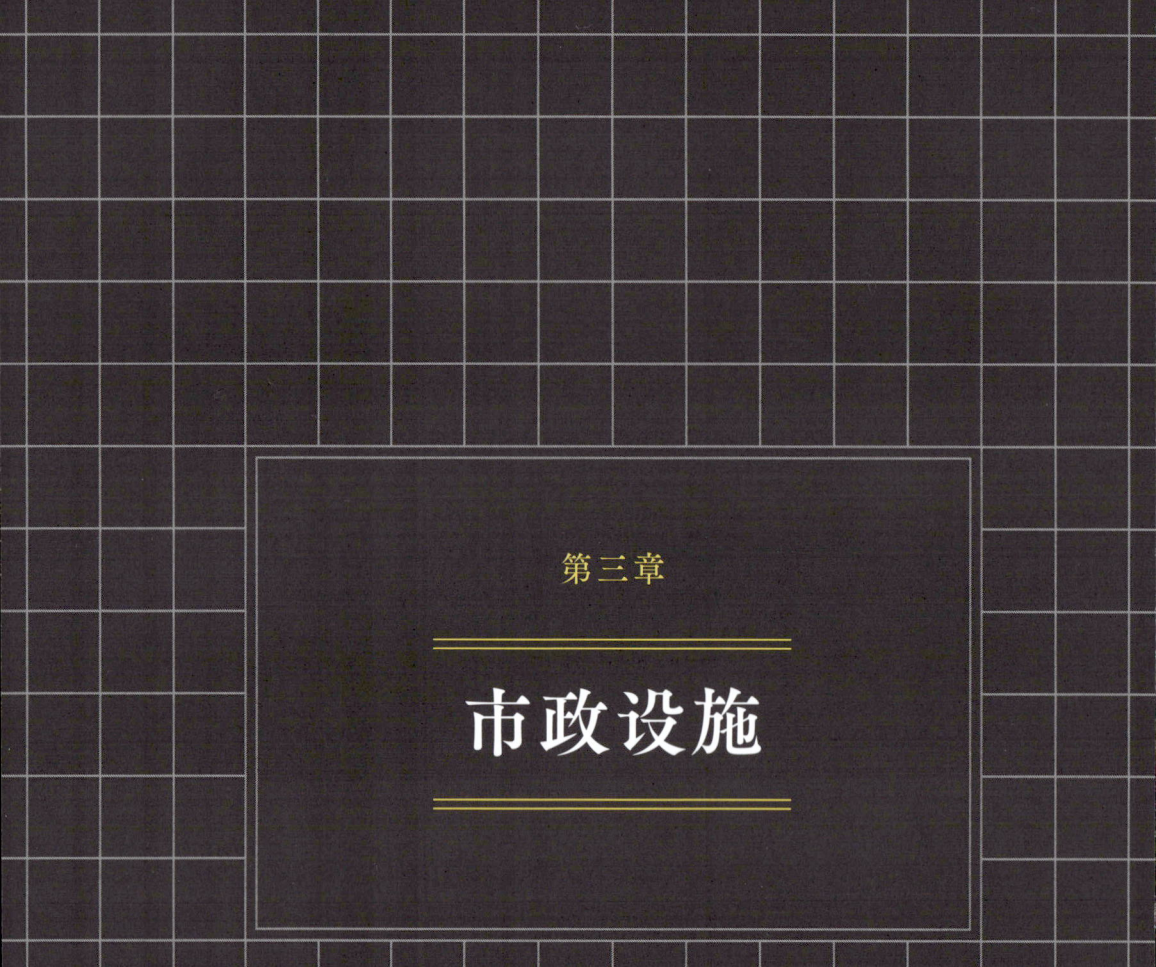

第三章

市政设施

对任何文明来说最重要的物质组成部分都是它的基础设施，比如道路、桥梁和水坝。那些举办了特别开幕仪式（有西装革履的人用超大号的剪刀剪彩）的、令人难忘的大型建筑往往最能吸引人们的视线。还有一些同样重要但不那么耀眼的基础设施也值得研究，比如净水和垃圾处理系统。执行这些复杂而重要的项目需要广泛的协调、规划和大量的资金——这正是政府被发明的原因，也是所有政治派别的人都同意政府应该做的少数几件事之一。当基础设施发挥作用时，它是人们齐心协力所能做出的惊人成就的有形体现。当基础设施出现故障时，它会暴露出系统中等着我们改进的漏洞。

第98、99页：为了垃圾管理而倒流的芝加哥河

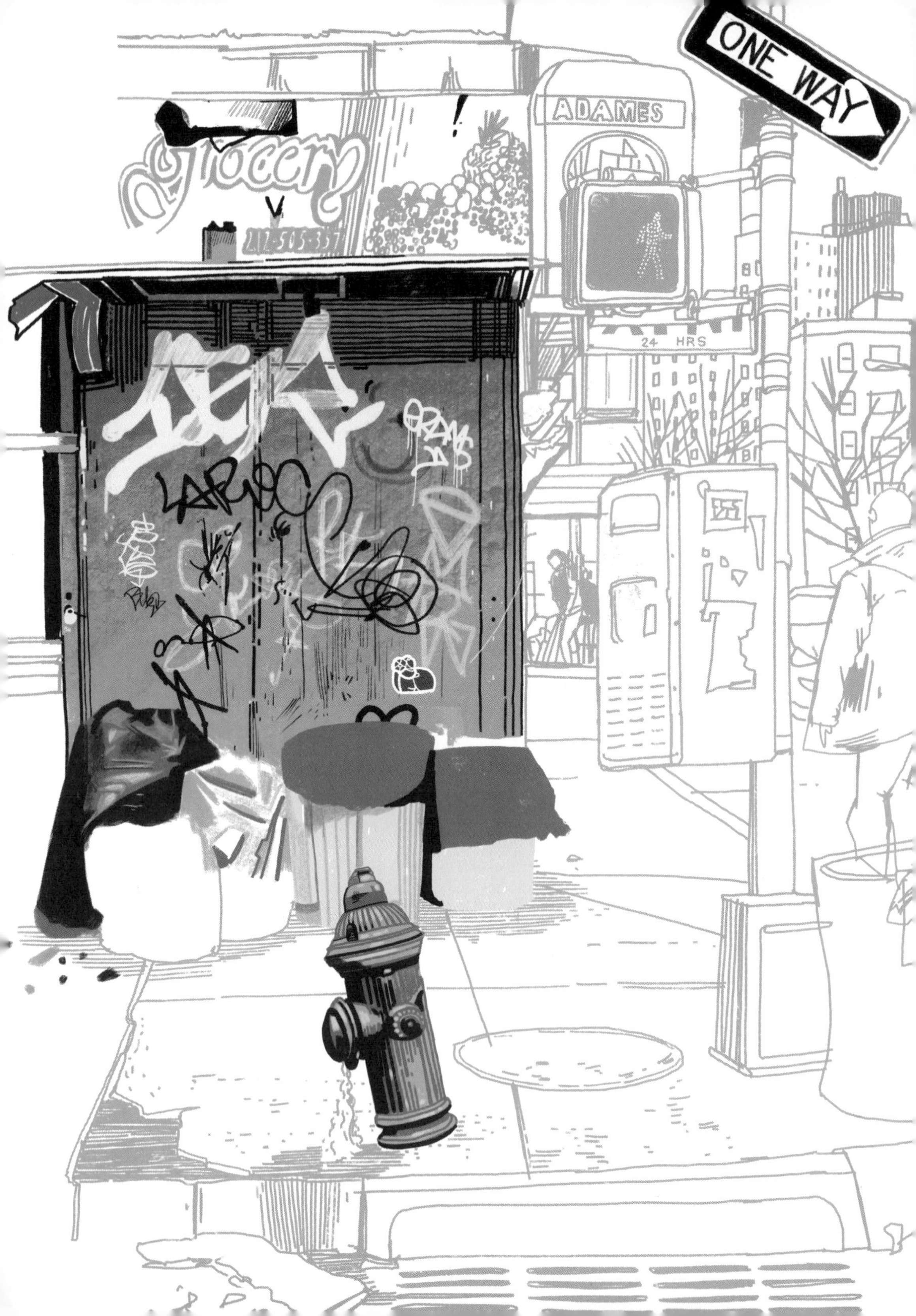
ONE WAY
ADAMES
Grocery
24 HRS

市政

城市也许并不总是像我们希望的那样顺利运转，但考虑到有那么多不同的人在为之努力，好吧，城市能够运转已经非常神奇了！

左图：市政服务职能重叠导致的混乱现状

官僚不作为

并非故意捣乱的大桥

在北卡罗来纳州的达勒姆市有一座铁路桥，它之所以变得有名，是因为它会将胆敢从它下面经过的卡车车顶剐掉。这座诺福克南部－格雷格森街铁路桥绰号为"开罐器"或"11英尺8英寸桥"，原本设计的高度能让12英尺高的车辆安全通行，这个高度在1940年这座桥建成时似乎绰绰有余。然而这些年来，随着卡车高度的增加，越来越多的卡车与这座桥相撞。尽管桥上有醒目的标志、闪烁的灯光和各种警告来提醒司机过高的卡车将会在噪声中被削去车顶，但这类撞击仍持续发生。

当地居民于尔根·亨在附近的一栋大楼里工作时，留意到这座大桥发生事故的频率很高。2008年，他安装了一台摄像机来记录这些撞击事故。从那时起，他已经拍摄并在网上发布了一百多个视频。这些视频记录了让人发笑的混乱场面，至少对那些总对基础设施幸灾乐祸的人来说是如此。特别高大的卡车会像一个头撞在橱柜上的人一样弹回来，并在桥边完全停住。较矮的车辆则伴随着痛苦的啸叫声从下方驶过。当车辆高度刚好（或者说刚好差一点儿）时，大桥会像打开沙丁鱼罐头一样将车顶撕开，因此它才有了"开罐器"这个绰号。在看了几十起类似事故之后，人们不禁要问，为什么如此明显的问题会长期得不到解决。

多年以来，铁路公司、市政府和州政府都采取了措施来减少这座桥引发的事故，然而收效甚微。铁路公司安装了一个防撞梁，以防止卡车撞到桥上。这保护了他们的基础设施以及在桥上行驶的所有车辆或乘客，但对桥下经过的卡车却没什么作用。对此，达勒姆市政府增设了一系列警告设施，包括在大桥前方三个十字路口张贴三个低净空标志。此外，还有一对小型路标标明桥梁限高为 11 英尺 8 英寸，作为另一个安全措施，这个高度比实际限高低了几英寸。北卡罗来纳州还一度在大桥正前方安装了闪着橙色灯光的限高警告牌。然而，卡车还是接二连三地撞到横梁上，因此该标志在 2016 年被拆除，取而代之的是一种更高科技的变体——一块提示"超高车辆必须转弯"的 LED 显示屏，这个显示屏与传感器相连，后者能检测正在靠近的超大车辆。这个系统还集成了新安装的交通信号灯，因此只要传感器被触发，信号灯就会变红。这样做的目的是让卡车司机有更多时间在冲进桥下之前注意到警告标志。然而，尽管采取了这么多复杂的干预措施，这座桥仍然在继续"谋害"卡车。

由于无论多少警告似乎都不够用，多年来，人们还想过各种其他办法，包括抬高桥梁、降低道路高度或完全改变卡车的行车方向。铁路部门长期以来一直认为，抬高桥梁需要在桥梁两侧进行大规模的重新铺筑，为此可能要花费数百万美元；降低道路高度也被认为不切实际，因为下水管道的主管就在道路正下方；在桥前安装一个低净空栏，或者用别的方式将超高车辆完全引出这片区域的做法挑战很大，因为必须让货车司机能够把车直接开上桥再转弯，才能靠近附近的一排餐厅。而为这些车辆重新安排路线则根本不可行。

经过多年的拖延和推诿，最终，一队工人于 2019 年 10 月来到现场，完成了抬高桥梁这项看似不可能的任务。根据道路两侧新的限高标志，这座曾

经高 11 英尺 8 英寸的桥现在高约 12 英尺 4 英寸，不过按照于尔根·亨的测量，实际净空高度约为 12 英尺 8 英寸。北卡罗来纳州铁路公司付出了 50 万美元的高昂造价，在不影响"开罐器"大桥两侧附近路口的情况下，尽可能抬高了桥梁。但这个新高度仍然无法满足被州政府允许上路的所有卡车的通行需要——北卡罗莱纳州的卡车限高是 13 英尺 6 英寸。果然，就在执行"修复"方案几个星期后，在亨发布的一段视频中可以看到，又有一辆卡车车顶上的金属块被撞飞，砸落在了下面的街道上。

几十年来，"开罐器"大桥代表了一场由财力限制、物理难题和政治官僚主义共同组成的完美风暴，阻碍着一个一劳永逸的设计解决方案。即使现在这座桥被抬高了，它可能仍是一个有缺陷的基础设施，一桩没完没了的麻烦。所有城市都有类似的事：彼此冲突的事项优先级所带来的糟糕副产品会绊倒市民（或剐伤他们的车辆），但很少有像这座桥这么大、这么麻烦、在网络上被这么大范围分享的事件。

妥善交货

邮政服务

每周六天，一队队驮着信件和邮包的骡子跋涉两个半小时进入大峡谷。这些英勇的动物把邮件送到距离峡谷边缘下方两千多英尺的苏佩邮局。这条特殊的邮路建于 1896 年，专为哈瓦苏佩部落保留地的印第安人服务，它是美国三万多家邮局中最偏远的之一。有些邮局很大，占据整个城市街区；有些规模较小，藏身于乡间百货店的后面（或峡谷中）。偏远的邮政网点描绘了美国邮政服务是如何发展为一个人们如今习以为常的国家通信网络。它起初只不过是一种基本服务，最终却成为各种关键的现代基础设施的强大推动力。

古往今来，政府和有权势的人想出了远程通信的方法，但在大部分时间里，这些系统只服务于少数精英，早期美洲殖民地的邮政系统也不例外。皇家邮政系统是由英国的君主建立的，主要用于英国与其殖民地之间的通信。最初，各殖民地对与其他殖民地交流并没什么兴趣。它们就像争吵不休的兄弟姐妹一样，只想寻求殖民地"母亲"的关注。如果平民需要通信，通常会请旅人代为传达。这样一种非正式的中继系统在缺乏强有力的官方替代系统的情况下逐渐发展起来。

本杰明·富兰克林是英国王室早期的邮政局长之一，起初他在当时有诸多限制的邮政系统内工作。在职期间，他走遍了北方的每一个殖民地，思考改进邮政系统的办法，他开始把这些殖民地看作一整个国家，而不是一堆不相干的地方。1754年，在纽约奥尔巴尼的一次殖民地代表会议上，富兰克林提出了一项计划，要求统一殖民地并允许他们选举自己的官员，而不是由君主任命的官员来管理。当时这个想法根本就是天方夜谭。然而20年后，关于美国自治的言论盛行，殖民地的革命者们知道，除了皇家邮政系统之外，他们还需要其他手段来传达他们的激进思想。

因此，到了1774年，第二届大陆会议基于通信（包括新闻自由）不应受政府干预的信念，建立了一项邮政服务。随着美国独立革命的进行，邮政

网络使爱国者能保持交流，并随时向广大民众报告进展。美国人在拥有宪法甚至《独立宣言》之前，就已经拥有了邮局，正如威妮弗雷德·加拉格尔在《邮局如何创造了美国》一书的标题中所暗示的。她的叙述强调了邮政系统在美国建国过程中和建国后的重要作用。

美国从英国独立后，就开始推动利用邮政系统让报纸流通，因为开国元勋们认为，识字人口是保障民主体制健康、正常运转的关键。国会于1792年通过了《邮政服务法案》，该法案确立了邮件递送的新路线，并调低了报纸的运费。乔治·华盛顿总统在该法案生效后不久便将它列入法律。各个党派的新出版物都能得益于这一价格低廉的发行系统。

邮政业的扩张还推动了公路和其他基础设施的发展。新社区的开拓者会申请设立邮局，这不仅促进了信息流通，也带来了新的运输路线。增设邮局可以加强一个社区的实力，使它可以发展成一个小镇，最终成为一座城市。邮局也是活动中心——由于没有送货上门的服务，人们总得造访邮局。

邮局逐渐成了美国的重要机构，特别是随着预付邮资的出现。货到付款常常导致收件人不愿意付费的邮件堆积成山；而当寄件人不得不事先支付现金时，情况发生了转变。资费标准化使得人们能以相同的价格将信件寄往美国各地，不管距离多远。低成本和简化的收费标准催生了书信潮，尤其是在女性当中，这一趋势也反过来改变了邮局的面貌。

邮局曾经一直是男性的社交场所，酒精、妓女和扒手在那里可不少见。后来，邮局为女士们开设了一个特别窗口，使她们可以在无须接触这些不雅的人和物的情况下取信。从此邮局也在转变为一个更体面场所的漫漫长路上迈出了第一步。到了19世纪中期，全国各地成千上万家邮局都在运送新发明的"贺卡"（这个发明风行一时），它与政治报刊和其他邮件一起成为一道风景线。

邮政服务的普及也使先进思想更容易传播。主张取消奴隶制的废奴主义者以邮政报纸作为平台。后来，在 19 世纪 60 年代，奴隶制问题导致了内战爆发，美国邮政系统一度分成两支，南北之间的邮递服务中止了。美国内战空前的死亡人数促使美国邮政开启了另一项伟大创新：上门派件。对于母亲和妻子而言，收到亲人去世的噩耗是极其痛苦和私人的事，公共的邮局不合适，因此邮递员开始直接把信件送到家中，以便人们可以在家里隐私的环境中接收坏消息。

在美国西部，邮政网络的发展速度很慢，像"驿马快信制"这样的服务昙花一现，很快就被电报和邮件专列所取代。火车车厢实际上变成了流动邮局，工人们可以在途中分拣、处理邮件。火车使邮政系统发生了巨大变革的同时，邮件也彻底改变了铁路系统。从 19 世纪中期开始，邮局为确保可供邮件使用的空间而定期向火车线路支付费用，铁路系统借此快速扩张。邮资补贴还使航空业在第一次世界大战后持续腾飞。由于客运航班仍处于初级阶段，早期的机场和飞机制造业都得到了来自邮政系统的支持。

在过去的几十年里，美国国会通过了新的财务规则，但这些规则后来成为邮政系统的重大负担。同时，民营竞争者也承担了一些传统上由邮局扮演的角色，比如包裹递送。但是，尽管发生了这些变化，邮政服务仍在美国社会中发挥着至关重要的作用。与联邦快递（FedEx）和联合包裹运送服务公司（UPS）等民营竞争对手不同，美国邮政不能根据利润来随意选择为哪些地方提供服务。它受到全面服务义务的约束，以"确保所有用户都能以合理价格获得最基本的邮政服务"。这意味着它每天要为这个国家的各个社区提供取件和投递服务，哪怕那个社区位于大峡谷的底部。

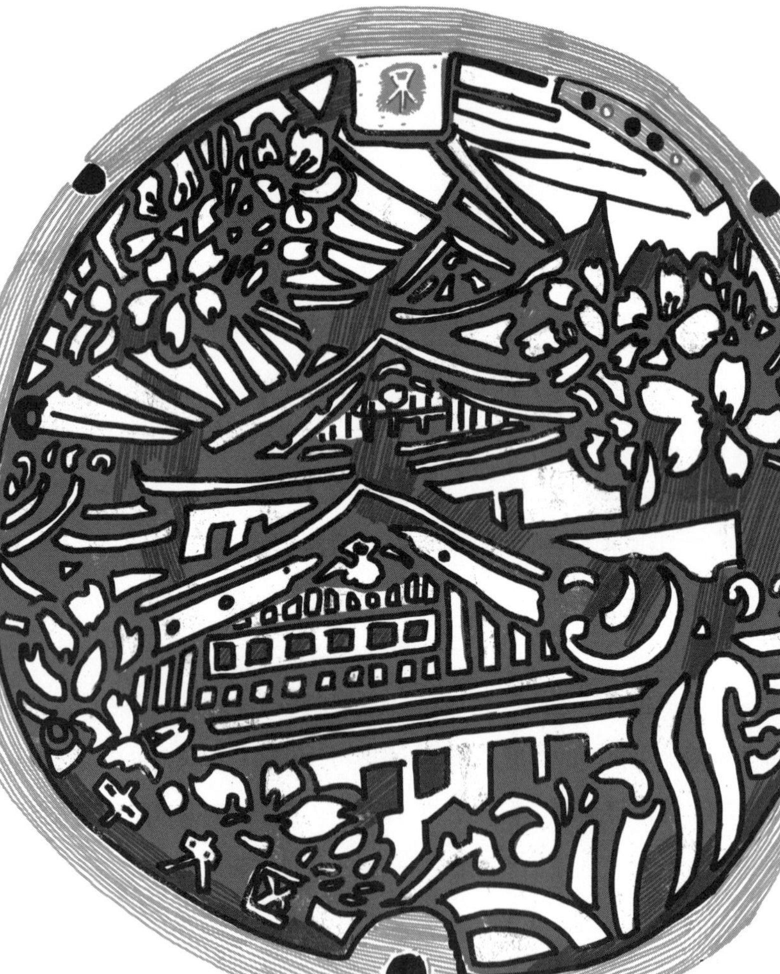

水

一个城市的健康和发展与水密不可分。城市必须提供净水，清除污水。这一点的重要性怎么强调都不为过，但我们却很容易忽视它。水通常是城市选址的驱动力，同时也塑造并限制了城市的物理边界。随着气候变化，这种波动的关系对城市居民生活的深远影响将越来越不容忽视。

左图：以浮雕图案装饰的大阪城天守阁井盖

脚下的圆形

井盖

在日本大阪有一个可爱的金属井盖，它看上去更像是一幅华丽的木版画，而不是一个循规蹈矩的圆形市政设施。这个井盖是为了纪念大阪自治市成立 100 周年而制，上面雕着大阪城天守阁，包裹着它的是蓝色的波浪和白色的樱花。井盖的设计非常引人注目，但这种艺术手法并非日本某座城市或某次庆典独有。在日本，全国各地的井盖上都有花卉、动物、建筑物、桥梁、船只、神话英雄和凤凰飞升的彩色图画装饰。

两千多年来，日本城市拥有各种各样的下水道和排水设施，不过设有标准接入点的地下管网系统仍然是相对现代的现象。在设施标准化之后，人们对创造性的兴趣与日俱增。根据东京的一个井盖制造商协会的说法，20 世纪 80 年代开始兴起的更具表现力的井盖，是由当时日本建筑部一位名叫龟田康武的高级官员发起的。当时，略多于一半的日本家庭用水与市政排水系统相连。龟田希望通过民间力量加入，引起人们对这些重要的地下设施的关注。毕竟，若是人们不重视这些他们看不到的市政设施，政府就很难征税来改善、扩大这些设施。

在龟田看来，井盖似乎是视觉宣传的清晰目标——它远比近乎隐形的地下系统要明显得多。他开始鼓励各个城市和乡镇开发设计有本地特色的井盖。很快，各地掀起了制作炫酷井盖的热潮，从自然风景、经典民俗、当代文化（包括流行卡通形象"凯蒂猫"）中汲取灵感。manhoru（英语中的"manhole"一词的日语音译，即井盖）狂热从那时起就激发了摄影、拓片、

Brooklyn, USA

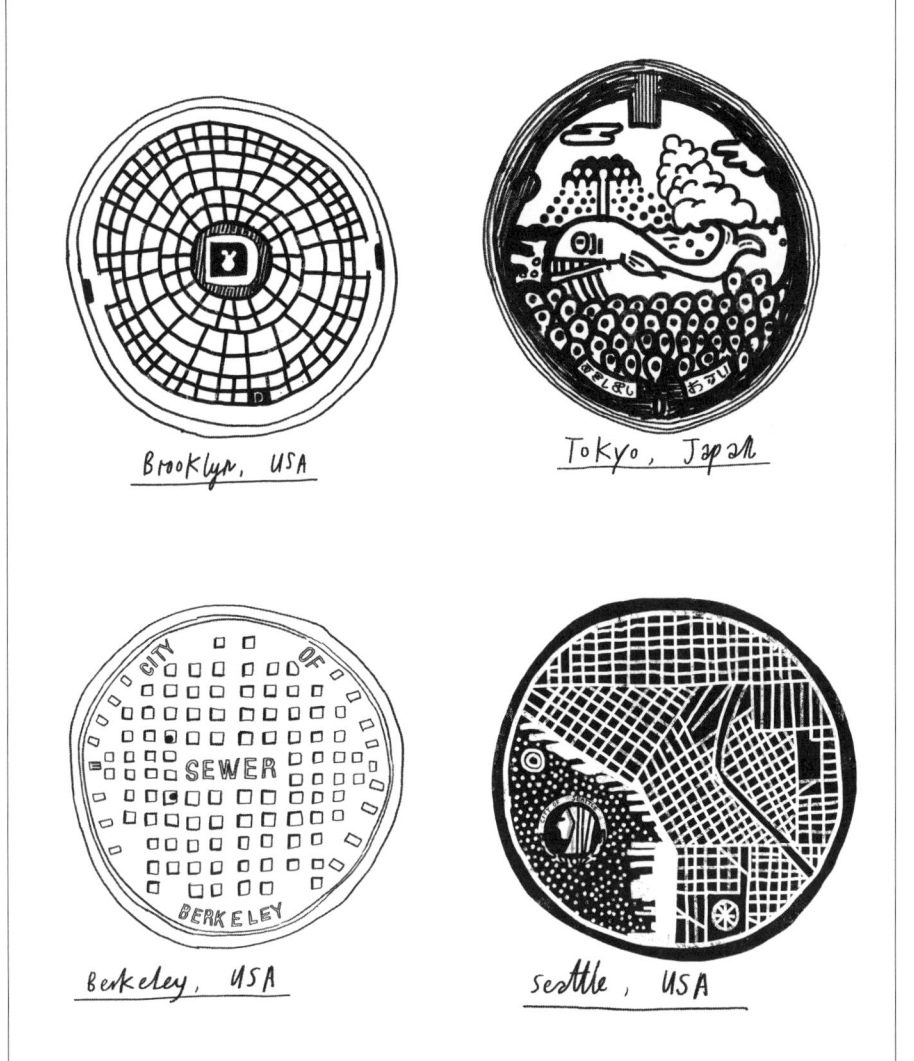

Tokyo, Japan

Berkeley, USA

Seattle, USA

别针、贴纸，甚至是基于日本井盖艺术和设计的绗缝图案书籍的创作灵感。

从这些井盖的设计中很容易看出其他日本艺术形式的影响，但它们的外观不仅仅是为了美观。交叉线和其他由直线和曲线组成的图案从不同的方向提供牵引力，有助于减少在雨天或结冰路面上车轮打滑的情况。这种策略在世界各地都可以找到，甚至在那些很少有引人注目的平面设计作品的国家也可以找到。

许多日本井盖还有其他不太明显的特点,它们的设计同时考虑到了安全和生活质量的因素。井盖被设计成了一个上宽下窄的圆台(就像玻璃瓶上的软木塞),车辆经过时比传统的圆形井盖发出的"嘎嘎"声更小,从而减少了噪音污染。在容易被洪水淹没的地区,铰链式井盖经过特殊设计,在被水顶起时会翻转到一旁,在压力下降时重新翻回原位。这个铰链系统有助于防止井盖灾难性地脱落,这种情况会导致直接的危险,也可能会在街道上留下致命的空洞。

虽然其中一些创新是区域性的,但井盖设计的许多基本方面是相对通用的。比如,大多数井盖是圆形的。圆是一个惊人的形状!圆形的污水通道盖不会掉到被它们所覆盖的洞里,而方形或椭圆形的井盖却可以被提起,侧着立起来,扔进它们本应盖住的空隙中。圆柱体污水管能均匀地抵抗土壤压力,其均匀的圆弧状外壳更易于在车床上加工。沉重的圆形井盖还可以侧翻并沿着道路滚动。为圆形鼓掌。

虽然日本的井盖美学很有名,但其他地方的井盖设计也很有特色,既有地域意义,又有巧妙的功能。新罕布什尔州纳舒厄的三角形井盖指明了地下水流的方向。在西雅图,许多井盖上都嵌着城市地图,这些地图上凸起的城市网格也起到了多向防滑的作用。在柏林,圆形井盖上的城市景观和其他富有创意、带有城市特色的井盖激发了至少一位艺术家的灵感:将油漆滚涂在井盖上,然后将浮雕图案压在衬衫上,做出定制的手工印刷休闲服饰。即使是不那么明显的设计也能暗示当地的一些历史,比如伦敦的旧井盖上印有 T. CRAPPER(托马斯)的字样,而托马斯家族与现代抽水马桶之间有千丝万缕的联系。不管怎样,井盖会因为其实用性而布满城市,但这并不意味着它们不能成为创意表达的画布或又一块实际意义上的牌匾。

朝上的饮用水

喷泉式直饮水机

1859年的一个春日里,成千上万的伦敦人穿上他们最漂亮的衣服,聚在一起观察一件引发了市民热议的新鲜东西:这个城市的首个公共喷泉式直饮水机。为这个东西庆祝看似奇怪,但这次揭幕对伦敦城来说是一件大事。当时,伦敦工人阶层的生活简直就是一场噩梦,部分是因为缺乏干净的水。许多市民的饮用水来自泰晤士河——这是一条被人类排泄物、死去的动物和各种有害化学物质污染了的臭水沟。就在喷泉式直饮水机建成的前一年,"巨大的臭气"(媒体就是这么说的)淹没了伦敦。有一次,维多利亚女王曾试着泛舟河上,但由于气味太难闻,女王很快就要求船返航回到岸边。一位英国记者惊奇地发现,他的国家可以把"殖民地扩张到地球最偏远的一角",却"不能让泰晤士河保持清洁"。

当时,人们对这条肮脏河流的恶臭倒没有那么担忧,人们主要担忧的是与这种可怕气味相关的致命疾病。霍乱在此前的几年中已经造成数万人死亡,有一种理论把这种流行病的传播归咎于空气污染。但有些人对这一解释表示怀疑,其中就包括科学家约翰·斯诺。他认为被污染的饮用水才是罪魁祸首,于是他开始证明这一点。

在一次特别严重的疫情中,斯诺挨家挨户地敲门询问家里是否有人生病,然后根据他们的答复来确定感染情况。他利用这些信息,锁定了受疫情影响的区域中心的一口水井,他怀疑这就是疫情的源头,于是他拆掉了水泵的手柄,以防人们继续使用这口井。此后不久,疫情就平息了,这增强了斯诺的威信。斯诺对疾病采取了以数据为导向的严谨方法，这是很新颖的，他也从此被称为现代流行病学之父。

在斯诺的发现之后不久，大都会免费直饮水机和饮槽协会（因为动物也需要饮用干净的水）开始在伦敦各地建造喷泉式直饮水机。到1879年，这个组织已经建造了数百座喷泉式直饮水机。不过，对于喷泉式直饮水机的倡导者来说，这不仅仅与水的状况有关。许多人还试图让大众，包括孩子们少喝点儿酒。水很脏，咖啡和茶这样需要煮沸的饮料很贵，所以很多人别无选择，只能喝含酒精的饮料解渴。公共公园、教堂附近和酒吧外都建了所谓的戒酒饮水机，以提供一种不那么"醉人"的选择。其中许多饮水机都有华丽的、具有纪念意义的装饰，上面刻有关于禁欲的铭文或《圣经》中的诗句。喷泉式直饮水机并没有像一些支持者所希望的那样，真正解决酗酒的问题，但它们确实有助于开创一个先例，使所有公民都能获得干净的水。

尽管它们变得很重要，但早期的喷泉式直饮水机仍然有一些设计问题需要克服。大约在20世纪初，许多喷泉式直饮水机都带有一个水龙头和一个普通的杯子，后者通常用一条链子挂着供所有人使用。公共卫生官员花了很长时间才完全接受疾病细菌说，并引入了新的方法，让使用者无须用嘴接触共用的表面。例如，在俄勒冈州的波特兰，商人、慈善家西蒙·本森于1912年委托建筑师设计了一系列喷泉式直饮水机，这些喷泉后来被称为"本森喷泉"。这些现在具有标志性意义的多喷口直饮水机从下往上朝着口渴的民众"喷"水。

尽管有这些创新，但一个问题仍然存在：回落的水会滴在喷泉式直饮水机的顶部，讽刺的是，它的名字叫"卫生直饮水机"。在某些情况下，人们甚至把嘴唇贴在出水口上。有人提议在出水口周围装上围笼，来防止这种情况发生，但设计师最终还是选择了能喷出向上的弧形水柱的直饮水机，它与现在的喷泉式直饮水机十分相似。单靠喷泉式直饮水机并不能解决像那时的伦敦一样的发展中城市普遍存在的所有卫生和气味问题，但它们至少为城市居民提供了一种在污染重重的工业化时代享受无酒精饮用水的方式。

倒流

垃圾处理

五十多年来，芝加哥河每年都会发出明亮的绿色光芒，以纪念圣帕特里克节。对不了解情况的人来说，这种现象就像一次可怕的有毒物质泄漏事件，而不是一次庆祝活动，但实际上，这是一项深受当地人喜爱的传统。这一切始于 1961 年，据一些记录，芝加哥水管工工会的一位名叫斯蒂芬·贝利的业务经理发现一位水管工的白色工作服上有绿色的污渍。这位水管工一直在用染料来追踪废水的流向，这启发贝利想出了一个很好的点子。作为第一代爱尔兰裔美国人，贝利向他的朋友——市长理查德·J. 戴利建议为市中心的河流染色，以此作为圣帕特里克节庆祝活动的一部分，由此开启了这种一年一度的习俗。在观察被染得像卡通般色彩斑斓的水域时，如果仔细看，观察者可能会注意到一些意想不到的事情：大多数天然河流都会汇入更大的水域，绿色的染料却从密歇根湖流出。

这一反常现象是一个多世纪前开始的一系列干预措施共同造成的结果，这些干预措施旨在解决所有大城市和不断扩大的城市都面临的一个问题：排泄物。芝加哥是一个相对平坦的城市，这对由重力驱动的垃圾清理系统来说是个问题。随着越来越多的人迁往该地区，久未解决的污水问题变得越来越严重。1854 年，当霍乱残酷地带走了芝加哥 5% 的人口的生命时，官员们已经无法再忽视这个严重的问题。因此，依照典型的 19 世纪处事风格，一系列规模越来越大的、鲁莽的、前所未有的工程方案被用以解决这个难题。

埃利斯·S. 切斯布拉夫是一名工程师，在移居中西部之前曾在波士顿供水系统任职，在 19 世纪 50 年代，他被任命为芝加哥污水处理委员会委员。他提出了一个雄心勃勃的计划：把城市抬起来，让污水流动。在接下来的几年里，一些建筑物被机械千斤顶提升到离地面 10 英尺高。这是一项庞大的工程，工人们齐心协力地把当地的建筑一栋一栋地抬高。这创造了一个相当壮观的景象：人们可以从街道上，甚至从正在被抬高的建筑物的阳台上看到，巨大的多层建筑被一点点地抬起，石匠则在建筑物的下面搭建新的地基。然而，在这项工作进行的同时，还有另一个紧迫的问题，那就是饮用水。抬高这些建筑有助于将污水排放到湖中，但该湖也是城市抽取淡水的地方，这就带来了一个新问题。

为了解决第二个问题，切斯布拉夫提出了另一项前所未有的现代工程壮举：他让工人们在密歇根湖下挖一条两英里①长的取水管道，好从更远的近海地区取淡水。为了加快速度，隧道工分别从两端往下钻 60 英尺深，然后从两端向中间沿水平方向挖掘，直到在中间会合。这项工作夜以继日地进行，白天隧道工挖土，晚上泥瓦匠筑边墙。

就在这个不可思议的工程进行的时候，这座城市的扩张已经超出了它的承受极限，制造了更多的垃圾。其中不仅有人的排泄物，新的屠宰场也在不断出现，屠宰场将废物倾倒在所谓的"芝加哥河"中，它与其说是一条水道，不如说是由自然河渠和人工运河组成的大片水网。其南支流有一段骇人听闻的河段被称为"泡沫河"，实际上，这个称号来自水中动物腐烂所产生的甲烷气泡。这片水域有时甚至会起火。城市中的一些垃圾被排放到距密歇根湖两英里处，然后再流回新的取水系统。有人说应该把取水口建在更远的

---

① 1 英里 ≈ 1.609 公里。

地方，但引水管道的延长永远跟不上城市发展的节奏。

这就需要一个规模更大也更大胆的解决方案，因此一个更雄心勃勃的想法诞生了：让整条芝加哥河逆流。这样一来，河水中的垃圾将不再流进密歇根湖，而湖里清洁的水将流入城市。这将一劳永逸地解决芝加哥的水污染问题，而污水将被引向下游的伊利诺伊河、密西西比河，最终流入墨西哥湾——这一做法让沿岸其他城市惊愕不已。这项工程耗时数年，用了数千名工人、数吨炸药，还有新发明的挖掘设备和经年累月的施工，才凿出了深深的运河。1900 年 1 月，最后一座大坝被打开，水终于开始逆流，将垃圾冲向了下游，《纽约时报》对此起了这样的标题："芝加哥河里的水现在像液体了"。

随着这个项目的实施，位于下游的城市奋力阻止可怕的排泄物涌入他们的后院。圣路易斯反对河水倒流的法律诉讼最终打到了最高法院。在权衡各分论点时，大法官奥利弗·温德尔·霍姆斯质疑"大河是否命中注定成为其沿岸城市的下水道"。法院的回答是，事实上的确如此，圣路易斯无法阻止芝加哥的大改道计划。在某种程度上，城市向自然河流和人工水道倾倒垃圾已经成为一种常态，而这些法庭上的案例支持了这一先例。城市需要建立自己的污水处理厂，以弥补来自其他上游城市的污染。

逆转芝加哥河的流向是一项耗时长达数十年的史诗般的工程，其规模之大、工程之艰巨令人难忘，以至于后来被美国土木工程师协会称为"千禧年纪念碑"。现在，一个多世纪过去了，人们越来越担心这条河可能会再次逆流。由于密歇根湖水位处于历史最低水平，部分流域已经出现季节性逆流。如果不采取进一步的干预措施，这可能会变成永久性的，并威胁到美国最重要的淡水来源之一。也许人类在大自然面前的狂妄自大有失道德，又或许现在这个问题需要一个比之前更浩大的、突破性的工程项目来解决。

回旋

地下蓄水池

在旧金山的某些街道上，有将近两百个随处可见的大砖圈，其中一些几乎横跨整条人行道。在每一个砖圈的中央都有一个金属的圆盘，乍一看，它很像一个保护下水道系统入口的井盖。然而，这些圆盘下面的水不是废水。这些砖块勾勒出巨大的地下蓄水池的边缘，而这些蓄水池又是城市辅助供水系统的一部分，这个系统还包括水库、泵站和消防船。这些资源构成了一个备用系统，以防主要水源出现故障，这是这座城市曾面临过的一个问题。

在1906年大地震期间和地震之后，旧金山周围火灾频发，造成数千人死亡，城市的大部分都被地震和随后持续了几天的大火摧毁。在这场灾难中，整座城市的供水系统彻底瘫痪，路上的残垣断壁阻挡了赶往火场救援的消防人员。

在这场悲剧发生后，该市的蓄水池网络得到了扩建，以便在类似事件再次发生时，能更加方便地供水。消防队员可以利用这些地下蓄水池中的水来灭火，而不必担心自来水管与市政供水系统相连。蓄水池采用坚固的混凝土和钢结构（部分原因是为了保护它们免受地震的影响），每个蓄水池可以容纳数万到数十万加仑的水。它们被设计得十分显眼：砖圈帮助标记它们的位置，而中间的金属圆盘则在防滑格栅上方清楚地标记着"蓄水池"。

除了这些蓄水池，还有一些顶部分别为蓝色、红色和黑色的消防栓，每个消防栓都连接着不同的蓄水池。它们的理念是相似的：如果主要的供水系统瘫痪，则可以利用位于琼斯街、阿什伯里街和双子峰的蓄水池。即使其他方法都失败了，消防员也总还有别的方法，其中一个备用方法则是直接从旧金山湾抽取海水。海湾上的两个抽水站每分钟可输送约一万加仑的水，并有两艘能供应海水的消防船做后盾。人们无法预测每一次灾难，但该系统起到了未雨绸缪的作用。它吸取了旧金山湾区失火的教训，利用了丰富的海水资源，使这座城市更适应未来，这座大都市以此证明它有着坚忍不拔的意志，虽然曾被烧毁，但它下定决心不再被大火打败。

从"大苹果"到"大牡蛎"

抗洪

2012年飓风"桑迪"袭击纽约时，风暴潮淹没了这座城市的建筑物、街道和隧道。这是一个毁灭性的打击，提醒人们在海平面上升和其他气候变化的影响下，美国最大的都市竟然如此脆弱。一些政治家和工程师呼吁采取现代化的应对方案，如建防洪闸或巨型海堤，来应对日益严重的环境威胁。不过，另一些人则开始深挖这座城市的历史，并最终从先人的成功经验中提炼出了新的想法，他们的灵感来自曼哈顿岛周边巨大的牡蛎礁。

纽约在成为"大苹果"之前，曾是"大牡蛎"。这座城市建在哈得孙河的河口，这是一片肥沃之地，到处都是海洋生物。科学家和历史学家估计，曾有数以万亿计的牡蛎聚集在曼哈顿岛周边，这些双壳纲动物能滤去海水里的细菌，还能成为人类的食物。在海浪之下，这里的牡蛎礁还有个不易察觉的好处：它为曼哈顿岛提供重要保护，抵御风暴潮和海岸侵蚀。与许多软体动物不同，牡蛎会在水下建起复杂的礁岩系统，高达几十英尺。这些礁石曾覆盖哈得孙河河口数十万英亩的区域，它们的粗糙质地有助于削弱冲向岸边的巨浪，成为这座都市天然的缓冲带。

牡蛎也许不是人们提起纽约城市景观时第一个联想到的，但早在 18 世纪，牡蛎就已经无处不在。在这个不断发展的城市里，无论富人还是穷人都吃牡蛎。牡蛎餐馆边的街道上，贝壳经常堆积成山。磨碎的贝壳甚至被用作建筑材料，被烧成石灰，磨成灰浆。据报道，珍珠街就是用这些残余物铺就的道路之一，它也因此得名。

牡蛎养殖者开始在港口的浅滩上播苗，每年养殖牡蛎数亿只，以满足大众的需求。但随着城市的发展，废物的产量也在增加。尽管牡蛎过滤废物的效率很高，但它们跟不上人口增长带来副产品的速度。20 世纪初，公共卫生官员在牡蛎养殖场查出了一系列致命疾病的源头，因此关闭了牡蛎养殖场。随着水质的恶化，存活的牡蛎数量继续减少。到 1972 年《清洁水法案》这项针对污染危机的法案出台时，牡蛎几乎已无处可寻，它们提供的生物多样性和自然保护也一并消失。

近些年来，人们一直试图恢复牡蛎的数量，但高疏浚和平底水道对恢复牡蛎生态系统十分不利。牡蛎在生长时需要附着在一些东西上面，它们需要能抓住的东西，把它们从泥泞的河床中抬上来。2010 年，曼哈顿的景观设计师凯特·奥尔夫曾提出过一个方案：她设计的"牡蛎筑波堤"。它最初是一个构想性项目，其基本方案很简单：把用纹路粗糙的船缆制成的巨大渔网放到略高于海床的位置，在上面撒上牡蛎幼苗，来创建一个能令城市受益的半人工牡蛎礁。项目刚提出，奥尔夫所在的SCAPE景观公司就获得了政府资助，得以尝试他们的"活体防波堤"计划，这是最初的"牡蛎筑波堤"概念的变体，活体防波堤用到的是岩石而不是船缆。由此产生的牡蛎礁能帮助降低海岸侵蚀、扩大海滩并防御风暴。SCAPE景观公司还与"十亿只牡蛎"项目开展合作，从城市里的餐馆收集牡蛎壳并将它们转化为新牡蛎生长的基质。

即使这个项目获得了成功，它也不能完全阻止巨浪携带大量海水涌入城市。纽约和其他沿海城市一直都在考虑搭建海防堤，但问题在于它坚硬的屏障会切断人们的进出通道，并且海防堤只在海平面不超过其能抵挡的最高水位时才能发挥作用。牡蛎礁再生计划并不是将陆地和海洋分开，而是提供一个介于建筑环境与自然环境之间的调节机制。牡蛎礁可以用来创造更精细的缓冲区，让沿海的水域更清洁、平静，同时也为生物栖息地提供了一个框架。这样的混合设计方案既非百分之百有机，也不是完全人工，它是一种新事物：生态系统、基础设施各占一部分，这也许可以算是朝着改善都市与其周边水域的关系迈出的一步。

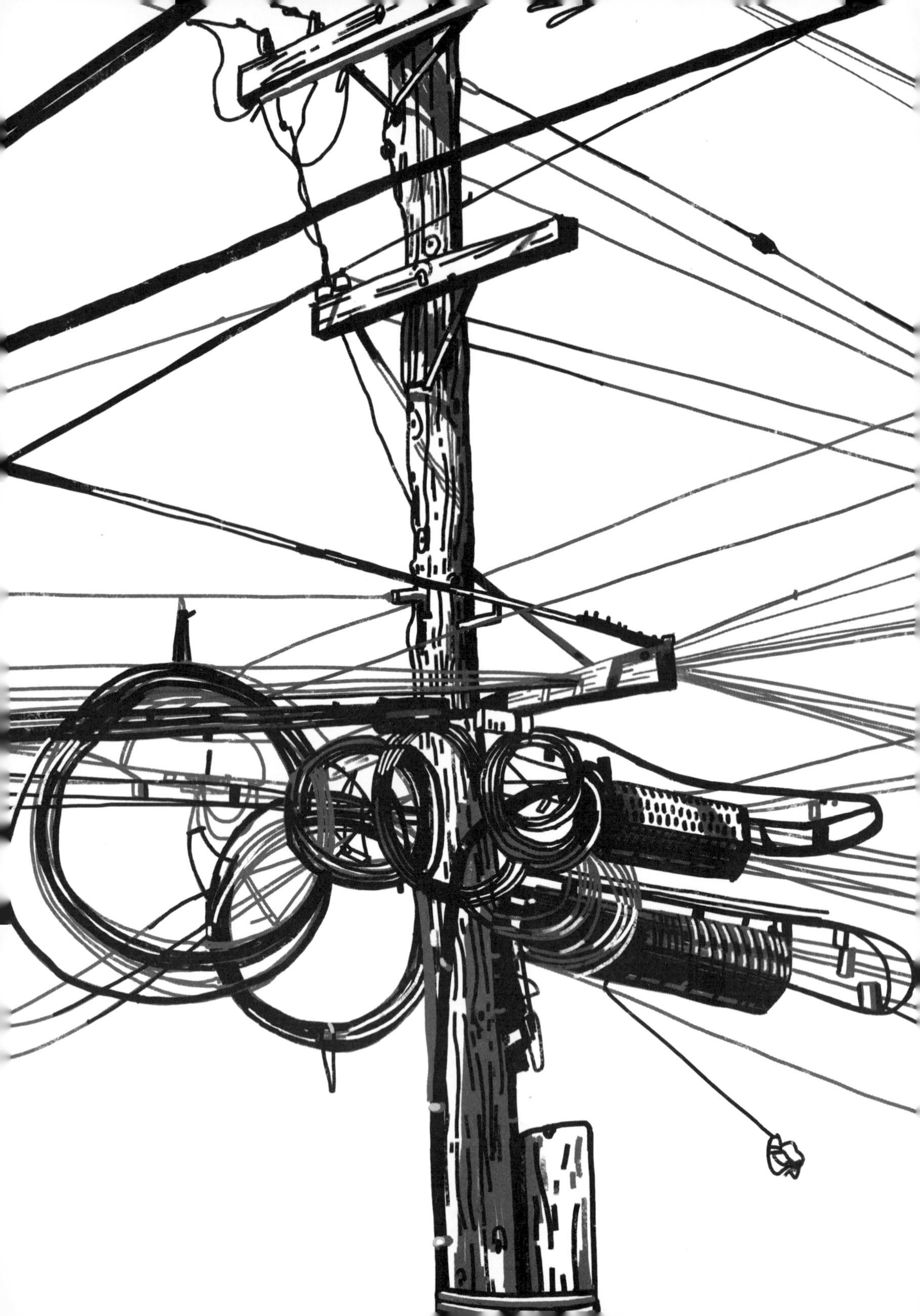

技术

电线把我们连接起来。20世纪，一层杂乱无章的电线覆盖着城市，将人们与电力、光缆、通信和彼此连接。而到了21世纪，城市里的许多电线消失了，至少从表面上看是这样，但将人们连接在一起的网络将永远存在。

左图：支撑着电缆和网络光缆的电线杆

细线

电线杆

"这些巨人比常青树更恒久,"约翰·厄普代克在他的诗歌《电话线杆》中写道,"它们已经与我们相伴很久。它们将比榆树更长寿。"这首诗是对美国庞大的木质电线杆网络的赞美。的确,这些坚固的木杆一直都在。自从塞缪尔·莫尔斯开始对他的新式电报机进行第一次大测试,这些木杆就一直是电信系统的一部分。

在莫尔斯致力于开创一种前所未有的通信方式之前,他在人生中的大部分时间里都是一名画家,因为曾给前总统和其他著名人物画过肖像,他在北美的权力殿堂中享有盛誉。1825年,当他在某个委员会工作时,他收到了一封家书,信中说他的妻子病了。这封信是由马车运输送到华盛顿特区的,但它到得太迟了,当莫尔斯收到消息时,他的妻子已经过世了。人们普遍认为,正是这样一场悲剧促使他放下画笔,投身于长途通信事业。

十多年后,莫尔斯公开推出了他的第一台电报机,但由于没有其他人给它发送信号,这项发明在当时并没有多大用处。于是,他开始利用自己的政治人脉向政府游说,为建立电报网络募集资金。国会最终在1843年给了莫尔斯3万美元,让他去验证这套系统在城市间通信的能力。他和他的团队便开始在华盛顿特区的国会大厦和巴尔的摩火车站之间铺设地下缆线,但那条线路总是出现故障。由于时间和资金短缺,他们决定从地下挖出缆线,然后把它们缠在树木和电线杆上。这一改进果然奏效,美国丰富的木材也促使这种在地面上布线的方式传遍全国。

截至 1850 年，美国已经建成了数千英里长的电报线路，主要分布在东海岸。几年后，第一批跨大西洋的电报缆线在海底延伸开来。然后，在 1861 年，美国东、西海岸的电报网络跨过大平原连接了起来，形成一个横跨整片大陆的电报系统。这一网络的变革力量极其深远：1860 年，林肯当选总统的消息花了 8 天才传到西海岸，但 5 年后，林肯遇刺的消息几乎在一瞬间就传开了。

电报成了远距离传递信息的一种方式，但它在本地也有用途。在首都华盛顿和大约 500 个其他美国城市，基于电报系统上的紧急呼叫箱能让人们与警局和消防队连线。在双向对讲机出现之前，警察也是通过这些紧急呼叫箱进行常规的巡逻检查工作。

莫尔斯过了很久才得到他应得的报酬和认可，不过最后，他名利双收——他的名字被永久地留在了电报员使用的密码里。1871 年，西联汇款公司的员工将他的生日定为"塞缪尔·莫尔斯日"，并组织了庆祝活动，以配合中央公园新的莫尔斯雕像的落成仪式。时年 80 岁的莫尔斯推掉了一些活动，但参加了当晚在该市举行的一个招待会，会上，他向在那里等待的电报接线员口授了一份电报，向全世界的电报员发出了表达友好与感谢的信息。不到一年后，莫尔斯就去世了，他可能从未想到在自己身后电线杆会有多大程度的发展。

起初只是几根串在简单的柱子和横梁支架上的电线，到了 20 世纪初变成了一桩复杂的大麻烦——通信和电力线路一层层地越堆越高，有些甚至高达几十英尺。在一些偏远的农村地区，人们甚至用带刺铁丝网充当电线来架设通信网络。与此同时，越来越多的缆线在城市街道上空蜿蜒而过，一些专用的输电机塔足以撑起数千根电缆。

如今，这些网络设施有着更工业化的生产线——缆线更加整齐，通常由金属而不是木结构来支撑，或者干脆铺在地下。但至今仍被我们称为电线杆的设施仍然在发挥着重要的基础设施功能。我们看似生活在一个无线时代，但电线杆仍然存在，它支持着语音和文本通信，在城市内部和之间传输电力，以不断发展的方式连接着每一个人。

交流电

电网

19世纪末，发电厂改变了洛杉矶地区的景观。该地区对能源的需求很大程度上来自庞大的柑橘产业的制冷需求，但这也让洛杉矶成了较早采用电路灯的地区。洛杉矶是电力行业的先驱，当时发电厂还是一桩新鲜事，最佳操作方式以及频率标准还处在摸索的过程中。

大多数电流采用交流电的形式，每秒的脉冲数决定了电流的频率。起初，并没有美国全国统一的输电频率标准，50赫兹和60赫兹都是常见的频率。在一定范围内，任何频率都能满足一般家庭或企业的需求。一个灯泡在较低频率（比如30赫兹）下可能会出现明显的闪烁，但在50—60赫兹之间就看不到明显的差异。在南加州，一名工程师在建造一座新的大型发电厂时选择了50赫兹，而美国其他地区则大多使用60赫兹。加州似乎总是以自己的节奏——或者说电脉冲——行进着。

随着时间的推移，一些兼容性问题浮出水面，其中就包括必须为不同地区制造不同的家用电器。对于钟表来说，这是个特别显著而且令人沮丧的问题。电子时钟利用脉冲周期来计时，因此它们依赖每秒60次脉冲的一致性来计算一秒有多长。这意味着一个纽约制造，但由加州50赫兹的电网供电的电子时钟每个小时将会少走大约 10 分钟。随着加州开始从胡佛大坝（以 60 赫兹的频率输出电能）等地获得电力，电力输出频率就需要不断地转换，这种情况的代价越来越昂贵，也越来越难以管理。

因此，洛杉矶市在 1936 年将输电频率改成了 60 赫兹。接下来，南加州爱迪生公司决定在 1946 年将该城市周边地区的输电频率（涉及约 100 万户）也改成 60 赫兹。这是一项超大工程，影响种种专业与日常用电设备。改装人员被派去为大型商业、工业用户以及本地居民改装机器和家用电器。与此同时，钟表的主人可以把它们带到一个特殊的"钟表仓库"，在那里，技术人员将重新装配机器和设备，好让它们能在 60 赫兹下正常工作。

截止到 1948 年，整个南加州都已改用新的输电频率。在这一过程中，大约有 47.5 万个时钟、38 万个照明设备和 6 万个冰箱被改装，以便在新系统上运行。尽管这在当时是一项艰巨的任务，但这个决定很有远见——随着洛杉矶在未来几十年继续迅速扩张，这个问题只会越来越难解决。

如今，输电频率仍然没有实现全球标准化；欧洲大部分地区的供电系统仍采用 50 赫兹的频率。在极少数情况下，一个国家内部会使用两套频率系统，这可能会导致一些问题。在日本，互不兼容的电网使得在城市之间输送电力变得尤其困难。当危机来临时，在 50 赫兹和 60 赫兹之间转换会让系统吃不消。福岛第一核电站的事故还导致了大规模停电。尽管有这么多缺点，这些不同的系统也不太可能在短时间内协调统一，因为现在改变输电频率的代价太大了。无论是好还是坏，电力结构和电力基础设施都有很大的惰性。

月光塔

路灯

在人类历史的大部分时间里,月亮是夜幕降临后最明亮的光源。1894年,得克萨斯州的奥斯汀市改变了这一状况——市中心街头竖起了31座"月光塔",来照亮市中心的街道。与月亮柔和的光芒形成鲜明对比的是,这些塔发出的光很强——每座塔有6盏灯,合在一起足以从各个方向照亮城市。印第安纳州的沃巴什县是美国第一座使用弧形灯的城市,而奥斯汀则是相对较早且积极采用这项技术的城市。底特律和其他大城市也有类似的弧形照明系统,随着现代发电厂的出现,这种照明系统应运而生并得到推广。

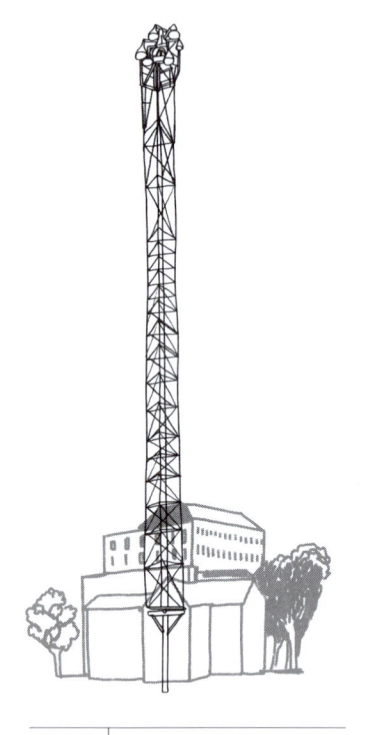

一些月光塔——包括奥斯汀的这几座——都很单薄,它们被用金属网固定在15层楼高的金属桁架上。另一些月光塔则以宽大到可以横跨整个街区的底座为特色,就像微缩版的埃菲尔铁塔一样,越往上越细。撇开形状不谈,这两种月光塔的工作原理其实很相似:这些塔顶上的碳弧灯在正负两极之间产生连续的火花,比煤气灯亮1,000倍左右。这样的灯光太强,不合适布置在街道上,因此才用若隐若现的月光塔将灯光洒向四周。但这些灯即便在高处也特别亮,以至于人们走夜路时需要打伞以减少眩光。

这些新式照明灯改变了奥斯汀。它们让黑夜像白天一样亮堂，城市活动由此不分昼夜。一些评论家认为它们亮得刺眼，不讨人喜欢，把皱纹和瑕疵都照得像浮雕一样清晰。路灯又吵又脏，暴露在空气中的电弧发出烦人的嗡嗡声，燃烧后的灰烬散落在灯下的街道上。还有人担心夜间照明会影响人类睡眠、作物生长和动物行为。不过，最大的问题还是维护——电极每天都得更换，这意味着工人们必须定期上下高塔。

　　到了20世纪20年代，大多数城市已经弃用或拆除了它们的弧形灯塔，取而代之的是安装在灯柱上的更容易维护的新型白炽灯泡。不过奥斯汀市没这么做。20世纪初，这座城市陷入了困境，由于缺乏拆除灯塔的经费，官员们将旧的灯塔结构留在原地，即便后来更新、更普及的照明方式遍布城市时也是如此。

　　20世纪50、60年代，终于有人提出要拆掉月光塔，但在这个时候，一些人认为它们是当地值得保存的纪念性建筑。因此，这些灯塔于1976年被列入国家历史遗迹名录，并享受了随此殊荣接踵而来的权利、荣誉和烦恼。以恪守传统的方式维护奥斯汀的十几座月光塔，意味着要定制螺母和螺栓，使用跟过去一样的精密的零件来进行维修，这既不便宜也不容易。

　　好在当地人似乎乐于为维护这些灯塔付出这样的代价。作为一种照明技术，月光塔可能已经走入进化的死胡同：城市的照明方案已经由蜡烛和煤气灯，发展到白炽灯泡和现代LED灯，但月光塔对奥斯汀人来说是一种文化遗产，当地的乐队和鸡尾酒吧铭记它们，更不用说理查德·林克莱特的电影《年少轻狂》了。这些建筑物已不仅仅是复古风的基础设施，如今"月亮塔派对"已经成了奥斯汀的文化脉络的一部分。

回拨

电表

20世纪70年代中期,史蒂文·斯特朗受雇在新英格兰的一栋公寓楼上安装太阳能热板,用来给水加热。他在进行这项工作时,还在屋顶上加了几块太阳能光伏板——就是可以发电的那种。这在当时还是一项新技术,所以斯特朗不得不自己想办法将它们连接起来,并考虑如何处理光伏板产生的多余能量。他决定把多余的电力接入电网,令他吃惊的是,这一举动居然导致大楼的电表倒转。

当托马斯·爱迪生在家里第一次建造发电装置时,人们的家中还没有电表。不过,他开始根据每个家庭灯泡的数量按月收取电费。这个系统算不上精确,于是很快就有了类似现在使用的那种电表。如今,当电力进入房屋时,一个小表盘上的指针就会转,以显示使用了多少电量。结果,当家用电传输回电网时,电表居然会反着转。这让所有人都颇为意外,包括电表的设计者,他们从没想过会出现这种情况。

对大多数人来说,电能只能流向一个方向,但也有例外,比如用太阳能电池板发电的人。人们默认,太阳能电池板生成的多余电能会流回电网,再被分配到其他地方。在大多数州,人们甚至能因此获得报酬。这种做法被称为净计量(指能源的净消费量),虽然一开始人们对这种做法没什么争议,如今却围绕它展开了很多政治斗争。

斯特朗的这一举动,加上电表出人意料的工作方式,有效地开创了一个先例,即用太阳能电池板创造多余电能的人会因此而获得奖励。这个先例中包含了这样一个观念：来自太阳能电池板的电与来自电网的电具有同等价值，这种观念起初似乎不言而喻，但后来却成了争论的焦点。在接下来的几十年里，一些州通过立法将这一观念付诸法律。房主实际上是以零售费率收取电费，这比电力公司从大型发电厂买电时支付的费率要高。

起初，电力公司也没觉得这是个问题——购买和安装太阳能电池板都很昂贵，因此非常罕见。不过，进入 2000 年之后，随着太阳能设备越来越便宜，质量越来越好，太阳能的使用也越来越普及。于是，电力公司越发关注以高于批发价的零售价回购电力的问题。他们称，这不仅削减了公司的利润，也妨碍了他们维护基础设施、为消费者服务的能力。

政治家、工程师和经济学家正在研究不同的解决方案，包括重新设计电表，以便更好地反映电能在具体时间段内真实的经济价值。最终，消费者和生产商之间可能需要达成某种平衡，因为如果没有激励措施，房主就不情愿安装环保型太阳能电池板，但若没有利润空间，电力公司又将无法维持现有的电网。太阳能是眼下的一个焦点，但电网的发展趋势也将对未来的风能、地热能和其他再生能源的制造方式产生更广泛的影响。

网络效应

互联网电缆

对现代互联网、无线设备以及"云"的讨论，让我们很容易忘记使这些技术成为可能的物理基础设施。这其中包括高架线缆、地下线缆，当然还有卫星，但整个网络中最重要也最不可见的，是承载了大约 99% 的国际数据流量的海底光缆。深达 25,000 英尺的数百根纤细的光纤管道构成了全球互联网的主干线，全世界这样的海底光缆总共长达几十万英里。

为这些光缆找到理想的路线是一项严峻的挑战。勘探人员必须要找出最稳定、最平坦的路线，而海底的珊瑚礁和沉船等障碍物都让这一过程困难重重。一旦路线确定，埋设管线就能减少光缆对浅水区的破坏。挖掘机被放入水下、拖到船后，以便为光缆挖出沟槽，然后再自然地被沙子和土壤覆盖。保护这些光缆完好无损所需的外皮材料因地点和预期的危险而不同——尖锐的海脊、好奇的鲨鱼、渔民和抛锚的船只都必须在考虑范围内。

即使有这些规划和工程，线路有时还是会中断。虽说鲨鱼咬坏光缆更容易成为新闻头条，但最常见的罪魁祸首却是不那么容易引起轰动的人类自身。全世界平均每周都会有几条电缆发生故障，这些故障通常不至于令服务彻底中断，因为其他光缆经过线路调整可以临时派上用场。当问题出现时，载着数千英里长的光缆和遥控装置的特种船舶会被派去接驳替换的部分。这些船会潜到水下，将受损的光缆从海底提起。讽刺的是，虽然这时船上的操作工人在某种意义上比其他人都更接近这些光缆，但他们却必须依靠卫星才能上网。这是一项远程工作，不是现代都市协作空间意义上的远程办公，而是比这更货真价实的远程工作。

考虑到这个系统的成本、复杂性和风险，人们可能会好奇为什么不让卫星承载更多工作量。简言之，用海底光缆处理数据还是一个更便宜、更快捷的方案。虽然已经有公司在测试气球和其他空中替代方案，但到目前为止，云技术更多依靠的还是海底光缆，而不是太空中的卫星。

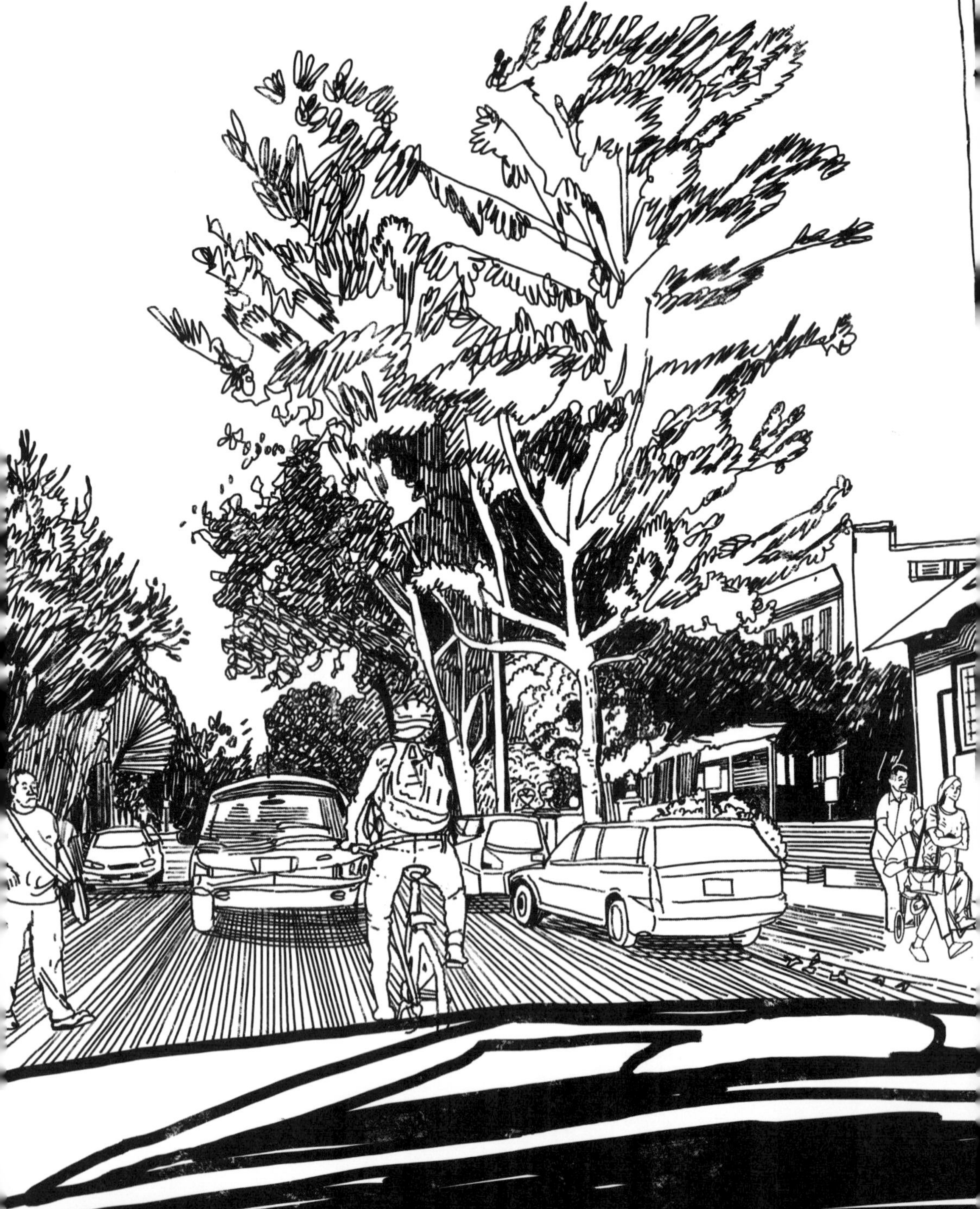

道路

　　罗马人解决了维护帝国运作的一个关键问题：如果你想让一些完全不同的社区在同一个政府的领导下运作，那就修建道路吧。道路是一项令人难以置信却常常被忽视的技术。随着在道路上行驶的交通工具越来越快，交通工程师们不得不奋力追赶，有时甚至会制造障碍来迫使我们减速。由于道路看上去简单且无处不在，因此我们很容易忽略，随着时间的推移，它们在设计和功能上的变化和调整。

左图：有中心线和不同使用者的住宅区道路

加速变化

绘制中心线

爱德华·N.海因斯对公路有巨大的热情:他是一名自行车手,还是一个活动家,他曾协助说服密歇根州通过了与公路相关的立法,包括修改州宪法,来为公路筹集更多的纳税人资金。当韦恩县公路委员会于1906年成立时,海因斯就站在亨利·福特的身旁。然后,在1911年,他在美国的公路上留下了不可磨灭的印记。这个故事的一个版本是这样的:海因斯当时正开车行驶在一条乡间公路上,跟在一辆运牛奶的卡车后面,他看到从车上漏出、洒在公路上的牛奶,突然获得启发,发明了车道分界线。这个故事听起来可能有点牵强,但不管怎样,人们普遍认为是海因斯创造出了道路中心线。第一道中心线画在韦恩县,其中包括底特律。从那以后,人们开始在弯道和其他危险地带画线,后来延伸到全县的所有道路上,最后是整个密歇根州。如今,美国全境从东岸到西岸的各地公路上,有长达数百万英里的公路都用油漆喷涂出了车道。但是,尽管中心线是日常交通基础设施不可或缺的一部分,我们大多数人仍很难准确地回忆起它典型的式样。

多年以来,心理学研究员丹尼斯·谢弗让他在俄亥俄州的学生们估计道路分界线上虚线的长度。尽管联邦政府的指南建议其长度应在10—30英尺之间,但学生们的答案平均是2英尺左右。有的虚线实际上没有联邦政府建议的那么长,但很多的确有那么长,特别是在主要公路的沿线,道路分界线的虚线长度都比2英尺长得多。简而言之,人们对线段长度的感知往往与其实际长度有很大的不同。

这种误解部分来自这样一个事实：坐在车里的人通常会把目光投向前方更远的道路，因此线看起来会比较短。但是另一个关键在于速度——人们在快速穿越某地时感知它的方式。长长的分界线、宽阔的车道和清晰的视野会强化驾驶员以为自己在高速公路上以正常速度行驶的错觉，即使这时的行驶速度与人类历来的移动速度相比高得惊人。视觉提示不仅会让人感觉更高的速度也很平常，而且会鼓励驾驶员继续加速。

这种现象不仅限于车道分界线，道路两旁有没有参照物也会改变驾驶员对时间和距离的感知，这能给予他们对速度的感知。以人行道和行道树为例：在世界大战前的许多城市郊区，行道树被种在挤满汽车的街道和人行道之间；到了战后，郊区规划师因为担心路边的这些植物会引起撞击事故，于是开始尝试在人行道的另一侧种树。除去可能造成撞击伤害的物体从表面看似乎是明智的，但它也可能产生意想不到的副作用，比如给驾驶员造成路比实际更宽的视觉印象。由于来自周边物体的"边缘摩擦"减少了，更加开阔的马路会鼓励司机提速行驶。当超速车辆真的开出路面时，两侧障碍物数量减少也会令行人的处境更加危险。

所有这些都指向了一个更大的交通工程问题：你给人们什么，他们就会用什么。有了宽阔的车道，司机们就会开得更快。特意增加行道树等景观来营造封闭的空间感，可能会使驾驶员更焦虑但也更谨慎，这反过来又能使道路对每个人而言都更安全。

转移责任

责怪乱穿马路的人

在20世纪初，美国的道路主要被悠闲漫步的行人占据。不过随着路上汽车数量越来越多，撞击事故成了一个令人头疼的问题。每年都有数千人因此死亡，其中许多是儿童。正如历史学家彼得·诺顿在他的书《交通斗争》中所述，汽车开始被视为死亡的预兆。当时报纸上有一幅漫画将一辆汽车描绘成被供奉在神坛上的有齿怪兽，将它称作现代的摩洛克神——一个与古代希伯来《圣经》里的儿童献祭有关的神，在充满争议的汽车时代又复活了。

当时，交通事故造成的死亡被视为极其不幸的悲剧。人们举行了纪念游行，还修建了纪念碑。超速行驶的汽车自然是造成死亡危机的罪魁祸首，它们甚至被比作高科技的战争武器。《纽约时报》的一篇文章将这场危机比作一场武装冲突："战争的恐怖似乎不如和平的恐怖可怕。汽车是一种比机关枪更具破坏性的机械。鲁莽的驾驶员造成的死亡比炮手更多。街上的人似乎比战壕里的人更不安全……最重要的致命因素是汽车。"事态发展到了这样一个地步：1923年辛辛那提举行了一次全民公决，要求用限速器对汽车实行每小时25英里的机械限速。

到了20世纪20年代，众多的汽车制造商、经销商和汽车俱乐部围绕快速发展的汽车工业壮大了起来。形形色色的利益相关方（统称为"汽车王国"）联手支持一项汽车倡导议程。他们想把事故责任从车辆上转移到不顾后果的莽撞的人身上。他们辩称过错方不仅有司机，还有行人。不管怎样，这些人的逻辑就是：汽车不会杀人，人才会杀人，美国各个游说团体至今仍在说这种话（比如美国步枪协会）。

"汽车王国"甚至创造出一个新词：乱穿马路（jaywalking）。当时，jay指的是来自农村的人，他们在城里走来走去，呆呆地看着城市，对周围的行人和车辆视而不见。因此，jaywalking是对这一概念的自然延伸——一种归罪于行人而非汽车的方法，并以此称呼在错误的时间、地点过马路的行人。这个策略奏效了，人们开始对马路有不同的理解。街道越发成为汽车的领地，对行人的考虑却退居其次。

在接下来的几十年里，越来越多的设计工作被用于帮助汽车在城市里占据优先地位，并使它们进出和往返于不同城市的速度越来越快。回首往事，很难说哪一个在先——究竟是美国人对汽车的热爱导致了所有相关基础设施的发展，还是路网的扩张让汽车不可避免地占据主导地位。不管怎样，可以说，是"汽车王国"的热情把美国带上了一条漫长而危险的单行道。

关键指标

撞击测试

早期的汽车广告更注重美观、豪华和自由，而不是安全。克莱斯勒汽车集团的一位安全主管将汽车比作女帽，并说"汽车必须具有特殊的吸引力，哪怕这要求在功能方面做出妥协"。正如汽车制造商在20世纪初试图将撞击事故归咎于行人一样，他们还会把责任推到司机身上，认为车祸所造成的伤害应该由司机负责，而不是发生撞击时割伤乘客的挡风玻璃，或刺伤司机的方向盘。

制造商们的论点主要是不可能有真正"安全"的汽车,即使车祸已经成为美国人死亡的主要原因。公共服务公告警告人们要提防个别被嘲讽地称为"开车的疯子"的坏司机。问题不光在于得有人去设计更安全的车辆,还在于得有人认识到更安全的车辆是完全可能的,这就要提到工程师休·德黑文了。

德黑文在第一次世界大战期间曾是加拿大皇家空军的一名飞行员,其飞行生涯止于他驾驶的飞机坠毁给他造成的一系列毁灭性内伤。在疗养期间,他意识到安全带上的一个旋钮使他脏器的损伤比预想的更严重,于是他决定对此做出设计上的改进。德黑文先是用鸡蛋和其他易碎品进行坠机实验,同时还关注各种可能会为飞机安全设计提供思路的、关于劫后余生的新闻报道。他从自己的实验和观察中得出结论:安全设计的关键是在时间和空间上分散冲击力,说到底就是在撞击发生时把人"包起来"来以分散受力。

德黑文随后将注意力转向更常见的车辆撞击事故,并尽可能地收集数据。他会打电话给医院和停尸房以获取车祸的相关信息,但直到与印第安纳州警方合作进行了长达一年的研究后,他才在车祸中汽车的哪些部位最危险这一问题上取得突破性进展。他发现,车内坚硬的旋钮和锋利的边缘会对人造成很大伤害,方向盘上的转向柱在撞击时也会刺入驾驶员的身体。根据官方研究,在此后的几十年里,可伸缩的转向柱挽救了数以万计的生命。

不过,仍有汽车公司反对德黑文的结论。多年后,他们才开始把可伸缩转向柱作为新车的标准配置。由于担心对汽车销售产生潜在的负面影响,汽车行业总想避免与公众讨论安全问题。这需要像琼·克莱布鲁克和拉尔夫·纳德这样关心公众利益的倡导者来宣传和维护汽车的安全性能,直到林登·约翰逊总统1966年在白宫的玫瑰园发表演讲,将这一问题界定为一场公共卫生危机——一种比战争更致命的流行病。随后政府出台了新的法规,其中就包括建立联邦撞击事故数据库。

在那个时代发明或强制使用的基本安全技术至今仍存在，并且仍然在拯救生命，不过许多渐进式的设计创新也有推动作用，这部分归功于丰富的数据。由于警方对车祸现场详细的记录，汽车导致的死亡率在过去的 50 年里大幅下降，这些数据对于帮助设计师制造更安全的车辆、规划更安全的道路都至关重要。

加强分区

车道分隔带

加州高速公路在勒贝克附近有段险峻的路段被称为"死亡弯道"，它名副其实，在上世纪 30、40 年代曾是车祸高发地。喷涂的道路中心线显然不够，于是人们又增加了中心护栏以减少迎面撞击。不幸的是，由于这里坡度陡峭，海拔变化超过 4,000 英尺，山脊公路的这一路段依然充满了危险。通过增加陡坡路面的摩擦力来给车辆减速也无助于降低卡车司机撞上铁轨的可能，护栏反倒被毁。因此，护栏最终被拆除，并于 1946 年被一系列更坚固的抛物线形混凝土分隔带所取代。

这种方式似乎是有效的，但它在加州的发展很缓慢。几年后，新泽西州开始采用这种基本设计并继续改进，开发出了一种底部向外弯曲成宽而平的底座，由下到上逐渐变细的护栏。这些护栏现在常被称为"新泽西护栏"。后来，人们又采用了不同高度、宽度和角度对这一模型进行了测试，以确定哪种规格在撞击情况下最有效。它们看似简单，就像一种相对直接（甚至是野蛮）的区隔车流的解决方案，但它其实远不止于此。

工程师凯利·A. 吉布林在《发明与技术》杂志上写道:"一般司机根本不知道这些护栏有多复杂,它们的主要功能显然是分离两边的车流,但它们的楔块设计是为了让车辆在遭受撞击时回到受控状态,以便把事故严重程度降到最低。"吉布林解释道:"在夹角较小的撞击——也就是侧擦边中,新泽西的护栏能让前轮胎滑上其较低处的缓坡面,并使车辆以最小的损伤程度回到路面。"换句话说,障碍物不仅能减少正面撞击,还能通过保持车辆朝前,降低车辆撞上两边护栏的频次和严重程度。

这个设计最终传回到了西部。20世纪60年代末,加州高速公路部门进行了自己的测试——让遥控车辆以不同的角度和速度驶向隔离带。他们的研究结论称,"新泽西州的混凝土隔离带是一种有效的、低维护成本的设计",这导致越来越多的护栏在该州高速公路上出现。到1975年,已经有超过一千英里的新泽西护栏蜿蜒穿过了十几个州的危险道路。

随着时间的推移,护栏的形状也得到了改进,更灵活、更模块化的设计选项被开发了出来。新泽西州高速公路部门委托设计的早期版本大多是永久性的一次浇筑成型方案。如今,已经有了可移动混凝土或灌满水的塑料代替品可以在道路施工过程中随时被置入。它们通常在顶部有一对方便让重型机械吊起的铁环,或在底部留有空隙,这样叉车就很容易搬运和堆放它们。一些空间紧张的路线,比如旧金山的金门大桥,甚至采用了"拉链"版本,专业卡车以平稳而连续的方式将它们按顺序抬起、放下,当这辆卡车缓慢地驶过大桥时,它能在某个方向上增加一条车道,同时取消对面方向的一条车道,以此适应一天中交通高峰模式的变化。

看着新泽西护栏,你很难想象这样一块形状普通的混凝土,它的一切都是经过高度设计的。我们今天看到的分流隔离带不是任何一个发明家独自发明的,它们是漫长而从未停息的设计过程的产物。在很多方面,它们更广泛地反映了道路的发展，从最初凭直觉曲折前进，直到寻得在之后看来再简单不过的解决方案。

额外转弯

更安全的十字路口

自 20 世纪 70 年代以来，联合包裹服务公司的物流部一直告诫他们的送货司机要避免左转。这做法听起来有些极端，但其实有可靠的工程研究支撑。经过调查，联合包裹服务公司得出结论：更多左转会导致路上花费更多时间、更高燃料成本，并增加碰撞的风险。在许多情况下，左转会迫使卡车穿过对面车道和人行横道。得出这样结论的不仅仅是联合包裹服务公司，美国联邦数据显示，超过 50% 的十字路口交通事故与车辆左转有关，而只有约 5% 与右转有关。

司机可以听取联合包裹服务公司"只右转"的建议，但交通工程师则提出了一系列更根本的结构性解决方案，其中就包括"密歇根左转"。这种道路设计也被称为"密歇根潜鸟""林荫大道掉头"或"P 形转弯"，它通过把十字和更远处的 U 形转弯路口的右转弯交叉结合起来，消除了传统十字

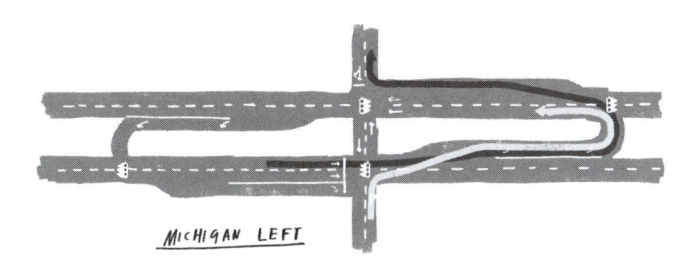

MICHIGAN LEFT

路口的左转弯。驾驶员驶过路口，掉头，返回到对面车道后再转弯。公平地说，它比简单的左转要更复杂，但研究证明这个设计的确能减少碰撞事故。它甚至可以缩短红绿灯周期来让车流加快速度，因为这样就不用在每次红绿灯变换的循环中设置左转时间。

类似的解决方案，如"领结"转弯（因其形状而得名），也涉及驶过路口、掉头和返回，但这种变体是利用十字路口两侧的环岛来完成全过程的。另外还有一种"壶把"转弯（有时称为"新泽西左转"），它的设计似乎违背直觉，将左转车道安排在十字路口的右侧，司机仍需要穿过一个车道再转弯，但这个路口比较简单，从而能让行人经过带人行道的主路口更加安全。

应该注意的是，"新泽西左转"这个词有时也指一种技术，即司机在常规路口快速左转，以便在绿灯亮起、对面车流启动前占据车道。这种危险操作不仅限于新泽西州，人们还把它（通常是非法的）称为"波士顿左转""匹兹堡左转"或"罗得岛左转"，具体取决于它们发生在哪里。"密

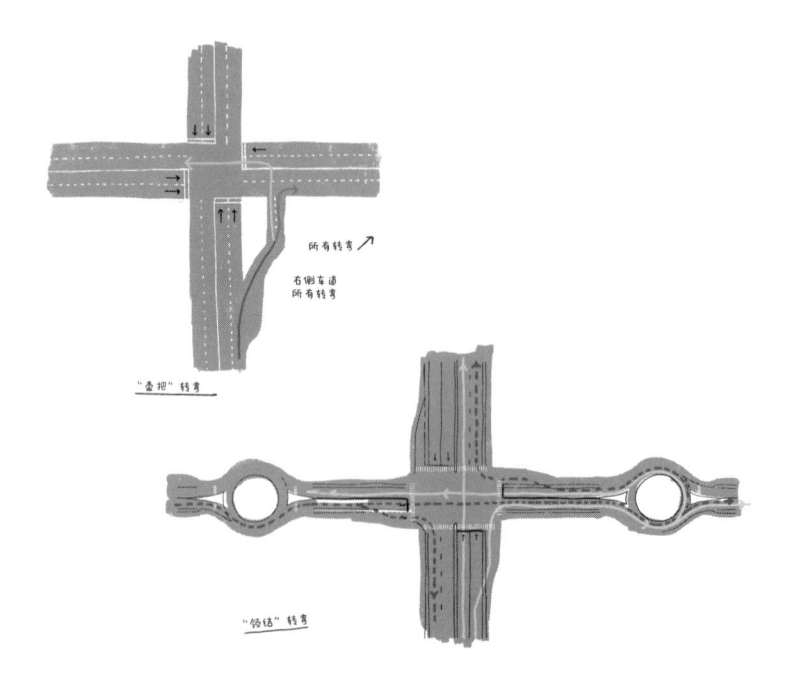

歇根左转""领结"转弯和"壶把"转弯可能会占据更多空间,也会让外地来的游客倍感困惑,但至少它们比抢在迎面驶来的车辆前面转弯的危险性要小。

循环逻辑

旋转连接

印第安纳州卡梅尔市的政府网站以一种标新立异的方式令这座城市出名:"卡梅尔市如今有超过 125 个环岛,比美国任何其他城市都多。"根据该市的数据,用环岛代替红绿灯的交叉路口既节省了城市资金,又减少了 40% 的碰撞事故和 80% 的伤亡,同时还为司机省了油费。虽然有人一开始觉得环岛令人困惑,但数据表明,环岛在交通效率方面通常比四向停车路口和其他类型的交叉路口更加安全、有效。虽然有人不看好环岛,但事实证明,它也有很多粉丝。

在大西洋的另一边,环岛更为常见,对其态度不敬的"英国环岛鉴赏协会"赞美环岛的诸多"优点":"它是柏油路上真正的绿洲……它比法西斯般指示我们何时停、何时走的智能红绿灯强多了。"任何关于英国环岛的讨论都必须包括其中最神奇的一个:"魔术环岛"。

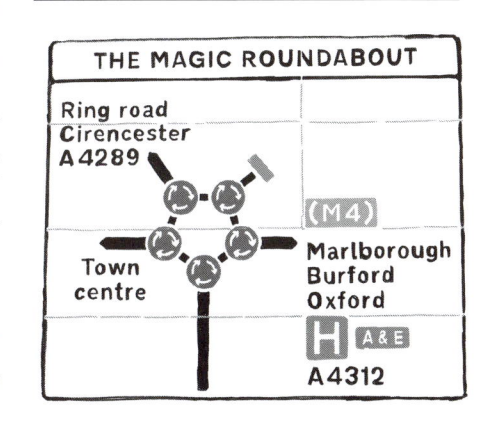

这个不可思议的环岛位于英格兰的斯温登,是由英国交通和公路研究

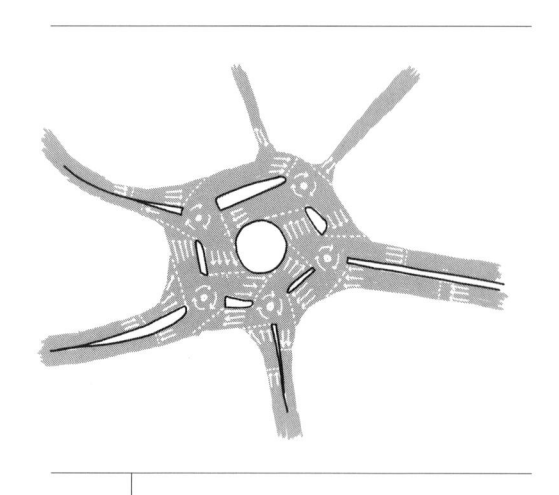

实验室的工程师弗兰克·布莱克莫尔在20世纪70年代设计的。他测试了单环岛，然后开始尝试双环、三环和四环的变体。最后在斯温登实施的五向环岛最初被称为"县岛"，但人们给它的昵称是"魔术环岛"，人们一直这么叫它，后来这便成了它的官方名称。它不是单个环岛，而是五个顺时针方向的小环岛围绕在一个逆时针方向的大环岛周围。虽然乍一看似乎不合逻辑，但它实际上非常高效，并在英国其他地区也得到了采用和改造。

它的工作原理是这样的：外围的每个环岛让汽车能从辅路进入；接下来，汽车在不同环岛之间旋转、穿行，直到抵达目的地。经验丰富的驾驶者可以快速、直接地经过这个路口，而对路不熟的人则可以跟着车流，沿着边缘开，一直开到他们要去的地方。起初，交警驻扎在各个路口，确保司机能理解车辆的方向，但人们很快就掌握了方法。

如果这一切看起来还是太魔幻、太复杂，不妨考虑下司机在这个过程中必须做的每个选择相对来说多简单，他们只需沿着直线和箭头移动，给已经在特定圆环里的车辆让行，并不断向他们的目的地前进。总的来说，这看似一团糟，但其实每一步都相对简单明了。此外，这里的复杂性也可以被看作是种优势：意识的增强会迫使司机更关注道路及其周围环境，而不是只依赖道路标志或信号。

"魔术环岛"仍有它的批评者。它被一家英国保险公司评为最糟糕的环岛，被一家汽车杂志评为世界上最糟糕的路口之一，并在一项司机意见调查中被列为十大最可怕的交叉路口之一。这种令人生畏的负面评论可能解释了为什么环岛在美国等许多国家如此不受欢迎。

很少有美国城市能像卡梅尔那样热情地接受这些另类的交叉路口替代选项，而卡梅尔在其历史上的大部分时间里主要依靠传统的交叉路口。直到最近几十年风向才有所转变，一个又一个环岛出现了，有越来越多证据表明它们是更环保、更快捷、更安全、更便宜的选择。据《印第安纳波利斯星报》报道，本地居民内森·托马斯很欣赏这些好处，但他也开玩笑说自己喜欢环岛，"因为在里面转圈穿梭很爽，感觉自己像一名赛车手"，这对于一个本意是让驾驶更安全的设计来说，有那么点讽刺。

不完全停车

交通稳静化

当司机遇到减速带时，他们往往会主动减速，这正是伦敦的一个试点方案背后的想法，该项目利用人的感性作为交通稳静化的手段。看上去凹凸不平的减速带其实只是画在地面上的，但它会造成透视错觉。从侧面看的效果不好，但从正面看，二维喷绘看起来像是道路上的三维障碍物。它也许是种假象，但倘若奏效，它就是一种确实能让司机放慢速度的方法，就像能让车辆颠簸的实体减速带一样有效。

人们对于如何称呼各种形式的"凸起"还没有一个普遍的共识。大多数人首先想到的是"减速垄"，根据某些人的说法，它只是一个更高、因而造成的颠簸幅度也更大的减速带。不过，国家城市交通行政官员联合会在其对"垂直速度控制元件"的描述中根本没提"减速垄"。在他们的清单上，有一

种机智的变体脱颖而出：他们称之为"速度缓冲垫"（其他人称之为"肿块"），它们的间隙是特别设计的，能容许急救车等车辆的大间距车轮在成对的凸起物（或垄、垫）之间穿过，而不必像普通汽车那样减速。现在有许多交通稳静化设计，包括夹点、急弯、大门和各种抬高路面、延伸路缘的措施。可以说，城市设计师尝试了各种方法来降低车速。

这些物理障碍或许有用，但有些方案本身也会带来问题，包括引起乘客不适、车辆上下颠簸带来的空气污染和噪音干扰。从理论上讲，纯视觉化的解决方案可以帮助解决这些问题，"视错觉"是一种选择，但还有其他技巧，比如 2016 年英国剑桥出现了一个横跨街道的奇怪的砖石圈。这是为了用不熟悉感迷惑司机，好让他们开得慢一点儿。这个令人困惑的砖石圈被人们戏称为"不明飞行物着陆台""城市麦田怪圈"和"免费甜甜圈区"。

在接受英国广播公司新闻采访时，道路安全分析师理查德·欧文认为："这背后的行为科学很棒。"从他的角度看，"这是为了让驾驶员对道路环境感到不那么确定，进而会在没有垂直减速带的情况下主动减速"。这意味着，在这个解决方案框架中有另一个问题变得明显：司机们一旦熟悉了这一现象，就很可能会忽视它，而且随着时间的推移，这种减速措施的效果也会逐渐减弱。虚假的减速带也是同样道理，它不会给超速的人带来震感，即使它们在个别情况下有效，前方有障碍物的错觉也是建立在司机曾撞上过凸起物或受颠簸的经验基础之上。换言之，想用赝品取代所有真实世界的"凸起"最终只会是弄巧成拙。

回动装置

改换车道

1967年9月3日,"右行交通"生效,数百万瑞典人从靠左通行改为靠右,人们通常把这一天缩写为"H日"(H-Day),这场转变可以说是全世界有史以来规模最大、最有效的交通基础设施改革。行车方向并没有对或错,但正如瑞典人所意识到的,这其中存在着兼容性问题。

从历史上看,人们到底在路的哪一侧行走、开车或骑行各有不同,并且一直在变化。当骑马是主要的交通方式时,人们通常靠道路左边骑,这样他们就能根据情况的需要,用右手自由地迎接或攻击迎面过来的骑手。随着马车的兴起,惯例开始改变。车手们经常坐在马匹的左后方,这样他们就能用惯用的右手更好地控制位于他前面或右边的其他人。因此,他们靠道路右侧行驶也是有意义的,这样驾驶员就可以靠近车道中心,从而更容易观察周围环境。尽管如此,当时行驶方向依然没有统一惯例,随着汽车开始取代马匹,每个人都倾向于遵循当地的传统。

在"H日"之前,瑞典人一直都靠左行驶,而丹麦、芬兰和挪威等邻国却都是靠右行驶。由于不熟悉当地的交通模式,来往的游客经常发生交通事故。除此之外,很多瑞典人还开着从美国等地进口的汽车,甚至瑞典的汽车公司也生产出口汽车,这些汽车本来是为靠右行驶设计的,但其中一部分却在瑞典本国销售,这就让驾驶员处于道路边缘的位置,给看路和找路造成了困难。为了解决这些问题,瑞典政府提出了右行交通的提案,并由公众投票表决。

公众对改变交通方向的想法的反应是一边倒的否定；82.9%的选民希望坚持他们熟悉的惯例。最后，政府压倒了愤怒的公民，宣布必须换交通方向。政府成立了一个部门，以协助应对即将到来的转变，包括物质基础设施和公众意识的变化。他们分发小册子，发布公共服务通告，设计了带有 H 标志的新标牌和贴纸，H 标志是 Höger（右行）的缩写。瑞典一家电视台甚至举办了一场比赛，看看谁能为帮助人们纪念即将到来的转变写出最好的歌曲。胜出者是影子乐队的《靠右走，斯文森》（*Håll Dej Till Höger, Svensson*），这首歌的名字一语双关：在瑞典语中，"保持靠右"是"对配偶忠诚"的缩写，而"向左走"则意味着外遇。

在改换交通方向前的几个小时里，由于施工人员需要调换路标，并进行最后的基础设施调整，大多数汽车都被禁止上路。然后，在凌晨 4 点 50 分，喇叭响起，宣布交通重启。值得注意的是，这一天进行得格外顺利，部分原因是司机们在面对这场有些吓人的变革时表现得特别谨慎，事故反而比平时更少。

全世界都注意到了这种相对没什么痛苦的转变。在瑞典改换交通方向的一年之后，冰岛也转成了靠右行驶。在接下来的 20 世纪 70 年代，包括加纳、尼日利亚在内的英国前殖民地都从靠左行转向靠右行，与它们的西非邻国保持一致。今天，世界上绝大多数国家都靠右行驶。在像英国这样仍然保持它们的左行的地方，偶尔会有批评人士主张改靠右行。然而，这一总体的趋势有个值得注意的例外。

2009 年，萨摩亚采取了与瑞典和其他许多国家正相反的做法：他们把和世界上大多数国家一样的靠右行驶改为了靠左行驶。改为靠左行驶是一种战略，为的是让萨摩亚和与其联系最紧密的三个主要经济体（澳大利亚、新西兰和日本）保持一致。除此之外，这一举措还让他们可以从日本进口二手车——日本是世界上二手车最便宜的市场之一。这种从靠右行驶改成靠左行驶的过渡非常顺利，不过这并不令人惊讶，毕竟萨摩亚只有几条主路。

  这些转变表明，即使各国的交通模式发生巨变，司机们也完全有能力适应新环境。在所有以改变人与路的关系来改善城市生活的问题上，这些先例应该能支持所有大胆决策的论点。一场几乎颠覆驾驶体验的转变，最终被证明是安全的，即使这种转变违背了 82.9% 的投票民众的意愿。

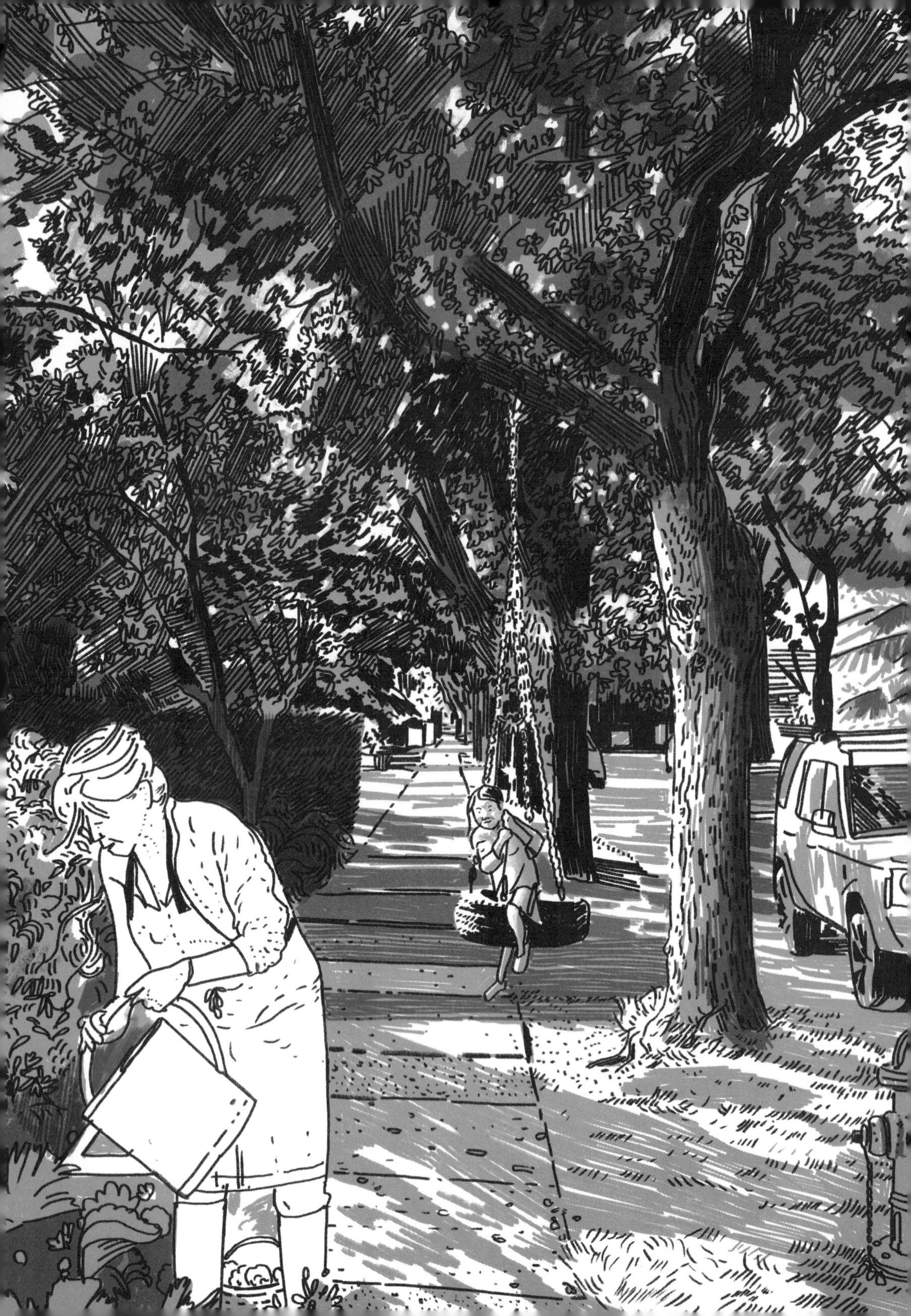

公共性

　　随着没被困在钢铁汽车里的后工业时代人类被赶出了道路，他们不得不在城市残存的空间中找寻新的容身之处，这可不是件容易的事。几十年来，行人和骑行者的需求总是被忽视，这迫使他们在边缘勉强生存。但这些公民最近发起了反击，就汽车主导的道路和其他交通方式之间的紧张关系以更加公开的方式重新谈判。

左图：街道和人行道之间的空隙绿树成荫

边缘

夹缝空间

街道和人行道之间经常有一条狭长地带。有时，这条众所周知的窄道会延伸成为一片带状的空间（有时被称为"路缘"），它可以是不同的形状，有不同的称呼：新西兰和美国某些地方管它们叫"护道"；在加拿大部分地区和美国中西部，它们被称为"林荫大道"；美国东海岸和西海岸有时把它们称为"路缘带"。美国南部叫它们"人行道草坪"或"人行道地块"，到了南佛罗里达则是"洼地"，俄亥俄州东北部叫它"魔鬼地带"，它的名字不胜枚举，其中还包括人行道牙子、窄草坪、公园带、"地狱地带"、树木带、种植区（原因不言自明）或家具区（因为它们给长凳、电线杆、消防栓以及其他"街道家具"提供了场地）。

也许这些地方之所以演化出这么多绰号，正是因为它们能够发挥多种功能，为绿化、路灯和公共汽车候车亭开辟了空间，并充当人行道上行人们的屏障，保护他们免遭撞击和泥水溅湿。这条狭长地带还发挥着生态作用，在提供栖息地的同时缓解水污染、控制地表径流。

尽管路缘有各种各样的用途，但也要为此付出代价。在拥挤的城市地区，它们有时会被视为未被充分利用的空间。在许多人口稠密、风景如画的老城区里，路缘的缺失恰恰塑造了一种独特的地方性体验。想象一下，在一座历史悠久的城市里，古老的鹅卵石路上没有路缘、边线或其他东西把街道和人行道隔开；排列在两边的古老建筑构成了一个舒适的场景。世界上好多地方都是如此，从德国拜罗伊特的窄路到中国北京蜿蜒曲折的胡同。

是否使用路缘，取决于当地在土地分配上的优先级，即究竟以何种方式将这处空间划分给绿化、建筑、行人、骑行者和机动车，这还涉及如何把这些东西最好地连接或分离、切割或共享。人们很容易认为，更多的路缘意味着更多的绿化空间，这是一种有利无害的事，但一些真正了不起的城市恰恰在没有路缘的情况下提升了城市密度、步行便利性和其他更无形的目标。

过马路

行人信号灯

在德国统一之后，双方共同努力消除了曾经作为边界特征的视觉线索。尽管如此，在重聚和相关的庆祝活动中，还是存在一些通常看起来不大的争论点，比如"交通信号灯小人"（Ampelmaännchen）。几十年来，这些"交通信号灯小人"一直在告诉原民主德国居民，何时该（或不该）过马路。尽管如此，在柏林墙倒塌以后，它们的角色早已不只是帮助人们在城市里穿行，它们承载的地方意义远超其设计者的预想。

这些小人是由交通心理学家卡尔·佩格劳在1961年设计的。他的主要想法是不仅用颜色，还用形状来设计信号灯，让它们也能服务于视力受损的人或色盲患者。他的解决办法之一就是让"走路"的小人和"停步"的小人看上去截然不同。不过，行走和站立的小人有个共同点，那就是都戴一顶滑稽的草帽。这些戴帽子的交通信号灯小人将在自己的连环画中出演主角，并在有关过马路安全的公共服务公告中扮演重要角色。因此，当两德交通信号标准化计划宣布，这些标志性的小人可能被取消时，就有民众提出了抗议。结果，不仅民主德国保存了一些交通信号灯小人，联邦德国也开始出现它们的身影。

LONDON   PARIS   New York   Madrid

如今，这些小人可以说比以往任何时候都更受欢迎。人们每年花费数百万欧元购买交通信号灯小人的纪念品。尤其是绿色行走小人的形象已经成为民主德国怀旧情结的代名词。据德国之声报道，这个小人"享有特殊的地位，是共产主义民主德国的独有特征之一，在'铁幕'时代结束后，它的受欢迎程度依然毫发无损"。

虽然这些来自民主德国的信号灯小人特别有名，也深受人们的喜爱，但具有城市特色的行人图标并非德国独有。不同国家的交通信号灯通常有一些共性，比如红色表示走、绿色表示停，以及一个相对静止的姿势和一个更具动态的姿势。然而，把这些小人放在一起看，它们的形态和动作显示出惊人的区别：有的阔步前进，有的信步而行，有的小步奔跑，有的甚至随着行人信号灯的嘈杂声响跳舞。一个个单独看，它们很容易被忽视，但跟其他视觉线索相结合，这些图标在帮人们过马路的同时，也使不同的城市变得与众不同、具有辨识度且令人难忘。

共用车道

自行车道

在街道上为骑自行车的人设置的共用车道，最终演变成人们所说的"沙罗"（共用自行车道），它从一开始就是一种妥协。这种共用车道标志的早期版本是由交通工程师詹姆斯·麦凯于1993年为丹佛市开发的。当时，丹佛市政府不愿给自行车友好型的设计方案花重金或让出空间，比如设置专用车道。麦凯提出的廉价又简单的解决方案可以通过在现有车道上喷油漆标志、为骑行者指出车流方向而实现，它还能作为一种视觉提醒，告诉司机们要与骑行者共享道路。这个设计在箭头内画了一个抽象的骑行者，所以这个标志俗称"房子里的自行车"。

最近，旧金山骑行项目的奥利弗·加赫达将一款广为流行的双V形箭头变体称为"沙罗"（取share和arrow各一部分组成sharrow一词）。它后来在加州大获成功，也许是朗朗上口的新名字帮了很大的忙，全美各地也随之开始使用这些图标。尽管共享自行车道主要出现在居民区和城市街道，但汽车疾驰的高速公路上居然也有了它们的身影。对此，人们意见不一，但它们仍有不少支持者。

根据联邦公路管理局的研究，共享自行车道似乎在某些方面表现不错。它的标志能帮助骑行者远离危险的路边停车的"车门区"，并降低骑错车道的概率。理论上，这些标志还能提高司机与骑行者共享车道的意识。然而在实践中，有些研究反馈的结果是模棱两可甚至负面的，因此人们还不完全清楚共享自行车道的标志在多大程度上有效。无论如何，如国家城市交通官方协会发布的《城市自行车道设计指南》所言："共享自行车道标志不该被看成是骑行专用道、自行车道或其他车道分离措施的替代品，如果这些类型的设施是政府承诺过的或空间上允许的。"

在一个理想的世界里，自行车应该有自己的专用车道，但这并不总是可行，所以在很多地方，在空间和预算有限的地方，"沙罗"仍然是个折中的办法。一些城市仍在为这种相对新的城市设计创新做不断的尝试。例如，波士顿已经测试了某位记者所谓的"类固醇沙罗"（sharrows on steriods），基本就是在更宽的机动车道上用虚线强化共用自行车道。在奥克兰市，纯绿色油漆被涂在一些路段上，以标明这是一条共用自行车道，比间隔性的"沙罗"标记可见度更高。也许这些增强版的"沙罗"将被证明更加有效，或者至少在那些为骑行者腾出空间特别困难的城市算是权宜之计。不过目前看来，"沙罗"标记仍然经常被当成在城市骑行者的事情上偷懒而不是多办事的借口。

拥堵成本

缓解交通堵塞

几年前，巴黎开始试行"无车日"，在这段时间里，市中心的车辆交通几乎完全消失。这是一个更大项目的一部分，旨在重新思考城市空间、重新设计以优先考虑行人和骑行者。这样的举措并非法国独有，在伦敦的工作日交通高峰时段，大多数车辆会被征收高额的拥堵费，以抑制市中心车辆过多的现象；在巴塞罗那，运转良好的超级无车街区将 9 个街区组合起来，限制车辆只能在其外围移动；在大型城市比比皆是的中国，甚至有人说要从头开始设计全新的无车城市。

这种消除汽车的行动或许正在愈演愈烈，但它并非新鲜事。早在 20 世纪 70 年代，曼哈顿等地就有人在倡导无车的未来。几十年来，汽车已经缓慢占领了纽约市。各行政区之间的过桥费已被取消，有轨电车的轨道也被拿掉，就是为了给汽车腾出更多空间。当时，山姆·施瓦茨（人称"大堵车山姆"）是一位年轻的交通部门员工，他想抵制城市里的汽车。他和他的同事们提出了雄心勃勃的解决方案，比如在曼哈顿市中心从上午 10 点到下午 4 点全面禁止私家车通行。纽约市在这项"红色无车区"的想法被正式废除前，甚至已经开始印刷标志。事后，施瓦茨和其他行动派提出了各种清理街道的方法，包括规定曼哈顿只允许两人或多于两人乘坐的汽车上路。

可以预见的是，政客和商人们反对这类减少汽车交通的做法，抵触把道路变成自行车道和公共广场的想法。一些人担心，创造更多公共空间会进一步助长居高不下的城市犯罪率。汽车行业游说人士声称，切断汽车交通也会损害购物和酒店行业。在这一切过后，"交通拥堵"不仅意味着字面上的交通堵塞，也意味着城市政治和更广泛的政治中遇到的官僚主义的拥堵。

近年来，纽约市已经慢慢朝着山姆几十年前设想的减少交通拥堵的方向前进。行人专用广场、受保护的自行车道、拥堵费和通行费都重新被提上日程。甚至连时代广场上也已经没有了汽车。纽约市也尝试了其他无车区，这似乎是对未来的一种激进设想，但实际上反映了一种时代的回归，也就是汽车把其他人都赶到一边之前的时代。

车外活动

裸街

一些城市规划师、研究员和分析人士已经开始质疑，某些本该保护我们安全的街道设计，比如信号灯、标志牌、路缘石和路障，是否真的能让我们更加安全。欧洲各地的城镇开始尝试让公共汽车、其他车辆与自行车和行人在同一空间里更自由地行动，这是对现代城市设计主流范式的挑战，被称为"裸街"运动。英国交通部门的指南将这种"共享空间"描述为"通过削弱机动车的主导地位来改善步行活动及舒适度"，借此"使所有道路使用者都能共享空间，而不是遵循传统设计所隐含的定义明确的规则"——将道路使用者分隔开来，并为汽车分配更多空间。为了向人们证明这新奇的方法有多安全，有位荷兰勇士甚至闭着眼睛倒着走过街道。

为了保证行人的安全，过去的英国波因顿有一堆乱七八糟的交通标志和信号灯，还有一些狭窄的人行道和混乱的护栏。几年前，所有这些传统的交通标志都被移除了。该镇花了400万英镑扩大人行道空间，并去掉了镇中心传统的交通分界线。如今，唯一留下的标记是一块小牌子，上面写着"波因顿共享空间村"。

人们的想法是，如果区域划分不明确，每个人都会更加谨慎：通勤者会放慢脚步，用眼神交流、协商。与此同时，汽车也不必花时间等交通信号灯，这样司机们就能更快通过十字路口。从理论上讲，共享空间对行人很友好，他们可以更自由地走到任何地方。在实践中，人们通常仍然走在人行道本来应该在的地方，当被问起时，许多人都表示更喜欢街道以前的样子。

从数据来看，这些实验中的一部分似乎起了作用。有数据表明，采用共享空间后，碰撞事故和险情减少了。据估计，共享空间能将通行时间及延误情况减半甚至更多。不过这并不意味着这些设计适合所有人。从一开始，共享空间策略就因为对身有残疾的行人，尤其是视障人士提供的保护不足而备受批评。在英国，关于是保留还是取消共享空间，或是在下一步举动前对其进行深入，研究这一问题一直存在着政治方面的论争。

丹麦建筑研究所等组织的初步设计暗示，在不同方法间取得平衡可能比任何极端的方式都有效。他们的概念既包括共享空间的混合交通，也包括一些传统城市设计元素，如凸起的路面纹理，以及通过按钮激活的残疾人过街指示灯。所有新策略都还需要进一步的研究测试，以及公众教育、参与和反馈。如果这一趋势最终造成范式的转变，那可能意味着城市能够和应该是什么样子的规则也会被改写。

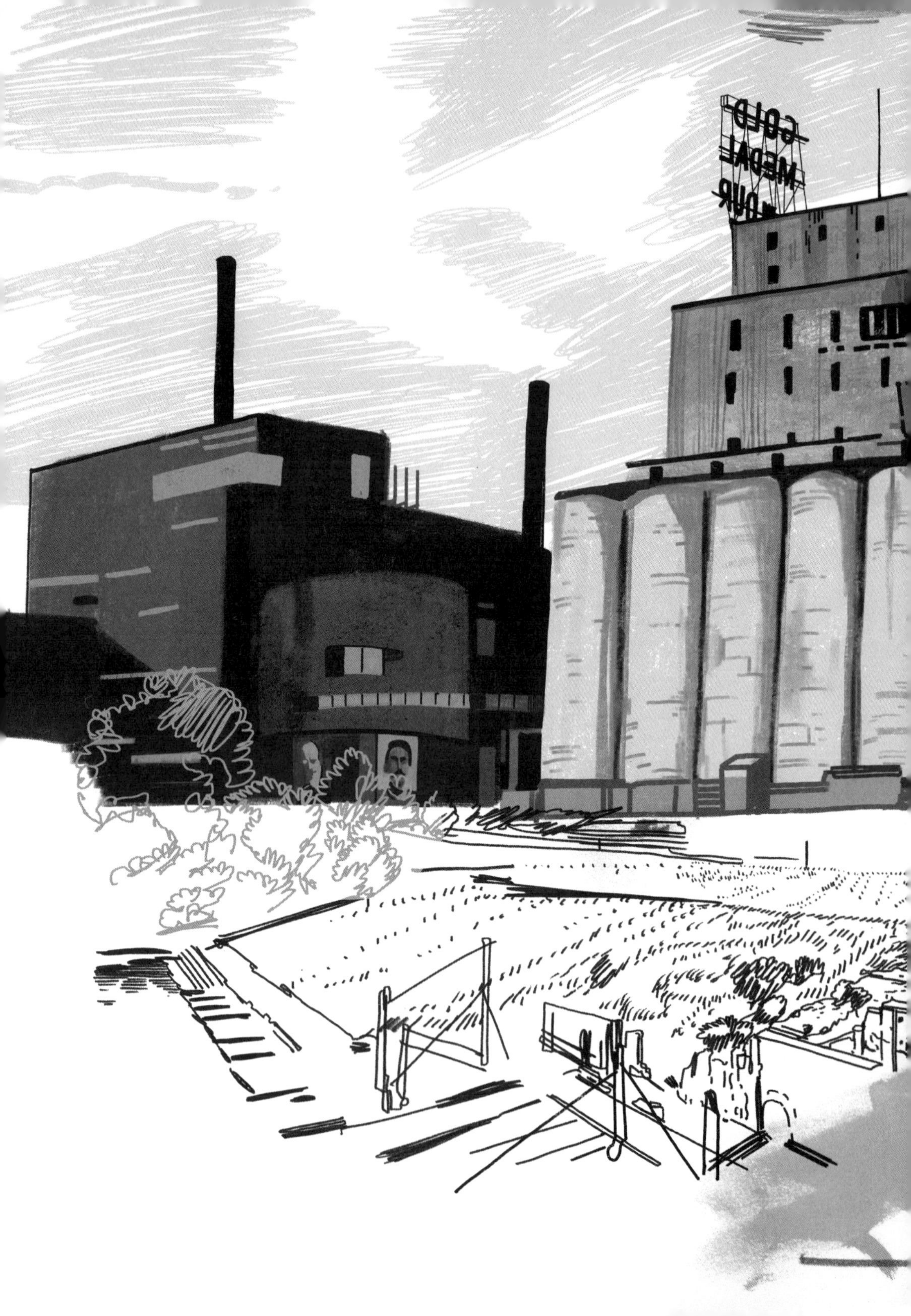
GOLD
MEDAL

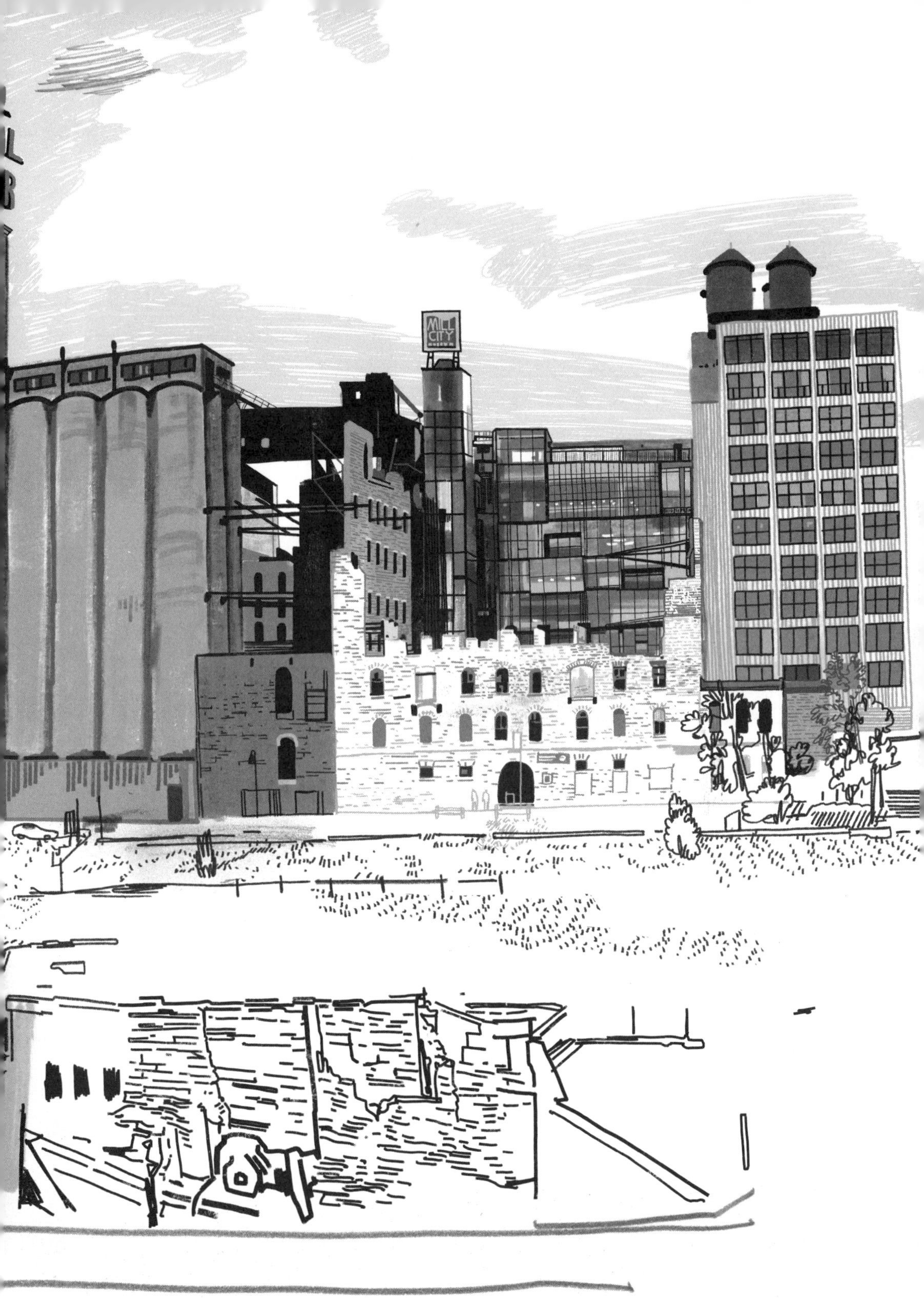
MILL CITY

第四章

建筑

当人们想到城市时,他们往往想到的是大型建筑物。这很合理。人们常常把宏伟壮丽的建筑看作人类成就的顶峰。建筑师通常会得到赞誉,但没有任何建筑是某一个人头脑中形成的完美、纯粹的创造物。建筑是一个惊人的大杂烩,包含了各种限制、规则、错误、时尚、历史、妥协,以及不优雅的施工现场。但这一切也令它们更美丽、更有趣。当你走在布满建筑物的城市街道上,别忘了抬头看,但一定要看得更深入一些。注意门怎么移动,想想建筑都用了哪些材料,哪些部件是旧的,又有哪些是新换的。这些东西背后的故事往往远比官方的介绍更有趣。

第164、165页图:明尼阿波利斯密西西比河沿岸的建筑废墟

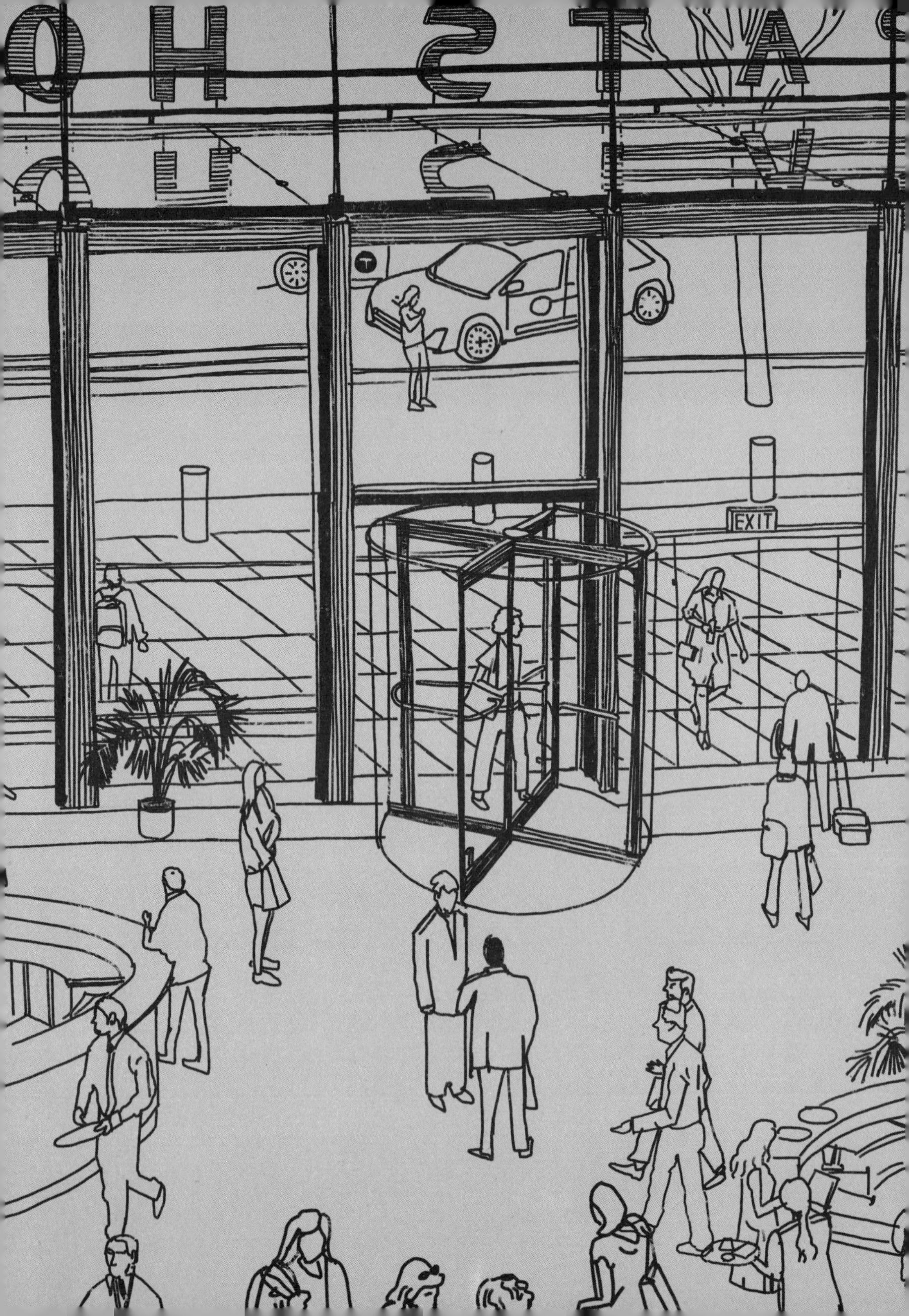
EXIT

阈限

　　公共空间和内部私密空间之间的过渡地带，是你与建筑最初也是最后的互动场所。你推门。你拉门。你在该拉门时推门。你胡乱地摸索门锁的位置。如果幸运的话，在建筑物一层你能顺利地做对所有动作。若是运气不好，又遇上了紧急情况，你可能不得不去找找有没有窗正好是开着的，或者单薄的金属防火梯是否能承受你的重量。如果一座建筑在这些过渡地带出了问题，那么它作为一座建筑来说就是失败的。

左图：公共入口和紧急出口的回旋门和双开式弹簧门

缺乏安全感

上了锁的入口

在门与锁的漫长历史中，人们只在很短暂的一段时间里有恰到好处的安全感。这种安全感从18世纪末高度安全、没人撬得开的机械锁出现开始，持续了大约70年。在此之前，锁很容易被打开。设计师们依靠可预测、可破解的骗术——比如假钥匙孔，赶走潜在的窃贼和入侵者。所有渴望私人物品安全的人士都意识到，他们大多只能依赖那些遵守社会规范的人内心的善意。当一位名叫约瑟夫·布拉默的英国发明家在安全设计上取得突破时，这一切都改变了。

现在人们公认布拉默的设计是有史以来第一个高度安全的锁。简单地说，它在钥匙和插销装置之间增加了一层更复杂的结构，使锁更难被撬开。值得注意的是，该锁的发明者对它的内部工作原理毫不掩饰，恰恰相反，他把自己的设计昭告天下，并邀请锁匠前来挑战。他对自己的设计信心十足，甚至制作了一个独立的挂锁放在伦敦的店面。在它旁边的牌上有金色的字写的这样一条信息："谁能制造出可以撬开或打开这把锁的工具，谁就能获得200畿尼。"这一金额相当于今天的数万美元，几十年来，人们试图破解它，但都无功而返。

在布拉默的锁出现以后，更复杂、更安全的锁被开发出来，其中就包括杰里迈亚·查布的"探测仪锁"。一旦把错误的钥匙插进锁孔，里面的调节机关就会把锁完全冻结。这不仅起到了防盗的功能，而且能提醒业主有人试图闯入失败了。厚脸皮的门锁广告上写道："我叫查布，我造出了专利锁。

看看我的作品吧，让夜贼们多绝望。"这把新锁果然引起了消费者和政府的关注。为了检验它是否真的牢不可破，州政府向狱里的一名窃贼提出，如果他能破解这个装置，就能获得赦免；查布又增加了 100 英镑的奖金。尽管对方是个开锁专家，但他试了几个月，到头来还是失败了。

布拉默的锁与其他看似无法破解的设计带来的绝对安全的黄金时代一直持续到 19 世纪，直到美国锁匠艾尔弗雷德·查尔斯·霍布斯横渡大西洋，参加了 1851 年在伦敦举行的世界博览会。对许多人来说，钢铁和玻璃造的水晶宫——它预示着未来摩天大楼的基本元素——有着最强的吸引力，但对霍布斯却不是。对他来说，博览会上被认为是牢不可破的一套锁才是最吸引人的，正好能用来测试他在从事安保行业时磨炼出来的开锁技能。霍布斯在美国各地的银行开展业务，即攻破银行现有的安保系统，再给对方提供升级服务，以此牟利。

事实证明，世界博览会的锁对霍布斯来说很有挑战性，但并非不可战胜。他最终选择挑战查布的探测仪锁，并利用其自身的机制来绕过它的调节器。霍布斯先是有条不紊地把锁的每个部分都调到它的故障安全位置，然后再把它重新调到正常的锁定位置，通过有意的过度操作了解谜题的全貌。在多次打开探测仪锁之后，霍布斯又转向了布拉默的"安全锁"，它是半个多世纪前开发的，但至今仍未被人征服。霍布斯在两个星期内总共花了 50 多个小时，才逐渐破解了这个传说中的无敌装置。他的解决方案算不上多优雅，耗时很久，又不易复现，但它打破了绝对安全的神话。

在这一系列突破之后，锁匠们继续开发更精密的新型锁。然而，由于没有一个统一的绝对安全标准，锁的设计方法很快出现了分歧。虽然布拉默的锁极难攻破，能满足高安全性需求，但大多数家庭和办公场所用的却是相对容易攻破的门锁。弹子锁之所以无处不在，并非因为它功能强大，而是因为便宜、易于安装。链条、螺栓、防盗杆和报警系统比比皆是，但没有哪种技术能做到万无一失。现代的锁具竞赛与其说是破解难度的较量，不如说是速度的比拼。归根结底，人们对绝大多数门户安全的信任，早已不来自锁本身，而是出于对尊重公共空间和私人财产的界限这一更广泛的社会秩序的信念。

开与关

旋转门

19世纪末，特奥菲卢斯·范坎内尔为纽约市带来了一项新颖的德国发明——他在时代广场的一家餐厅入口安装了一扇旋转门。他的公司宣传说，他们的门"不会一直敞开，不会被风吹开，也不会砰一声关上。它们总是关着的，却可以让人们通过"——或者不那么夸张地说，它们可以同时处于打开和关闭的状态。几千年来，人们不得不靠推动或滑动来打开和关闭一扇门，旋转门是个巨大的转折点。事实证明，这种新型的门不仅可以避免与门相关的尴尬的社交行为，还能防止灰尘、噪音和雨雪的侵入。这种门还有"总是关着的"这项功能，麻省理工学院的学生从2006年开始对其进行量化。

作为一项关于门的选择之影响的研究的一部分，该小组的研究发现，旋转门的换气量只有普通弹簧门的八分之一，这能减轻建筑供暖和制冷系统的负荷。铰链门的每一次拉动或推动都会令空气进入建筑，迫使暖通空调机器进行补偿。时间一长，对于一个人流量大的建筑来说，这种人员的进出导致每年在能源和相关的环境成本上的浪费达数千美元。这些缺点的产生是因为大多数人在面对选择时，会忽略旋转门而直接选择弹簧门。旋转门的隔间还会让某些用户感到局促和尴尬，而另一些人（包括残疾人、推着婴儿车或提着大包的人）进出大门非常不便。

　　有的设计师尝试通过使用标志牌来引导更多人使用旋转门，但还有其他方法引导人们将旋转门作为首选出入口。人们通常会在隔间宽敞、给人安全感的情况下选择从旋转门通行。在旋转门更显眼的酒店，人们会自动走旋转门，除非员工主动为人们打开弹簧门。人们进出总是遵循阻力最小的原则，只要路线明确、畅通无阻，他们就会跟着人群走。

　　当旋转门正常工作时，它能很好地发挥作用，但一旦出现故障，其后果却可能是灾难性的，比如1942年波士顿市的椰林夜总会的火灾。当时的大火造成492人死亡，许多人被困在建筑内，因为作为主入口的旋转门里挤满了向外逃的顾客。其他的出入口要么被木板封了起来，要么被闩上了，或是被藏了起来。那些门理论上是可以打开的，实际上却卡住了，因为它们只能向内开而不是向外开。所有这些设计缺陷让当时的混乱场景更加复杂，使受困的人更难逃生。马萨诸塞州在第二年通过安全法规定，除了其他设施，旋转门两侧必须安装能向外开的推把式门，让人们可以更安全、便捷地离开建筑物。在这场悲剧中，蕴含着一个警醒人们的设计教训：对于门的设计来说，能让人进来固然重要，但能让人出去更加重要。

改进逃生通道

紧急出口

火灾长期以来都是建筑物及住户面临的最大威胁之一，但针对防火问题，并不总是有恰当的设计考量。早在 18 世纪，消防通道还是由消防员拉出来的、车上的移动梯子，而不是我们今天所想的建筑物自带的装置。到了 19 世纪中期，纽约等大城市正经历着大批市民的涌入，于是旧式的防火梯越来越无法应对挑战。造价低廉的建筑楼梯很窄，极易燃的房屋越建越高，因此市政府开始要求房屋必须带有逃生通道。不出所料，房东们自然选择了最便宜的解决方案，比如用绳索和篮子把人从建筑物两侧放到地面上。还有其他创新者提出更为大胆的想法，比如降落伞帽，这一想法看似有趣，但实践证明它难以奏效。甚至还有位工程师建议，让地面上的弓箭手用箭把绳子射到高的楼层，再让楼里的住户顺着绳子摇摇晃晃地逃下来。

随着铁制消防通道开始附加到建筑物上，这些方案中的大多数都被明智地抛弃了。虽然走消防通道有点吓人，但稳定、永久的东西附在外墙上至少比业余的箭术可靠得多。当然，对于这些更靠谱的方案所增加的成本，业主们并不见得高兴。许多人想尽办法只满足最低限度的合规性要求，只执行法律的最低要求，并尽可能地钻空子。

纽约的阿施大楼有 10 层，本该安装三部楼梯，但建筑师认为两部就足够了，因为外部消防梯可以当作第三个紧急出口。阿施大楼最顶部的三层租给了纽约三角衬衫公司，1911 年火灾发生时，约有 600 名工人挤在里面。火势迅速蔓延，员工们争先恐后地寻找出口。当时 10 层的部分工人爬上屋顶，用一个老式的"煤斗"式天窗从上方逃生，而待在8层的大多数工人则顺着楼梯爬到了街面上。不过，9层的许多人由于大门紧锁和楼梯拥挤而受困，只能使用金属防火梯，而防火梯在多人的重压下倒塌了。火灾总共导致146人死亡。这起可怕的事件成了工人权益维护者的关注焦点，引发了大量的宣传、行动和改革。但奇怪的是，这座大楼自身的情况比其中的住户要好得多。它的设计让大楼本身可以抵挡大火，却没能帮助人们从大火中逃生。这场致命的灾难告诉人们：仅有防火措施是不够的，良好的逃生通道也不可或缺。

纽约三角衬衫工厂火灾发生后，美国消防协会开始收集数据并研究有效的逃生方法。他们认为，外部的金属消防通道使用频率太低，因此往往处于年久失修状态。另外，它们的金属配件也很容易因暴露在外而受到侵蚀，对儿童、残疾人、身着长裙的女性及其他需要遵守穿衣规范的人士而言，也颇有挑战。美国消防协会还指出，人在惊慌失措时一般不会自然地跑向逃生通道，而是沿着熟悉的路线——比如自己经常使用的主楼梯——前进。这些观察和结论都有助于制定新的逃生路线。

在入住率高的现代建筑中，人员的紧急疏散从设计之初就成为首要的考虑因素。典型的逃生系统包含烟雾报警器和指路标志牌，但也包括更综合的结构功能，比如将整部楼梯、走廊和疏散路线直接嵌入建筑中。大多数消防通道已被建筑物纳入内部，演变成坚固的消防楼梯。在现代建筑中，消防楼梯通常兼作日常使用的普通楼梯。与过去相比，不同之处在于原本普通的楼梯被赋予了额外的功能和保护，使其在火灾、地震或其他灾难发生时成为更安全的逃生通道。有些金属的消防梯被允许保留了下来，但在大多数情况下，它们只是一种遗留的记忆，提醒人们长期以来对火灾的恐惧是如何塑造城市环境的。

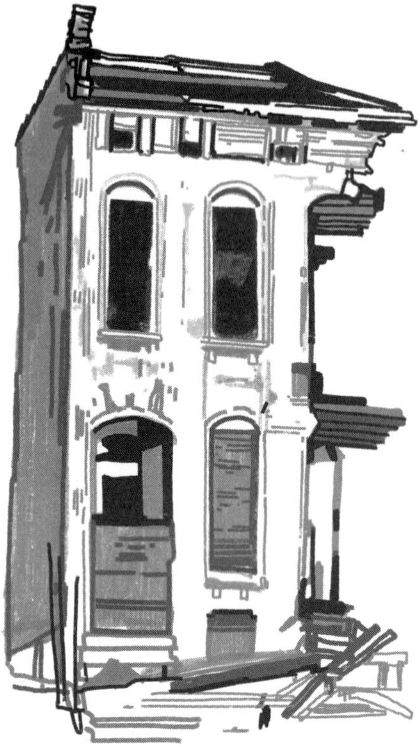

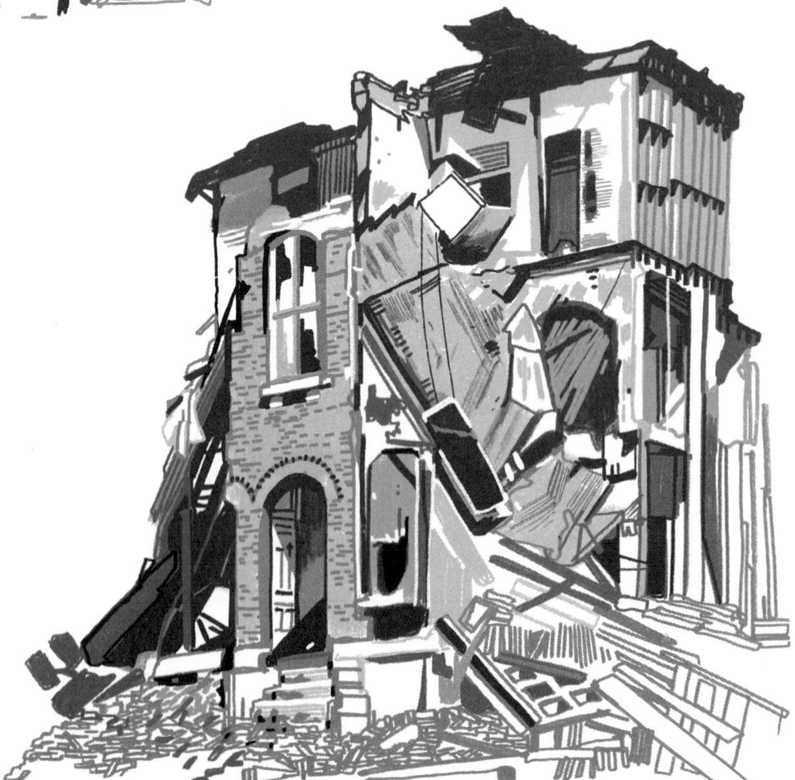

材料

　　从苏格兰的石头到中国的竹子，建筑是由当地的材料、需求和传统塑造的。在建筑越来越大、越来越安全的过程中，建筑材料承担了大部分的重任。在许多地方，在曾经被火灾席卷的街区甚至整座城市，人们选择用砖块代替木材来建造房子；后来，混凝土被证明是比砖块更便宜、更便捷的替代品，尽管它也有自己的缺陷。层出不穷的新方法让木材变得更坚固、更耐用、更防火，这促使许多木材的拥护者主张把这种古老的建筑材料当成未来建筑的主要选择。尽管有这些变化，但有一点是不变的，即没有任何一种材料能永远地流行下去。

左图：圣路易斯的房屋被盗砖贼拆毁了一部分

被盗的外墙

回收砖块

在建筑历史的大部分时间里，砖块都必须通过风干制成。在北非和南亚地区的大型河谷，泥土和水很容易获得，因此那里许多已知的早期城市都使用这种方法制砖。这些简易的砖块很适合在温暖的气候条件下使用。几千年后，耐火砖出现了，事实证明，它更坚固，适应性也更强。随着罗马帝国版图扩张到气候条件不同的地方，耐火砖自然成为了罗马帝国的选择。而随着帝国的衰落，其烧制技术在分裂的领土上逐渐消失，但随着工业革命的发展，大规模生产的砖块再次被证明是一种备受欢迎、高效和经济的选择。它们在现代社会如此普遍，以至于当人们说"砖"的时候，每个人都自然地认为"砖"指的就是耐火砖。

耐火砖的地下黑市乍一听几乎不可能——砖块很沉，而且单价并不高，但在某些地方，有时搭建房屋的砖块甚至会超过建筑物本身的价值。20世纪末的圣路易斯就达到这样一个转折点，这座城市里的大部分地区都有制造和使用砖块的悠久历史。

1849年，圣路易斯有数百座木制建筑被大火烧毁，当年城市通过立法，要求新建筑必须用防火材料建造。在全美各个地区，大型火灾使许多城市的政府重新看待木材作为主要建筑材料的问题，但圣路易斯有它的天然优势，这座美国中西部城市拥有大量优质红土，以及可以将当地的红土烧制成砖的煤炭资源。圣路易斯地标协会的安德鲁·韦尔解释道："一场由材料、劳动力和工业创新组成的完美风暴，使圣路易斯成为强大的砖块生产地。"截至

1890年，圣路易斯已经成了世界上最大的砖块产地，其他城市也看到了该地区产出的砖块的价值，尤其是它能适应各种气候条件、超级耐用的性质。于是，数以百万计的砖块出口到美国各地。在圣路易斯，砖块是如此便宜和丰富，以至于就连工薪阶层的房主也能负担得起当地一种独一无二、复杂而华美的砖砌外墙。

然而，制砖业的蓬勃发展也奠定了白人外流的基础。第二次世界大战后，《美国军人权利法案》（又称《军人复员法案》）让退伍军人能够获得住房贷款，搬进郊区用白色尖栅栏围起的大房子。许多人最终离开了城市，于是城里的房子空了出来，甚至那些用高质量的砖块建造、能保存数百年的房屋也是如此。尤其是在资源不足的社区，人们开始动手拆除房屋，只为获取建造房屋的材料。许多合法或非法回收的圣路易斯砖最终都出现在美国其他地区，特别是美国南部，因为那里温和的气候使得对天气更加敏感的室内砖块能被用在建筑物的外部。

到了21世纪初，盗用砖块的行为十分猖獗，圣路易斯北部每个月都有几十幢房屋因建筑材料被盗而部分或全部被毁。一些盗砖者会把缆绳从一扇窗户绕进屋子，再从另一扇窗户里穿出，然后拉拽缆绳，把整面墙拉倒。还有的做法比这更过分，有人干脆放火烧毁建筑物中的易燃物。消防队员到达现场清理建筑时，高压水管里喷出的水会冲倒砖墙，顺便把附着在砖上的砂浆冲洗掉。一旦烟尘散去，纵火犯就能轻易捡起刚散落一地的砖头，转手卖给砖块供应商。优质耐火砖与古代风干制成的砖不同，它们既轻便又值钱，在二手市场上很容易流通，价格也高。

在圣路易斯，新建筑的外墙上依然常常能看到砖块，但它们通常只存在于一个外立面上。随着时间的推移，新的砖石外墙越来越薄，这些轻薄的外墙更多依赖隐藏在内的木材、金属和混凝土支撑。建造比较传统的砖砌房屋很有挑战性，而且成本很高，所以通常会用薄薄的夹心砖外立面来代替。换言之，最初作为承重构件的砖块，如今多用作装饰。现代的建筑结构没有那么大的地区差异，变得更加同质化，但标准化的、更便宜的、大规模生产的材料使人们买得起住房，这会让城市更公平，对每个人来说都更宜居。

骨料效应

开裂的混凝土

在1968年波士顿的新市政厅大楼竣工之前，已经有批评者要求拆掉它。20世纪中期的城市居民虽然已经习惯了现代主义和野蛮主义突兀的几何形状和呆板的直线条，但仍有许多人期望市政建筑能采用更传统的金色穹顶和希腊式柱。波士顿市政厅的创意十分大胆：一连串的悬臂式楼板伸到隔壁的广场上，厚重的混凝土支撑着深凹下去的小窗。它的大跨度和令人望而生畏

的悬挑是为了展示混凝土作为建筑材料的潜力,设计者希望这种现代化的手法能激发一个崭新的城市复兴时代。

波士顿市政厅大楼获得了许多奖项,还受到了建筑师们的赞扬,但它自建成以来,也进入了许多最差建筑的名单。有一些人把它归为建筑评论家埃达·路易丝·赫克斯特布尔所说的"建筑鸿沟,或者称建筑深渊,因为它处在20世纪建筑的设计者和使用者之间"。还有人评价这座市政建筑风格冷淡、拒人于千里之外,这样的批评引发了当地的政治辩论,并成为市长和市议会成员热烈讨论的话题,他们通过承诺拆除它来争取民众支持。不过,不管是爱是恨,这座建筑不仅宏伟,还展现了曾用于建造罗马帝国的神奇材料是如何重塑现代建筑环境的。

古罗马人留下了非凡的输水槽、经久耐用的铺好的路、复杂的下水道系统以及其他杰出的设计作品。万神庙就是那个时代的产物,它至今仍保持着世界上最大的无支撑混凝土穹顶的纪录[①],它高耸、宽阔,并且没有使用今天混凝土建筑中广泛存在的金属钢筋。混凝土的潜力在过去几个世纪被工程师重新发现并使用之前,已经沉寂了上千年。这种材料在20世纪初重新出现在了城市基础设施当中,并开始被誉为面向未来的建筑材料。混凝土由水、水泥和骨料(通常是沙子或石头)组成,既便宜又容易获得,而且加了铁或钢筋的混凝土还可以覆盖在水平面上。因此,它成为马路、桥梁、隧道、人行道和建筑物的首选建筑材料,尽管其在应用方面得到的反馈褒贬不一。

"混凝土丛林"这个词有时被用来形容城市景观是人造的、令人不快的。它能让人联想起城市之间某种平淡的共性,但混凝土也是地方的产物,因此它的配方也常常因环境而异。混凝土兼具全球性和地方性。罗马混凝土之所以能维持这么长时间,原因之一是它包含了类似火山灰这样的地方性成分,从而增强了混凝土掺合料的强度。当代混凝土建筑的颜色和质地也因当地泥

---

① 万神庙的顶部是一个直径达43.3米的穹顶,整座建筑用混凝土浇筑而成。

土、石头、结构需求和建筑传统而不同。

然而，现代混凝土其实并没有许多人想象的那么神奇，用它建造的现代建筑往往在几十年内就会开始老化。虽然有时是因为用了劣质材料，但即使用的是高质量材料，提供拉力的钢筋也还是会加速它所支撑的结构的消亡。钢筋一旦生锈，就不再起支撑作用，而开始造成损害。钢筋膨胀会让它周围的混凝土开裂，这种破损在表面上往往是看不见的，但它会损害结构的完整性，即使不直接拆除，也会导致高昂的维修费用。

一些工程师正在借鉴古罗马的案例经验，以便开发出能够保持性状稳定甚至越久越坚固的掺合料。还有研究人员正在研究自修复的混凝土等项目，这种混凝土里嵌入了能在暴露于水或潮湿的空气中时被激活的材料，能沿着裂缝而膨胀，填补裂缝。即便这些方案都能顺利实现，混凝土依然面临其他问题，包括与其受欢迎的程度相当的对环境的负面影响。

混凝土已成为世界上除水以外消耗量最大的产品之一。不幸的是，混凝土需要大量的能源来生产，其原料看似充裕，但实际上非常有限。近些年来，人们对沙子的需求猛增，尤其是用作混凝土骨料的粗沙。每年仅为了建筑目的就要开采数十亿吨沙子。沙子的稀缺性，外加人们对混凝土影响气候变化的认知加强，使得设计师们开始考虑采用其他新的或旧的材料。

混合手段

积累木材

位于不列颠哥伦比亚省温哥华市的布罗克公地高木屋大厦在 2017 年竣

工时，成了全球最高的木结构建筑，最高点的高度超过170英尺。在其外部，以木纹板为主的立面凸显了高楼的主要结构材料。在建筑内部，木材与木材的连接无须用太多金属，钢筋混凝土主要用在建筑底座和电梯筒的部分。这似乎令人惊讶，但在混凝土、玻璃和钢铁主导了城市景观一个世纪之后，由于新的重木结构技术、消防安全创新以及对生态友好设计的兴趣日益增长，木材正在卷土重来。

木材作为一种材料，几乎和人类的建筑一样古老，我们遥远的祖先曾用它来建造临时住所。人们把木棍搭在一起，就成了帐篷、棚屋和简单的木结构，但木材的潜力近年来获得了很大发展。在布罗克公地高木屋大厦，预制的交叉层压木地板由胶合木的柱子支撑。这些加工过的木制柱子比普通原木坚固得多，而且可以在不砍伐大型古树的情况下制成大型结构构件。木材还有不少优点：它比混凝土或钢要轻得多，移动它们需要的能量更少，它的环境成本也很低。另外，它的主要原料可再生且具有国际性——树木就像水果或蔬菜一样，可以在许多地方种植和采伐。

"木材是自然界最具创新性的建筑材料之一，"贝基·昆塔尔在《建筑日报》上写道，"它的生产过程中不会产生废料，它还能固定二氧化碳。木材还很轻，但它尽管轻，却能提供高强度的承重。"火灾是个问题，但并不像人们想象的那么严重，因为木材实际上在热应激下表现良好。昆塔尔指出，它"比钢和混凝土都更耐火"，部分原因是木材中含有水，水分蒸发能延缓燃烧。在火灾中，烧焦的木头表面可以保护里面。钢材受热很快就会升温、弯曲，而木材首先会降低水的含量，然后从外到内慢慢燃烧。世界各地的许多城市正在把握这些优势，围绕新的经过火灾测试的木材产品和建筑技术调整了建筑规范。这种曾经被许多城市在毁灭性的大火中遗弃的材料，如今有望在未来的城市改造中发挥关键作用。

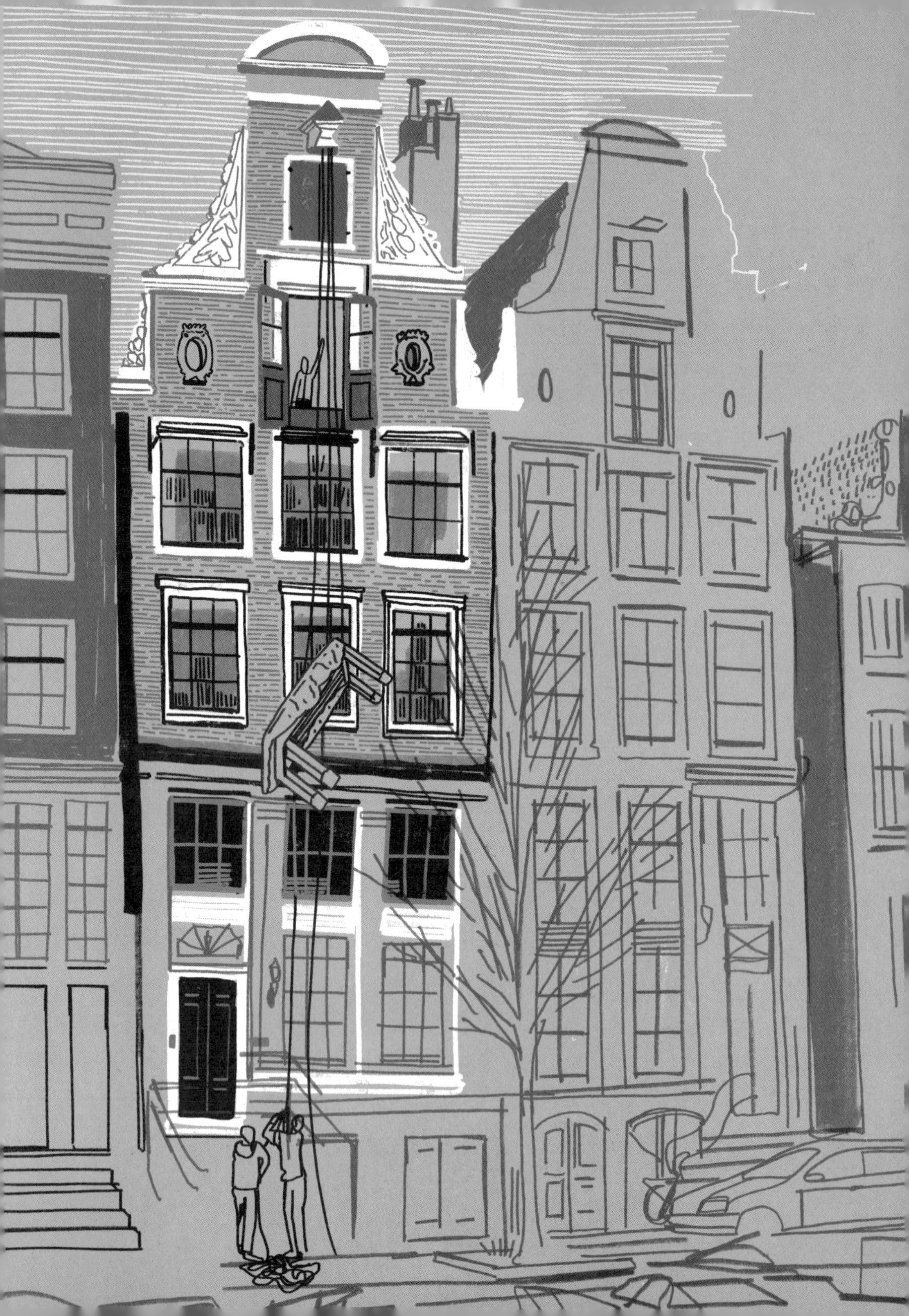

规章制度

  建筑的形式在某种程度上是由可用材料、当地气候和建筑技术决定的，但这些仅仅是最有形的因素。此外，从一块砖的尺寸到整个天际线的形态，塑造建筑的还有另一层关键（且常常令人惊讶）的因素，那就是规章、条例和税收。

左图：阿姆斯特丹的运河屋体现了市政税收策略

世俗订单

收税项目

税收政策总随着政府换届变化,但在许多情况下,旧税收制度的影响可能会持续几个世纪,并微妙地渗透到建筑环境中。美国独立战争爆发后,由于大量的海外军费开支,英国债台高筑,因此国王乔治三世于1784年开始征收英国砖税以增加财政收入。这项规定简单明了,就像最初的变通办法一样:对每一块砖都征税,这导致砖块制造商开始生产更大块的砖。王室又通过提高砖的税率和对大尺寸砖块双倍征税来进行反击。这造成一些制造商倒闭,他们因为交不起重税而无法出售原有库存,而另一些制造商则保持冷静,继续生产砖块。与此同时,一些建筑商干脆改用木材和其他建筑材料,从而完全避开了这场较量。尽管如此,当时有不少建筑是用新的超大号砖块建造的,这也让历史学家更容易确定这些建筑物的建造年代。

这既不是税收第一次重新塑造英国的建筑设计,也不是最后一次。早在1684年,就有一位面包师试图绕过以家庭为单位征收的壁炉税——使用邻居的烟囱,而不用自己的。然而,她的这一做法引发了一场大火,毁了20栋房屋,并造成多名邻居死亡。随后,壁炉税遭人痛批,这可能促成了威廉三世国王在1696年推行争议较少的窗户税。窗户税背后的逻辑很简单:建筑的窗户越多,人们要支付的费用就越多。作为回应,市民们便把不那么重要的房间里的窗户用纸板封上或用砖砌上。尽管这项税收政策最终被废除,但有些人至今仍坚持封窗。

这样的税收政策甚至从英国房屋的外部扩展到了内部。1712年,英国对有图案、印花和彩绘的墙纸征税，导致人们纷纷购买普通墙纸，然后自己在上面印制图案。1746 年，一项按重量征收的玻璃税引发了设计策略的转变，促使玻璃制造商制造更小、更精致、且通常是空心的玻璃器皿，这种产品后来被称为"平价玻璃"。

英国并不是唯一被税收政策影响设计的国家。荷兰的运河屋是阿姆斯特丹当代建筑风格的重要部分，但它们的设计并非出于美学的考虑。荷兰的许多建筑都是根据其临街一面的面积而不是高度或深度来征税的，因此它们被建得又细又高又长，这是为了帮业主少交税。这种类型的建筑需要更窄的楼梯，这催生了帮助家具和货物进出高楼层的外部升降装置。这些旧钩子和吊轮至今仍挂在很多建筑物的正面。在这个风景如画的地方，狭长的建筑沿着鹅卵石街道排列着，它们的初衷并不是为了给现代的游客提供舒适的都市体验，而是创造性的税收政策的产物。

砖块、窗户、玻璃器皿的大小和形状，甚至外立面的尺寸，它们看似是无关紧要的审美细节，但各种税收和其他法规却是一点点积累起来的。随着时间的推移，这些元素加起来形成了我们现在看到的典型的、与历史街区和城市特征不可分割的建筑。

正式退线

折线形屋顶

折线形屋顶（又称法式屋顶）是一个标志性的设计，常与乔治·欧仁·奥斯曼对巴黎宏伟的综合愿景被一并提起。19世纪中期，奥斯曼在拿破仑三世委托下进行了一场恶名昭彰的城市规划，重塑了巴黎大部分的城市景观。随之而来的是这座城市现在经典的外观和感觉：宽阔的街道和多用途的建筑，以及它们统一的厚石墙、反复出现的细节和整齐划一的高度。这些奶油色的石灰岩贴面建筑顶部，覆盖着一连串倾斜的、带有老虎窗的深色折线形屋顶。不过，这些标志性的折线形屋顶的产生实际上早于奥斯曼时代。它们的广泛采用在很大程度上缘于一件比充满远见的总体规划平庸得多的事情，即无聊的市政高度限制。

1783年，巴黎将建筑高度限制在65英尺以下，但随之而来的还有一个关键警告：此限高计算的是檐口线的高度，而不是建筑最高处的高度。从历史上看，巴黎建筑高且窄、进深大，典型的特色是一楼用作商店，商店的上面一层是店主的居所，再上面一层是家庭住宅。顶层常被用作储藏室，但人口压力让这种房产价值高得出奇。于是业主通过建造折线形屋顶来优化他们的居住空间，有效地创造了一个额外的可出租的楼层，超出了原本允许的范围。后来，窗户税抵消了这种设计策略背后的经济激励，但这种风格并没有就此消失。

其他地方的类似限制也让折线形屋顶出现在了巴黎以外的地方。1916年纽约市通过的一项区划决议要求高层建筑必须有退线。折线形屋顶代表了

第四章　建筑

对这一规则的一种优雅回应。当一些开发商以锯齿状的错层应对各种退线要求时,其他设计师通过建造巨大的多层折线形屋顶,将建筑物顶部向街道两侧倾斜。折线形屋顶如今已经遍布世界各地,有些是为配合(或围绕)规定而建造的,另一些只是因为它们看起来不错。

从天堂到地狱

财产限制

早在13世纪，一个强有力的原则就为物权法提供了依据——"土地所有者，拥有一路直到天堂的天空，并拥有一路直到地狱的土地"（cuius est solum, eius est usque ad coelum et ad inferos.）。这个观念很直观、有说服力，它主张土地所有者不仅拥有自己的土地，而且还拥有地表上下无限的垂直空间。在地铁系统、航空旅行和高楼大厦出现之前，这一说法完全没问题，但城市和新技术的出现让事情变得复杂了起来。自其创立时算起，"从天堂到地狱"的原则（通常缩写为 ad coelum，意为"财产权"）已蒙尘了几个世纪。

大约直到1783年首个热气球升空时，人们才开始意识到，根据以财产权为基础的法律，空中旅行者途经别人的土地上方时，可能算是轻微的非法侵入行为。随着航空业在美国日益发展，政府通过1925年的《航空邮件合同法》和1926年的《航空商业法》等立法举措，为飞机争取了权利，限制了财产权。

在接下来的几十年里，空域作为公共路域的想法逐渐深入人心。1946年，考斯比诉美国案推动了无限空域所有权这一理念的终结。托马斯·李·考斯比是一个农民，他遇到的问题是：自己养的鸡被低空飞行的军用飞机吓死了，于是他起诉了政府。最高法院的结论是，政府不享有低于特定高度的空域权，但他们的裁决同时明确指出，从天堂到地狱的财产权"在现代世界没有立足之地"。最终考斯比赢了，获得了赔偿，因为飞机在经过他的地产上空时低于公共空域规定的高度下限：365 英尺。

回到地上（和地下），财产权的"地狱"部分（即地面以下）也受到了类似挑战，只不过影响没有那么大。各种各样的法律和裁决已经确定，深达一定程度的下水道、地铁、排水隧道和粒子对撞机对地表土地所有者的地权不构成侵犯。矿产和水的所有权则让"地狱财产权"这一概念进一步复杂化：

• **矿产权法**适用于燃料来源（煤炭、天然气和石油）、贵金属和工业金属（金、银、铜、铁）和其他资源（盐、石灰石、砾石等）。在许多地方，采矿权可以与财产所有权（地表地权）分开，独立进行买卖。

• **滨海权**可延伸至毗邻水体的财产，如海洋、海湾、三角洲、海洋或湖泊。大多数地方对低水位线或高水位线的使用有规定，从而明确私人使用和公共使用的权限。

• **河岸水权**涉及流经财产的水的使用，如河流和溪流。对于小型水体，通常的限制是"合理使用"，但也有例外和限定条件（比如保护流域）。较大的水体通常被视为公共水路，其规定的细节也随之变得复杂起来，这是因为除了财产所有者，还有许多利益相关方（包括城市、州和其他拥有自己权利的所有者）非常关注这些流动的水道。即使雨水落在私人地产上也会带来问题，有些市政府会限制用雨水桶盛接降雨，以保障生活在下游的人们对水的使用权。

许多财产所有者可能会忽视土地、空气、水和地下资源的使用权，但围绕这些权利的限制已经以显而易见的方式从根本上塑造着城市环境。像纽约这样的城市在很大程度上也受到这些权利的影响，建筑退线规则塑造了高楼大厦的面貌。

纽约市甚至还允许在某些情况下向希望突破建筑限高规定的开发商出售空权（即地表以上空间的财产权）。这一过程可以帮助小型历史建筑的所有者对其进行正当保护并资助遗产保护工作，而不是拆除老建筑，建造更高、更有利可图的建筑。简单地说，如果一座历史悠久的 10 层楼高剧院拥有建设 50 层楼高的建筑的许可证，那么地产所有者可以将没利用上的 40 层的空权转售给附近一座摩天大楼的开发商，这样一来，对于一座单层面积与剧院相当的摩天大楼来说，它建到 90 层高的愿望就可以实现了。虽然具体的细节会比这更复杂一些，但这种转移确实挽救了纽约的许多老剧院。如今，我们很难想象曼哈顿没有经典的低层百老汇剧场，也很难想象这座大都市没有那些组成了高耸天际线的高层建筑。

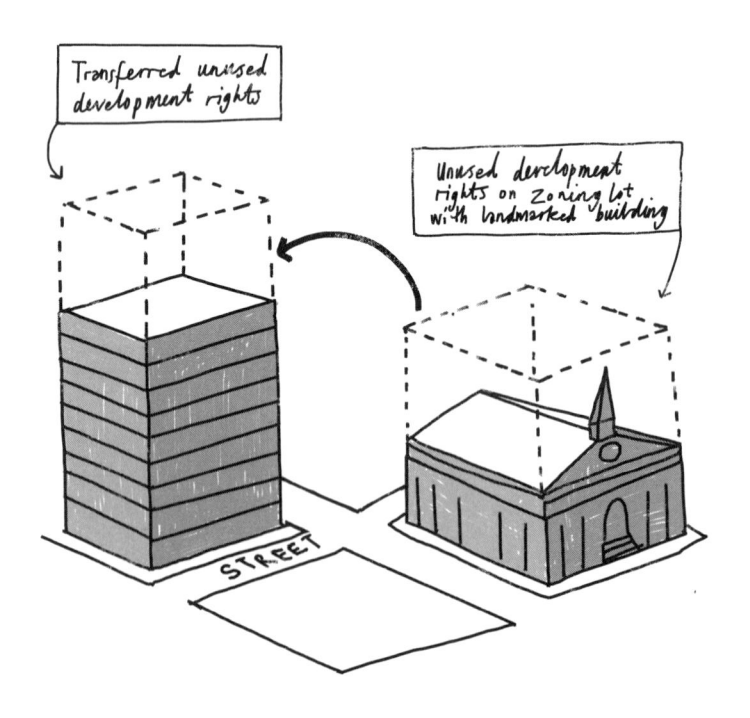

927'

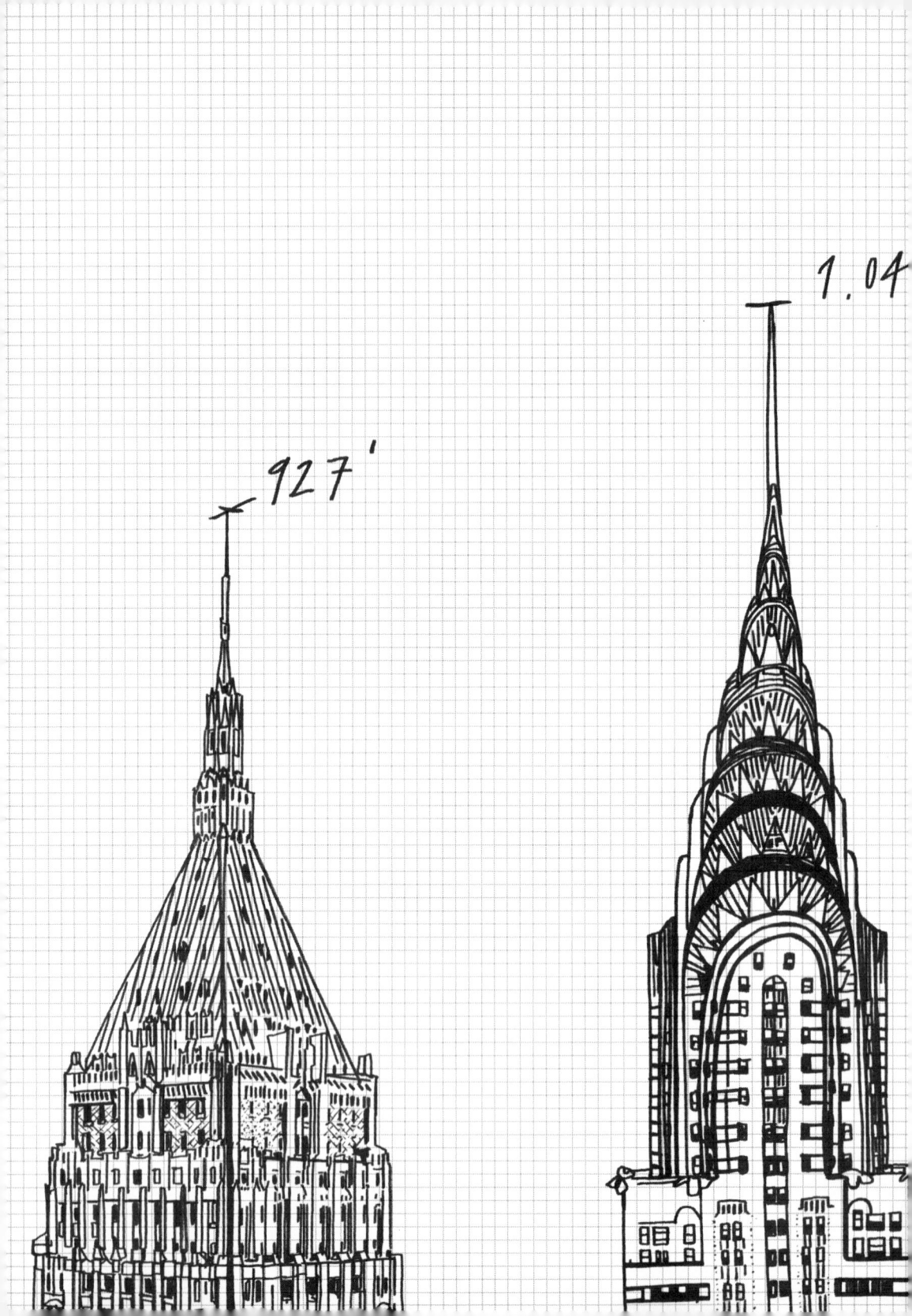

1.04

第四章 建筑

大厦

摩天大楼是通过设计来把土地变成金钱的机器。在房价高昂的人口密集型城市,在可出租的多层建筑顶楼上再加建一层显得无可厚非,但要使高层建筑成为可能,还需要有一些关键的支持,其中最重要的就是自动制动电梯和钢架结构。这些创新一经推出,城市便开始以令人目眩的速度向高空发展,尽管在达到新高度的过程中,工程师也不断遭遇前所未有的新挑战。

左图:纽约市的两座摩天大楼争相打破最高建筑高度纪录

平稳制动

现代电梯

发明电梯的并不是伊莱沙·奥蒂斯——早在几千年前，人们就用绳索、滑轮和其他机械设备做出了升降轿厢和升降平台。像许多设计师和发明家一样，奥蒂斯只是发现了一个问题并想出了解决的办法。事情是这样的，奥蒂斯在19世纪初时在一家家具厂跟另一名工人一起起吊和安装机械，突然绳子断裂，导致一个两层的服务电梯平台坠落。他目睹了这场事故带来的影响，于是为公司开发了制动系统，并因此获得了晋升。

到了1854年，奥蒂斯进一步发展了自己的想法，他公开重现了规模更大的电梯坠落的情形。当时，他站在纽约水晶宫一座40英尺高的平台上，示意助手剪断维系平台的绳索，以模拟电梯缆绳断裂的情景。在奥蒂斯下落几英寸后，他的自动制动系统就启动了，使他所站的平台及时停住，引来观众一片欢呼。虽然奥蒂斯当时还没构思出垂直的升降系统，但他确实把它做得更安全，并以别具一格的方式展示了它的安全性。

制动器的成功与那个时代其他的工程创新密切相关。在电梯出现以前，传统建筑很少能超过几层楼高；大多数高层建筑都是教堂或灯塔这样的壁龛结构。随着技术革新，建筑物越来越高，楼梯逐渐成为人类向上走的限制因素。奥蒂斯这时看到了电梯改变世界的机会，于是着手将它推向市场，作为彻底解决楼梯麻烦的方案。1857年，纽约市一座5层高的百货大楼成了他第一台客梯的买家。

1861年，奥蒂斯去世后，他的儿子们继承了父亲的发明，并开始更积极地向公众推销。他们把目标锁定在酒店，使之相信一旦有了高级电梯，阔绰的宾客就能很快抵达顶层，逃离一楼的喧嚣和混乱。历史上，人们普遍认为底层最容易到达，所以也最令人向往，但事实并非如此。电梯的普及让建筑物越建越高，最终顶层才是最豪华的楼层。

在接下来的一个世纪里，多家公司都在继续改进电梯的设计，使它变得更快、更平稳，以便跟上高层建筑不断冲向新高度的势头。哈利法塔于2009年竣工，它高达2,717英尺，屹立在迪拜平坦的沙漠景观之中，令人目眩。这座大楼的卖点之一就是配备了奥蒂斯公司生产的世界上最快的双层电梯。这部电梯运行时的速度可达每秒30英尺，一分钟左右就能将客人们送上124层，而它只是大楼里70多部奥蒂斯电梯中的一部。这座大厦的建成需要大量令人印象深刻的工程，但可以肯定地说，若没有电梯，这么高的建筑根本就无法建成。

龙骨

幕墙

在建筑史的大部分时间里，建筑高度都受制于将重物一块块堆叠起来的物理学原理。希腊和罗马的神庙之所以能屹立不倒，主要是因为它们贴近地面的部分有厚重的支撑柱。埃及金字塔达到了更高的高度，但它的垂直高度是通过宽大的底座实现的。哥特式大教堂依靠扶壁向上伸展，但即便如此，它的高度依然有限。在整个19世纪，10层楼高的城市建筑已经是罕见的奇观，而那些能留存至今的建筑也有明显的缺点：它们底部的砖墙必须要比上部的更厚，这意味着楼层越低，墙内的面积就越小。这一难题的一个典型例子是建于 1891 年的芝加哥莫纳德诺克大厦。这座大厦总共有 16 层楼，在当时算是非常高的建筑，但为了达到这个高度，底部的墙壁有足足 6 英尺厚。

这一难题给约翰·诺布尔·斯特恩斯带来了很大困扰，他是 19 世纪末的一位丝绸进口商，在纽约百老汇大街的黄金地段买了一块地。多位建筑师告诉他，若想在这块 22 英尺宽的场地上建造不低于 10 层楼高的建筑，就必须牺牲一层面积的大约一半。然而一位名叫布拉德福德·李·吉尔伯特的建筑师声称，他可以做到别人认为不可能做到的事情，他能用不超过一英尺厚的墙壁建造一座大厦。

当其他建筑师把目光放在传统材料上时，吉尔伯特关注的是工业时代的技术——尤其是那些能支撑载重物的货运列车的钢桥。他认为，可以把水平方向结构的原理和材料应用到垂直方向。在建筑中使用钢结构并不是一个全新的想法，但吉尔伯特的设计使这种方法更进了一步。在他设计的大厦中，通常充当支撑结构的砖石构成一层轻薄的"幕墙"，不再提供任何支撑功能，支撑功能完全由钢骨架承担。这种"龙骨加覆层"的方法将成为建造高层建筑的通用办法。

当时，吉尔伯特的创新遭到了很多质疑。面对批评，吉尔伯特提出在大厦的顶层设置自己的办公室，以显示他对大厦支撑能力的信心。据说，在施工过程中，他曾在每小时 80 英里的大风刮过时测试楼体框架的坚固程度：他从楼上垂下一根铅垂，以表明钢架能够保持稳定。

1889 年这栋大楼竣工后，吉尔伯特信守诺言，自己搬进了顶楼。多年来，他坐在办公桌前，看着城市周围的高楼拔地而起，采用的正是由他开创的钢架结构。这座大厦只屹立了几十年就被拆除了，但它作为新时代首批建筑的典范被载入史册，预示着越来越高的摩天大楼的崛起。

第四章 建筑

封顶

摩天大楼竞赛

20世纪不断提高的建筑工程技术水平引发了一场永无止境的建筑高度竞赛。在世界各地,世界最高建筑的称号被一次又一次地授予,尽管建筑设计师、工程师、开发商和客户都知道他们的建筑只能在很短的时间内保持这一纪录。近些年来,摩天大楼竞赛已经成为一种国际现象,哪怕这一现象重复而乏味——一会儿是迪拜的最新作品战胜中国,一会儿是沙特阿拉伯在竞赛中超越韩国。不过,在20世纪20年代,建筑高度之争还是比较新颖的。当同一座城市的两座摩天大楼双双被视为最高摩天大楼时,局面尤为紧张,因为两座大楼的主建筑师也是激烈的竞争对手。

威廉·范阿伦十分符合建筑师作为艺术家的刻板印象,他更专注于创作过程,而不太在意日程表或预算这些事。而他的前合伙人H.克雷格·塞弗伦斯却是一个极为理性、按部就班的人物,他对企业经营和利润最大化兴趣浓厚。两个人闹翻后分道扬镳,塞弗伦斯的商业头脑帮他在纽约拿下了很多高利润的项目。范阿伦在汽车大亨沃尔特·克莱斯勒出现以前,日子过得艰难。克莱斯勒想要建一座高大、宏伟、独具匠心的大厦,他认为范阿伦能实现这一愿景。与此同时,塞弗伦斯正与一家金融公司合伙投资一座位于华尔街40号的能赢利、有序且高效的新建筑。两个团队都努力把自己的大厦建成世界上最高的大厦。

克莱斯勒的建筑团队首先发出声明,他们的建筑将达到820英尺高,超过当时最高的792英尺的伍尔沃思大楼。几个月后,H.克雷格·塞弗伦斯的设计团队发表声明：华尔街 40 号将高达 840 英尺。在施工过程中，两方不断对外宣布新的高度，一次比一次高。杂志和报纸报道了这场竞赛，好让好奇的民众跟上赛况。

克莱斯勒和范阿伦一直在研究如何使他们富有表现力的设计与不断增加的高度相匹配，他们甚至通过拔高标志性的装饰艺术穹顶来增加高度。与此同时，塞弗伦斯增添了更多楼层，以一种简单、有条不紊的方式反击。不过最终的胜利并不是因为这些策略，而是因为一个隐藏的惊喜。

随着两座大厦拔地而起，范阿伦安排了一个团队在克莱斯勒大厦内部研究一种秘密武器。一块块金属片被吊在建筑物的中心框架内，组装成三角锥体。这座 185 英尺高的三角塔顶藏在克莱斯勒大厦里，直到对手的作品达到其计划的高度。这时，范阿伦的团队把三角塔升到克莱斯勒大厦的顶端，结果成就了一座 1,046 英尺高的摩天大楼，它成了世界上最高的建筑。

克莱斯勒大厦有钢结构拱顶、阳光三角窗、风帽装饰风格的鹰形角饰、轮毂压条饰带，建筑师和公众对这些设计褒贬不一。不管怎样，最终它成了纽约市极具辨识度的标志，而华尔街 40 号（后来改名为特朗普大厦）则无人问津。不到一年后，帝国大厦将超过这两座建筑，创下新的高度纪录。克莱斯勒大厦短暂拥有过的世界最高大厦的称号无疑令它名噪一时，但如今令它在众多大厦中脱颖而出的仍然是它独特的美学价值。

第四章 建筑

意外负荷

危机管理

当有 59 层的花旗中心摩天大楼于 1967 年建成时，纽约人已经习惯了矗立在他们四周的奇异的钢铁玻璃大厦。尽管如此，花旗中心摩天大楼仍然是世界上最高的建筑之一，它非比寻常的陡峭屋顶使它在曼哈顿中心拥挤的天际线当中分外抢眼。不过，大多数人的目光都集中在它的顶端，很容易错过在它底部发生的不寻常的事情：一组像高跷一样的 4 个支撑物把主体结构抬离地面，这 4 个支点不像人们预期的那样在建筑的 4 个角上，而是在 4 条边缘的中部。这一设计是为了满足占据该街区一角的教堂的要求。整个街区都属于这座教堂，所以他们出售这块地的时候，附带的条件是新建筑必须能够在同一个角落容纳一座新教堂。这是个挑战。

建筑师休·斯塔宾斯领导了这个项目，但设计方案的大部分要归功于首席结构工程师威廉·勒梅热勒。他想把这座建筑物建在教堂上方，在每个侧边设置支撑，然后用一系列 V 形钢架撑起这栋建筑物。这些 V 形支架将荷载传导到大厦 4 个立面的支柱上。一个调谐质量阻尼器——实质上是放在承压滚珠轴承上的一大块混凝土——帮助建筑保持稳定，防止它随风摇晃。这一切似乎都很顺利，直到 1978 年勒梅热勒

的办公室接到了一个电话。

黛安娜·哈特利是一名建筑学专业的本科生,她的毕业论文研究的就是这座建筑。在研究过程中,她计算出该结构特别容易受从四角的方向吹来的风的影响,她打算用勒梅热勒的工程报告来验证自己的计算结果,却找不到他的数据。当她联系他的办公室,咨询他们对这一脆弱之处的数学考量时,公司开始担心这栋大厦可能确实存在问题——花旗中心的支撑结构可能会发生弯曲,并可能导致整栋大楼被大风刮倒。在大多数建筑中,人们更关注来自侧面的风,而四角通常足够稳定,但这座建筑的结构方法改变了应力方程。更糟糕的是,为了节约成本,关键连接处使用的是螺栓而不是焊接,这让整个结构特别脆弱。

勒梅热勒检查了算式,认为必须采取措施。他将这栋大楼能承受的最高风速与气象数据记录比对,发现平均每隔 55 年就有一场足以掀翻花旗中心的风暴袭击纽约,而且这个结论的前提是让大楼保持稳定的调谐质量阻尼器确实能平衡周围结构物的运动。他意识到如果停电,该装置可能失去动力,即使风暴不太严重,这栋大楼也很容易受影响。勒梅热勒估计,花旗中心每存在一年,就有 1/16 的概率会倒塌。这对位于曼哈顿中心地带的大楼来说,是一场潜在的毁灭性灾难。

勒梅热勒和他的团队联系了花旗公司,以协调大楼的紧急维修。在纽约警署的帮助下,他们制定了一个覆盖方圆 10 个街区的疏散计划。三个不同的气象服务机构负责密切关注潜在的风暴。飓风埃拉(有记录以来加拿大海域出现过的最强飓风)将至时,该市有 2,500 名红十字会志愿者待命,参与行动的还有建筑工人,改装人员通宵达旦秘密地进行焊接,直到天亮后,大楼里的职员们陆续返回工作岗位时才停工。不过风暴最终并未登陆,大楼内的职员也从未知晓此事。

纯属巧合的是,当时纽约市的报社正在罢工,所以媒体错过了这一独家新闻，整场事件就这样不了了之。多年后的 1995 年，作家乔·摩根斯顿在一次聚会上无意听到有人又讲起了这次事件。于是他采访了勒梅热勒，并在《纽约客》上报道了这个故事；当时，最先呼吁人们关注这一疏忽的建筑系学生黛安娜·哈特利并没有透露自己的姓名，她后来才知道自己的电话引发了一系列事件。最终，这座从未在世界最高建筑的竞争里排上号的建筑以另一种方式站在了聚光灯下，被写入历史——尽管这并不是设计师的初衷。

透视的影响

重新定义天际线

现代主义兴起于 20 世纪中期，在审美理想和物质需求的双重基础上应运而生。20 世纪中期的摩天大楼典型的极简主义钢铁玻璃外观被认为是干净、实用、结构扎实的，大多数建筑师都遵循这套设计美学。因此，到了 20 世纪 60 年代末，旧金山市中心的一座后现代主义金字塔形大厦方案一公布，立刻就遭到了很多反对，尤其是来自建筑界的。

作为泛美公司的总部和标志，泛美金字塔将重新定义城市的天际线，令它周边的建筑相形见绌，成为旧金山市最高的建筑。一些人认为它对优秀的土地分区和明智的城市规划是一种侮辱；其他人则抨击它非同寻常的外形是个营销噱头。美国建筑师协会旧金山分会也公开反对这一方案的实施。建筑顶部高 200 英尺的闲置空间形如金字塔，这对当时偏爱现代主义的建筑师对功能主义的感情尤为冒犯。有抗议者戴着金字塔形的小丑帽子走上街头，邻居起诉要求停止施工，当时有一项投票倡议要求限制建筑高度。这个建筑设

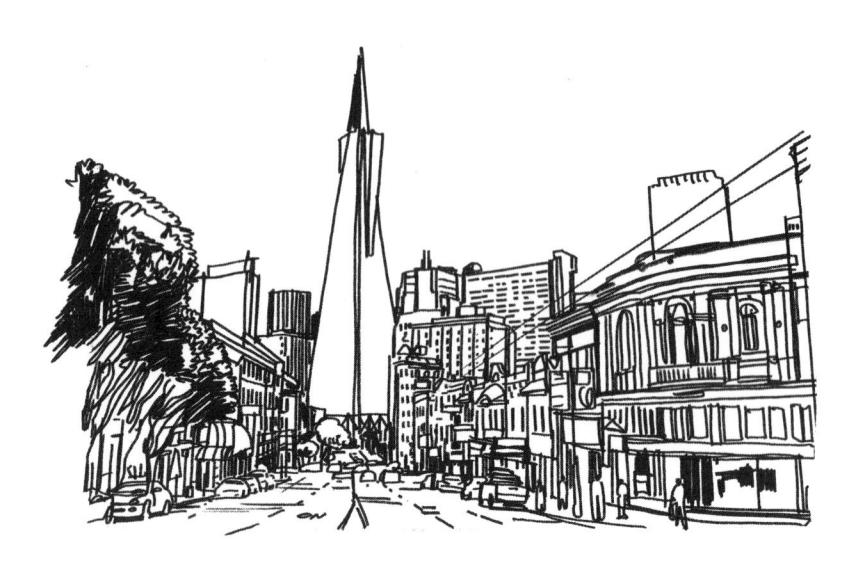

计被指责是"不人道的创作"和"二流的……太空针塔（西雅图一座605英尺高的观景塔）"。但设计师和客户无视这些阻力和抗议，继续推进施工。

然而，在泛美金字塔建成后的几十年里，不断有批评者改变看法。时间流逝起了一部分作用，但将建筑作为城市的一部分来体验也有助于人们正确地看待它。泛美金字塔坐落在旧金山市核心商务区一个非常奇特的十字路口，它所在的街区四面都是普通的网格状街道，但它位于哥伦布大道的终点，与大道呈45度角相交。从这条街上看这栋建筑，可以看到它的另一面，或者说另一条边。如果一开始公布的是这个视角的效果图——当然，提前是实物与效果图一致——或许设计师可以获得更多人的支持。

这座建筑中还有其他一些不太雅观的东西令建筑师们或爱或恨，比如它与地面相接的拙劣方式，或者形状奇怪的窗户，这些都是建筑整体造型的副产品。尽管如此，若让20世纪60年代末的评论家心满意足，旧金山的天际线将远不如今天这般别具一格。如今，泛美金字塔已不再是这座城市的最高建筑，但它和在其前后相继出现的、相当传统的钢筋玻璃大厦相比仍显得与众不同。

第四章　建筑

超越高度

地标工程

　　20世纪的摩天大楼竞赛最初是企业实力的展示，像西尔斯大厦、克莱斯勒大厦和泛美金字塔等高层建筑都是在美国的政治、经济崛起的同时发展起来的。近些年来，人们已经开始转向用地方而不是企业来为高层建筑命名，于是像"上海中心大厦""麦加皇家钟塔"等建筑便纷纷成为其所在城市的标志。台北101也是这样一座以地名命名的建筑，它不仅高，而且"超高"——任何超过300米高的建筑都被赋予超高层建筑的称号。台北101的高度达到了508米，自然轻易就获得了这个头衔。

　　台北101建成后，就成了世界上最高的建筑，这是个了不起的成就，因为它需要克服城市环境的障碍，以及考虑该地区地质和天气方面的因素。台北101的工程设计必须考虑到地震和台风的影响，当地航班也要绕道飞行。但最重要的是，必须让租户和游客相信这座巨大的建筑是安全舒适的。为了培养这种安全感，建筑师李祖原将它设计成一座加高的宝塔的模样，并用金币、如意龙纹和其他象征吉祥的设计元素进行装饰，这些元素在向公众推销这座建筑的过程中发挥了作用。在它的内部，设计师更是不遗余力地强调了设计的安全感和舒适感。

　　保持这个结构稳定的一个关键是调谐质量阻尼器，其本质是一个抗风的平衡构，但与大多数阻尼器不同的是，这座大楼的阻尼器也成了展现建筑特色的核心要素。在一些大厦中，调谐质量阻尼器是放在滚轴上的重物；在另一些大厦中，它是悬浮在液体池里的混凝土块。然而在台北101里，它是一个巨型钟摆，用于减缓建筑物的摇摆。不少细长的摩天大楼都有某种阻尼器，但它们通常隐藏在紧闭的大门后或者被锁在建筑顶层。而台北101的巨型阻尼器却是这座大楼的明星景点。

在大楼顶部，一个巨大的镀金球体由4束粗大的缆绳悬挂着垂下，这个球体由41捆实心钢材组成，有132头大象那么重。这样一来，该建筑的安全性得到了充分的展示，但开发商并没有就此打住。他们还聘请了以营销凯蒂猫而闻名的三丽鸥公司为这一作品打造品牌。该公司后来推出了阻尼器公仔——小卡通人的身体是调谐质量阻尼器，还有一个大脑袋、小胳膊和小腿。这些可爱的、圆滚滚的公仔有黑色、红色、黄色、银色和绿色的，每个公仔都独具个性。它们那竖线形的眼睛和圆形的嘴巴在脸上巧妙地拼出数字"101"。台北101的观景廊上到处都装饰着这些五颜六色的公仔。阻尼器公仔还有相关的动画视频，它们还出现在各种产品上，并在大厦的礼品店里作为玩具出售。

2010年，台北101失去了世界最高建筑的称号，夺走它的是迪拜的哈利法塔。曾经罕见的超高层建筑如今也在世界各地接连拔地而起，台北101逐渐掉出了最高建筑的行列。尽管如此，"金色阻尼器球"还是让国际社会持续关注这座象征台北市的建筑。随着超高层建筑激增，只靠高度已经很难吸引视线，这也是为什么台北101在创造出许多纪录，包括全世界最大的风阻尼器、最快的电梯、最好的获美国绿色建筑认证体系认证的绿色建筑的同时，还在不遗余力地打造"阻尼器公仔"。其他许多精明的摩天大楼开发商也迎头赶上，增加了巨型钟楼、玻璃观景台或室外空中滑梯等独特元素。如今，人们越来越关注那些具有启发性、娱乐性和趣味性的产品，这使得建筑超越昙花一现的高度纪录，真正做到了令人难忘。

群组动力学

城市峡谷

从远处看，天际线似乎被太空针塔或锯齿状碎片等奇异的建筑所占据。在街道上，形形色色的建筑在我们的城市体验中扮演着重要角色。道路两侧的建筑不仅影响着地面的美观和采光，还会影响热量和风力条件。这些聚合效应有时很难预测，或者就连设计师也从未考虑过。在极端情况下，哪怕是不起眼的建筑也会产生意想不到、令人不快甚至非常危险的效果。

当曼彻斯特的比瑟姆大厦于 2006 年竣工时，人们发现，当风吹过时，这栋大厦的主体上方伸出的一个优美的玻璃"叶片"会发出不可思议的噪音，有人把它比作"钢琴的中央 C 音"。人们试过各种修复方法，包括消音泡沫和改变风向的铝板，但风暴来袭时，建筑仍在哀号。大楼的建筑师为这噪音道歉。他本人就是这栋大楼顶层的空中别墅的主人，所以对这一声音非常熟悉。

微风吹拂带来的麻烦不仅有噪音。英格兰利兹的布里奇沃特广场，有时也被称为戴立克，面临着更严重的与风有关的难题。由于它的形状，吹向大楼的盛行风会顺着从它的一侧俯冲，最终到达地面的风速高达每小时 80 英里。2011 年，一辆卡车被这里的风掀翻，不幸碾压了一名行人。走在人行道上的人们也会因为被狂风刮倒而受伤。长期以来，人们尝试了各种办法来遏制这一问题，最终在建筑底部周围布置了巨大的挡风板。大楼的业主甚至不得不偿还市政府超过一百万美元的相关费用，比如在大风天重新安排交通路线的费用。

位于伦敦芬彻奇街20号的一座绰号为"对讲机"的建筑也遇到了风的问题，不过，它与太阳的关系使它获得了别的绰号，包括"烧烤对讲机"和"油煎大楼"。在施工过程中，人们发现这栋建筑的凹面会反射阳光并把光导向地面，从而让街面的温度升高。这栋摩天大楼使停在路边的一辆汽车的塑料部件熔化，甚至点燃了附近一栋大楼里的地毯。有位记者用炙热的太阳反射光在街上煎熟了一只鸡蛋，以证明反射光的威力。后来，增加遮阳罩缓解了这一问题。

人们总是希望一栋高楼在建成之前就能通过设计排除这些问题。不过，在城市的层面，高楼群的累积效应可能更难控制。在人口密集的城市中，所谓的"城市峡谷"会形成微气候。沿着直线路网排列的摩天大楼可以极大地提高风速。排列成特定几何形状的建筑群还会吸引阳光或热空气，从而提升地表温度，加剧城市热岛效应。在某些情况下，城市峡谷会将空气污染物朝远离地面的方向卷走，这对下方的人来说是福利，但另一方面，高楼群会以一种不利的方式使污染物聚集和循环。

一些城市峡谷也有更令人惊讶的次级影响。一排排高楼大厦能造成被称为"曼哈顿悬日"的迷人效应。这种每个季节出现一次的汇合发生在日出和日落与城市街道两侧高楼大厦之间的狭窄道路对齐的时候。虽然并不是只有纽约才有这样的现象，但这种如画般的景象在"大苹果"这样地势平坦、视野开阔（甚至能看见新泽西州的一部分）的地区尤其明显。天体物理学家尼尔·德格拉斯·泰森将这一现象命名为"曼哈顿悬日"。泰森想知道，未来的考古学家是否会认为曼哈顿的路网是为了纪念太阳季节性的移动而建造的。由于这种"罕见而美丽的景象……恰巧与阵亡将士纪念日和职业棒球全明星赛时间重合"，他沉思道，"未来的人类学家可能会得出结论……那些自称为美国人的人们崇拜战争和棒球"。除非这些事件的日期每年都变，这样的说法其实并非信口开河。

城市是个复杂的系统，人们正在努力更好地理解它。科学家、工程师和城市设计师们研究更大范围的相互作用，而不少建筑公司也根据具体情况建模研究单个建筑在环境中的影响。就像一座满是树木的森林，城市这一整体不仅仅是所有大厦的总和，无论它们多高，或多么有代表性。

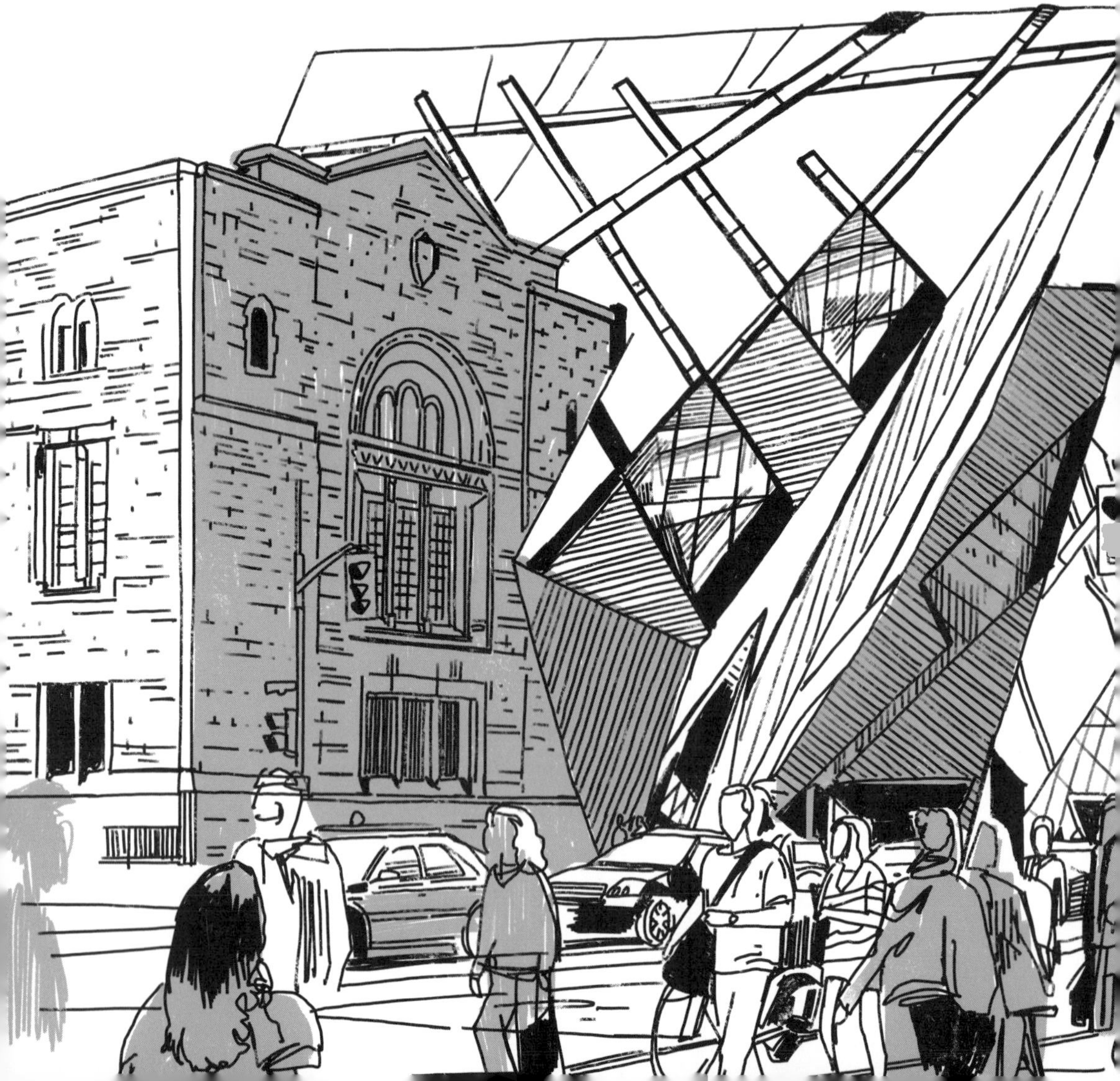

第四章　建筑

地基

　　虽然摩天大楼决定了城市天际线的样子,但大多数人主要还是通过建筑离地面最近的几层及周围的环境来体验城市。店面、住宅和博物馆是我们建立对一个地方的感知的场所。在塑造地方特色和街区日常生活体验方面,小店铺的店主或购物中心里的商户们的影响力与举世闻名的建筑大师其实不分伯仲。

左图:与多伦多皇家安大略博物馆形成鲜明对比的"水晶宫"

乡土飞地

国际化街区

无论是在旧金山、纽约、洛杉矶还是拉斯维加斯，唐人街的宝塔屋顶、龙饰大门和其他中国风元素，都能让人一眼从常规的西式建筑中认出它们。但对于刚从中国来到这里的人来说，这些地方的美学特征——充满过时的风格和杂乱无章的设计元素——可能显得更陌生而不是更熟悉。

旧金山的唐人街最初看上去跟这座城市的其他地方差不多，有砖砌房屋和维多利亚式的意大利风格外墙。华人移民聚居于此，不是出于对这里建筑风格的偏好，而是出于政治、社会和经济的需要。19世纪的旧金山对华人群体既不欢迎，也不包容。当时的唐人街被冠上充斥着毒品和卖淫的贫民窟之恶名，这一形象被试图渲染异域风情的导游强化了。连《东方在美国——在唐人街漫步一日一夜：中国异教徒的生活方式》都算不上《旧金山纪事报》关于唐人街最令人反感的文章标题。

1906年，旧金山发生了毁灭性的大地震，大火紧接着又把这座城市的大部分地区夷为平地，而唐人街的居民在这场危机期间及之后几乎没有得到任何来自周围社区的援助。消防部门把可用资源都集中给了住在诺布山附近的有钱人，为了阻止火势蔓延，他们甚至还炸毁了唐人街的部分建筑。

一些地方官员把这场悲剧看作是一次洗刷历史的机会。在尘埃落定、烟雾散尽之前，就已经有人提出将唐人街永久性地迁至"猎户角"（旧金山东南角，位置孤立）的生意，好让白人商家占领这片市中心的黄金地段。旧金山市长委托建筑师兼城市设计师丹尼尔·伯纳姆起草了一份与"城市美化运动"相符的规划案，这是当时流行的关于纯净白色城市的、充满矛盾的愿景。华人居民对这一做法表示抗议，并利用其经济影响力威胁政府要离开这座城市，并带走他们的企业和生意。这座城市只好投降了。

然而这样一来，如何从零开始重建唐人街就成了一个问题。当地一位名叫陆润卿的华裔商人聘请建筑师 T. 帕特森·罗斯和工程师 A. W. 伯格伦为华人社区设计一批新建筑，尽管这两人都没有去过中国。于是，他们靠着几百年前的图像——主要是民俗宗教的图像——来描绘未来唐人街的新面貌。由此创造出来的融合式建筑既取材于中国传统，又融入了美国人对中国风貌未必准确的印象。这种手法被附近的其他人借鉴，并成了一种新美学的基础，塑造了后来世界各地的唐人街。

旧金山唐人街推出的混合风格外观看似令人费解，但它的理念十分直接——社区的领袖知道这里会成为一个旅游景点，要为游客们服务。对美国中产阶级的白人来说，它有一点异国情调，但又足够安全。游客带着钱进入唐人街，全美各地的唐人街也很快跟上了这股潮流。这种对西方人更加友好的仿造品有助于改善海外华人在各个城市的公众形象，但也造成了人们对中国文化的成见和误解。归根结底，这些地方不中不洋，既不符合历史，也不全是幻想，而是介于两者之间：它们是中美两国历史独特的文化和建筑结晶。

兑现支票

营业点

一家典型支票兑现店的外观可能并不会激起路人的惊叹，但它的设计非常清楚地说明了这些营业点是如何运作的。尽管这些店铺属于金融行业，但它们与银行几乎没有任何相似之处——银行的内部通常有柱子、蕨类植物、毛绒地毯和安静的室内装饰来寓意财富。在银行门口，会有穿西装的人出来迎接顾客，或至少会有一排面带微笑的出纳员，让顾客不确定自己究竟是该坐着等待还是走向服务台。对于那些不熟悉这类机构的人来说，若不仔细阅读宣传册，或是跟口若悬河的经理交流一番，就很难知道银行到底能提供什么服务。而普通的支票兑现店无论是在外观还是感觉上，都和一般的银行大不相同。

2008年，在《纽约时报》的一篇文章中，规模最大的连锁支票兑现店的老板汤姆·尼克斯向道格·麦克雷解释了他们室内设计的关键。尼克斯强调，店内的装饰很慎重，没有任何华丽的装饰。支票兑现店有意模仿街角的杂货店，是欢迎所有人的社区场所。支票兑现店也没有铺设地毯，尼克斯的商店都采用油毡地板，这是为了确保建筑工人和其他穿着脏靴子的工人从街上进来时感到舒适。

支票兑现店里的符号都很直观，往往有大尺寸的标志，上面列着服务和价格清单。这里的金融交易可能是掠夺性的，对贫困的劳动者很不利，但在大多数情况下，至少服务费用明码标价。一家银行可能会给客户提供5种不同的支票账户、多种投资选择以及其他利率复杂的金融工具，密密麻麻地列在小册子里；相比之下，支票兑现店提供的选择更少，更容易掌握。

提供支票兑现和发薪日贷款的地方因为操纵性的行为和高得离谱的费用而受到很多批评，但无论好坏，营业店的油毡地板上进出的脚步仍络绎不绝。那些用不到它们的人很可能忽视这些门面，以为这不过是零售店海洋里的一家，但即使这些店铺毫不花哨，它们仍是精心设计过的。有些紧跟时代的银行已经注意到这些设计的一些关键元素，不再在店内放置蕨类植物和金丝饰品，转而支持各分行模仿其他零售空间，甚至将咖啡店并入其中，让空间看上去更休闲、友好、容易接近。

平易近人的鸭子

商业符号

一座 7 层高的办公大楼在建成后不到 20 年的时间里就被推向了市场，它的形状和色彩让它看起来像一个巨大的野餐篮子。这座办公楼在鼎盛时期曾容纳 500 名隆加伯格公司的员工，该造型大胆的建筑模仿了这座公司的一个标志性手工产品——中号购物篮，它是中号购物篮的巨大广告，也是被后现代主义建筑师罗伯特·文图里和丹尼斯·斯科特·布朗戏称为"鸭子"的事物的典型代表。

"鸭子"指那些外形和构造明确体现其功能的建筑。这个奇特的名字可以追溯到一栋非常特殊的建筑——位于纽约长岛的"大鸭子"，一家出售鸭子和鸭蛋的商店。它的外形明确地向路人展示了店里有什么，和更为普遍的"装饰小屋"稍有不同，它直接地呈现了建筑物的用途。装饰小屋则只是用标志和装饰物来表明建筑的功能，例如大卖场或有巨大标志牌的餐厅。

20世纪60年代末和70年代初，文图里和斯科特·布朗在对拉斯维加斯大道的研究中确定了"鸭子"和装饰小屋的区别。当时，建筑师研究为大众设计的商业场所这种想法并不寻常，弄不好还会被人耻笑。其他现代派专业人士将"罪恶之城"（即拉斯维加斯）视为由媚俗、伪历史建筑和装饰组成的荒原，文图里和斯科特·布朗却从原本枯燥乏味的建筑里发现了丰富的象征意义。

在《向拉斯维加斯学习》一书中，罗伯特·文图里、丹尼斯·斯科特·布朗和史蒂文·艾泽努尔三人发表了他们的发现和观点。这本书在建筑界掀起了不小的波澜，激励其他当代建筑师在随后的现代主义与后现代主义之间的较量中站稳脚跟。文图里和斯科特·布朗事务所从这段旅程中用心吸取教训，对历史建筑风格进行取样和重新组合，并在这些建筑中添加了有趣的标志和符号，这些随后都成了后现代主义运动的标志。

无论如今的设计师们认为历史装饰是酷还是俗，他们仍在为是否以及如何在当代建筑中使用装饰而争论。许多人批评后现代主义建筑师的作品，也有批评家抨击"鸭子"和装饰小屋太主观或者太武断，但这种想法依然颇有影响力。如果不出意外的话，这倒是个划分世界上的建筑物的有趣方式。"鸭子"建筑很稀少，你若在野外遇到一只，一定会感到愉快。

第四章 建筑

争奇斗艳的明星建筑

反差式扩建

经过数年的翻新和改建，多伦多的安大略皇家博物馆于2007年开放了一座颇具争议的、颠覆传统的新建筑，名为"水晶宫"。这座占地10万平方英尺的扩建工程是由举世闻名的明星建筑师丹尼尔·利贝斯金德设计的。它是一个由玻璃、铝材和钢材交错组成的复杂几何结构，局部包裹在原有的传统砖制博物馆建筑周围。棱角分明的扩建部分与原有的意大利新罗马式建筑风格大相径庭，任何建筑师都想不到，仿佛一座古老的火车站紧挨着《超人》漫画中的孤独堡垒。一位评论家在谈到新与旧、有序和混乱的奇特混搭时（口气好像自己就是客户）打趣说："这是我们最后一次聘用两名建筑师了。"总体而言，这座建筑很好地彰显了它的重要地位，但是当几种背道而驰的手法共同主导城市景观时，视觉层次就会开始瓦解。

任何熟悉利贝斯金德或其他解构主义建筑师（比如弗兰克·格里）作品的人都知道，他们的手法通常会带来大胆而复杂的建筑，而不考虑周围的景观或结构是什么样子的。在某些情况下，从建筑的目的、规划和重要性来看，明显地背离城市的结构及其历史背景是合理的。博物馆可能被合理地期望与周围的环境拉开距离。形状和风格可以表明建筑在文化和市政层面的重要性，这可能就是令人印象深刻的多伦多原博物馆和利贝斯金德大胆的扩建方案的初衷。但是，当同样的手法用在比如瑞士伯尔尼的西区购物休闲中心这样的非市政建筑上时，这位建筑师棱角分明的变形作品就有点不合时宜了。不管个人有什么意见，这两个例子都表明我们很难孤立地评判一座建筑，其空间、社会和文化背景都很重要。不管好坏，历史上都不乏独树一帜的建筑案例，包括那些一开始因为这样做而受到批评的建筑。

巴黎就有很多重要的例子，其中最有名的也许就是埃菲尔铁塔了。这座露出金属架的建筑在建造时就被嘲笑它的人视为眼中钉，当时许多围观者在得知它按计划来说只是临时搭建的时才安心。但这座塔最终成了天际线上的永久性建筑，并从此成为巴黎最著名的建筑。同样，由包括伦佐·皮亚诺和理查德·罗杰斯在内的全明星建筑团队设计的蓬皮杜中心，在揭幕时也被称为一个"怪物"。它采用了外露结构手法，将通风管和机械系统置于外部，从而为室内画廊留足了开放空间。后来，至少在一些人看来，它是具有开创性的。由贝聿铭设计的玻璃钢结构的卢浮宫金字塔出现在巴黎时，也遭到了许多人的严厉批评。金字塔的形状看上去既过时，又与周围不协调，就像是一件潦草地参考古埃及的风格、使用现代材料做成的，与博物馆的法国文艺复兴时期风格相冲突的东西。然而今天，它成了一座地标性建筑。

这些例子都鲜明地体现了建筑物的结构对于它周围环境的重要性，其影响或直接通过建筑呈现，或通过回应（或不回应）它们所处的各种环境间接呈现。这些建筑物大胆地向人们寻求关注，而且一般都能成功地得到关注。然而，倘若一味追求独特性或是不加区分地应用它，也会有风险。住宅、银行、购物中心这样的日常建筑与环境融合得更自然一些也没什么问题。不是每一栋建筑物都能或者应该是出众的。在一个到处都是为了引人注目而建的建筑世界里，没有谁能真正引人注目。

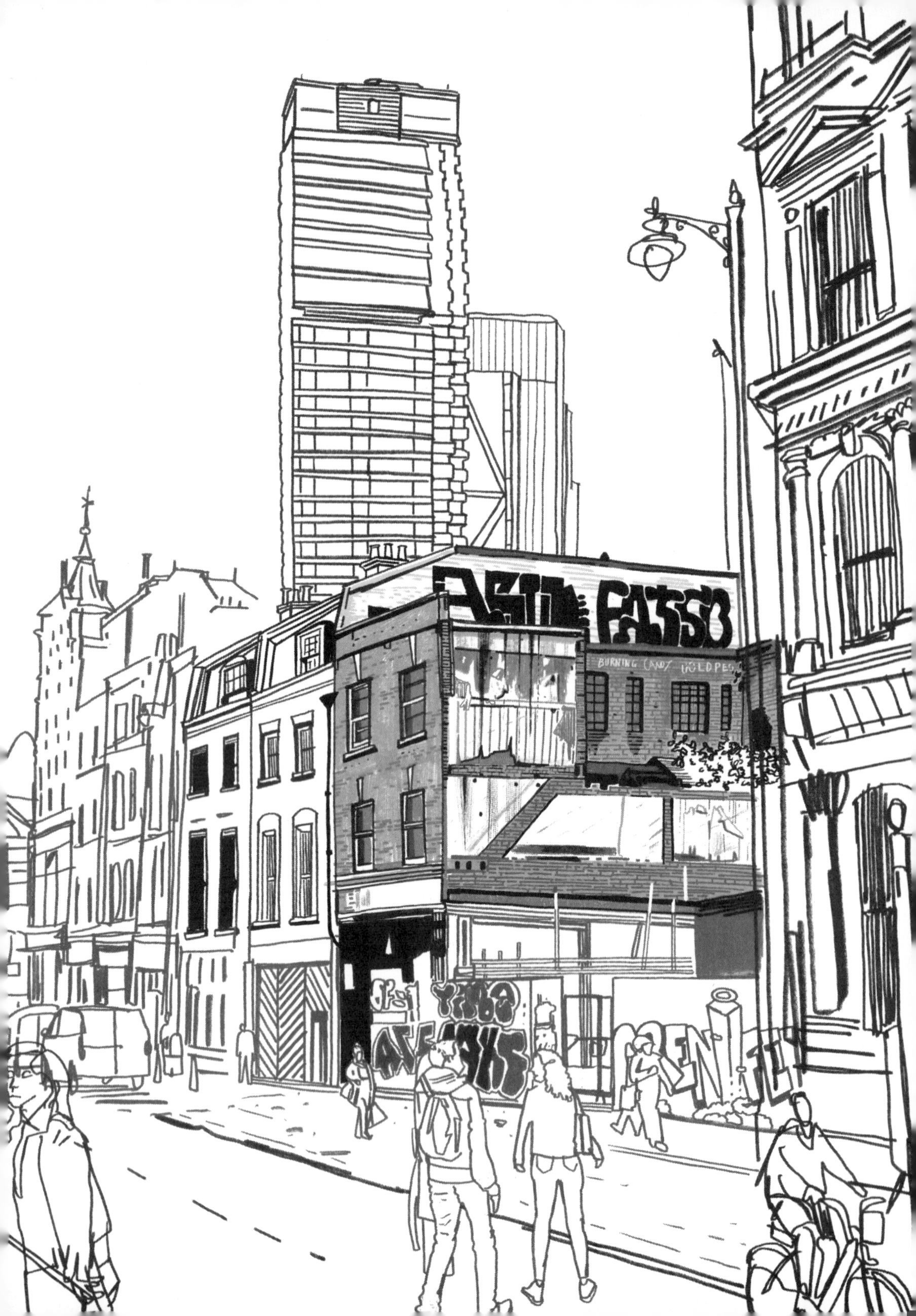
BURNING CANDY
GOLDPEG

第四章 建筑

遗产

　　我们在建造时做出的选择反映了我们文化中的重要之物和价值观，我们决定是否以及如何维护和保存之前时代建立的历史建筑也是如此。在城市的发展过程中，具有前瞻性的发展观和关注过去的保护观常常会发生冲突。我们选择让什么东西保留、修复、重建、稳定，还是任其衰败，这对城市的特征有着不可思议的影响。

左图：被拆毁的旧建筑的内部结构在相邻建筑上留下的痕迹

异教徒之门

重叠的叙述

卡农图姆是古罗马的一座城市和军事要塞，它的遗址在奥地利维也纳附近的多瑙河沿岸。世界各地的游客前来探索这座大型露天博物馆，从碎片中了解过去。这个遗址处于不同程度的失修和重建状态。其中一些建筑已经成为废墟，而另一些则已经被加固，甚至还利用过去的技术和材料进行了重建。

在这些建筑文物中，有一座巨大的凯旋纪念碑，据说是君士坦提乌斯二世为纪念他的军事胜利而建造的。在中世纪，这个巨大的四面纪念碑被认为是一位异教徒巨人的四方墓，因此被称为"异教徒之门"（Heidentor）。（具有讽刺意味的是，君士坦提乌斯二世是一名阿里乌教派基督徒，因迫害异教徒而声名狼藉。）

随着时间的流逝，这座拱形纪念碑的一部分已经倒塌了。它没有被重建，但它富有历史意义的形态却以一种简单而令人信服的方式重新出现在游客面前。在它附近有一块安装在金属支架上的透明面板，就像一块透明牌匾，上面画着一幅线描图。当游客将线描图与建筑对齐时，就能看到纪念碑原先的轮廓与残败的废墟重叠。本质上，观众可以在心里将展板上的线描轮廓与废墟融合，同时看到过去和现在。这是个低成本、低技术含量的小戏法，但很有用。

这类遗址吸引了从考古学到美学等各种领域的关注，但是相互竞争的利益也可能会令保护、稳定和重建遗址的决定复杂化。大多数人都同意，只要可能，就应该以某种形式保存古代历史遗址，但决定从哪里入手、用何种方式干预的过程难免会有争议。特定时期的修复方法可以将一个地方复杂的历史凝结成一个瞬间，但它不可能代表一座建筑的全部故事。对于那些有志于为现在及未来保护历史建筑的人来说，处理那些关于如何保护或改变，以及保护或改变什么的微妙问题，将是一个持续的文化、政治和经济挑战。

裁定地标

历史性建筑保护

纽约人很讨厌纽约的宾州车站。它于1968年建成，是一个单调、黑暗、拥挤的空间——与跟它同名的前身截然不同。原先的车站由麦金、米德和怀特公司设计，于1910年落成，宏伟壮观，是一座奇迹般地出现在纽约的城市景观中的学院派建筑。巨大的多立克柱迎接宾客，沿着一条巨大的楼梯往下，来客会进入一个巨大的开放空间，自然光透过拱形的玻璃天花板倾泻而下。

原先的宾州车站的宏伟建筑融合了历史上的建筑元素和现代工业美学，从古代建筑和现代技术中汲取灵感。它是如此令人印象深刻，以至于让美国最富有的家族——范德比尔特家族感到羞愧，不得不拆除并重建他们自己的中央车站，使其成为今天的地标性建筑。

不过，几十年过去，原先的宾州车站开始出现磨损的迹象。在战后的喷气式飞机时代，旅客越来越少乘火车旅行，而州际公路系统的出现，也让维护庞大建筑的收入来源走向枯竭。站内的鸽子粪总是来不及清理，尤其是在难以触及的高处。窗户破损的速度也总比维修的速度更快。

宾州车站的老板需要靠这地方赚更多的钱，而在曼哈顿这样人口稠密、土地匮乏的城市，空权总是很有价值。既然车站本身不赚钱，老板们认为他们至少可以通过在它上面盖房子来变现。有人提议建一个巨型停车场、写字楼或圆形剧场，但最终的胜出方案是多功能的麦迪逊广场花园。该方案将保留下方的铁轨，但必须拆除铁轨上面的建筑，以便为顶上的新租户腾出空间。大概是由于建筑当时的状况，反对拆除的呼声并不高。

只有一次试图拯救老车站的游行，是在20世纪60年代早期由建筑师领导、由"纽约更好的建筑行动小组"（Action Group for Better Architecture in New York）组织的。他们以非常好记的缩写AGBANY自称，高喊着"要改，不要拆！"（公平地说，他们并没有太多行动经验。）但没有什么能抵挡拆除行动的到来。1963年，该建筑开始被拆除，花岗岩和石灰岩被剥离并倾倒在新泽西州的一片沼泽地里。

新车站的设计极其不受欢迎。1968年，建筑历史学家文森特·斯库利发出了著名的感叹："过去，人们像神一样进入城市；现在，人们却像老鼠一样蹿入城市。"市民和政府越来越清楚地意识到他们犯了一个错误。事后，市长罗伯特·F. 瓦格纳成立了第一个地标保护委员会，并出台了新法规来拯救古老的建筑。尽管如此，许多标志性建筑在随后的岁月中陆续消失了，部分原因是该委员会在审查和授予提交审议的建筑物地标地位方面进展缓慢。

1968年，纽约中央火车站也面临绝境。这座火车站也走上了宾州车站的老路，也在亏损，但相关部门正计划在垂直方向上对其进行开发，以创造更多的收入。但在中央火车站的案例中，政府援引了新的地标法规，介入并制止了老车站的拆除计划。随后，建筑业主将市政府告上法庭，案件审理持续了很久。随着杰奎琳·肯尼迪·奥纳西斯公开支持保护主义者的诉求，中央火车站充满不确定性的命运从地方事务一跃成为全国性的事件。这门官司也变成国家大事，一直打到了最高法院，最高法院在 1978 年裁定支持地标法，终使纽约这座老车站免遭拆除。

很难说老宾州车站的消失对拯救中央火车站起到了多大的作用，但有理由相信，前者的拆除有助于防止后者以及纽约市内外其他建筑遭到破坏。今天，中央火车站内部拱形的天花板上还残留着一点儿污垢，人们故意没有打扫干净，目的是提醒出入车站的旅行者和乘客，这里曾经破败不堪，面临拆除，但最终人们认为它值得被保存下来。

重获新生的珍宝

复杂的修复

谈到备受喜爱的建筑时，说服公众将其恢复到人们熟悉的光鲜整洁状态通常不难。不过对于老建筑，制订修复计划的过程可能相当复杂。希腊、罗马的雕像和建筑，最初都被涂上了鲜艳、大胆的色彩，但是任何让它们恢复原有活力的修复工作，即便能准确地还原历史，也都会引起争议。即使是一些更为现代的建筑，如自由女神像，人们更熟悉的也是它改变过的样子——自由女神像原本像一枚新硬币一样闪亮，其铜镀层经过氧化后才变成今天我们看到的绿色。20 世纪 80 年代，这座雕像曾经历过大规模的翻修，结构方面的许多细节都重焕最初的光彩，但没有人真的想要把表层抛光，好让自由女神像恢复成最初的黄铜色。还有苏格兰中部的斯特灵城堡大礼堂，这座建筑世代以来都以褪色的石墙为特色，后来经过了一次充满戏剧性的修复，外墙变成了黄色。

人们往往认为城堡都有粗壮的防御炮塔，是宏伟的石头建筑。事实上，许多城堡都是复杂而曲折的，经过几年、几十年甚至几个世纪的零敲碎打建成。斯特灵城堡就是这样的融合物，它包括宫殿、小教堂、封闭里间、封闭外间、大礼堂，以及其他反映它几个世纪以来使用情况的增建和翻修部分。从 12 世纪或更早的时候起，这座著名的山丘上就有了某种形式的城堡，但如今留存下来的建筑大多可以追溯到 15、16 世纪。在这一过程中，曾出现过被漆成浅奶油色的大礼堂，它显得格外突出。

大礼堂对斯特灵城堡来说至关重要——它建成于 1503 年，是国王和贵族聚会、宴请、庆祝和制定新法的地方。负责国家历史遗产保护和公众教育的苏格兰文物局于 1991 年开始对这座建筑进行改造。当苏格兰文物局接管大礼堂时，它的状况很糟。一个多世纪以来，这栋建筑一直由战争部控制，被当成一座实用的军事建筑来对待。窗户、门、地板和天花板都被改造了，这里变成了一个可以正常使用的营房。军方只留下了这栋建筑残缺的外壳，朦胧地反映着这座建筑昔日的辉煌。

究竟是让这栋建筑维持现状，还是恢复到军队占领时期或其他重要历史时期的样子，这将由通常负责建筑维护的苏格兰文物局来决定。考虑到这栋建筑从 15 世纪开始就具有的重要战略、贸易和文化意义，他们选择将它恢复到 16、17 世纪时的鼎盛状态。

这一选择引发了一系列关于建筑的原貌以及建造方式的重要问题。修复小组挖掘了历史记录，在蚀刻版画中寻找线索，结果发现并非所有的画作都是一致的。墙、烟囱和脊兽（雄踞在屋顶上的巨大生物雕像）等不同元素在不同的画中的高度、数量和位置不同。随着建筑修复专家了解到更多信息，他们尽可能地解决各种彼此关联的难题。脊兽的可能位置最终由下方的桁架锤梁屋顶支撑结构的强点决定（结构本身是根据1719年的勘测图重建的）。每一个发现都有助于另一个发现，这使重建工作越来越精确。

当修复后的建筑揭幕时，当地人喜欢其中的一部分，比如屋顶和木梁下的支撑格栅，但建筑外观一项简单而根本的改变令许多人措手不及，并引发了巨大争议，那就是外墙的石灰粉饰面（富含黄赭石）。当苏格兰文物局在寻找关于这座建筑过去的线索时，发现一些旧饰面仍然附着在已被加建部分覆盖的建筑两侧。这一发现直接说明了，这座建筑以前曾有色彩鲜艳的外立面。当建筑环境大部分都是单调的灰色和棕色时，大礼堂却是亮眼的黄色，这凸显了它在城市和地区中的重要性。

大礼堂的翻修工作花了好几年时间，在这期间，大楼一直被脚手架和塑料布盖着。所以到了向公众展示作品的时候，很多人都被亮黄色的饰面震惊了，并毫无保留地表示不赞同。事后看来，相关部门或许应该与社区就这项计划进行更多沟通。最终，苏格兰文物局做到了尽可能准确地完成了这项工作，将这栋建筑的历史画面描绘得更清晰（也更明亮），这远不是一个暗沉的灰色外立面所能比的。一些当地居民觉得，这么做恰恰是不和谐的。任何重大的建筑环境变化都可能给人这种感受。对游客来说，这却令人惊叹——它看上去完全不是人们所期待的样子——也很有教育意义，因为它向人们展示了历史是多么丰富多彩。

展望未来，由于数字建模工具的出现，如此密集的物理修复工作可能会变得越来越少见。如今，关注历史的组织可以在三维效果图中重现一栋建筑的各种（包括已知的或推测的）状态，而不是对实际的建筑物进行改造。通过这种方式，人们可以体会建筑物在几年、几十年甚至几百年间的演变（或衰败），了解它们曾以怎样不同的面目走过漫长的岁月。

建筑许可

不忠实的重建

即便是在柏林墙倒塌几十年后的今天，中欧和东欧的建筑环境仍然带有受苏联影响的痕迹。在布拉格、布达佩斯和布加勒斯特等城市里，人们可以找到那个时代的大体量方块状建筑。华沙的大部分地区都被成片没有色彩的苏联建筑所占据，但也有例外。像波兰首都老城这样的地区，对欧洲游客来说十分亲切，这里有旅游商店，有马车可以乘坐，还有游客们期待会在大城市里看到的美轮美奂的历史建筑。

然而，这样的外表具有欺骗性。在这里，这种欺骗性藏得很深：这些看起来历史悠久的建筑实际上都是在二战后才建成的。

华沙在战争中被严重摧毁，以至于有人认为根本用不着重建，可以直接指定其他地方为波兰的首都。不过，政府最终决定重建华沙，并且主要采用建筑造价低、工期短、体量大的苏联式风格。在具有重要历史价值的旧皇华沙家大道沿线，他们让建筑师、考古学家和其他专家一起大张旗鼓地重建这个如今被称为"老城区"的地方。人们甚至专门造出特殊的窑炉，把旧瓦砾变成新建筑的砌块，这是保持物质连续性的公共工程的一部分。

这个项目被视为反败为胜的故事，是巨大灾难过后重生的典范。不过随着时间的推移，当地人开始注意到，这个奇迹般的改造项目有哪里不太对劲。首先，许多建筑从外面看是老式的，但房间内部却很现代。还有其他不一致的地方——从外面就可以看出来。

诚然，战前的老城有大剧院和城堡等城市地标，但这里并不完全是旅游胜地，它在很大程度上被忽视，而且十分破败。重建后的老城却把残破的景象都清理干净，并注入了怀旧气息，虽然借鉴了历史，但也远远超越了任何现实的先例：主干道沿线的建筑明显被简化，曾经的联排建筑高度各异，而新的三层建筑则整整齐齐地排列着。有人认为，这种标准化而非重现过去的决定，体现了一种平等主义的精神，比如坚持楼层数统一可以被视为关于平等的一种客观的教诲。

随着规划者开始修复工作，他们从许多不同历史时期汲取了灵感。在建筑的某些部分，他们参考了一位意大利画家贝尔纳多·贝洛托的作品，此人在18世纪来到华沙，那是远在二战期间该地区被毁之前的年代。贝尔纳多·贝洛托擅长现实主义、纪实风格的绘画，虽然他的作品刻画细致入微，但众所周知，他的代表作都有艺术执照①。重建工作借鉴了这些更理想化的版本，创造出许多现在坐落在老城区里的建筑。

更准确地重建旧城区不是不可能的，在这座城市被战争破坏前不久，有学生和建筑师用照片和图纸对它进行了全面记录。但对当时的苏联人来说，创造一个老城的幻想替代品有着双重目的：既能让这个地区回到现代资本主义之前的时代，又能向世界证明，在苏联统治下，这座城市会更加美好。

今天，贝洛托华沙画作的各种复制品在这座城市里随处可见，和画作所描绘的街景一起，彰显重建工作的"成功"。从某种意义上说，重建的确是成功的，只是它并不精确符合历史。老城区是一个极端的例子，但这种做法并不是个例。在世界各地，以怀旧为名挖掘历史的做法导致很多地方看起来大同小异，当地人避之不及，游客却喜爱有加，这些地方与当下脱节，有时也与过去格格不入。

---

① 艺术执照，是指出于艺术目的而扭曲现实、不遵从既有的语言规范等。

非自然选择

主观稳定

罗马角斗场坐落在意大利首都米兰的古罗马广场东面，是世界上最著名的遗址之一。多亏了现代媒体，即使是没有去过的人，也熟知角斗场那厚重的外形、层层叠叠的拱门、摇摇欲坠的曲线和整体的衰败面貌。但几个世纪以来，角斗场红棕色的残骸上还覆有另一种颜色：绿色。直到不久前，树木、小草、藤蔓和灌木还在建筑的残存部分里生长，它们在这座巨型建筑的各种微气候中茁壮成长，较低的阴凉处潮湿、凉爽，更暴露的上层干燥、炎热。这片郁郁葱葱的绿色激发了历史上许多艺术家和作家的灵感，他们都曾访问罗马并写下自己的经历。查尔斯·狄更斯就是其中之一，他惊叹于"绿意盎然的墙壁和拱门"，历史上许多画作也描绘了从这座古老建筑的残垣断壁中孕育出的蓬勃生机。

19世纪50年代，一位名叫理查德·迪金的英国植物学家感叹这片废墟上的物种竟如此繁多，决定对这一独特环境进行植物学调研。他记录了四百多个不同的物种，其中一些在欧洲其他地区相当罕见（或者据他所知根本不存在）。迪金对这些不同种类的植物怎么会出现在同一个地方感到十分困惑，他提出了一个理论：这些稀有植物的毛刺和种子很可能是古罗马人带到角斗场上表演的狮子、长颈鹿和其他外来物种的皮毛和胃中携带的。虽然无法证实这一假设，但它有助于解释迪金发现的那些非本土物种。

无论是好是坏，考古学（在政治的帮助下）最终战胜了植物学，这个独一无二的生态系统在大约一个半世纪前被摧毁。1870年，意大利在世俗的

第四章　建筑

民主政府领导下获得统一，从教皇手中夺走了罗马城的控制权。新掌权者支持的是另一种植根于古罗马历史的，科学、理性、现代的意大利身份。为了这一目标，人们清除了斗兽场废墟中被视为外来入侵物种的植物，使其更加美观，同时稳定和保护残存的建筑。那些植物的确曾缓慢地破坏这片废墟，但它们也可以说是这片废墟鲜活历史的关键组成部分。建筑绝不仅仅是由建筑材料搭建出来的一个结构，居住在其中的植物（或动物）也述说着特定的历史，或者至少为关于狮子、老虎和毛刺的迷人理论提供肥沃的土壤。哦，我的天！

褪色的吸引力

诱人的遗弃物

从庞大而神秘的古建筑到普通的废弃房屋，人们总是被废置的地方和它们跨越时间的美感所吸引。当然，年轻的国家（如美国）、年轻的州（如加州）与年轻的城市（如旧金山）几乎没有什么能代表西方文明的古建筑遗址，但这并没有阻止湾区人民的尝试！

苏特罗浴场遗址与太平洋沿岸的海堤相邻，靠近金门大桥。它附近有一个洞穴和一些旧浴场的遗迹。乍一看它们可能像是一些奇怪的、古老的、失传已久的罗马遗迹，但这里的游泳池和游乐园综合体其实一个多世纪前才建成。这个项目是德国工程师阿道夫·苏特罗的心血结晶，他曾因采矿业发家。就像西海岸版的约翰·D.洛克菲勒，苏特罗向旧金山市，包括这个精心设计的项目投入了大量资金。

苏特罗最初计划建造一个巨型室外水族馆，由太平洋的潮水提供水补给。不过，他的计划不断扩大和演变，一部分原因是他起初只雇用了一名工程师，直到大部分基础工程完工后，才雇用了一名建筑师。这个地方最终不仅有一系列游泳池、相连接的运河、数百个更衣室，还有一个奇珍异宝博物馆和其他设施。一个巨大的玻璃外壳包围着建筑群的大部分面积，形成了一个湾区版的水晶宫殿与科尼岛的结合体。

尽管这里奇观和景点遍地，但它自从开张起就一直亏钱，部分原因是它位于城市的边缘，交通不便。为了吸引更多游客来访，苏特罗开始投资建设通往浴场的电气化铁路。但即使在1894年苏特罗当选市长后，他钟爱的浴场仍然没有盈利。几年后，苏特罗过世，他的家人试图脱手这处地产，但最终又经营了半个世纪。

为了吸引更多的游客，苏特罗家族试图改造苏特罗的游乐场。有一次，他们将泳池的水排干并填上沙子，营造一种热带室内海滩的感觉。如果你曾经在寒冷的海洋沙滩上待过一会儿，造一个室内海滩的想法听起来就没有那么疯狂了，尽管浴场玻璃的另一边就有一个天然海滩。不过这仍然算不上一个好主意，于是他们又把室内游泳池改造成了溜冰场。他们尝试了很多想法，但似乎都没什么用。

1966年，就在这片土地即将重新开发时，一场大火将这片建筑变为了废墟。这片土地于1980年被卖给了美国国家公园管理局。如今，它已成了金门国家休闲区的一部分。虽然这个地方在它活跃时从来没有成功过，但近年来它作为免门票的现代废墟却变得很受欢迎。就像所有建筑环境一样，它一直都在变。时间一长，一些零碎部件不断老化，掉进大海里。大自然开始重新开垦这片土地，植物悄然生长，这里也慢慢变成了一片湿地。经常有鸟儿在这里停留，人们还发现水獭在灌满海水的水池里出没。因此，虽然（或因为）它衰败了，但它现在拥有更多样的功能，包括激起好奇游客的敬畏心，尤其是那些最初认为它是一座古旧遗址的人。

符文景观

地表的痕迹

2018年的夏天，北欧经历了一场不同寻常的热浪，不列颠群岛的道路被晒化，荒野被烤焦，植物也被晒得枯萎。当时，研究人员和废墟爱好者保罗·库珀在《纽约时报》的一篇文章中提到了干旱的一项令人惊讶的影响。"在英格兰、威尔士和爱尔兰的土地上，"他解释说，人们开始看到"消失的房屋和定居点、古冢和石阵，以及从罗马时代到旧石器时代和中世纪的古代城镇街道布局，过去的一切都回来了，出现在了地表上"。那些消失建筑的痕迹重新浮现，幽灵般的蓝图在自然地表的景观中清晰可辨。土壤质量、密度和孔隙率的差异影响着地表植物的长势，使地下遗迹的轮廓和印迹在周围或健康、或不健康的绿色植物衬托下清晰可见。

记者安东尼·墨菲当时正在用无人机摄影，他在爱尔兰的田野中发现了一系列深色的麦田符号，排列成一个大圆圈。后来考古学家发现，千年前曾经有一座环状直立木阵矗立在这里。若不是这个著名的绿色之国出现了异常的旱灾，根本就不会有人注意到这个遗址。巨木阵本是用木头建造的，早已倒塌、腐烂，但这些柱子留下的凹陷对植物生长模式产生了持久的影响。生长在巨木阵曾经所在位置的深层土壤中的作物比邻近的其他作物更绿、更健康，这提高了它们的显眼程度，特别是在极端干旱的情况下。

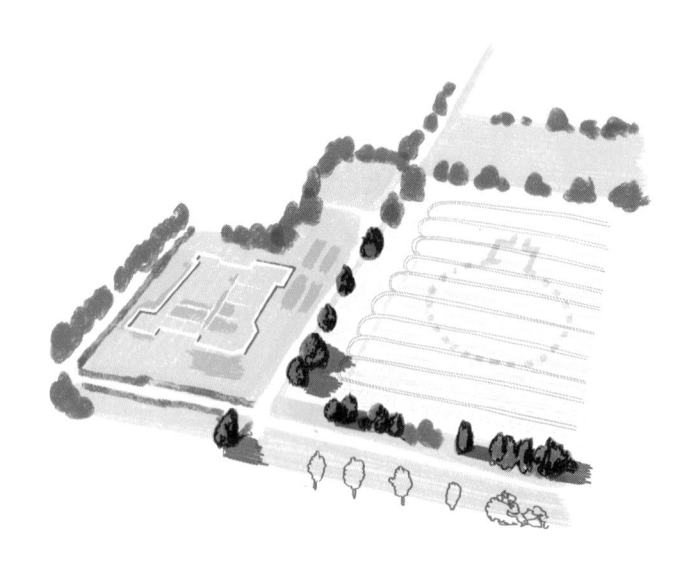

在英格兰各地，多亏了这些焦痕，人们开始陆续在德比郡的查茨沃思庄园等地发现古代花园和建筑。有一座 17 世纪古老花园的轮廓也因为植被生长情况的差异而被勾勒出来，只不过情况恰好相反：深埋在地下的古老小径和花槽隔绝了土壤和水，使得这里的植被比它周围的绿色植物更稀疏、更不健康。在附近的诺丁汉郡，不太健康的植物勾勒出 18 世纪美轮美奂的克伦伯宅邸的痕迹，该宅邸在经历了一系列火灾后被拆除；房间和走廊的轮廓在地表显现出来，就像一张巨大的等比例蓝图（或棕图），与四周健康茂密的绿地形成有趣的对比。

麦田符号和焦痕只是考古学家用来追溯工程史的有机信号。霜痕则能通过反映不同土壤类型和水深的不同冻融速率来帮助寻找古老的遗迹。高高的土堆投下的阴影可以帮助人们找到一些东西，比如坡度变化很小的大型土方工程，古老的高架堡垒，或城堡杂草丛生的地基。

这些现象中的一些最好通过飞机或无人机摄影来观察，而红外摄影和热成像也有帮助。值得注意的是，这种方法在现代飞机和其他高科技工具诞生前就已经存在了。早在 1789 年，博物学家吉尔伯特·怀特就观察到当地人如何利用地表湿度差来确定埋藏在地下的沼泽橡树（可用作燃料）的位置，他想知道："难道这种方法不能用来促使人们留意房屋周围被淹没的古老排水沟和水井，在罗马的车站和营地里发现古代的人行道、浴池和坟墓，以及其他隐藏的遗迹？"当然可以，吉尔伯特。

在此后的几个世纪里，这些标记帮助人们发掘了苏格兰和英格兰的考古遗址，以及位于意大利北部、为威尼斯前身的古罗马城市阿尔蒂纳姆等地。这些标记并不总是易懂的，而且它们很少能独立说明整个故事。在大多数情况下，它们是一个起点，预示着一些有趣的东西可能就埋藏在地表之下。这些留在古老地球上的幽灵般的印迹勾勒出人类历史是如何被写进地球表面的。无论旧建筑被保存、修复还是丢弃，它们的残余物都能留下持久的痕迹。

建筑拆除规范

计划性拆除

每隔20年，日本的伊势神宫就会被拆除，然后再大费周章地重建，这周而复始的传统可以追溯到一千多年前。这一过程表达的是日本神道教（日本的传统宗教）关于死亡和重生的信仰，同时也被视为一种历史保护形式，每次重建的每个细节都会被小心翼翼地带进下一次重建。这种定期拆除和重建的循环并非日本精神建筑所独有，这个国家有悠久的重建历史建筑的传统。

在日本，人们对毁灭性自然灾害的熟悉带来了对建筑物寿命有限的预期。人们认为较新的建筑更安全，部分原因是随着时间的推移，承受多次地震或洪水的建筑结构可能会受损。建筑规范多年来也不断发展成熟，令人们对新建筑有更多的信心。出于这些因素，在政府警告下，人们对旧建筑文化保护有着普遍的警惕心。在其他国家，越有年头的房屋价值通常越高，而日本的情况恰恰相反。旧建筑的贬值同时驱动了新建筑的兴起和大量拆除行动。在拥挤的城市里，传统的拆除方法可能是破坏性的或危险的，创新性的建筑物拆除方法因此兴起。

一些创新的拆楼公司不再用炸药炸毁建筑，或在重型机器的轰鸣声中一片片推倒建筑，而是小心地将多层建筑一层层拆掉。从外观上看，高楼大厦可能会在数天、数周和数月内逐渐缩小，最后完全消失。与通常那种把建筑轰然推倒的技术相比，这种新方法能减少噪音和空气污染，同时也更便于建筑材料的回收利用。

第四章 建筑

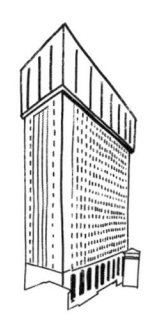

在这类方法中，有一种房屋拆除方式是先从顶楼开始，然后向下进行施工。大成建设集团的生态施工系统的做法是先把建筑物的顶层封闭在一个结构外壳中，以此作为拆除施工的遮蔽和隔音措施。然后，再把屋顶吊机系统悬挂在这个外壳顶部，以辅助施工。拆完几层之后，再将外壳降下，如此重复这个过程。这个过程中的每一步都经过仔细考虑，甚至吊机把材料降下所产生的动能也可以被利用；每降下一部分建筑材料，就有连接设备把其重力势能转换为电能，然后储存在电池中，为现场的工作人员照明和为设备供电。

自上而下的方法似乎是显而易见的（如果不是唯一的）逐层拆除方法，但也有自下而上的方法。由日本鹿岛建设株式会社首创的"切拆法"就是从建筑底层开始拆，拆完一层后小心地把剩下的楼层放到地面，然后重复这个过程。从底层开始施工在一定程度上可以节约拆楼的时间，因为这种做法能更容易地将材料分离，现场进行回收利用，而无须将拆掉的建筑材料分批打包，运到低处，再打开包装。

在日本，人们已经意识到建筑的短期主义可能会造成浪费，而避免错误的建设决策、让结构更耐用的做法由来已久。沿海地区世代流传着刻有警示语的"海啸石"碑，以阻止人们在低于史上最高水位线的地区建造房屋。在相对安全的高地，历来有传统木结构建筑技术帮助日本建筑抵御地震。最近，人们在巨型液压振动台上建造巨大的多层实验性建筑，以观察它们在模拟地震条件下的损坏情况；从这些应力测试实验中汲取的经验可以用来帮助对新建筑和旧屋改造制定更好的设计策略和建筑规范。

  在建筑技术改进的同时，新颖的房屋拆除方法为日本和其他国家提供了实用的经验。这些技术可能部分源于当地环境，但是（就像伊势神宫一样）它们体现了全世界人类建筑本质的一个简单而基本的真理：没有什么建筑是永恒的。全球的计划性报废文化有很多值得批评的地方，但即使是精心建造的东西最终也会过时。因此，采用更为审慎、周全和可持续的拆除方法，可以为旧建筑提供一种更优雅的方式来永久性地退出建筑环境。

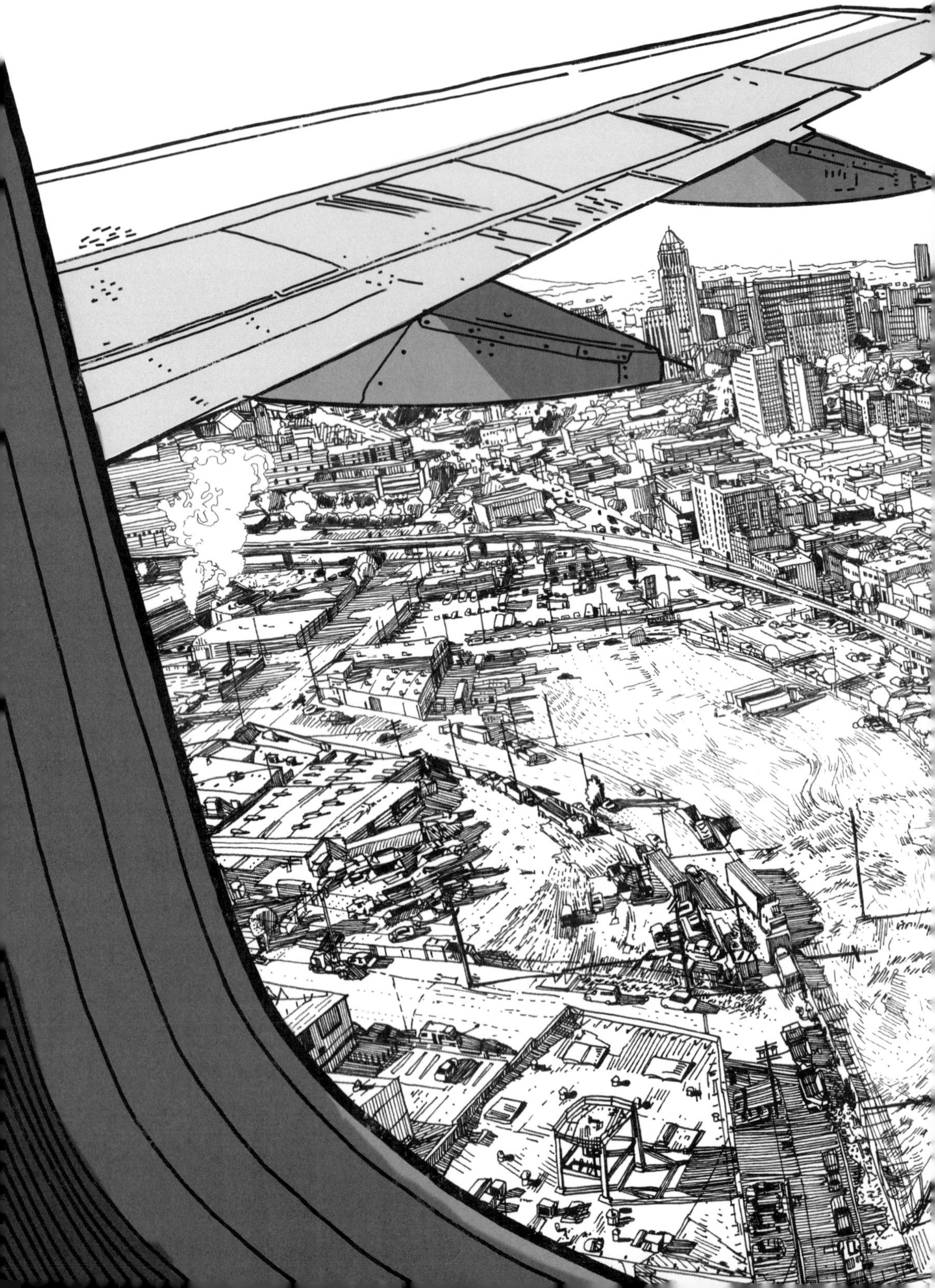

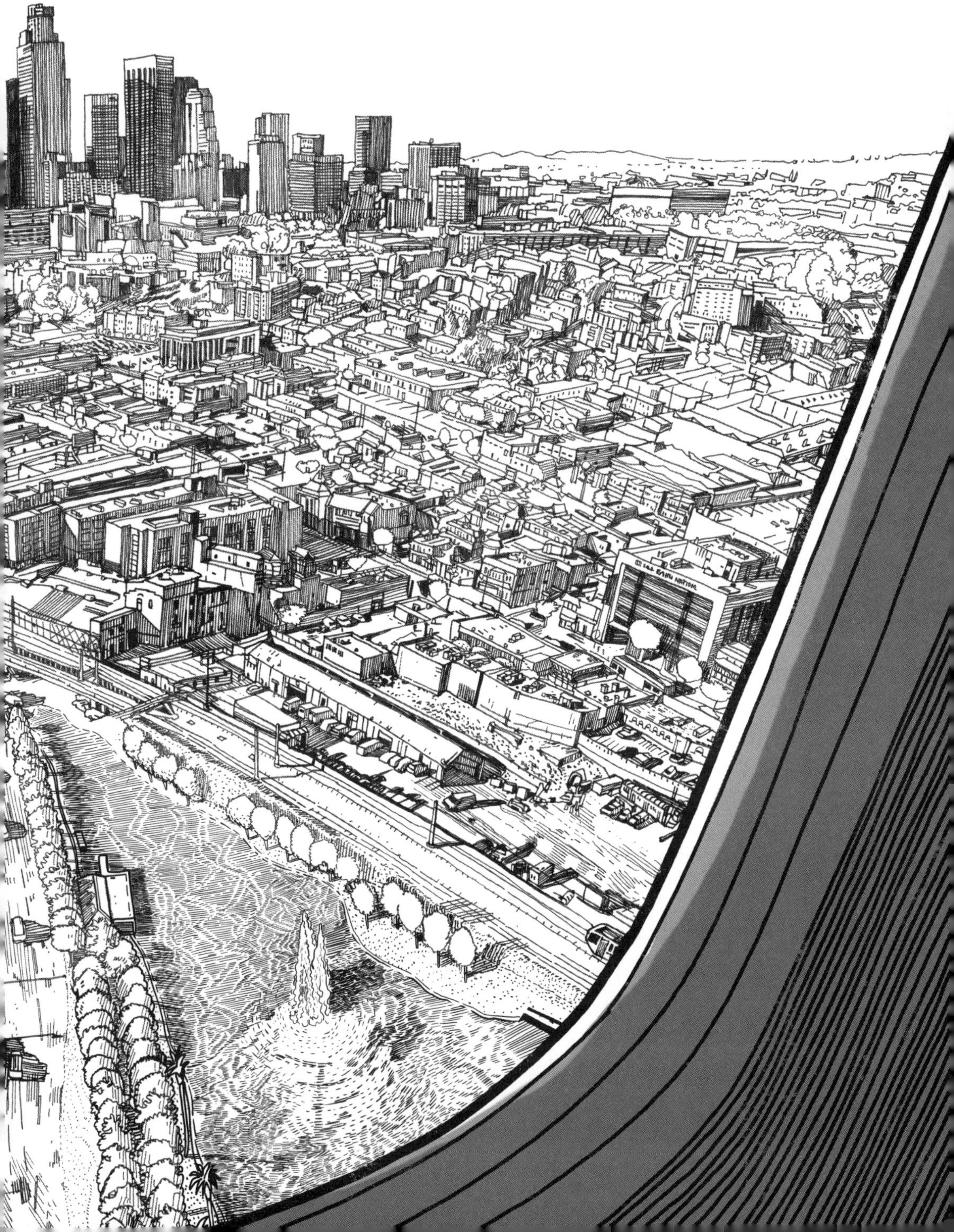

第五章

地理

当你还是个孩子的时候，你总是想要飞机上靠窗的座位。后来你长大了，心死了，你选择了方便的过道座位。我们希望你一直坐在那个靠窗的座位上，享受这个制高点——至少象征性地享受。从高空往下看，城市的形态、边界、与自然的亲近度，以及绿地的使用情况尽收眼底。当我们想象自己飘浮在景观之上时，我们就会发现设计的选择如此庞大，以至于我们停留在地面上的身体无法完整感受。

第240、241页：洛杉矶拼凑式的规划、协调的布局和景观

POINT
ZÉRO
DES ROUTES
DE FRANCE

日本国道路元標

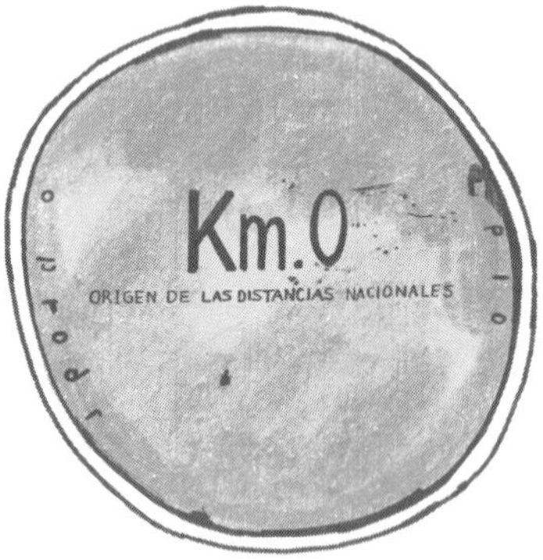
Km.0
ORIGEN DE LAS DISTANCIAS NACIONALES

MILLIARIVM
AVREVM

划界

两点之间线段最短，但在现实世界中，事情并没有这么简单。首先，我们必须就从哪里开始达成一致。涉及城市时，这可不是一件小事。城市的中心和边界在变，市际道路也在变。在 19 世纪和 20 世纪，交通速度的不断提高压缩了时间和空间，拉近了人与人之间的距离。这就需要一种协调、规划和水平前所未有的标准化。

左图：世界各地城市中古代和现代的零点标志

起始点

零英里标志

几年前,有人试图找到旧金山市的地理中心并在那里竖一块纪念牌匾。当被问及是否有必要设置这样的标志时,公共事务主管穆罕默德·努鲁向《旧金山纪事报》记者解释说"知道城市的中心在哪里是很重要的"。当他被要求进一步解释它的重要性时,努鲁说他"也说不清楚"。文章写道:"经过一番深思熟虑,他的建议是,知道中心的位置,你就可以知道别处离它有多远,不过他又补充说自己也不知道那究竟能有什么好处。"事实是,寻找地理中心的努力通常无关功能,而更多是为了建立一个象征性的起始点。

追溯并确定一个城市确切的中心点并不简单,有些人甚至认为这根本不可能。在一个四面环水的城市中,人们必须决定,是否要将相邻的岛屿算入陆地,以及城市的边缘是按照涨潮还是退潮时的位置算。最终,人们决定把双子峰附近灌木丛中的某处定为旧金山市的地理中心。因为标志放在那里的话谁也看不见,所以人们在附近的人行道上安装了一个铜制圆盘。这个圆盘安装完不到一天就被偷走了。据推测,旧金山市官方确定的中心点就在某个居民家里的书架上。这也不是旧金山头一次试图确定该城市中心点的位置。

1887年,后来成了旧金山市市长的阿道夫·苏特罗在一个人为指定的市中心点处竖立了一座雕像,而这个中心点绝对不是旧金山真实的地理中心。这座雕像被称为"光明的胜利",矗立在阿什伯里高地奥林波斯山的山顶。后来它没再受到关注,几十年来慢慢衰颓。直到20世纪50年代,市政府宣布它已无法修复，于是这座无臂女神像被拆除了，只剩下了凸起的底座。这种寻找（或建立）中心点的努力并非旧金山这样的现代城市独有。

在罗马帝国的鼎盛时期，"条条大路通罗马"的说法虽不完全正确，但也有其现实基础。巨大的主干道网络通向城市中一个极其特殊的地方——金色里程碑（Milliarium Aureum）。公元前20年，奥古斯都大帝在古罗马广场上建了这座碑，罗马帝国到其他地方距离都以它为起点测量。这座纪念碑早已湮没在历史长河中，但创造一个地理中心点的理念却历久弥新。比如拜占庭帝国就继承了这一传统，君士坦丁堡的百万石碑（Milion）的残片于20世纪60年代被发现。

包括东京、悉尼、莫斯科和马德里在内的许多现代城市都有某种形式的"零英里标志"，它们有时被称为零点标志、零点或零公里。英格兰有神秘的伦敦石，这块石头可以追溯到11世纪，可能起源于罗马，尽管历史学家仍在争论它最初的功能是什么。在近几个世纪里，伦敦用查令街十字路口的环形转盘以及雕像作为测量特定距离的参照中心点。伦敦警察厅最初只服务查令街十字路口半径12英里范围内的社区，而汉萨姆马车出租车的前身的车夫也只能在中心点特定距离的范围内收取车费。今天，伦敦的出租车司机仍在接受测试，考察他们对查令十字路口方圆6英里以内区域的熟悉程度。不过，离了一块小小的牌匾，人们很难得知这座被环岛包围的纪念碑是如此重要的参考点。

在许多其他国家，零英里标志因其更气派、更明确的样子吸引人们的注意。有的中心点是嵌在人行道上的铭牌，有的则被融入雕塑和方尖碑之中。它们通常位于首都，既是文化的试金石，又是有实用功能的参考点，用来测量距离，以及在市内（甚至更远的地方）建立里程标志。有些零英里标志尺寸巨大，也很直观，比如布达佩斯的零英里标志，其形状就像一个超大的"0"，底座印有字母KM（公里）。有的零英里标志则更为华美，比如哈瓦那精心制作的标志，里面竟然曾嵌有一颗 25 克拉的钻石（这颗钻石在 20 世纪 40 年代被盗，之后城市在原处安放了一个复制品）。有一些零英里标志具有文化特色和象征意味，比如布宜诺斯艾利斯的标志上有国家道路网的守护神——卢汉圣母的形象。巴黎圣母院大教堂前的零英里标志牌匾一直是热门的游客自拍点，同时还是法国国家公路系统测距的起点。

每个标志都有各自的逻辑和美感，但有一些的灵感明确地来自罗马。美国华盛顿特区零点里程碑的建筑师从金色里程碑处获得灵感，在白宫南部的总统公园安放了这个醒目的标志。尽管它建立的初衷是作为"美国高速公路上任意某处与华盛顿的距离测量点"，但哥伦比亚特区以外的公路实际上并没有参照这座里程碑。事实上，美国大多数州的英里标志和距离系统都是在各自设置的，为城际旅客设的提示牌也没有全国通用的标准。和许多同类一样，华盛顿的零英里标志也只具有象征意义。

城市的边界

界石

美国国会图书馆的蒂姆·圣翁奇说："美国最古老的、联邦政府安放的界石，遍布于繁忙的街道上，隐藏在茂密的森林中，毫不起眼地待在住宅的前院和教堂停车场里面。在华盛顿特区过去和现在的边界上，就有我们国家首都的界石。"所有城市都有边界，但在大多数情况下，你基本上看不见它们。在华盛顿，那些石头成了理解大都市起源和演变过程的有形背景。

华盛顿特区的界石可以追溯到 1790 年的《居住法案》，该法案要求为美国建立新首都。当时对于要在哪里建立这个联邦城市存在分歧，但宪法赋予了总统决定权。因此，在乔治·华盛顿总统的授意下，国务卿托马斯·杰斐逊聘请了一位经验丰富的殖民地勘测员，名叫安德鲁·埃利科特，他曾绘制过各州的边界。

埃利科特和他的团队穿过马里兰州和弗吉尼亚州一半都是荒野的景观，规划出一个菱形的城市，每条边长 10 英里，每隔一英里就摆放一块石头。这些界石不仅仅是地理标志，还是一个尚且年轻的国家顽强努力的体现，并昭示着新首都长存。最初，每块石头的一面刻有"美国管辖区"字样，另一面刻有"马里兰州"或"弗吉尼亚州"（取决于石头与哪个州接壤）以及放置它们的年份。1794 年的一块仪式界石至今仍矗立在波托马克河上的琼斯角，华盛顿总统（他自己也是一位经验丰富的测绘师）正是在那里制定了他划定新首都边界的计划。如今，这块石头被藏进一座灯塔的防波堤，锁在了一个混凝土箱体的铁门背后。

在最初的界石安装好一个多世纪后，一个名叫弗雷德·伍德沃德的人在 1905 年开始对它们进行拍摄和绘制地图，他发现大多数界石都年久失修，便建议在周围安装金属笼，以便保存这些界石。伍德沃德哀叹道："这些古老的界石对历史学家或古文物研究者来说很重要，却没得到保护，除了在必要情况下暴露在自然环境中，它们应该立即被保护，以免受到进一步的损害。"根据他的建议，"美国革命之女"（一个非营利服务组织）开始在这些石头外安装铁栅栏，以对其进行保护。尽管如此，随着 20 世纪城市的扩张和变化，一些界石被重新安置、移除、就地掩埋或毁坏。值得注意的是，它们中的大多数至今仍以某种形式存在着，无论是融入建筑环境，还是被忽视、风化或完全消失，每块界石都讲述着它们所在城市独特的发展故事。

东南界石 8 号的故事描绘出这些界石曾遭受的冷遇。20 世纪中期，它曾因丢失而被替换，然后又因一个土木工程项目而被掩埋在建筑垃圾底下。20 世纪 90 年代，由于坚持不懈的历史研究，人们终于在地下 8 英尺深的一个残破铁笼里找到了这块替代品。为了保护它，多年来它一直被留在地底下，最终，在 2016 年，人们制作了一个替代品，放在地面上，这是替代品的替代品。相比之下，东南界石 6 号倒是保存得很好，直到 21 世纪初时，它被一辆汽车碾过，罩在它外面的笼子被轧得稀碎，界石也从底座上掉了下来，不过后来又被放回了原处。东北界石 3 号的笼子最近几年也遭受了一定程度的损坏，但这块已经半凹陷的石头基本完好无损。还有一些时候，"好心"的业余史学家毁了界石的本来面目，他们直接在这些纪念碑上面嵌上了牌匾。

自 20 世纪 90 年代以来，留存下来的 36 块原始界石都被列入了美国国家历史遗迹名录，成为地方和联邦机构关注的对象。然而，华盛顿特区的边界随时代变迁发生了变化，一些界石遗留在了邻近的州，令保护工作更加复杂。有些界石如今属于私人地产，政府很难要求居民该如何处理自家后院的石头。WTOP-FM 广播节目的撰稿作家威廉·维特卡写道："就像美国的一切，石头背后有故事；就像华盛顿特区的一切，它是政治、金钱和地理因素共同导致的不稳定、错综复杂的混乱局面。"

目前，华盛顿特区已将工作重点放在了仍在该市边界上或边界内的石头上。由于华盛顿特区边界的变化和在线地图的出现，这些地理标志变得越来越过时，但数字时代也在日益提高人们对它们的认识。如今，城市历史爱好者只要动动手指，就能通过手机定位这些碑石，将城市历史的点点滴滴串联起来。

第五章 地理

确定时刻表

标准时间

1857年出版的一份时刻表列出了美国一百多个不同的地方时间，其中不少时间仅相差几分钟。对大多数人来说，时间是一种地方现象，他们认为没有必要改变它。因此，当铁路公司在19世纪末联合起来订立通用时间公约并确定标准时间时，公众迟迟未能接受。

在铁路出现之前，时差并不是什么问题，每个城镇都会根据当地正午（太阳位置最高时）设置时钟，而旅行者在城镇之间步行或乘车时也会一点点调整他们的手表。然而，火车的出现彻底改变了空间和时间的概念，它们常在短短几个小时内就载着乘客穿越多个时区。早期的火车站经营者们发现，他们必须根据旅程的起点和终点，以不同的方式标记出发和到达。一次计算错误或时钟走时不准，都有可能（也确实曾）导致致命的火车相撞事故。

随着标准时区概念的推广，1884年，参加国际子午线会议的代表们提出了一个全球时间系统，包括24个时区，每个时区的标准时间相差1个小时。这个解决办法现在看来似乎很简单，但在当时费尽周折——时间在变成24块边缘粗糙、夹杂着例外之处的球形蛋糕之前，已顺利运行了几千年。整个时间系统其实是人类将主观意识强加给现实的结果，却反映了一种前所未有的、面向全球互联的永久性转变。

美国国会直到1918年才正式采用标准铁路时间。其他国家也花了一段时间才与之达成一致。法国多年来一直坚持采用巴黎标准时间，尽管它和格林尼治标准时间只相差不到 10 分钟——这可能是文化竞争的结果。就在几年前，整个俄罗斯的国家铁路网还在坚持使用莫斯科时间，尽管俄罗斯跨越多个时区，但这样做更统一、简洁。有人可能会说，这与苏联的平等主义理想有关。不过在大多数情况下，各个国家及其公民都相对迅速地适应了时代的变化。标准时间最终成了工业化的一个决定性特征，它使工人们"准时上下班"，并开创了一个痴迷系统化和速度的时代。

公路推广者

国家公路

在汽车发展的早期，美国政府认为建立国家公路系统并没有多大意义。马匹、马车和有轨电车为城市提供本地交通服务，铁路则提供舒适的城际交通选择。道路的开发与命名主要是私人和国家汽车协会的工作。当时的一般做法是，一群汽车爱好者联合起来，把现有的路连成一条较长的路线，并给新的路线命名，比如林肯公路、常青公路和国家旧步道等。他们在电线杆、树或建筑物上挂上标志牌，以指明路线，并向途径的个人和企业会员收取会费以维护路线。这是个简单但有点随意的临时系统。

随着汽车的普及，这种非正式系统的缺陷逐渐显露出来。这些线路的效率通常不高，因为它们的设计目的是让人经过那些缴纳了会费的城镇，而不是让司机直达目的地。标准不统一的路标还造成了混乱；在许多地方，多条路线共用一个道路延伸段，这导致了各种路标全都挂在一起。还有公路推广者的动机——有些人是为了钱去推销自己的路线，而很少考虑如何让路线安全、舒适或易于通行。《雷诺公报》（内华达州里诺市的主要报纸之一）严厉抨击了各种公路协会，指出"尽管他们叫嚣、争论、相互指责、多管闲事"，却只修建了"极少的高速公路"。文章直接抨击了"聪明的'婴儿潮'一代，他们对修路并不感兴趣，只想以容易受骗的公众为代价来赚钱"。

对于那些夸夸其谈的公路推广者，威斯康星州公路工程师亚瑟·R.赫斯特评价不高，他认为"普通的公路推广者似乎认为，只要足够强的风力和几桶油漆就能建造及维护一条 2,000 英里的小路"。1918 年，他所在的州推出了解决方案：标准化的编号路标可以张贴在电线杆、栅栏、树木、墙壁上或其他任何便利的位置。赫斯特试图"大量使用这些路标"，以帮助司机尽可能容易地找路。其他州也开始效仿，联邦政府注意到了这一点。

不到十年间，国家公路基础设施的许多关键标准都得以确立。各州公路部门的代表想方设法让道路更统一，比如不同类型的路标采用不同的形状，以帮助驾驶员从远处辨别它们。也是在这个时代，八角形停车让行标志牌和路口按红色、黄色、绿色的次序变化的交通信号灯应运而生。

不过，高速公路标准化编号方面却出现了一些退步。当时有篇社论问道："首都华盛顿是否能只颁布一道法令，就抹去林肯公路的名字，并从此要求美国人记住，这条伟大的著名交通干线是 64 号或 13 号公路？"事实证明，确实可以。也许统一的数字系统使道路看上去少了点人情味，但这没有妨碍 66 号公路成为美国的标志性公路，尽管它也是用数字命名的。

所有这些发展和争论都发生在汽车工业大规模扩张的时期。1910—1930 年间，美国公路登记在册的小汽车数量从大约 50 万猛增到超过 250 万。仅仅给公路命名是不够应付的。因此美国编号公路系统凭借和美国国家公路与运输协会协调统一的公路编号和定位，获得了压倒性的胜利。尽管细节问题上还有不少争论，但新的公路地图规则如下：

- 南北走向的公路通常编为奇数，从东到西编号的数字依次递增。
- 东西走向的公路通常编为偶数，从北到南编号的数字依次递增。
- 主要公路的编号通常以 0 或 1 结尾，而三位数的编号通常表示二级公路或支线公路。

在随后几年里，有些地方通过征收过路费来支付高速公路的费用，同时也推出了免费公路（后来被称为全封闭式高速公路），由税收提供资金（因此并不是真正意义上的免费）。但汽车爱好者和汽车行业高管的梦想更大，比如通用汽车公司在 1939 年纽约世界博览会上首次提出的"未来世界"方案。这个占地一英亩的透视模型大胆设想了一个以汽车为中心、有宽阔道路和坡道的未来。在二战期间，这一构想被暂时搁置，但战争之后，这个构想遇到了一位富有同情心的领导人，他此前数十年的军事经验塑造了他对美国未来的设想。

1919 年，一位年轻的美国陆军中校德怀特·D. 艾森豪威尔曾跟着一列军事车队，从白宫沿着林肯公路前往旧金山。艾森豪威尔后来回忆说，这次旅行很有趣，但也艰难和令人疲惫。当时的美国公路与他后来在二战中作为欧洲盟军远征军最高指挥官见到的德国高速公路系统不可同日而语。他解释说："老式车队让我开始考虑良好的双车道高速公路，但德国人让我看到了在这片土地上铺设更宽的带状公路的智慧。"身为美国总统，这些观察促使他呼吁建立联邦公路系统（后来这个系统被改名为德怀特·D. 艾森豪威尔全国州际及国防公路系统）。如此庞大的路网于 1956 年启动，花了几十年时间和 1,000 多亿美元才建成。如今，它横跨约 5 万英里的范围，支撑着美国大约 25% 的车辆交通。

与美国公路系统一样，州际公路也用奇数编号表示南北向公路，用偶数编号表示东西向公路。然而数字顺序相反，就像英里标志一样，从州的南部和西部边缘开始，从南到北，从西向东，州际公路编号的数字逐渐增大。在极少数情况下，州际公路标志由两部分组成——一组数字加上一个字母，比如明尼苏达州和得克萨斯州就是35W（西）和35E（东）。州际公路辅路被设计成环形或放射状的，服务于城市地区。这些环形公路的编号是三位数，例如加州的110号州际公路辅路，就是在其主路的两位数号码前再加一位数字形成的。

虽然连接城市、跨越州界似乎是让一个国家相连的理想方式，但这项庞大的工程也有副作用。在许多城市里，人们关注如社区关系破坏、交通流量增加、环境影响这些问题，这些担忧也的确有凭有据。一些地方抗议活动阻碍了州际公路的发展。纽约市险些错过78号州际公路途经曼哈顿下城的机会。格林威治村、小意大利、唐人街和苏荷区（SoHo）则幸免于此，部分原因是城市学者兼社会活动家简·雅各布斯的努力。尽管如此，许多高速公路的建设还是牺牲了穷人和边缘社区的利益。村镇和郊区可能得益于新的路网，但这也让许多城市中心付出了代价，并造成了现在仍然存在的社会分裂现象。

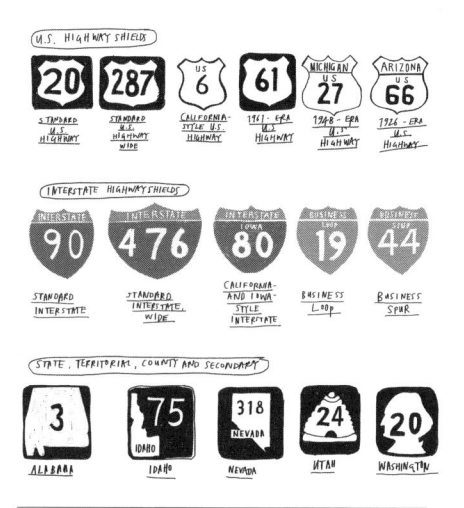

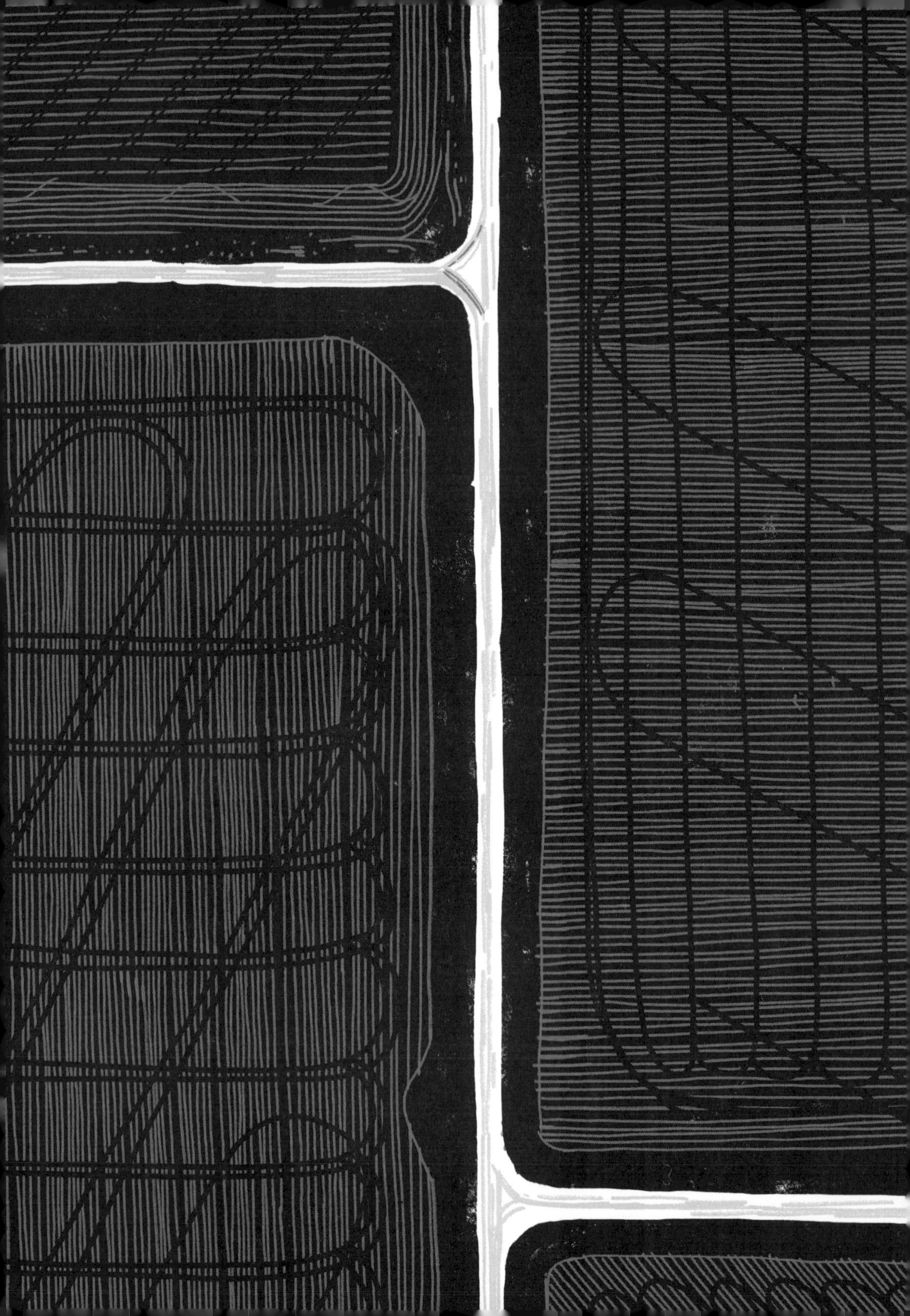

第五章　地理

布局

　　给繁杂的世界加上人为的秩序，这对城市规划者来说无疑任重而道远。即使只是将简单的直线网格应用到一个球状行星上也很难。但是，让城市更有机地发展，也会导致一大堆问题和矛盾，所以尽管困难重重，规划依然是必要的。不过最终，大多数城市都是好几代人层层规划的产物；它们的布局往往需要根据城市的发展需求进行调整和改变。

左图：将直线平面图应用于曲面行星引起的网格校正

舍入误差

杰斐逊的网格

在美国独立战争结束后,美国有大量债务要偿还,但同时还有许多新领土需要再划分、分配和利用。开国元勋托马斯·杰斐逊提出了一个一举两得的办法,那就是迅速出售美国殖民者尚未开发的土地,并将所得收益用于偿还债务。基本计划很简单:建立一系列 36 平方英里[①]的城镇,并将其细分为大小相同的个人地产。这些土地很快就能找到买家,因为人们知道自己将得到的是标准地块,无须提前察看就能够放心购买。这种平等主义的方法很符合杰斐逊总统对一个人人能在自家土地上劳作并获得回报的美国的宏大愿景。如此统一划分地块似乎合乎逻辑,但应用如此大规模的网格却史无前例。古埃及、古希腊和古罗马,以及费城等现代城市都用过网格,但通常仅限于小型城市地区。

在北美十三州很多地方的土地所有权都以英国传统的"界标界线法"制度为蓝本。地块以通用语言描述,使用距离和方向并指出环境的物理特征,比如建筑的一角或者河流、树木等自然地标。当然,这种制度也有它的问题,比如一旦建筑物被拆除,河域变迁,树木死亡,它或多或少都会受影响。随着 1785 年《土地法令》的颁布,美国进行了一项规模浩大的实验,以一种更有组织也更严谨的方式划分大陆土地。这时就出现了一个麻烦,而且还是一个大麻烦:这一计划以直线为基础,但地球是圆的。实际上,根本就不可能在一个球状行星上画出一个由大小完全相等的方格组成的大网格。

---

① 1 平方英里 ≈ 2.590 平方公里。

为了处理好这一矛盾，必须进行一些修改。人们在路上能见到一些急转弯处，它们又被称为"网格校正"，是用来使城镇和地块尽可能平均的。如果你曾在长长的乡村公路上开车时突然遇到一个T形路口，那很可能是因为你刚刚驶入了网格校正区。如果不知道相关的历史知识，这突如其来的变化看上去就像是当地房地产经年累月调整地界的副产品，但其实它是杰斐逊对国家网格规划的远见卓识。

如今，如果你飞越美国中部，就能看到公共土地测量系统的影响。地面的景观由百衲被般拼起来的方形地块所主导，特别是在欠发达的农村地区。总的来说，它给人留下人类将规范和秩序加于自然界的印象。但是如果你仔细观察，就会发现当纸上谈兵的理论与不屈的现实相遇时，原本宏大的网格中出现的细小缺陷。

未规划土地

拼凑地块

从19世纪开始，美国政府开始强迫原住民搬迁到一个名为"印第安领地"的地区，以便给定居美国的新移民腾出地方。后来，原住民部落再次被迫迁移，腾出了近200万英亩[①]土地，并在如今的俄克拉何马州开辟了所谓的"未规划土地"。当这个国家大部分土地都被网格化划分以便出售时，这里仍未定型，而且基本上还未被开发。

从19世纪70年代开始，周边地区的美国白人提出请愿，要求允许他们

---

① 1英亩 ≈ 0.405公顷。

在该地区认购土地。有些人甚至发动非法突袭，在夜间潜入未规划土地。这些突袭者（后来被称为"开拓者"）的首领名叫戴维·佩恩。他骑着马在堪萨斯州四处奔走，向苦苦挣扎的农民们高谈他们如何有权争取他认为是未充分利用的土地。他的游说成功说服了许多人接受他对俄克拉何马州的看法，于是美国联邦政府只得让步。

据说，在随之而来的1889年俄克拉何马州土地抢购潮中，任何想要这片土地的人都可以拥有它的一部分——只要他们遵守某些关于土地所有权的规则。4月22日中午，准备占领土地的人们被告知在边境排队等候信号。然后他们冲进这片土地，通过打下木桩，在农村地区或指定的较小地点获得最大面积为160英亩的土地。

当这天到来时，来自全国各地，甚至远如英国利物浦和德国汉堡的数万人出现在边境，准备冲入。信号一响，人们就开始以最快的速度奔跑，骑马抢占地盘。《新兴城镇》的作者萨姆·安德森说，当时有人"为了让马跑得更快而开枪，却不小心射到了人"。有骑手摔下马背，有马筋疲力尽而死，那是"你无法想象的狂野情景"。

让事情变得更糟的是，并非所有人都遵守规则，等待信号。一些抢夺者很早就跑了进来，或躲进森林，比其他人更早进入现场。这些抢先一步的家伙后来被称为"抢跑者"。这支队伍很快就开始按照他们几个月前制订的计划来规划街道和地块。

然而，俄克拉何马州的新移民大多不懂城市规划，他们中的大多数人都没考虑过一座大都市应该怎样整体运作，他们的兴趣集中在自家土地的规划，以供自己私人使用。在这场土地争夺战结束时，约一万名移民几乎占据了俄克拉何马城的每一寸土地，基本没留下任何空间。安德森解释说，在大多数地方，"都是一个帐篷挨着另一个帐篷，你根本找不到一座城市运转所需要的负空间。没有街道，也没有小巷。"

第二天，这座刚刚创建的城市就出现了两派人：早就安排好了一切的抢跑者，还有按照规划等待土地抢占行动正式开始的其他移民。后一派陷入了混乱，他们被安排在临时划出的地块，直到他们联合推举出一个公民委员会，来系统地勘查城市景观并负责裁决纠纷。在某些情况下，部分抢跑者不得不搬迁，为街道和小巷腾出空间。

然而当这些人到达抢跑者领地的边缘时，他们遇到了武装的守卫者，他们拒绝让步，不愿参与这一重组计划。最终双方相互妥协，但这一结果有赖于某些别出心裁的交涉策略。城市的两个主体部分的网格布局角度稍有不同，不能被拼合在一起，因此采用了一些对角线排列的急转弯来协调不同的网格。公民委员会领导人安杰洛·斯科特把城市布局不整齐的状况称为"一场不流血冲突的伤疤"。直到今天，在遵守规则的移民者们找到机会夺回土地之前，这一帮亡命之徒的浪漫故事已经深深刻在俄克拉何马州的建城神话中，以至于俄克拉何马大学足球队的队名都叫抢跑者。

直线启示

协调布局

盐湖城的城市网格以位于圣殿广场的零英里标志为中心，这里对摩门教徒来说是一个重要的圣地。城市里的地址用它相对于这个点的位置坐标来表示，比如"南100，东200"这个地址是指距离广场南面一个街区、东面两个街区的地方。首次造访此地的游客会觉得这很不寻常，但真正令他们不安的是城市主要街区的面积巨大，每条边都长达660英尺。盐湖城的1个街区大小相当于俄勒冈州波特兰市中心的 9 个街区。盐湖城本来就是个与众不同的城市，而且绝不仅表现在网格方面。从一开始，它就被视为摩门教信徒的精神乌托邦。耶稣基督后期圣徒教会摩门教的正式名称的创始人约瑟夫·史密斯，他虽不是城市规划师，但还是亲自尝试了棋盘式布局（Plat of Zion）——一种对于任何地点的任何摩门教城市都适用的理想布局，它相当简单：大小相等的大地块，排成一个直角网格，围绕着 24 个圣殿。理论上讲，给居民提供大块土地能创造出一种乡村型城市的感觉，房主们可以在自家花园种植粮食，并在市中心自己的地产上经营家族企业。这些居民会因为超大城市街区和超大地块而受益。可惜的是，史密斯还没来得及体验他的乌托邦社区，就在 1844 年被愤怒的反摩门教暴徒杀害。教会领导权于是落在杨百翰身上，他带领信徒来到盐湖谷，并于 1847 年在那里建立了他们的新城市。

杨百翰一到此地就尽职尽责地从棋盘式布局中汲取灵感，对其中一些太过野心勃勃的任务进行了切合实际的修改。24 座圣殿似乎有点多，所以他决定先从一座开始。他还意识到，作为一个现代大都市，这里需要商业区和工业区。但他保留了棋盘式布局最大、最基本的想法，其中包括巨大的城市街区。

今天的城市规划者通过观察发现，大街区可能令人感到无聊，给行人提供的潜在互动机会和选择比较少。纽约市的短街区就比长街区更为活跃，俄勒冈州波特兰市的街区极小，但以适宜步行而闻名。街区长度也不是唯一的问题。盐湖城 132 英尺宽的街道也可能会成问题，因为它会迫使行人走得更远，才能穿过路口。在盐湖城的某些地区，人们在街角放置了一些插着鲜艳旗帜的小水桶，这样过马路的人就可以拿着它们，让自己更容易被司机看到，这倒不失为解决大麻烦的一种廉价、快捷的方法。

公平地说，对于盐湖城和其他数百个依照相同的基本规划建成的城镇来说，事先想到以上缺点并不容易。在最初建设城市时，主要的交通工具还是马车和牛车，而不是高速行驶的小汽车。有人认为，杨百翰知道随着城市化的进程，城市将不得不把大型街区拆分，这也意味着是后来的政府没有按照最初规划者想象的方式调整布局。

无论如何，这座城市现在已经被汽车主宰。这不仅给行人和骑行者带来困扰，也催生了整个地区居民的健康问题。盐湖城四周自然风光美丽，但它的空气污染是全美国最严重的。虽然它周边的崇山峻岭吸引了不少滑雪者和徒步旅行者等户外运动爱好者，但山体也会促使烟雾形成。从明亮、清澈的山峦上下来，人们来到的是一个令人惊讶的雾霾都市。如果该城市人口到2050年如预测般翻一番，那么污染问题只会雪上加霜。

虽然盐湖城的一些问题可以归结到棋盘式布局，但对单一不变的规划的依赖也难辞其咎。在耶稣基督后期圣徒教会，有一条原则名为"持续启示"，它指随着时间的推移，新的神圣启示将出现，动摇旧的习惯与教条。也许像盐湖城这样的城市需要的是一种持续的启示，无论是摩门教还是其他思想，都需要以开放的态度调整旧网格，以适应不断变化的需求和时代。

优秀的巴塞罗那扩展区

重置超级街区

19世纪的巴塞罗那很好地说明了城市在工业时代会变得多么糟糕。这座城市的中世界围墙里一度有近20万人，其人口密度是巴黎市区的2倍，而城市里穷人的预期寿命却只有23岁（富人的也不过36岁）。流行病席卷这座拥挤不堪的城市，杀死了成千上万人。新住房被尽可能塞得满满当当。一种被称为"突出部"（jettying）的建筑技术能令空间利用最大化，具体方法是上层建筑探出下层建筑的边缘，悬挑在下方的路面上，最终这种方法也被禁止，因为它阻碍了下方街道的空气流通和采光。在某些地方，建筑越高的楼层面积越大，伸向街对面的楼，最顶层几乎相碰。毋庸置疑，当最终要扩建这座过于密集的城市并留出透气的空间时，有抱负的规划者可以从巴塞罗那的不良状态中学到很多东西。

伊德尔方斯·塞尔达当时还是一位名不见经传的工程师，那时，巴塞罗那市的领导者们决定拆掉城墙进行扩建，并由他来负责这项工程。在设计扩展区（Eixample）时，塞尔达采取了科学手段，分析问题出在哪里，以便创建一个更健康、功能更健全的城市。他的结论是：街道越窄，患病率越高。他还计算了人体呼吸所需的空气量，并根据街道、建筑物的几何形态和方向分析日照通道。在设计全过程中，他还考虑了市民如何在城市中出行，以及他们需要经常访问哪些商业区和机构。

最终，扩展区将会是一个由500多个新建街区组成的巨型新建筑群，通过一系列外围街区与老城区连在一起。在很多方面，它被设计成与老巴塞罗那相反的样子，巨大而开放，有着宽阔的街道、充足的光线和流通的空气。塞尔达的愿景是乌托邦式的平等主义的：大小相等的街区组成网格，无论富人还是穷人，都有可利用的开放式庭院。为了最大限度地保证一天中各个角度的光照，街区都采用了倒角设计（即削去四角，使之呈八边形），八边形的街区依照基本方位即东、西、南、北四个方向对角线排列。

尽管无障碍和平等听上去是个崇高的目标，但网格并不总能取得理想的结果。正如历史学家兼城市学家刘易斯·芒福德后来所说的："最终，通过T字尺或三角板，未经任何建筑或社会学专业训练的市政工程师也能用标准地段、标准街区、标准街宽来'规划'一座大都市。"他认为许多"新的网格规划低效、浪费得令人叹为观止"。所谓平等主义的城市布局也存在着局限性，"由于城市规划经常未能充分区分主干道和住宅区街道，最终，前者不够宽，后者又总是太宽，满足不了纯粹的社区功能"。以扩展区为例，在本意善良的规划付诸实施后，不平等和各种副作用却随着时间的推移显现出来。

塞尔达的设想不可避免地未能得到充分的实现，它的某些方面被颠覆了。原本打算设置在每个街区中间的、可进入的共享开放式庭院在某些情况下被建筑物挡住了。有钱人聚居在特定区域，在其中建起更高的豪华定制建筑（包括安东尼·高迪的作品）。尽管如此，扩展区的大部分改造工作都如期进行，至少在一段时间内创造了更好、更开放的新市区。

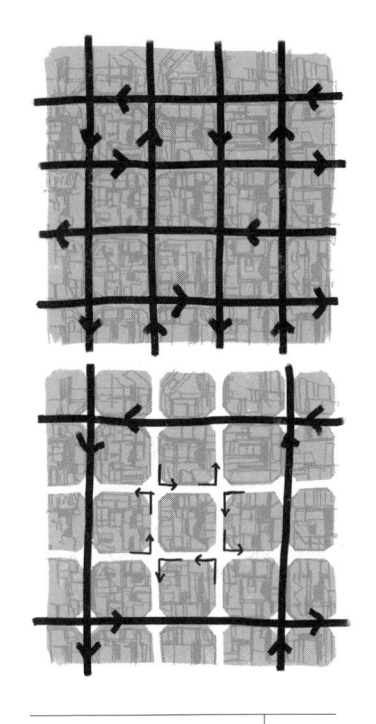

汽车的兴起给扩展区带来了新问题。宽阔、笔直的街道最初并不是为汽车设计的，但它比起服务行人，更合适服务汽车。倒角的街区路口尤其有利于司机，让他们更容易看到路口建筑物的边缘。然而，随着汽车数量的增加，塞尔达试图避免的空气和噪音污染还是进入了扩展区。

出于对公众健康和安全的日益关注，巴塞罗那开始试验一种新策略，通过崭新的方式改造旧网格来创建"超级街区"。每个超级街区都包括9个形状规则的街区，它们组成 3 行 3 列的网格。超级街区内部限制车辆通行，把大部分街道还给骑行者和步行者，这部分是为了改善公众健康，鼓励人们改变久坐不动的生活方式。巴塞罗那计划用这种方式，重新分配数百万平方米以汽车为中心的城市空间。除了配送、公共交通和其他本地通行的特例，车辆主要在超级街区的外围行驶。作为城市改造计划，这一方案相对简单，而且成本较低，主要是重新利用现有的开放空间，并调整一些道路标志和信号灯。在许多方面，超级街区策略是扩展区最初设计意图的延伸，意在创造更健康的开放空间，供所有市民平等分享。

标准偏差

发展模式

"对于从上空观察底特律的人来说，这座城市的街道布局是由彼此冲突的系统组成的奇怪马赛克，这些系统的开始和结束似乎没有明确的缘由，而且彼此之间没有任何关联，"20 世纪 60 年代一部名为《底特律的发展模式》的教育片的解说员曾这样说道，"然而，这些迂回曲折都有历史性的原因。"这部影片接下来还讨论了底特律的具体城市模式，但在此过程中揭示了一个更深刻的真相，即人们可以通过道路的反常之处来理解城市。

任何网格化的现代城市都有偏差与例外，有时是为了绕过地形障碍，有时是别的因素会导致城市布局古怪。在底特律，各种因素交织在一起，形成了"奇怪的马赛克"：一个大致沿着主轴运行的正交网格，它应用的是经典的杰斐逊网格法；一个充满冲突的、与底特律河平行的网格，底特律河是连

第五章　地理

接附近伊利湖和圣克莱尔湖的水道；还有倾斜的街道，看似与这两个常规网格都格格不入。乍一看，这一切乱作一团，这是几个世纪渐进式的发展造成的。然而，当你一点一点地考察它，就能找到沿途的关键转折点。

1701 年，法国探险家安托万·洛梅德拉莫特·卡迪亚克开始在现密歇根州建立底特律堡，作为新法兰西殖民地的防御前哨。这个不起眼的小镇位于五大湖航道上的一处狭窄地带，那里当时已是美洲原住民贸易和旅行的道路枢纽。一些非正式的小路将被继续使用，并最终演变成从城市核心向外辐射的主要街道。

几十年后，法国对底特律的统治权让位于英国的控制。后来，在被归入美国的统治范围后，这个城市又于 1805 年被一场大火夷为平地。有人认为这是一个机会，不仅可以重建这座城市，还可以将它建设得更好。以法官奥古斯塔斯·B.伍德沃德的名字命名的"伍德沃德计划"，要求将土地划分成一系列被直线等分的三角地。每块三角地都有三条主路穿过，每条主路都

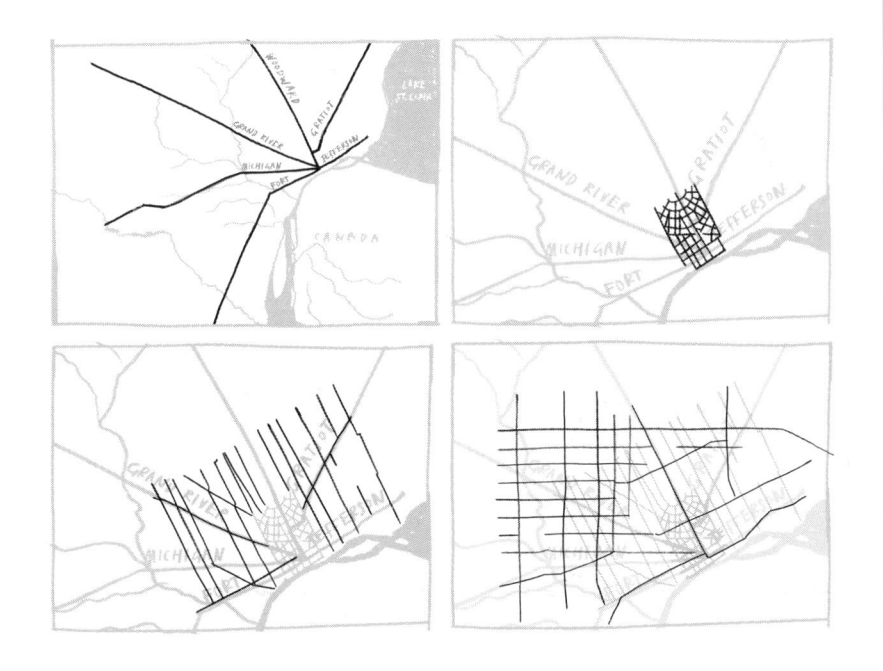

从三角形的一个顶点出发，延伸到对边的中心点。公园建在这些道路的相交处，也就是每个较大的三角形超级街区的中间和顶点上。城市可以无限向外扩展，增加更多三角形，将它们整齐地拼成一个宽阔的拼图。但是这种基于三角形的几何图形与现有的直线形的地产边界线不协调。也有人批评它过于城市化。这个不怎么受欢迎的计划最终只有很小一部分得到实施，在这之后，城市又转向了传统的正交直线道路和地块布局。

随着城市的发展，当地农场从河边向外扩展，地块与水道平行。这些狭长地块使农民更容易利用河流灌溉和运输。这些土地边缘显然成了垂直于河道的道路雏形。总的来说，农民们对田边的道路并无意见，但他们反对道路穿过自家土地。如此一来，底特律的道路就形成了许多与水道平行的改道和弯路。这种从水中延伸出来的长街与底特律的辐射状主路和棱角分明的核心区怪异地交叉，令这座城市更加复杂。

随着底特律向外扩张，一个南北向和东西向道路组成的路网也不得不并入底特律，这让已经十分复杂的系统变得更加令人困惑。这个由多个一平方英里的超级街区构成的框架包括了著名的"8英里街"这样的英里制编号公路。

在这些不同道路的交会处，总有奇怪的连接点和精心设计的转弯将城市网格拼合在一起。这套系统的净效应可能让司机无比痛苦，但人们能通过复杂的不规则图案追溯这座城市的历史——它的贸易中心地位、那场毁灭性大火的后果、农业地产的分配，还有现代正交网格系统的实施。城市很少是某一位规划师、某一个大计划或某一段时间的产物。城市的现实并不是那么简单。

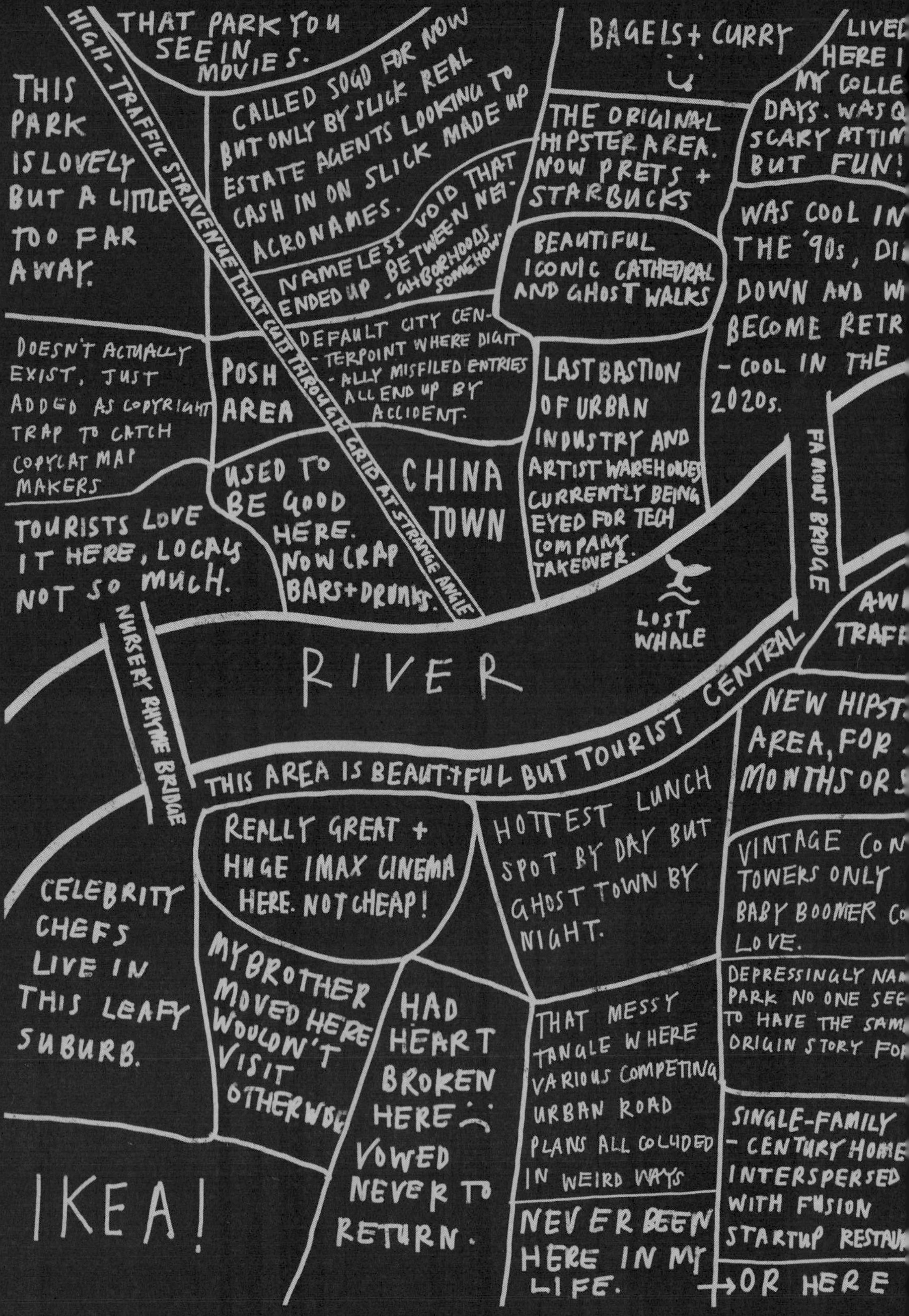
HIGH-TRAFFIC STRAVENUE THAT CUTS THROUGH GRID AT STRANGE ANGLE
THAT PARK YOU SEE IN MOVIES.
CALLED SOGO FOR NOW BUT ONLY BY SLICK REAL ESTATE AGENTS LOOKING TO CASH IN ON SLICK MADE UP ACRONAMES.
THIS PARK IS LOVELY BUT A LITTLE TOO FAR AWAY.
NAMELESS VOID THAT ENDED UP BETWEEN NEIGHBORHOODS SOMEHOW.
BAGELS + CURRY
THE ORIGINAL HIPSTER AREA. NOW PRETS + STARBUCKS
LIVED HERE I MY COLLE DAYS. WAS Q SCARY AT TIM BUT FUN!
BEAUTIFUL ICONIC CATHEDRAL AND GHOST WALKS
WAS COOL IN THE '90s, DI DOWN AND W BECOME RETR -COOL IN THE 2020s.
DOESN'T ACTUALLY EXIST, JUST ADDED AS COPYRIGHT TRAP TO CATCH COPYCAT MAP MAKERS
POSH AREA
DEFAULT CITY CEN- -TERPOINT WHERE DIGIT -ALLY MISFILED ENTRIES ALL END UP BY ACCIDENT.
LAST BASTION OF URBAN INDUSTRY AND ARTIST WAREHOUSES CURRENTLY BEING EYED FOR TECH COMPANY TAKEOVER.
USED TO BE GOOD HERE. NOW CRAP BARS + DRUNKS.
CHINA TOWN
FAMOUS BRIDGE
TOURISTS LOVE IT HERE, LOCALS NOT SO MUCH.
LOST WHALE
NURSERY RHYME BRIDGE
RIVER
AW TRAFF
THIS AREA IS BEAUTIFUL BUT TOURIST CENTRAL
NEW HIPST AREA, FOR MONTHS OR
REALLY GREAT + HUGE IMAX CINEMA HERE. NOT CHEAP!
HOTTEST LUNCH SPOT BY DAY BUT GHOST TOWN BY NIGHT.
VINTAGE CON TOWERS ONLY BABY BOOMER C LOVE.
CELEBRITY CHEFS LIVE IN THIS LEAFY SUBURB.
MY BROTHER MOVED HERE WOULDN'T VISIT OTHERWISE
HAD HEART BROKEN HERE :(VOWED NEVER TO RETURN.
THAT MESSY TANGLE WHERE VARIOUS COMPETING URBAN ROAD PLANS ALL COLLIDED IN WEIRD WAYS
DEPRESSINGLY NAM PARK NO ONE SEE TO HAVE THE SAM ORIGIN STORY FOR
SINGLE-FAMILY -CENTURY HOME INTERSPERSED WITH FUSION STARTUP RESTAU
IKEA!
NEVER BEEN HERE IN MY LIFE.
→ OR HERE

第五章　地理

命名

名字

的

力量

左图：个人的城市地图（灵感来自查兹·赫顿）

要说明出处

非正式地名

在网上搜索布斯塔·莱姆斯岛（Busta Rhymes Island），你会发现位于马萨诸塞州一户小住宅池塘中的一小块土地。它周围的什鲁斯伯里是个寂静的小镇，在大多数人眼中，这里是最不可能以说唱歌手的名字命名的地方。这座小岛是一小片几十英尺宽的宁静土地，有绳子做的秋千和由当地居民凯文·奥布赖恩种植并命名的蓝莓。

奥布赖恩爱好独木舟和高难度的快速说唱，多年来他一直划船来到这座小岛上。当有朋友问奥布赖恩这座岛叫什么名字时，他突然想起了布斯塔·莱姆斯，于是这个名字流传了下来（至少留在了谷歌地图上）。然而，当奥布赖恩向美国地理名称委员会（BGN）提交申请时，官方驳回了这个名字，尽管驳回的理由并不是人们一开始会猜测的那些。

BGN负责确定联邦政府给土地起的名字，其历史可以追溯到1890年。在内政部长的领导下，这一机构负责确定正式地名，并处理与土地命名有关的争议。委员会本身并不负责起名字，但有权审批名字。委员会还负责跟踪其数据库里的数百万个名字及其位置、物理特征和参考文献。为了完成任务，BGN聚集了来自美国国会图书馆、美国邮政总局甚至中央情报局等不同部门和机构的人员。

BGN偏爱以地理特征——岛屿、河流或山脉——来命名一个地方，而不是人名。但如果符合某些条件，BGN也会考虑使用纪念性名称。想用名人的名字来命名一块土地，还需要满足额外的条件，其中一条是这个人必须已经过世至少 5 年。

这条规则背后的一个理念是，在死亡发生后的那段时间，人们的情绪还未经沉淀，因此在各种可能的纪念活动之前，需要一段冷静期。在肯尼迪总统遇刺 6 天后，他的继任者林登·约翰逊就宣布把卡纳维拉尔角更名为肯尼迪角。之前的名字已经存在了好几代，当地人并不乐意接受这一变更。近些年，针对此事的抵制声越来越大，以至于佛罗里达州议会终于让步，投票决定改回原来的名字。这种反复变更导致 BGN 在联邦层面引入了强制延迟。

不同的州和不同的城市也有自己的名字和规则。当 BGN 考虑一个地方的正式名称时，需要考虑当地人对它的正式命名或口头称呼。因此，在说唱歌手布斯塔·莱姆斯去世前，他的名字不能成为岛的官方名称，但在这个名字有资格被批准通过之前，假如大家一直都用布斯塔·莱姆斯来称呼这座岛，那么当奥布赖恩再次提交命名申请时，事情将会变得非常简单。目前，这个名称还没得到联邦的承认，但它确实有自己的维基百科页面，这似乎是个重要的开始。

混合首字母缩写

社区的绰号

和许多地方一样，旧金山湾区的社区也有相当多的简称。在旧金山，市场街以南的地区叫 SoMa (South of Market Street)。潘汉德尔公园以北的地区被称为 NoPa (North of the Panhandle)。在北奥克兰、伯克利和埃默里维尔三地的交界处附近，房地产经纪人用 NOBE 来称呼他们推销的房产的位置。还有人试图把奥克兰市中心的一片区域划为 KoNo（韩国城北大门，Koreatown Northgate），不过很少有人真的这样称呼它。近几十年来，在美国各地城市，这种缩短或合并地名的做法逐渐流行起来，但这种现象其实没有一个真正的名称，这些非官方的"缩略语"（或文字工作者、播客"典故"的主播海伦·萨尔茨曼提出的"首字母缩写词"）并不完全是首字母缩写或混成词。它们是另一种东西，也不仅仅是一时的热潮。

对于那些想以更高的价格售出房地产的人来说，这些名字能带来经济利益。在纽约市"展望高地"（Prospect Heights）和"皇冠高地"（Crown Heights）的交界地带，房地产经纪人发现可以将价格较低的"皇冠高地"社区的房产按"展望高地"的高价卖，方法就是将这两个地区相提并论，合称它们为 ProCro。房产经纪人将哈勒姆区的部分地区更名为 SoHa（南哈勒姆，South of Harlem），将布朗克斯区的整个街区更名为 SoBro（南布朗克斯，South of Bronx）。纽约和其他地方都曾试图阻止这类名称的泛滥，但很难禁止非正式命名或将其定罪。

在波士顿、华盛顿特区、西雅图和丹佛这样的城市，可以找到像 LoDo、SoDo 和 SoWa 这样的地名，它们都可以追溯到纽约市的 SoHo（休斯敦街南部，South of Houston Street），SoHo 这个名字又可以追溯到 1962 年和一位名为切斯特·列普金的城市规划师。列普金代表纽约市规划委员会，负责调查这个曾经被称为"百亩地狱"的地区情况。当时这里被人称为"南休斯敦工业区"，虽然没那么糟糕，但仍然不算吸引人。

这个后来被称为 SoHo 的地区被划为工业制造区。这个街区里有很多空置房产，许多人认为其砖房和铸铁外墙有碍观瞻，与曼哈顿格格不入。20世纪60年代，在冷酷得臭名昭著的"建筑大师"罗伯特·摩西的影响下，拆除重建成了常态，但 SoHo 区逃过一劫。列普金提出了另一个方案：保护和翻新当地的工业建筑，供制造业继续使用。当时，他和他的同事开始把这里称为 SoHo 区。列普金并不知道这个名字将会流传下来，成为一个被广泛使用的、约定俗成的名字。

艺术家们开始租用 SoHo 区的工厂作为工作室，有人也会为了节省房租而住在里面。在 20 世纪 70 年代，这个街区成了著名的艺术区。这里的建筑按规定来说不是住宅，但人们发现了一个漏洞：艺术家可以被归类为"制造"艺术品的"机器"。机器当然可以在工厂过夜。于是表演者、画家和音乐家很快就在这些阁楼上举办了艺术开幕式和其他时尚活动，引来了媒体的关注。

SoHo 区被视作一张蓝图，城市规划者可以在它的基础上，在 Tribeca（三角地，Triangle Below Canal Street）等街区创建引人入胜的新综合区。三角地街区变得很酷、很受欢迎。人们认为这里代表了工业时尚，高端精品店和公寓开始涌入。最初的空间是极简主义和实用的，但随着富人开始将大理石浴缸和昂贵的家具塞进裸露的砖石和金属横梁之间，这处空间变得豪华。这些老工业建筑中的不少阁楼如今价值数百万美元。世界各地的城市里都在上演这种人们熟悉故事：艺术家进驻，然后被高涨的价格赶走，如此循环往复。

新潮的"首字母缩写"（或任何新绰号）如今被视为即将发生的变化的风向标。不管是好是坏，更名行为已经成为中产阶级化的先兆。最终，社区会改变，社区名称也可能改变，但新名字是否能流行起来，通常取决于真正生活在那里的人，而不是那些一心想着赚钱的房地产经纪人。

故意跳过

不吉利的数字

2015 年，加拿大温哥华市政府发布公告，要求开发商用"正常的数字序列"对新建筑的楼层进行编号。该市首席建筑官帕特·瑞安宣称："无论出于什么原因，4、13 以及人们想要跳过的其他数字，我们都要把它们再放回去。"跳过数字已经到了失控的地步。其中一个案例是，一栋销售时号称有 60 层的公寓大楼其实只有 53 层——第 13 层和所有以数字 4 结尾的楼层都被跳过，这导致楼层编号系统出现许多空白。新规则是出于公共安全的考虑：在紧急情况下，救助人员要能准确定位自己在建筑物中的位置，而不必担心独创的楼层编号系统。对开发商来说，跳过数字并不是为了让建筑显得比实际上更高，而是出于销售底线的考虑，照顾那些对数字异常敏感的买家。

在中国（以及像温哥华这样华人聚居的地方），数字 4 经常被跳过，因为普通话中的"四"听起来就像"死"；在使用粤语的地区，人们认为 14 和 24 比 4 更不吉利，因为粤语中的"十四"听起来就像"必死"，而粤语的"二十四"听起来则像"易死"。在某些建筑里，凡是以 4 开头的楼层数字都被跳过了。一项对温哥华房地产价格的研究发现，地址中包含数字 4 的房子平均售价会打 2.2% 的折扣，而带有数字 8（在中文中听起来像"发"）的房子则能够以 2.5% 的溢价出售，这听上去可能不多，但加起来可高达数万加元。

世界上有许多地方的人们认为 13 是个特别不吉利的数字。人们对 13 的

恐惧古老而普遍，尽管理由各不相同。据传，汉谟拉比在他的法典中略过了第 13 条法律，尽管这个说法后来被推翻了。洛基，挪威的诡计之神，也是一场纪念巴德尔（一位被洛基杀死的神）的晚宴上的第 13 位宾客（不速之客）。背叛者犹大被认为是第 13 个在最后的晚餐上与耶稣同席的人。不管其起源如何，与幸运和不幸数字相关的联想似乎扎根在了城市中，并进入了建筑环境的编号系统，除非市政当局予以驳斥。奥蒂斯电梯公司曾估算，他们制造的电梯面板中有 85% 都跳过了第 13 层。有时，人们会用 12A 或 M（字母表中的第 13 个字母）替代数字 13。还有一些建筑会把第 13 层留给机械、存储功能，或赋予它特殊的名称（比如游泳池楼层或餐厅楼层）。从好的方面看，在温哥华，那些对第 13 层或第 14 层景观感兴趣的人可能会发现，自己有幸可以用比那些迷信的邻居低几个百分点的价格买到一套房子。

深思熟虑的错误

虚构条目

20 世纪 30 年代，哲学家艾尔弗雷德·科日布斯基曾写道："地图不等于它所代表的疆域。"似乎是为了证明他的观点，通用绘图公司绘制了一幅纽约州地图，其中包括一个只存在于纸上的虚构城镇。这个名为"阿格洛"（Agloe）的地方是个地理陷阱，用来识别之后出现的模仿者，它是地图上的一个小点，位于宾夕法尼亚州边界附近的罗斯科镇和比弗基尔镇之间。

虽然许多创意作品很容易受到版权保护，以事实为基础的项目却更为棘手。事实是没有版权的，所以像词典、地图这样收集事实的作品就很容易被悄悄照搬。业内人士使用的一种策略是加入虚假"事实"或条目。《新哥伦比亚百科全书》的制作者就增加了"莉莲·弗吉尼亚·芒特韦泽尔"这一条目，这是一个不存在的人，但条目中说她是一名喷泉设计师，后来改行成为摄影师。在《新牛津美语词典》中也能找到类似的解决方案，你会在其中发现 esquivalience 一词——"故意逃避自己的公务（19 世纪末：可能来自法语词 esquiver，意为闪躲、退缩）"。这个定义也是假的。

在阿格洛的例子中，故事发生了意想不到的转折。在通用绘图公司发布了那份埋有陷阱的地图几年后，兰德·麦克纳利出版公司也发布了一张地图，上面也有阿格洛这个捏造的地点，于是第一家公司自然指控他们侵犯了版权。这看似明摆着的事，但兰德·麦克纳利变本加厉，声称这个小镇是真实存在的。这个案子最终被闹上了法庭。

兰德·麦克纳利公司的辩词很简单：阿格洛百货店确实存在。很显然，这家真实存在的商店的店主看到的是原版地图，所以当他在当地开店时，就选择以虚构小镇的名字命名。这个曾是虚构的地方变成了一个确定的现实，成了一个在鼎盛时期拥有一家商店和两栋房子的"城镇"。如今，小镇早已不复存在，但它在路边留下的牌子上写着"欢迎来到阿格洛！""阿格洛杂货店之家""欢迎再次光临！"。

错置的地点

空虚岛

空虚岛（Null Island）位于南大西洋上本初子午线与赤道的相交处——

如果它真的存在的话。坐标为北纬 0 度、东经 0 度的空虚岛已经成了地理信息系统中一个几乎不可能存在的中心，因为通常只有当数据损坏或输入不正确时，才会出现坐标经度和纬度均为 0 这种情况。这会导致程序将各种错误地点定位到这个根本不存在的偏远之地。既然空虚岛并不存在，也就没有人抱怨这个问题或受它影响，但问题是，并非所有的地理信息预设点都像空虚岛一样无害。

早在 21 世纪初，类似的地理信息系统差错就曾让一个位于堪萨斯州中部的偏远农场不堪其扰。多年来，拥有这片农场的家庭或租户被指控犯有盗窃、诈骗和其他欺诈罪，这招致税务人员、联邦法警和当地救护车的一再造访。所有关注最后都能追溯到一家地图公司头上——该公司将美国境内所有未指定地点的定位统一设置在全国地理中心附近的特定点，这导致数以亿计的地点条目都指向这个郊区的农场。最终这个系统设置被移至一片水域的中央，以避免给农场主带来更多麻烦。

由于在空虚岛上没人会遭受不速之客的打扰，关注者开始接受它"不存在"的事实，而不是试图把它从数据库里删除。事实上，空虚岛已如此受欢迎，以至于粉丝为这个地方绘制了地图、国旗，甚至编造了历史故事。其实，这里根本就没有什么岛，只有一个名为"13010 号工作站"的标志，它被人戏称为"灵魂站"，坐标为 (0, 0)，在那里为大西洋预报与研究锚定浮标阵列（PIRATA）收集空气、水温数据和风速、风向信息。美国国会图书馆的蒂姆·圣翁奇写道："空虚岛是真实和想象的地理学、数学确定性和纯粹幻想性的奇妙融合。或者，它只不过是一个气象观测点。无论你怎么看，我们都要感谢地理信息系统在地图上放置了空虚岛。"

道路

图森大道

路名或地名中的第一个单词往往代表着一个个小故事,以诗意的方式展现当地的历史。有些故事振奋人心,比如"胜利峰";有的令人沮丧,包括"失望角""无名山""失爱湖"和"绝望路"。人们不禁要问:一个人在踏上"梦碎路"或"痛苦街"之前经历了什么?他们在"绝望岛"上的哪个时刻决定放弃?他们在"梦魇岛"上做的是什么梦?是什么东西(或是谁)选择在"终点"结束生命?谁会迫不得已非要走上"老天爷为什么是我巷""空无一物大街"或"幽暗死亡路"?《悲伤地图集》一书的作者达米安·鲁德收集了许多像这样或幽默或惊悚的名字。

简单的道路编号虽然未必有什么明确的意义,但它也能告诉人们一些故事。一个有趣的事实是:美国最常见的街道名称是"第二",其次是"第三","第一"排名第三,"第五"排名第六。令人费解的是,"第四"排名第四。很多本该被称为"第一"的街道最终都被命名为"主街",这大概解释了为什么我们采用这种违反直觉的编号排序。

路名的后半部分也会提供信息。所有路名都有地区差异和例外情况,但也有相当固定的惯用名,即使老到的司机也未必能意识到它们的区别。

- 道路(Rd):连接两点的任何路线
- 街道(St):两侧有建筑物,垂直于大道
- 大道(Ave):垂直于街道,一侧可能有树木

- 林荫大道（Blvd）：有中央分隔带、两侧有植被的宽阔的都市街道
- 道路（Way）：小型支路
- 车道（La）：狭窄且通常位于乡间
- 马路（Dr）：长且曲折，由自然环境塑造而成
- 坡道（Ter）：有起伏的路
- 巷（Pl）：禁止通行或死胡同
- 里（Ct）：尽头有圆盘或掉头的路（比如广场或庭院）
- 公路（Hwy）：连接大城市的公共主干道
- 高速公路（Fwy）：每个方向都有两条或更多车道①
- 快速路（Expy）：主干道上为加快交通速度而设的道路
- 州际公路（I）：一般是指州际之间的公路，但并不全是
- 收费公路（Tpke）：通常是有收费站的快速路
- 环城公路（Bltwy）：像带子一样环绕着城市
- 公园道路（Pkwy）：旁边通常有公园
- 堤道（Cswy）：跨过水面或湿地、建在堤坝上的路

这个清单不是最终版本，而且由于这是约定俗成的命名法，因此它也并不完整。以亚利桑那州的图森市为例，那里的路网看上去很平常——东西向的是"街道"，南北向的是"大道"。然而，这座城市还有一个独有的混成词"斜街"（stravenue，缩写为Stra），它由"街道"和"大道"混合而成，是倾斜的。在官方宏大的命名计划中，这个在1948年出现的新术语为那些希望能在建筑环境里留下令人难忘的一笔，又不想以死亡和绝望来给道路命名的人们提供了一个可能的方向。

---

① 在美国，freeway通常指全封闭式的高速公路，highway指连接两个大城市的公路，一般不封闭。

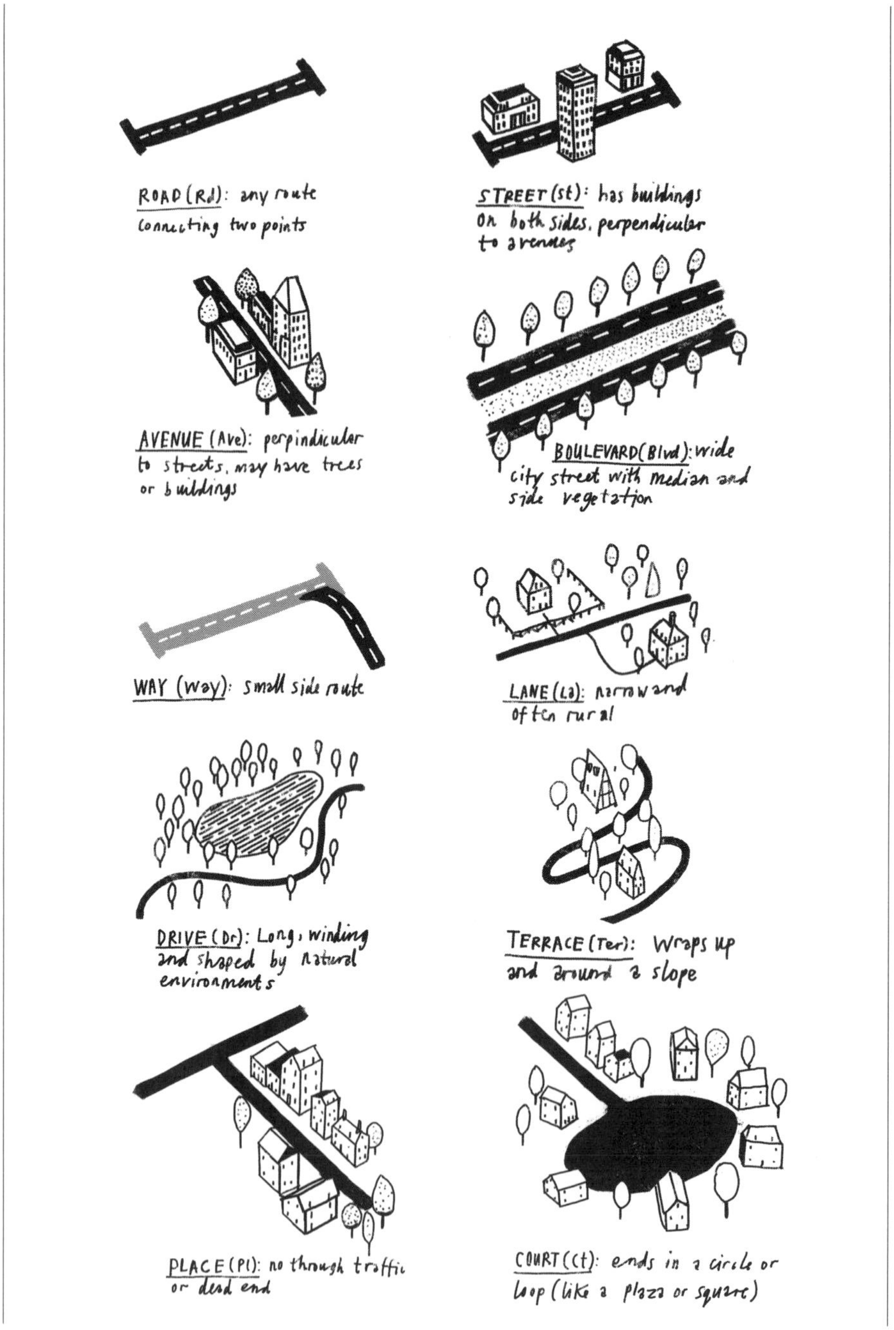

ROAD (Rd): any route connecting two points

STREET (St): has buildings on both sides, perpendicular to avenues

AVENUE (Ave): perpindicular to streets, may have trees or buildings

BOULEVARD (Blvd): wide city street with median and side vegetation

WAY (Way): small side route

LANE (La): narrow and often rural

DRIVE (Dr): Long, winding and shaped by natural environments

TERRACE (Ter): Wraps up and around a slope

PLACE (Pl): no through traffic or dead end

COURT (Ct): ends in a circle or loop (like a plaza or square)

第五章 地理

可达的空地

无名之地

大多数人可能不知道高速公路与匝道之间的弯曲地段叫什么。巴尔的摩艺术家格雷厄姆·科雷伊·艾伦在他 2010 年出版的《隐形公共空间实地指南》中，将城市高速公路扩张形成的副产品称为"新公共场所类型学"。在正式情况下，这种场所的名字往往都不怎么吸引人，甚至有些晦涩，比如"三角地"指的是合并车道与高速公路分岔处的区域。这让我们很容易理解为什么有人为了引起他人注意而起一些好记的绰号。

除了其他不像"三角地"那么无趣的名字外，科雷伊·艾伦的书中还列出了许多迷人的名字，比如"角落的惊喜""不确定的盒子""被取代的森林"和"联想中的小沼泽"，每一个都有独特的定义，但它们也有某种共同点。在城市地图上，这些地方都是被忽视的，也没有被标记；它们是有名字的事物之间的无名区域；它们什么都不是，是虚无。不过，科雷伊·艾伦从它们身上看到了一些东西，并把它们挑出来进行考察和思考，拍摄和描述他的发现，甚至还带人们参观这些地方。

其中有些地方显然是经过设计的，比如"三角地"或护堤，但人们常常忽视它们。不过，这些空间大多是区域规划的残余物，是在以汽车为中心的城市发展过程中偶然被创造出来的。这些"新公共场所"并不总有（甚至很少有）美学意义上的吸引力，但它们具有为公众所用的潜力。科雷伊·艾伦强调了这种潜力，它们通常与传统的或具备特定功能的广场和公园有关。他认为给这些场所命名会促使人们更多地留意它们。

该项目既是为了提高公共场所的知名度，同时也是为了让人们能参与其中。科雷伊·艾伦认为："仅是定位这些场所，通过实体设施、媒体传播和宣传活动来表现它们，就能让人们注意到这些空间，同时也使它们在网络上和实地上更容易触达。"

"新公共场所类型学"不是城市规划者的政策概要，也不是无所不包的城市探索者旅行指南。尽管如此，阅读这些场所的定义、查看它们的图像都是颇有裨益的脑力训练，能帮助我们重新思考在城市环境中看到的（或没有看到的）东西。高速公路之间的旋涡状空间可能永远都不会成为公园或公民集会的地方，但也许它们还有别的用途，只要人们不把它仅仅看作是事物之间的虚无。

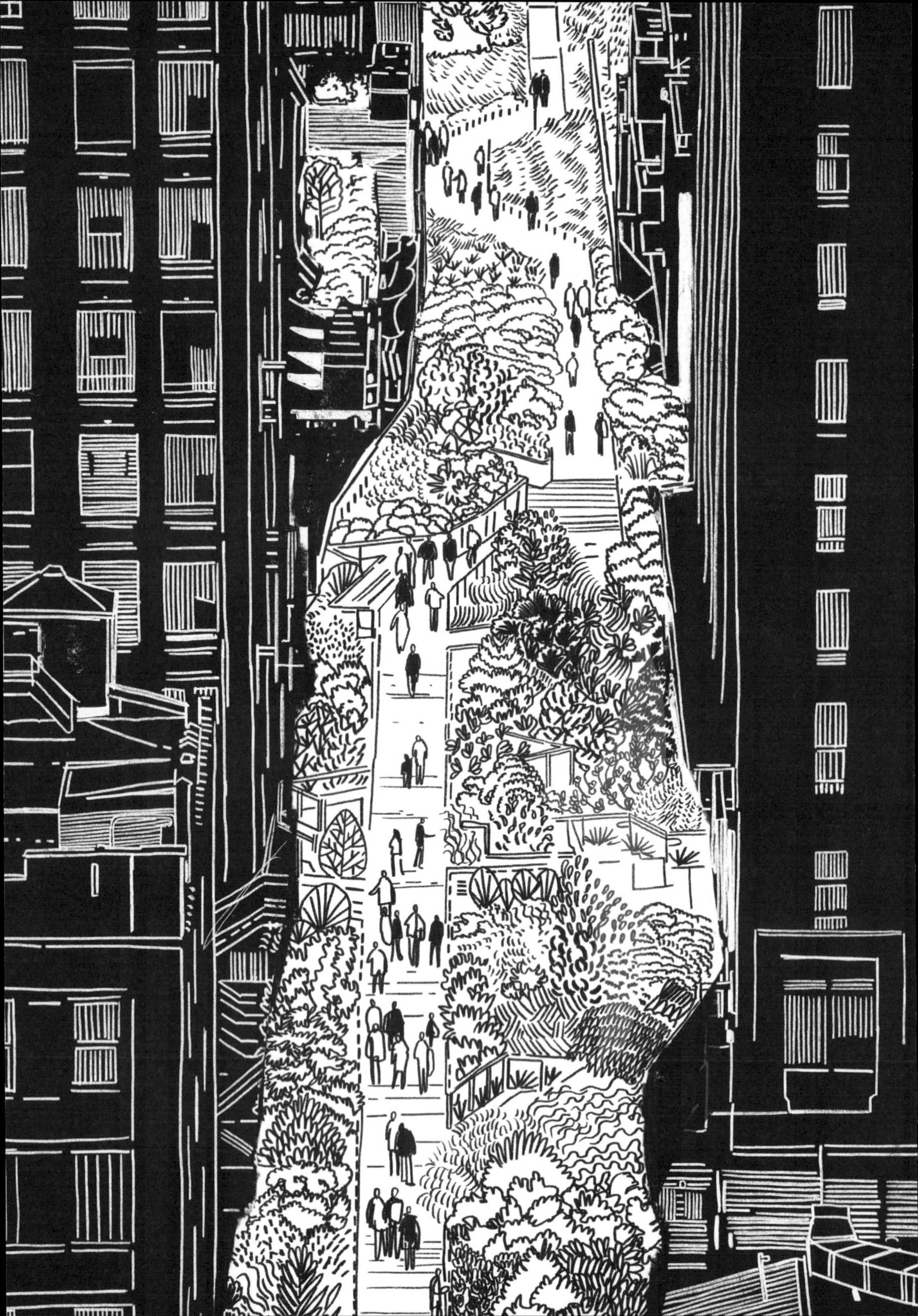

景观

　　即使在最朴素的城市景观中，我们人类也希望能有一点植被。有时我们让自然保持它的本来面目，但更多时候，我们渴望控制植物的生命形态，把它修剪和塑造成一个无法辨认的、自然的摹本。在理想的情况下，城市中的绿色植物应该是和谐的、鼓舞人心的。但糟糕的城市绿化不仅浪费、不可持续，还过度依赖人类的不断干预。无论如何，通过我们与植物的关系来看待人性是很有意思的事，特别是在那些植物不能自然生长的地方。

左图：纽约市高架铁路线改建的高线公园

墓地变身

乡村公园

从远处看，加州的科尔马镇像是一个杂乱伸展的城市的微缩模型——但它的天际线不是由生者占据的摩天大楼组成，而是由献给逝者的陵墓、纪念碑和墓碑组成。在科尔马，逝者的数量是生者的千倍。这座小镇位于旧金山以南 10 英里处，有着传统公园的元素，比如起伏的草坡和修剪整齐的树篱，但它同时也是一座真正的逝者之城——一个主要用来服务逝者的地方。该镇有超过 150 万人的遗骸，这让不到 2,000 人的生者数量相形见绌。居民用他们的镇训"在科尔马活着真好"来承认这一怪异的现象。科尔马周围城市的扩张越来越快，但科尔马仍然保持着一种令人感到震惊的乡村气息。这个神奇之地是从都市墓葬转向一种新的开放式纪念公园这项历史性转变的产物。

在世界各地的人口重心，逝者长期与生者共存——逝者们被埋葬在城镇广场或城市教堂墓地。历史上，这些墓地通常是公共的混合使用空间，人们可以在那里闲逛或放牧，但众所周知，这些地方的功能重叠也会产生问题。为了节省空间，过去人们曾把尸体叠在一起掩埋，再后来是让洪水把尸体冲走。到了 19 世纪初，疾病的暴发和不断攀升的房地产价格开始将逝者赶出城市，导致新的墓地离都市人口越来越远。这种转变不仅改变了墓地的位置，也改变了设计和体验墓地的方式。

马萨诸塞州剑桥附近的奥本山公墓是美国第一批乡村"公墓"之一，它的名字源于希腊语中的"睡房"一词。精心规划的景观借鉴了英式庭院的传统，将墓地设计推向了一个全新的方向。《墓地》一书的作者基思·埃格纳认为："如果说生者之城是为速度、效率和商业而设计的，亡灵之城可以被理解为一种宁静祥和的'阿卡迪亚'——一种对人间天堂的召唤。"这一类型的墓地一度特别流行，那时美国城市内部及周围还没有太多公园、艺术博物馆或植物园。风景如画的奥本山不仅给其他墓地带来了灵感，还启发了像弗雷德里克·劳·奥姆斯特德设计的纽约中央公园这种大型公园，而后者又启发了新一代的城市公园。

科尔马现在的所在地，过去主要用于农业生产。19世纪末，旧金山市的墓地开始爆满，教堂和其他组织开始在这个不断发展的地区性大都市的南部购买墓地。20世纪初，旧金山市甚至叫停了所有新的市区墓葬项目，并切断了墓地维护资金。该市几年后通过了一项法令要求现有的坟墓迁走，15万具尸骸被大规模掘出。其中许多被挖掘出来、运往外地，重新葬在这个后来被称为科尔马的地区。有能力支付10美元费用的家庭可以把死去的亲人和他们的墓碑一起迁走，而其他尸骸则被简单地合葬进集体墓地。

不过，对于那些继续留在旧金山的墓碑来说，这还不算完。老墓地里的许多墓碑最终被重新用作市政建筑材料。在旧金山市内随处可见完整的墓碑及残片。有一些在海洋沙滩上排列成行，用于减轻海岸侵蚀，而另一些墓碑最终在比尤纳维斯塔公园安了家，成为了小径或排水沟。逝者也许可以为了生者搬出大都会，但这些历史的幽灵仍徘徊在公园和其他公共场所。

轨道空间

改头换面的绿道

高线公园是一座了不起的公园，它建在曼哈顿一段重新规划利用的高架铁路上，铁路蜿蜒于建筑物之间，甚至穿过建筑物。这条建于 21 世纪初的高踞的绿道在很多方面都具有开创性，但是，把社区连接起来的道路公园的概念雏形很久以前就已经出现了。甚至在过去的公共交通走廊沿线被填满之前，不少城市就已经有了狭长的城市公园，它们与周边网格状的街道和人行道格格不入。

19 世纪 70 年代，著名景观设计师弗雷德里克·劳·奥姆斯特德的事务所开始在波士顿的一部分区域周边建造他设计的"绿宝石项链"。他的设想是沿着溪流、小径和公园道路，将整个城市的一系列公园连接起来，形成一条串联起水塘、天然树林、如画的草地和植物园的绿色空间链。多亏当时有大片未开发的沼泽地，这番设想才有实现的可能。随着城市不断被填满，开辟新空地变得越来越困难，而这些沼泽地恰恰提供了新的发展机会。

与此同时，在纽约等地，货运列车也在争夺未开发的城市空间，但它们往往会带来毁灭性的负面影响。曼哈顿西侧的一条线路被称为"死亡大道"，因为在 19 世纪末和 20 世纪初，曾有数百名行人在此丧生。最终，纽约市政府、州政府和铁路公司于 1929 年同意把轨道抬高。不到几年，街道上空就建起了高高的新轨道。

随着卡车运输的兴起，铁路的使用率在 20 世纪 60 年代开始下降，这条高架铁路的部分路段被拆除。接着，在 1983 年，两个关键因素为高线公园的未来打下了基础；一个保护和开发高架轨道的基金会成立；美国国会修订了《美国国家级步道系统法案》，简化了把旧铁轨改造为步道的程序。但几十年来，这条高架铁路线仍屡次险些被拆除；市长鲁迪·朱利亚尼甚至签署了剩余路段的拆除令。当时还有个名叫"高线之友"的新组织试图通过提高人们对高架轨道潜力的认识并征求再利用的设计方案，阻止了这项法令的通过。该小组收到了来自世界各地的数百份方案，其中包括过山车和健身泳池的提案。最后，获胜者是那些更实用但仍有远见的方案。

虽然高线公园既是轨道，又是公园，但在宣传中，它也不仅仅是一条传统的小路或一个生态敏感的景观。它沿线不断变化，提供座位和集会、表演的空间，1.5英里长的步道像其他公共空间一样容纳小商贩和数百种植物。这座狭长的公园将人们聚在一起，充满了生命力，哪怕它偶尔会有点拥挤。值得借鉴的密度策略是这一空间的副产品，但这些策略可以追溯到纽约其他更早的案例，毕竟纽约一直以舒适的袖珍公园而闻名。总而言之，多层次开发的高线公园颇受欢迎，并带动了邻近地区的发展，你可以说它对整个地区有改善或者带来了中产阶级化，这取决于你看问题的角度。

其他城市也制订了类似的计划，其中一些明显效仿了高线公园，并取得了不同程度的成功。在伦敦，尽管有大量高级别的政治支持和知名设计师的参与，横跨泰晤士河的"花园桥"方案最终还是未能通过。它从纽约高线公园这一先例中吸取的不只是灵感，也许还有错误的教训。与高线公园不同的是，花园桥是一个连接两点的全新建筑物，而不是一个穿过市中心的、重复利用的结构。在花了几千万英镑之后，它还是被废弃了。在芝加哥，606绿道已经完全实现了从轨道到步道的转换（尽管人们对其中产阶级化提出了中肯的批评），它成功地连接了一系列的社区，因而很受人欢迎。洛杉矶的滨河绿道也在建设中。

从明尼阿波利斯到巴黎，已有多个将铁轨改造成步道的项目陆续成形，还有更多正在酝酿之中。仅德国就有数千英里的铁轨步道。如今，许多城市正在将城市河岸、高架桥、地下通道甚至旧高速公路改造成公园、自行车道、步道以及它们的结合体。城市从各类开放的娱乐休闲空间中获得不同益处，但这些公园和绿道通常能提供特别吸引人的综合性机会——它可以沿着现有的道路蜿蜒延伸，连接城市各个部分，它不仅是休闲娱乐的场所，也是为城市居民的出行提供多样化选择的交通走廊和连接点。

吸引小偷的棕榈树

行道树

在内布拉斯加大学林肯分校的校园，将狐狸尿液和甘油喷在常青树上的做法已经存在了几十年，其目的是阻止偷圣诞树的贼。在凉爽的室外，这种气味还不是特别明显，但若有学生或当地居民砍倒这里的树，在圣诞节时把它带进室内，液体混合物就会升温并散发出难以忍受的气味。为了警告意图窃树的人，容易被顺手牵羊的小树被贴上了标签，提醒盗贼等待他们的将是一阵臭气。该学校景观服务部的杰弗里·卡伯特森对《内布拉斯加州日报》的记者说："我认为这有一定帮助。我接到两三个电话，问我们是真的喷了那种液体，还是只贴了标签而已，因为他们没闻到任何臭味。所以我总觉得整件事情很有趣，他们是不是想确认我们没有喷，这样他们就可以把树搬走，否则他们为什么要打电话来问？"圣诞树被盗是个季节性问题，但一年下来，人们还会从公共场所偷走许多其他树木和植物。

榆树、橡树、枫树和其他树木及灌木在城市的街道上排成列，为人们提供树荫并将二氧化碳转化为氧气,但幸运的是,对于喜欢它们的人来说,这些品种大多数都很难引起盗贼的兴趣——至少与棕榈树相比是如此。其实棕榈树根本不是树。人们平时说的棕榈树其实是多年生植物的一科,其中包括数千种植物,那些看起来特别像树木的多年生植物对城市环境有着特殊的意义。尽管它们将二氧化碳转化为氧气的效率相对较低,但在得州和加州等地,棕榈树一直很流行。它们的球根密集、易于挖掘,很受人们欢迎,这使得城市里的棕榈树失窃成为一个相当严重的问题。

盗贼可以把一株成熟的棕榈树倒卖至上万美元。就像美国中西部极寒地区的松树一样,在温暖的美国南部和西部,棕榈树的价值并不在于其效用,而在于它在人们想象中的地位,而几个世纪以来,这种地位已经发生了变化。几百年前,虔诚的西班牙基督教徒在加州种植棕榈树,是为了能在棕枝主日(复活节前的星期日)使用它的树叶。而当加州在 1850 年并入美国时,东方主义,即西方对所有异域事物的迷恋,促成了人们对这些假树的兴趣。棕榈树也开始与热带联系在一起,这反过来又使人联想到奢华、休闲和避世。到了 20 世纪初,世界各大城市的许多豪华酒店都以棕榈树庭为特色,就连非凡的泰坦尼克号上也不例外。

随着"棕榈热"席卷全球,这些植物在洛杉矶特别受欢迎。富有的房主会用棕榈树来装饰自家的前门,而郊区的富人则更进一步,把棕榈树种在公共街道两旁。在"大萧条"时期,洛杉矶通过公共事业振兴署派遣失业者在主要的林荫大道上种植棕榈树,这使得这些植物遍布整座城市。

如今,南加州和其他地方的棕榈树正在变老,在某些情况下,这些植物还会染上毁灭性的枯萎病。洛杉矶等城市并没有彻底换掉棕榈树,而是在重新思考它们的作用,棕榈树的生态效益比其他植物物种——包括真正的树木——要低得多。毫无疑问,如果一个地方种植了新的棕榈树,那意味着这个地方将棕榈树看得特别重要,不过,在洛杉矶和其他有着众多棕榈树的城市,在未来几十年里可能会少了许多棕榈树,不知重视生态的城市主义者们对此想说点什么。

草坪执法

自家后院

近几十年来,一些房主开始找专门的公司将焦黄的草地甚至整片草坪喷成绿色。在旱季或有用水限制时,有人出于美学原因选择这样做;其他人则是被迫采取这种奇怪的极端措施,因为地方政府或社区协会根本不能容忍任何够不上他们心目中统一的郊区景象应有的绿色庭院标准的东西。

人们很容易轻视与草坪有关的规定,但是对那些不能达到强加给他们的严格标准的人来说,后果可能相当严重。十多年前,佛罗里达州哈得孙市的一位房主因自家枯萎的草坪而入狱。后来,他获释的部分原因是媒体报道让人们对他的困境有所了解,促使当地居民自发为他的事情奔忙,替他修剪草坪。这名退休人员曾为了满足业主协会的要求重新种植草坪3次,但每一次都没有成功,最终被签发了逮捕令。他的案子并非孤例。最近,在佛罗里达州的达尼丁市,市政府法规执行委员会决定取消一位退休房主的抵押房产赎回权,因为他未能支付数万美元的草坪违规罚款。当时房主正在外地照顾他生命垂危的母亲,后来母亲去世后,他又去处理她的遗产,每天500美元的罚款就这样累积了起来。

尽管像这样导致坐牢或丧失抵押房产赎回权的极端案例并不多,但它们凸显了美国政府对草坪的重视程度,这种关注似乎与重视自主权的美国文化相违背。有草坪和栅栏的别墅本应是现代美国梦的象征，然而这一"私人"财产却受到其他人的高度监管。事实上，从一开始，草坪就与自由没多大关系，跟美国郊区更说不上有什么关系。它的起源可以追溯到大西洋彼岸富裕的精英阶层。

《草坪人》一书的作者保罗·罗宾斯认为，现代草坪并非源自古代园艺传统，而是源自意大利文艺复兴时期艺术家创作的理想化的风景画。英国精英们迷恋这些画，于是在生活中模仿艺术，地主贵族们开始在自家后院里模拟这些如画的风景。草地柔软舒适，易于行走，同时也象征着权力和特权。只有有钱人才能不理会农田的荒芜，雇请手持镰刀的农民来维护他们可爱但无用的草坪，把它们修剪得优美、齐整。欧洲殖民者航行到新大陆时，也带来了这一传统。

安德鲁·杰克逊·唐宁是美国最早也是最著名的景观设计师之一，他主张在混乱的城市景观中要有秩序井然的草坪。1850 年，他写道："当微笑的草坪和格调典雅的小别墅开始装饰这个国家，我们就知道秩序和文化已经建立起来了。"随着第一批郊区的出现，中产阶级开始采用草坪，部分原因是草坪象征着一种有组织的道德力量。它也很有效率：种植草坪来让大片土地增辉添彩既便宜又简单。

今天，草坪是美国灌溉量最大的作物。科学家克里斯蒂娜·米莱西估计："即使保守地说，美国灌溉的草坪面积也是玉米地的 3 倍。"在俄亥俄州哥伦布市这种典型的美国城市，草坪覆盖了都市景观的 1/4 甚至更多，这还不包括足球场和高尔夫球场之类的草地覆盖区。美国人每年花费数十亿美元来维护草坪。其他植物和花卉整齐地排列或被塞进花盆，来装饰草坪这片几乎空无一物的绿色画布。

然而，草坪的作用也在变，特别是在受气候变化和其他当地环境因素影响的地方。在加州，近年来的干旱对草地影响尤为明显。早在 2015 年，州长杰里·布朗就宣称，金州（即加州）需要将用水量减少1/4。"我们正处在一个新的时代，"他解释道，并告诫市民，"你那可爱的小绿草每天都能喝水的想法将成为过去。"在一些西南部的州，政府甚至花钱让市民撤掉草坪，用其他景观代替。无水绿化开始流行，院子里几乎没有植物，因此也几乎不需要浇水和其他维护工作。如果邻居们曾经会因为草坪不够绿而耻笑对方，那么如今，邻居们可能会因为草坪太过茂盛而互相抱怨。

除了用水量大，草坪还挤占了其他种类植物的地盘，这些植物支持着关键的自然生态系统和对人类至关重要的昆虫物种，包括传粉昆虫。内布拉斯加州的作家兼园林设计师本杰明·沃格特问道："如果我们不能在自己的家里哺育支撑我们生存的自然环境，我们又怎能指望在家以外的公园、农田、沼泽、沙漠、森林和草原上管理大自然呢？"他认为，当我们视草坪景观为理所当然时，"我们还不如干脆用沥青铺满所有地面，因为草坪上没有花，也没有能形成树篱的灌木或小型乔木，而那里确实是蜜蜂筑巢的最佳栖息地。"为了人类和其他物种的利益，也许是时候放弃该死的草坪了。

空中树屋

不接地的植物

由全球各大建筑公司设计的、以"花园大厦"和"城市森林"为名的绿意盎然的摩天大楼，外立面上有植物装饰，通过融合自然和都市元素，创造出视觉和概念上的吸引力。在社交媒体时代，布满绿色植物的建筑效果图越来越多，部分原因是人们越来越关注城市绿化。从景观环绕的低层大楼

(groundscraper)到树木环绕的高层建筑，绿色植物为建筑增添了色彩，同时还提供了可持续发展的外观，这会吸引潜在投资者、其他买家以及房地产销售开发商。从绿色屋顶开始，这种装饰已经蔓延到了建筑边缘，悬在建筑侧面，就像现代版的巴比伦空中花园。尽管如此，许多这样的"树楼"与其说是建筑，不如说是艺术，而且它们大多都没离开过图纸，更别说落地了。

意大利米兰一对被称为"垂直森林"的塔楼是罕见的实际建成的概念性树屋。这对孪生塔楼住宅由博埃里工作室设计，于2009年开始建造。每栋楼都有几百英尺高，支撑着一系列令人印象深刻的植物，包括数以千计的树木和灌木。在设计中加入绿植，部分是为了过滤空气、减少噪音污染、提供树荫，除此之外，它还为各种鸟类和昆虫提供了栖息地。该项目获得了美国LEED绿色建筑金牌建筑认证。它还获得了2014年的国际高层建筑奖，并被世界高层建筑和都市人居学会评为2015年全球最佳高层建筑。建筑师斯特凡诺·博埃里赞叹道："'垂直森林'是一种新的摩天大楼理念，人类与树木在这里共存。它是世界上第一座能丰富城市中植物与野生动物多样性的高楼。"换言之，它是世界上第一座真正的垂直森林。

然而，很快就有批评家指出，维护植物的环境成本以及支持建筑结构需要的能耗大大抵消了包括碳封存在内的可持续性收益。还有其他报告指出高于预期的租赁成本、特定树木的结构问题，以及总体施工延误，尽管其中一些挫折在大型城市建设项目中很普遍。建筑竣工之后，填充绿化也需要时间，可以说，现实中的绿化效果并不像效果图里的那样郁郁葱葱。高楼周围还有许多平坦的绿地草坪和硬地景观，在地面上种植高大植物可能要比在高层建筑上更好，这些植物同样能提供树荫，且相对更易照料。垂直森林遇到的一些问题是这个项目所特有的，并且已经通过各种方式得到了解决，但另一些挑战是一般的树楼都会面临的。

把数吨重的树木置于建筑上，需要额外的钢筋和混凝土来承受其重量，需要灌溉系统为植物浇水，并且必须额外考虑风荷载的复杂性。树一旦被种在高处，就会受强风影响，尽管效果图中的它们看似可以稳定地直立。风还会阻断光合作用，而炎热和寒冷则会对许多树木造成严重破坏，尤其是许多图纸上展示的高大而茂盛的树种。建筑不同方向的外墙也会受不同的环境条件制约。在多变的风向和最大限度的阳光照射下，把同一种绿植种在不同朝向的墙上是不切实际的，尽管如此，许多建筑师依旧乐此不疲地展现建筑每个侧面都会被平等对待的错觉。除了以上这些，别忘了植物是有生命的，需要施肥、浇水、修剪、清理和定期补种。

效果图通常代表一个建筑理想的视觉效果，因此，图像与现实不完全吻合也不足为奇。众所周知，建筑师为了让建筑看起来更时尚，会省略阳台栏杆等细节。但图片的表现力可能会让人产生不切实际的期望，并导致不可持续的解决方案，更不必说会增加结构工程师、景观设计师、生态学家和植物学家的工作量，他们是改进、执行这些要求苛刻的设计时不可小觑的角色。

苔藓、多肉植物、草本植物所需的土壤层较薄，因此它通常比更大的、需要更稳固支持系统的灌木和树木更为务实。更简单、更轻便的解决方案可能不那么上镜，但它们对水、营养和持续管理的需求较低，同时仍能提供生态效益。

这一切的核心是一个更大的问题，即绿色植物在城市中究竟应该扮演什么角色。有些建筑项目巧妙地将不同种类的有生命植物融入各种形状和大小的建筑物中，但树屋往往把树从公共空间中剥离出来，将它们放在很多人能看到，但很少人能享用的地方。树屋更像是橱窗，它是一种绿色的装饰品，而不是生态资产或社会催化剂。都市绿化能给城市环境带来很多好处，但也许唯有当它立足实际时，才对市民最有益处。

第五章　地理

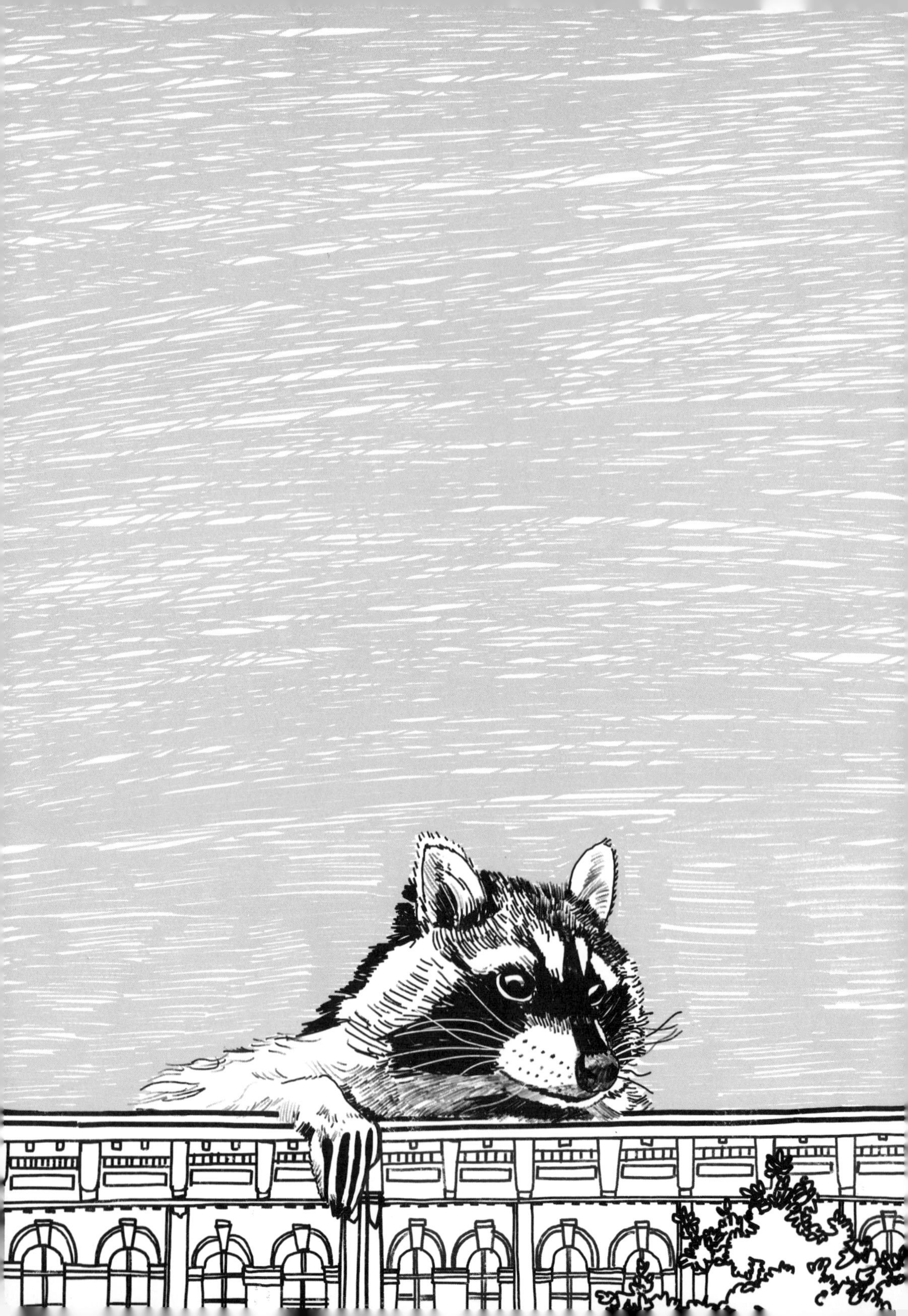

第五章 地理

与人共生

人们为自身建造了城市——巨大的混凝土、金属和玻璃工程被设计成柔软的两足动物的容身之地。人们不怎么关心有羽毛的、有毛发和没有脊椎的动物。不过，用电影《侏罗纪公园》里伊恩·马尔科姆的话来说，"生命总能找到它的出路"，尽管那些在大城市茁壮生长的动物并不总因其适应能力而受到人类赞扬。熟悉引起了蔑视。许多市民会朝鸽子踢上一脚、给蜗牛下毒，或是跟浣熊作战。然而，这些野生动物或称"共人"（synanthropes，意为"与人共生"，由古希腊语的 syn 和 anthropos 组合而成）仍然顽强地活在我们中间，尽管人们经常注意不到它们影响现代大都市的方式。

左图：城市里的浣熊，也称"垃圾熊猫"（不是指尺寸）

归化的居民

灰松鼠

跟鸽子和浣熊一样,灰松鼠似乎在很多城市都很普遍,但很长一段时间以来,城市环境中却见不到它们的踪迹。如今大都市里出现大量松鼠并非偶然——是人类把它们引入了公园,并给它们提供了食物和住所,使得灰松鼠成为又一个成功与人共生的物种。

费城是较早收容松鼠的城市,在19世纪中期,费城将这一本地物种重新引入了一座公园。与当时东海岸许多城市一样,这里高度城市化,而松鼠的出现将野生元素带到了工业化的景观中。东海岸其他一些城市也在公园里引入了松鼠,但城市里松鼠的数量总体上仍然很少。1847年,费城只有3只松鼠,它们被小心地用栅栏围起来以防天敌。但即便有人类小心照料,这些被抓来的小动物在城市里生活也并不是那么顺利。野生松鼠需要有坚果植物才能生存,然而城里的饲料常常供应不足或营养价值不够高,所以早期的城市松鼠不是在圈养中死亡,就是被当作宠物出售。城市必须改变对待绿色空间的方式,才能让松鼠茁壮成长。

在19世纪后期的各种改造措施之前,大型公共开放空间主要是多功能场地——从放牧到民兵训练,无所不包。不过慢慢地,人们将它们当作了潜在的休闲场所,公园设计也开始模仿自然界的景观。像卡尔弗特·沃克斯和弗雷德里克·劳·奥姆斯特德这样的设计师，就推动了纽约中央公园和展望公园的新设计潮流，他们结合水文和地质特征，把池塘、沼泽改造成人工湖，并保留了地表天然岩石，试图在野生的自然感和有序而愉悦的都市生活之间寻求一种平衡。

这些新的公园有着自然的外观，其中到处都是树篱、湖泊和溪流，还有橡树为松鼠提供大量橡子。1877年，在这种经过重新设计的公园景观中，松鼠再一次被引入纽约市。几年内，最初只有几十只的松鼠发展成了数量庞大的种群，据估计，1920年纽约市里的松鼠多达数千只。在中央公园和其他地方，松鼠变得跟它们用来筑巢的橡树叶一样普遍。随着新的城市公园管理方式在各大城市的推广，在公园里养松鼠的想法也随之传播开来。灰松鼠被重新引入费城和纽黑文，以及西部的旧金山、西雅图和温哥华等城市。灰松鼠还被运往其他国家，包括英国、意大利、澳大利亚和南非。

这些松鼠不仅受益于与天然栖息地相似的草木繁茂的新环境，还得益于有越来越多的人意识到人类有道义照顾野生物种，尤其是那些看上去和平、友好的动物。特别是松鼠，当它们以友好的姿态翻转尾巴、文明地寻觅食物时，它们为人类提供了一种在未驯化动物身上很少见的互动体验。很长一段时间以来，人类大多对松鼠数量的激增和活动区域扩大不以为意，松鼠依靠城市和郊区居民的慷慨繁衍生息。然而，不幸的是，松鼠对人类的基础设施并不总是件好事。

据估计，多达1/5的停电事故与松鼠有关。松鼠不仅在树上筑巢，也在电线杆和变压器这种树状结构物上筑巢。松鼠的牙齿不会停止生长，所以它们要靠定期啃咬树皮、树枝、坚果和电源线等东西来使门牙保持锋利。不可避免的是，一些倒霉的松鼠会咬破电力线绝缘层，或者咬断裸露的电线，这对它们来说是致命的，对人类来说则意味着令人沮丧的停电。曾有一只特别"臭名昭著"的松鼠甚至被认为是美国股市崩盘的推手。

美国出口的松鼠在其他国家也造成了严重的破坏。在英国，1876年引进的灰松鼠很快取代了本地的红松鼠，使后者濒临灭绝。尽管有关部门曾为了将美国入侵物种赶出苏格兰高地开展了大规模的根除运动，但在英格兰北部和苏格兰，红松鼠已所剩无几。在欧洲，灰松鼠已被正式列为入侵物种。

20世纪，随着松鼠的蔓延，生态学家、野生动物管理者和公园管理部门开始重新审视对待野生动物的传统方法，包括哪些物种应该成为捕杀目标，哪些应该被鼓励生存和繁衍。在新的生态模式中，人们不再讨论哪个物种看起来更可爱、更可亲、更文明。相反，人们提倡捕食者和被捕食物种之间达成更好的平衡，尽可能减少人为干预。以这一思想为基础的方法在国家公园中蓬勃发展，然后又影响了城市公园。

像鹰这样以松鼠为食的物种，如今已经成为纽约等城市景观的一部分，而喂松鼠的行为也越来越受到生态学家的反对。投喂面包和其他非天然食物会给松鼠带来各种各样的健康问题，还会使它们过度依赖人类，并可能导致不稳定的数量激增。许多地方明令禁止给松鼠和其他城市动物喂食——这样做有充分的理由。在一定程度上，多亏了现代化的公园，松鼠现在完全可以自己繁衍生息了，人类是时候退后一步，让它们回归原本的野生状态了。

幽灵溪

鱼的故事

1971年，《纽约时报》刊登了一封写给编辑的信，作者在信中讲述了自己在曼哈顿一座大楼的地下室里捉到一条3磅重的鲤鱼并吃掉它的故事。他写道:"我们用一盏灯笼照亮了地下室,在 15 英尺深的地下,我清楚地看到有小溪在汩汩流淌,它两边有 5 英尺宽的、长满苔藓的深绿色岩石。"他接着描绘了一幅生动的场景:在他掷下鱼线时,这条 6 英尺深的地下溪流溅起了冰凉的水花,然后他能感觉到有东西在拖拽鱼钩。这个故事听上去很荒诞,但它并不是不可能的。

曼哈顿的地下有数百条水道纵横交错,它们是被水包围、浸润了的历史景观遗产。运河街建于 19 世纪早期,它起初是一条水道。就连伟大的帝国大厦也离太阳鱼池塘(沃辛顿国家森林的一处冰川湖)的旧址很近,后者是曾遍布纽约的数百个水体中的一个。尽管这处曾经的鳗鱼栖息地早已不复存在,但它的一条古老支流仍在迫使它上方标志性的摩天大楼用水泵来主动疏浚灌入地下室的水流。

研究城市生物地球化学的淡水生态科学家布琳·奥唐奈写道:"在全国各地,在你行走过的街道下面,有一个看不见的水网在暗处流动。它们是幽灵溪,一直困扰着我们。"这种掩埋城市溪流的策略和城市自身一样古老。这些水道通常会成为排污水系统的一部分。在一些现代化大都市的核心区,有多达 98% 的城市溪流被封入地下,并被建筑覆盖,这可能会造成大麻烦。"水道对城市健康至关重要。"奥唐奈解释说。河流里有很多活物:藻类、鱼类和无脊椎动物等,这些物种有助于管理污染物,减轻后者对下游水体的负面影响。然而,水道还需要有光和空气,才能让住在其中的生命成长,并对生活在它上方地面上的物种产生有利影响。

奥唐奈指出,一些城市采取了"拆开人行道、打碎管道、用锤子敲碎

混凝土的方法来发掘出幽灵溪。这个过程被称为'采光'——让溪流重见天日,并恢复它与附近土地的联系。"发掘溪流这项工作颇具挑战性,而且成本很高,但这是平衡当地生态系统的重要一步,不仅是为了人类,也是为了生活在我们周围、中间和下方的生物。

栖息地

不受待见的鸽子

  鸽子有时被称为"飞鼠",这一恶名缘自它们在城市景观中令人生厌的存在,尽管人们并不总是排斥它们。这种如今在大都会随处可见的飞禽曾经很罕见,甚至还与王室贵族联系在一起。在历史上,鸽子是贵族的鸟。研究人员认为,数千年前它们在中东被驯化,然后被罗马人带往欧洲各地。这些鸟的栖息地甚至被建在罗马的别墅中:托斯卡纳传统别墅的一种常见元素,就是一个综合瞭望台和鸽舍。

  鸽子在 17 世纪从欧洲被带到加拿大,又从加拿大进入并传遍了美国。达官贵人们曾把它们当作礼物交换,并把它们安置在家中的鸽舍。随着鸽子变得越来越常见,它们开始出现在野外,也失去了异域情调,不再受到上流社会的青睐。

  人们谈论鸽子时使用的词反映了它的地位变迁。很长一段时间以来,"pigeon"和"dove"这两个词被交替用于称呼各种鸠鸽科鸟类。随着时间推移,人们对这两个词的感情发生变化,"dove"被赋予了越来越多正面意义,而"pigeon"则与消极属性联系在一起。今天我们很容易发现这种情感区别的影响。你很难想象 Pigeon 洁面皂，丝滑的 Pigeon 巧克力①，或是圣灵以一只神圣的 pigeon 的形象从天而降。

如今，鸽子在城市里相当不受欢迎，以至于一个驱逐鸽子的巨大产业形成了。有许多设计策略和技术旨在防止这些长着羽毛的家伙占据城市空间和室外表面，包括尖刺、电线、网，甚至微型电围栏。不过，这些创新很大程度上并没有实现其设计目的，只不过把鸽子赶到了邻近的建筑物上。当然，如果不是人类先饲养了鸽子并把它们带到世界各地，然后又把食物残渣撒在屋外让鸽子繁衍生息，这些策略根本不必存在。归根结底，与其说鸽子是一个自然物种，不如说它是人创造的产物，我们要为自己的城市没有被美丽的鸽子祝福，而是被肮脏的鸽子侵扰而负责。

大战浣熊

垃圾熊猫

2018 年，一只孤独的浣熊缓缓爬上了明尼苏达州圣保罗市中心的一栋办公大楼，它爬得越高，围观的人就越多。这只动物之所以被称作"MPR（明尼苏达州公共电台）浣熊"，是因为该电台的员工全程追踪并报道了它从

---

① 多芬和德芙品牌名都是 Dove。

街对面办公室爬出来之后的情况。这只浣熊很快引来了社交媒体的关注，并最终吸引了新闻工作者们。电视台从楼下方的地面上进行实况转播，然后在夜幕降临时，把聚光灯对准浣熊，将这只不知所措的小家伙吓得跑到了更高处，延长了这段传奇报道的时间。这只浣熊在攀爬大楼时，利用外立面预制混凝土板上的岩石骨料支撑身体，有时水平移动到窗台上停歇片刻，直到找到一个更便于它爬上屋顶的圆润转角。总而言之，爬上这座建筑对任何动物而言都是很大的挑战，但并非不可能，这只浣熊就在克服人为障碍方面展现出了超常的能力。

20世纪初，美国多所大学的比较心理学研究人员已经开始研究浣熊的智力水平和适应能力。不同机构的科学家制作了用来测试动物的解谜盒，并分别得出结论：浣熊比许多常见的动物更擅长解决问题，它的认知能力更接近猴子，而不是猫或狗这样已被驯化的动物。接受测试的浣熊不仅能够通过反复试验来解决谜题，还会通过先观察人类解谜的方式来解决问题。与许多受饥饿或恐惧等生存本能驱使的物种不同，浣熊有时会仅仅出于好奇心去解决难题，并忽略最后的食物奖励。

至于跟随人类从乡下进城的野生浣熊，好奇心和饥饿感常常使它们与城里人不和。这些冥顽不灵的动物经常破坏围墙、翻倒垃圾桶，甚至闯入建筑物寻找食物和住所。虽然MPR浣熊事件让人们注意到了这种常见的共生动物，但明尼苏达州特温城的浣熊获得的大众关注并不像另一个北美大都市那样多，尽管它也与浣熊有着爱恨纠葛。

2016年，当多伦多推出"防浣熊"堆肥箱时，人们反应不一，有居民担心这么做会饿死当地的"垃圾熊猫"（即浣熊），有些人则对这一创新设计赞不绝口。这种新式带锁垃圾桶是多伦多市大战浣熊的新武器，也是一场围绕城市垃圾清运基础设施展开的、旷日持久的跨物种斗争的最新攻势。

"多伦多新的有机垃圾箱必须满足严格的设计要求，"埃米·登普西在为

《多伦多星报》撰写的一份报告中解释道,"它必须能经受雨雪、急冻和积水的考验,"除此之外,"它必须有个不可能被浣熊轻易掀开,但对残疾人十分友好的把手。它必须很轻,以免伤到人,但又需要有一定重量,不易翻倒。"当然,还得能把浣熊挡在外面。随后的设计采用了更大号的滚轮和防啮齿类动物的封盖,上面带有旋转手柄和德国制造的锁扣。测试品接受了几十只浣熊的挑战,结果浣熊无法将其打开。在测试结果的鼓舞下,市政府着手部署了数十万个这种垃圾箱,而且大多数时候它们似乎都没出过什么问题,不过有一条视频记录显示,曾有浣熊把少数垃圾箱打翻、打开锁扣,吃到了里面美味的剩菜,它们是勤劳的杂食动物。有研究人员担心,人类试图阻止动物觅食的行为,可能同时也在鼓励它们变得更有探索精神。

到目前为止,尽管有各种人为干预,浣熊似乎仍活得很好,甚至大量繁衍子嗣。就像松鼠和鸽子,浣熊的适应能力很强,它们在许多国际大都市里栖息,部分原因是人类有意或无意地引入它们。这些勇敢的哺乳动物最初可能生活在落叶阔叶林中,后来它们进入了山区、沿海沼泽地和大都市环境。它们遍布欧洲、日本和加勒比地区。它们很有可能将继续在城市里生存,因为它们已经多次证明自己尤其擅长适应并战胜人类建筑和基础设施。

无人区

野生动物走廊

大部分人都认为"铁幕"是一条会带来厄运的边界，它在"冷战"期间绵延数千英里，分隔东德与西德数十年。但对许多非人类物种来说，它有着不一样的含义。东西德边境相接处的无人区形成了缓冲带，发生了一些令人讶异的事情。由于没有人为干预和破坏，一个跨越不同国家和气候区的野生动物保护区形成了。柏林墙的倒塌让昔日分界线两边的自然资源保护者同时看到了一个机会，那就是可以建立一个以前"铁幕"走廊为主心骨的欧洲绿化带。这个空间有助于连接跨越国界的生物栖息地、沿线的国家公园和自然保护区。在一个由网格化城市、乡村农业区和纵横交错的公路系统组成的世界里，这样绵延不断、相对天然的景观，对很多动物来说是真正的福音。

野生动物走廊为动物提供栖息地和通道，是为非人类物种设计的人类基础设施。这些解决方案的具体目的不同，规模、范围和设计上也有很大不同，有螃蟹桥、松鼠道、鱼梯和供山狮通行的立交天桥。有些走廊能帮活动范围大的哺乳动物扩大领地，有的则为各种鸟类、鱼类的季节性迁徙提供便利——后者需要连续的水道才能从一个地方迁移到另一个地方。

在美国，据估计有将近 200 万个水流障碍给洄游鱼类和以它们为生的人群造成了严重困扰。除了鱼梯和其他变通办法，人们还采取了一些比较极端的解决方案，比如能将鱼发射到空中的鱼炮，来帮助某些鱼类克服人类带来的重重障碍。不过从长远来看，权宜之计和离奇的技术能做的也只有这么多了。鱼炮就算能暂时填补缺口，也不足以重新连接被人类基础设施破坏的成片的栖息地和迁徙路线。

　　动物不太可能在短时间内见证世界回到城市、高速公路和水坝出现之前的样子了，但是人类不能只顾自己发展，而指望野生动物自己应对这一切。在某些情况下，最佳的策略可能只有人类给它们让路，但我们要明白，城市和大自然都在同一个生态系统中，因此我们需要采取积极主动的策略，帮助不同物种在这个以人类为中心的世界里生存下去。

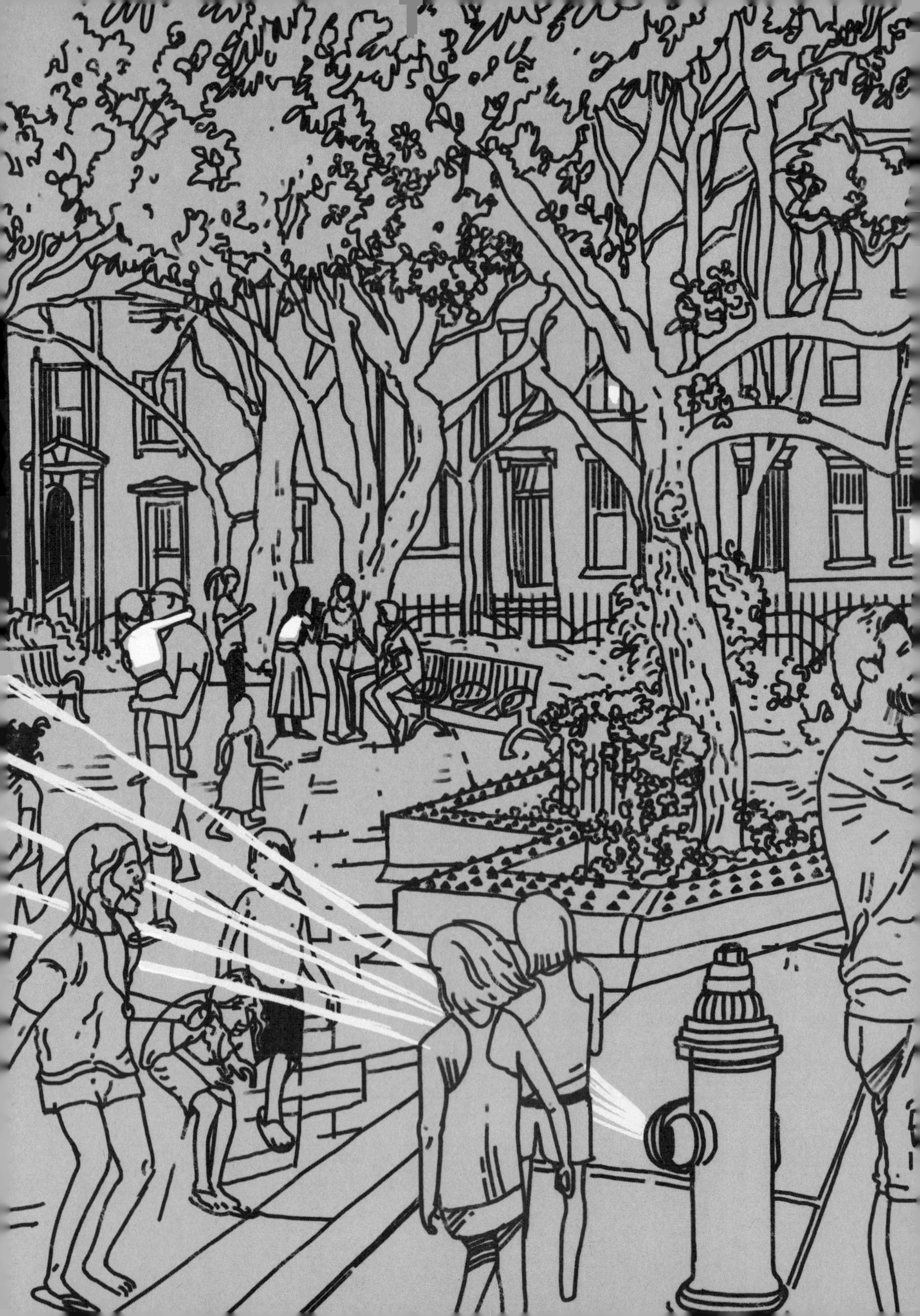

IT IS A
5 MINUTE
WALK TO
SUBWAY

KIDS
PLAY
AREA
7 MINS

RECYCLING
CENTER
10 MIN
WALK

PUBLIC

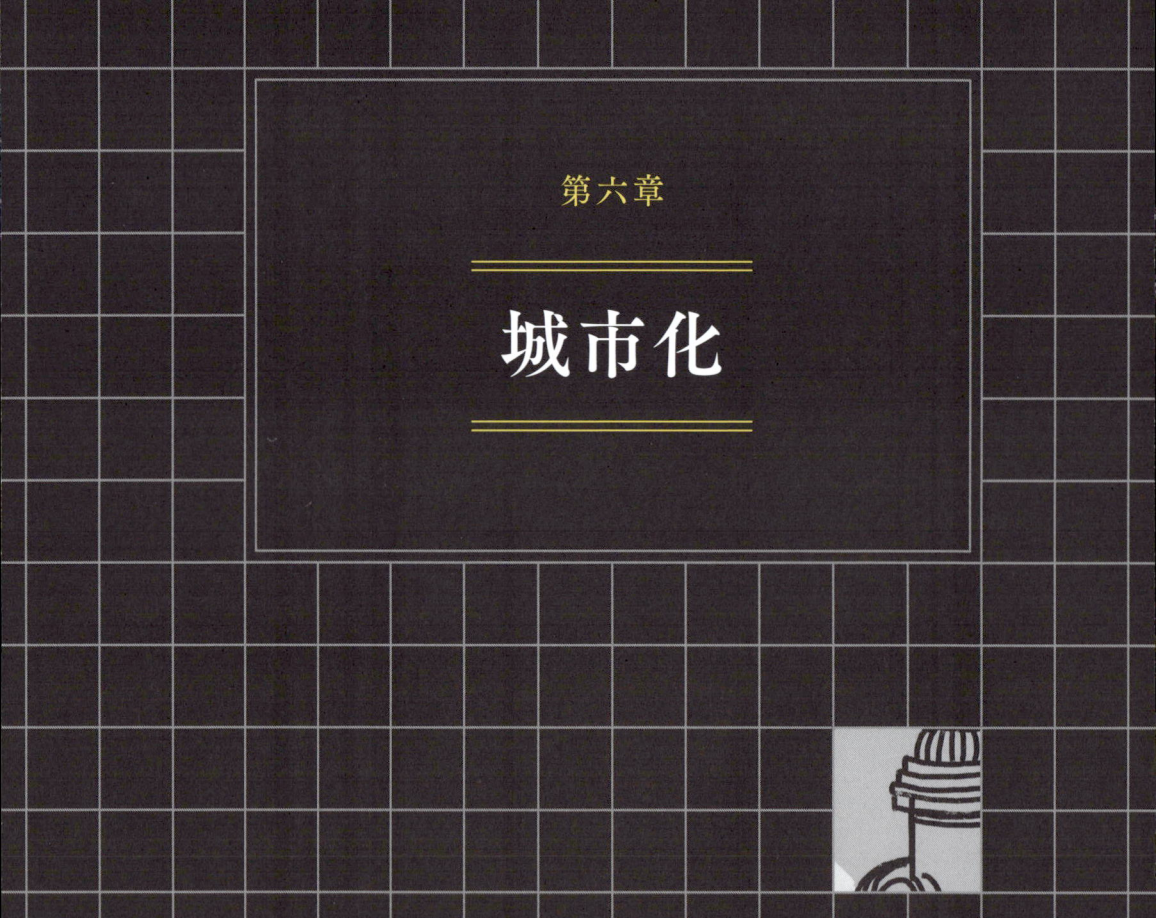

第六章

城市化

城市与其中的人总在对话。除了总体规划和大型设计，城市还在公共空间采用了一系列有针对性的、自上而下的策略，利用物体、灯光和声音来塑造居民的行为。人们对此褒贬不一。自下而上的公民干预主义者通过自己动手解决他们认为官员曾经忽视的问题来重塑城市。这有时会引发争端，并产生意想不到的副作用。对话来回进行，双方都借鉴对方的设计策略并进行了调整。

第312、313页：令人沮丧的尖头钉，游击式的标志和开放式消防栓

LOVE
VISITOR
BOAR
PROHIBI
TAXI
AT ALL T
IN JFK P
FINE UP TO
& FORFEITU
ASM-R
animal
KATEBOA

敌意

　　设计总是有强迫性的一面。在商业世界里，设计会让你购买本不需要的东西，或者按照预先设定的方式使用你的手机。城市也在通过设计来塑造我们的行为。它们在公共场所以不易察觉却毫不掩饰的方式，给"不受欢迎"的群体制造更多困难，遏制"反社会"行为。无论你是不友好设计针对的人群还是受益者，都有必要认识到我们什么时候用生硬的、有形的、不容商议的解决方案取代了人与人之间的互动。

左图：在费城的博爱公园里，滑板爱好者无视禁令

人见人爱的公园

可疑的滑板障碍物

"谢谢！有了这一刻，我这辈子都值了！"当92岁的建筑师埃德蒙·培根（演员凯文·培根之父）在旁人协助下踩着滑板穿过他几十年前设计的费城公园时，他这样惊呼道。公园的正式名字是约翰·F.肯尼迪广场，但人们都叫它博爱公园，因为公园的中心有个印刷体的"LOVE"雕塑。这个现代主义的公共空间设计相对开放、简单和合理，这使它成了一个完美的滑板场地。

滑板爱好者们对城市的体验方式与其他人不同。当他们在城市环境中穿行时，他们会看到其他使用滑板的市民留下的轮印，还有所有用螺栓固定在铁轨、建筑物和街道设施上的障碍物，它们是为了阻碍滑板而专门设计的。费城建筑师托尼·布拉卡利并非滑板爱好者，但他很欣赏滑板爱好者让这种运动与建筑环境相结合的方式。正是勒·柯布西耶这样的现代主义者偏爱的直线型的钢材、玻璃和混凝土形体，让城市成了滑板运动的理想场地。"现代主义者用光洁的花岗岩重新定义了公园里的长凳"，布拉卡利说，这种设计范式从"流动的草坪景观"转向"铺平的开放广场空间"，为滑板爱好者们提供了很好的表面、台阶和边缘。

费城的博爱公园就是这样一个空间，它有线条笔直的大理石长凳、直角花坛、狭长的台阶和可以向上倾斜成坡的台阶。公园建于20世纪60年代，在城市郊区化时代默默无闻，最初在费城市中心也没有得到太多青睐，但在20世纪80年代，滑板爱好者开始意识到它的巨大潜力，并将它变成了自己的专属游乐场。到了 20 世纪 90 年代,这里已经成了滑板摄影和滑板电影的热门取景地,吸引了职业滑板运动员来到这座城市,征服这里起伏的地面。这座公园甚至还出现在了托尼·霍克的滑板电子游戏中。所有这些关注都把滑板比赛吸引到这座城市中来。

然而,这些活动全都是非法的。警察会把玩滑板的人赶出公园,给他们开罚单,甚至没收他们的滑板。这些年来,罚款金额不断攀升,2002 年,这座公园被翻新,部分是为了浇灭人们在这里玩滑板的兴趣。花岗岩长凳被更华丽的、不适合用来玩滑板的替代品取代;长长的硬地面也被草地景观打断。加州一家专为滑板爱好者服务的鞋类公司"DC 滑板鞋"甚至向市政府提供了 100 万美元,用于支付滑板者造成的损失,只求让公园恢复到以前的状态,但这一呼吁被驳回了。

博爱公园并不是那个时代滑板反对者活动的唯一目标。21 世纪初,小型的滑板阻挡装置开始在其他城市出现,这些装置通常是能够破坏滑板所需的平滑表面和边缘的简易金属支架,但有时也更华丽,甚至伪装成城市艺术的一部分。在旧金山内河码头,滑板阻挡装置就被设计成了赏心悦目的潮汐海洋生物金属雕塑。这些装置被安在长凳、栏杆和其他会吸引滑板爱好者的平面的边缘。

对于埃德蒙·培根来说,他从来没有打算让博爱公园成为滑板运动的中心,但他非常支持这种预想之外的用途。他解释道:"对我来说,最棒的是这些年轻人发现他们可以创造性地适应环境。"一个原本相对空旷的公园以一种不同寻常的方式被激活了,对此培根很是喜欢;这份喜欢让他在 2002 年的博爱公园抗议活动中,不顾法律规定踩上了滑板。但是,即使公园最初的设计师一再用他的文字声援并身体力行地支持滑板运动,市政府还是不肯让步。

十多年后,就在博爱公园经历另一轮改造之前,该市市长于 2016 年向城市滑板爱好者送出了一份小礼物以示感谢。他暂时叫停了滑板禁令,并在气温低于 0 摄氏度的情况下将公园开放了 5 天，供最后一次滑板比赛使用。尽管天气不算好，还是有几十名滑板爱好者聚集在这里。有人撬起即将被拆除的花岗岩砖留作纪念品，这些厚重的石头提醒人们，这里曾是他们活动的中心。还有人为了生火取暖而折断树枝，最后一次在公园滑行，不用担心有人给他们开罚单或试图没收他们的滑板。

每次公园改造，滑板爱好者们都会找到新办法来适应或绕过这些新的设计，但博爱公园真正的遗产在于它对滑板公园的设计有着巨大的影响力，新的公园都会借鉴它的设计元素。尽管如此，滑板专用场地还是太刻意了，至少一部分滑板爱好者是这么认为的，在建筑环境中探索新边缘、新轨道和新机会正是这项运动的一部分。

小便的麻烦

令人沮丧的尖头钉

当乐购百货连锁店在伦敦市中心的一家分店外安装金属钉时，公众的反应迅速而激烈。该公司解释说，安装这些钉子是为了防止有人在商店门口睡觉、闲逛或做出其他"反社会"行为，但许多人认为他们的干预行为是对社会最弱势群体的恶意攻击。社会活动人士甚至在尖头钉上浇混凝土以示抗议。长期以来，驱赶无家可归者的尖头钉一直被用来防止"不受欢迎"的人群在矮墙、商业建筑前或其他可坐的空间露宿。尖头钉和其他阻碍休息或睡眠的凸起物是最突兀、最容易被发现的例子，它们通常被称为"防御性设计"或"不友好的建筑"。

第六章　城市化

并不是所有尖尖的凸起物都是为了阻拦想睡觉或闲坐的人。在阴暗的角落和小巷里，人们经常会发现水平的尖刺和倾斜的尿液导流板，这些东西的存在就是为了让试图在公共场所小便的人不痛快。德国有座城市甚至用液体反弹涂料来制造类似效果。汉堡的圣保利区以其繁华的夜生活而闻名，长期以来，这里的街道一直存在着臭味难闻和墙壁污浊的问题。因此，一批当地企业与一种特殊疏水涂料的发明者取得了联系，这种涂料能让液体反弹到小便者身上来。他们把这种涂料喷涂在建筑物的侧面，并贴上标语："别在这里撒尿！否则我们会用尿回敬。"

这类防止随地小便的策略并不新鲜。1809 年的一段话揭示了一个想要小便者的困境："在伦敦，一个人有时要走一英里才能找到一个合适的角落；因为大门口、通道和街角的主人是如此不愿通融，他们似乎尽己所能地发明了各种可笑的路障、挡板和凹槽，一个叠着一个，把尿液引到胆敢亵渎沟槽的倒霉鬼的鞋里。"伦敦和其他城市的曲折小巷里，那些生锈的旧尖刺和挡板仍然存在着。英格兰银行大楼的一个倾斜的尿液导流板就占据了一处很有利的地形，现代资本主义的批评者们很可能会在那里解手。所以，那些倒霉蛋最好还是把它放在裤子里。

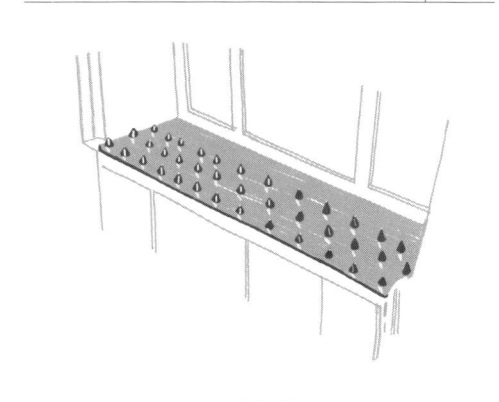

考虑到防御性设计的悠久历史和它在现代社会中的流行程度，乐购百货对公众的暴怒和连日抗议毫无防备。随后，当时任市长鲍里斯·约翰逊将敌视无家可归者的尖头钉评价为"丑陋、弄巧成拙和愚蠢"——这也许正是对某些英国首相的描述——的时候，全伦敦对它的批评达到了顶峰。最终，这些特殊的尖头钉在安装几天后就被乐购百货拆除了。尽管如此，城市里这种威慑性措施在伦敦和世界各地都普遍存在，而且常被人忽视，至少在社会活动人士或媒体呼吁人们关注它们之前是这样。

顽固的东西

让人不舒服的座椅

人们很容易将不友好建筑视为设计的失败，但《讨人厌的设计》一书的编辑塞莱娜·萨维奇和戈尔丹·萨维奇认为，设计只要取得了预期效果，就可以说是成功的。许多公共长椅都专门设计成了让人只能稍作休息、无法充分放松的样子。公园、公共汽车站和机场里那些让人不舒服的座椅就是不想让人们太舒服。人们一般认为这种不舒适是糟糕设计的副产品，但在这种情况下，不适感才是设计的关键。

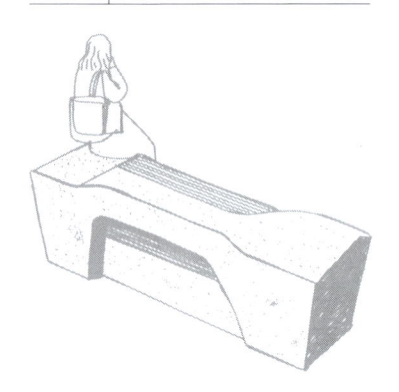

萨维奇说："一个典型的例子是座位之间安了扶手的长椅，它让你的手臂得到休息……但同时又限制了其他的使用方式。"安扶手是防止人们躺在本用于坐着的地方最常见的方法。倾斜式长椅在公共汽车站也很流行。这些座椅没有靠背，通常抬高一边形成倾斜，以防止有人真的坐下。甚至还有传闻说，某些快餐连锁店的座位被设计成"15分钟椅"——它们让人坐得不舒服，无法久坐，从而敦促顾客吃完赶紧走。

萨维奇认为卡姆登长凳是令人不快的设计中的杰作。不像尖头钉那样明目张胆地显露敌意，卡姆登长凳在外观上是无害的，尽管它疙疙瘩瘩的，也不怎么吸引人。这个长凳由工厂家具公司为伦敦卡姆登区设计，它是个棱角分明的、奇特而充满雕刻感的实心混凝土块，在意想不到的地方倾斜，边缘是圆角的。

这种座椅的复杂形状使人几乎不可能睡在上面。它能防止毒品交易，因为它没有缝隙能用来存放毒品；它能防止滑板运动，因为长凳边缘高低起伏，很难呲台（滑板运动中过障碍物的一种技巧）；它能防止乱扔垃圾，因为没有能塞入垃圾的缝隙；它能防止偷窃，因为靠近地面的凹槽让人们能把包塞到腿后，让潜在的犯罪分子难以下手；它能防止涂鸦，因为有防油漆的特殊涂层。除此之外，这种长凳又大又重，可以充当一个交通护栏。一位网络评论人称之为完美的"反物品"。

但最常见的不友好座椅形式可能更加隐秘：有些地方根本没有公共座椅。人们会发现没有地方可供休息，而这其实也是一种设计意图。在许多情况下，不友好的设计决策和所谓的"静卧法令"相结合，创造出一个不欢迎任何人稍作休息的环境。

光明之城

劝阻性照明

明亮的路灯通常被我们视为公共空间的重要组成元素；它照亮人们的道路，有助于在天黑后保持街道安全。正如城市学家简·雅各布斯在 1961 年发行的《美国大城市的死与生》一书中所指出的，在活跃的店面、热闹的人行道，当然还有路灯的帮助下，人们既能看到他人，也能被他人看到，这样,更多"街上的眼睛"就可以提高城市的能见度和人们分担责任的意识。

照亮公共空间的想法并不新鲜,古罗马人就曾用油灯照亮他们城市的街道,而中国人则通过竹管输送易燃气体来照亮古老的北京。在14、15世纪,伦敦和巴黎等城市要求市民在家门口或窗户上放置蜡烛和灯,以提供公共照明。在许多欧洲城市,人们在夜间外出时也被要求携带火把或灯笼,不是为了自己看路,而是为了向其他人表明自己没有任何不良企图。事后看来,这似乎是一种进步,但街道照明也有其黑暗面,这取决于人们怎么看待它。

1667年,根据皇家法令,巴黎任命了一名新的警察局副局长,他被授权部署更广泛、更持久的公共街道照明措施,以维护法律和秩序。并非所有巴黎人都对此感到满意,其中一部分原因是它带来了安装和维护费用。另外还有一些市民讨厌被曝光,因为他们喜欢在所谓"光明之城"的黑暗角落里从事非法活动。

公共路灯也是政治异见人士搞破坏的目标。在18、19世纪,革命者为了在暗中更自由地行动而砸碎路灯。在法国大革命期间,情况发生了变化,灯柱被用作绞刑架,用来绞死官员和贵族,因而法语中出现了"敬灯柱!"这样的表达,类似英语中那句"把他们吊起来"。

如今,照明仍被用作一种防御性设计策略,通常针对特定人群(比如四处游荡的青少年)。一个经典策略是调高灯光亮度,让场所亮得令人不舒服。此外还有其他更精细、更具争议性的策略。在英国曼斯菲尔德,莱顿·伯勒斯居民协会安装了粉红色的灯,这种灯让人皮肤上的瑕疵更明显,从而对在意自己的痤疮的年轻人很不友好。英国的一些公共厕所安装了蓝光灯,以阻止人们静脉注射毒品,因为蓝光会让人更难找到自己的静脉。在日本,地铁站试用了蓝光灯,因为理论上来说,蓝光的镇静效果可能会降低自杀率。人们很难衡量通过特定色彩照明来进行社会控制的实际效果,但这并没有阻止城市尝试各种可能的有色照明应用。

针对特定人群

声音干预措施

在嘈杂的城市里，有很多声音都是日常活动的副产品，但还有一些声音被用来阻止闲逛等特定活动。许多商家在入口播放古典乐，不是为了吸引资深的莫扎特乐迷，而是为了让那些对老气的音乐深恶痛绝的年轻人尽快离开。

不过，并非所有的声音干预都是为了让每个人听到。高频声波驱赶装置能赶走青少年，因为只有年轻的耳朵才能接收到频率那么高的声音。人们会随着年龄的增长丧失听见高频声音的能力，所以理论上，这些恼人的噪音只有十多岁、二十多岁的人才能听到。一种被称为"蚊子"的电子装置据称能阻止闲逛、破坏公物、暴力、毒品交易和药物滥用行为。它的效果得到了赞扬，但被批评为不分青红皂白地侵犯年轻人的权利。

"蚊子"是霍华德·斯特普尔顿在2005年发明的，他先在自己的孩子身上做了测试，孩子们的反应证实了"蚊子"装置确实烦人。他从小就萌生了发明这个装置的念头，当时他抱怨令人恼火的工厂噪音，他的父亲却听不到。斯特普尔顿长大后成了一名安全顾问，当他的女儿在南威尔士巴里的一家便利店被一群男孩骚扰后，他受到了女儿的启发，发明了"蚊子"装置。当斯特普尔顿免费向这家商铺的主人提供"蚊子"装置的原型时，对方正计划用古典乐来赶走这些捣乱分子。与响亮的古典乐不同，"蚊子"不会打扰所有来往的购物者，而只对店门口游手好闲的年轻人起效。

正如许多部署在公共领域的用心良苦的设计一样，声波驱赶装置潜在的副作用也被批评者一一列举了出来。他们主要担心长时间接触这类声音可能会损害幼儿的听力，尤其是他们的父母无法察觉到这一问题。还有人注意到它们对耳鸣症或自闭症患者等敏感人群的潜在影响。英国等国家的许多建筑物和市政机构，都已被明令禁止使用像"蚊子"这样的装置。与许多有争议的公共空间设计一样，这样的解决方案是针对特定群体开发的，并没有充分考虑它可能对其他更庞大的群体造成怎样的影响。

另有所图

欺骗性威慑

当西雅图市在市内的一座立交桥下安装了一排新的自行车停车架时，大多数人都认为这种基础设施是无害的。但某些观察家认为，这个特殊的选址显得很奇怪，因为骑行者不太可能把自行车放在这里。于是一位当地居民决定通过申请公共档案进行调查，其调查结果后来被刊登在西雅图的另类报纸《陌生人》上。他发现，这种表面上毫不起眼的自行车基础设施实际上是"无家可归应急响应"的产物，其资金由与无家可归者相关的项目提供。很明显，这座城市想用这些停车架来消除桥下这个潜在的露宿地，但市政当局一直在利用一个看起来作用完全不相干的幌子来努力隐藏这一真实目的。

尖钉、亮光和有针对性的噪音等明显带有敌意的元素会让一些不友好设计更易于识别，从而受到批评。人们很难对长椅扶手加以指责，因为它们至少在某些情形下有用，不管其设计是否真的受到了这种用途的驱动。不过，有一些新产品特别阴险，它们掩盖了别有用心的设计意图，公然欺骗旁观者。这种极端做法的典型例子就是在铺石板砖的区域安装的洒水器。它们看起来是城市绿化基础设施，但其实是为了驱赶不受欢迎的人群。这些设计有多种伪装形式，从实用的停车架到精心设计的公共"艺术品"，不一而足。

所有的城市设计都有防御性的元素。不过，公民有权了解这些事物的预设功能，而不是被作为掩护的功能蒙蔽。在某些情况下，城市机构已经公开表示威慑性措施是出于公众安全的需要。在波特兰市，有一列巨大的石块被摆放在繁忙的高速公路上，俄勒冈州交通部解释说，这是为了降低交通繁忙地段的事故风险，因为睡在那里的露宿者可能会被车撞伤甚至死亡。类似的干预可能引发争议，但在这个案例中，相关机构公开了他们的意图，这使公众能对其进行讨论和监督。

无论好坏，防御性设计都会限制人们的活动范围。它们还可能会给老人或残疾人带来大麻烦。有些令人不快的设计目标看似高尚，但在公共空间方面，其遵循的逻辑却有着潜在的危险。当所谓的解决方案治标不治本时，问题并没有真正得以解决，而只是被推到了另一个街区或社区。尖钉越来越多，但它针对的个体也不过是被迫四处移动，问题没有从根本上解决。在许多情况下，这些措施会将弱势群体转移到不太显眼甚至更危险的地方。不管你认为某一特定设计尽管有防御性，但能带来更多好处，还是认为它具有敌意和攻击性，重要的都是要留心了解为我们所有人而共同做出的决定。

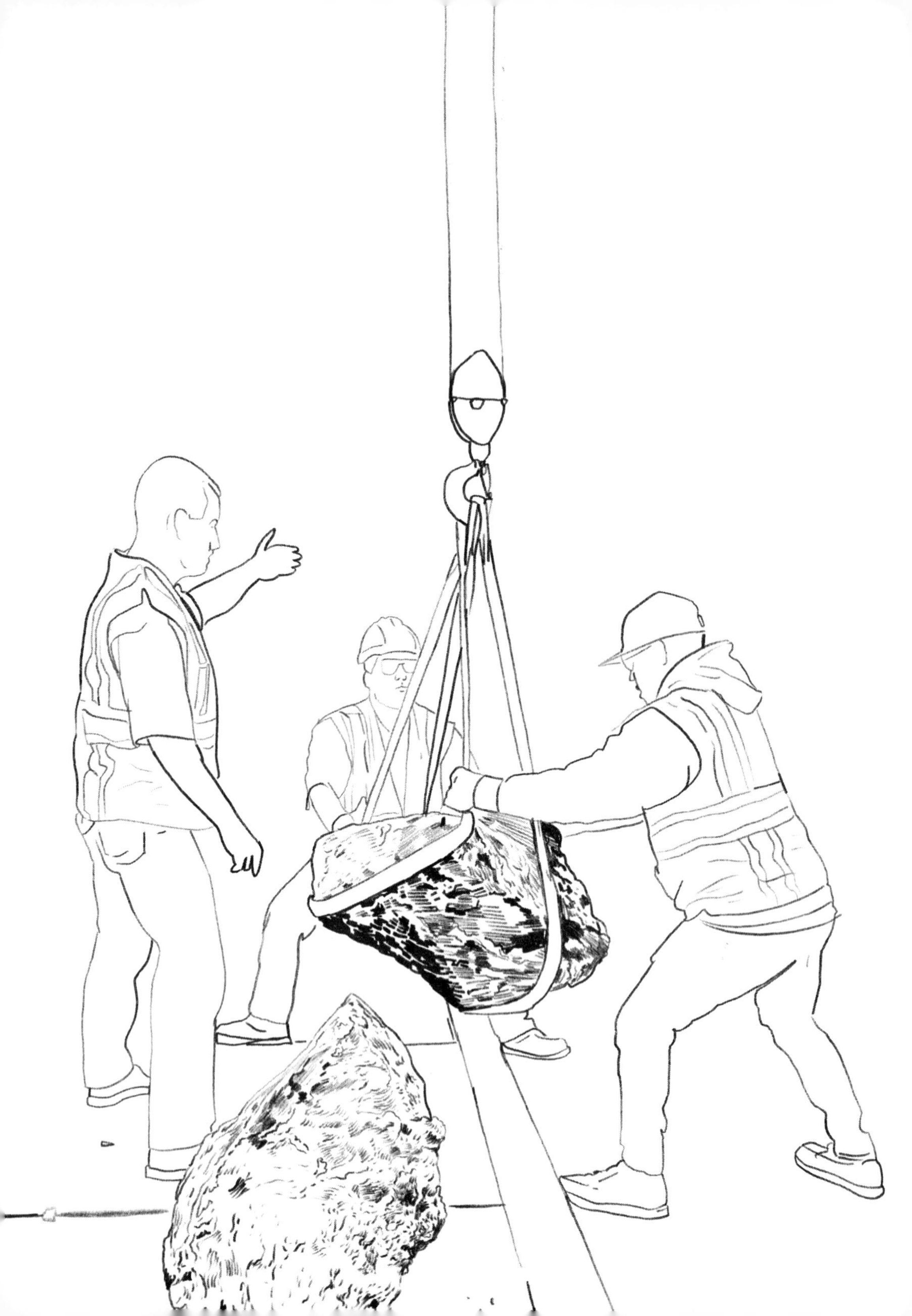

第六章　城市化

干预措施

像地铁网络和城市污水处理系统这样的大型项目，只能由政府进行有效处理。但是，为了更好地满足不断变化的市民需求而对城市基础设施进行修正、改造或调整的任何努力，都可能因为官僚主义的作风而陷入困境。有时，由普通市民实行的自下而上的小规模干预措施能够填补这一空白。它可以是任何东西——从一个改进过的路标到一条未经批准的自行车道。有些变化缘于利他主义，而另一些则缘于毫不掩饰的利己之心。找到这些人们自发实施的干预措施可能是个挑战，尤其是那些伪装成官方设施以利用人们对权威的信任的干预措施。

左图：市政工作人员在搬运市民摆放的巨石阵

游击式维修

非官方的标志牌

  每一位城市居民都能看到建筑环境中需要修理的东西，但很少有人主动去修理它们。20 世纪 80 年代，艺术家理查德·安克罗姆在开车经过洛杉矶高速公路出口时迷了路，他当时并没有多想，但他错过的那个岔道口一直留在他脑海里。几年后，当他路过同一个地方时，他发现那里依然没有出口标志，而只要有这个标志，就能帮他和其他司机驶向他们要去的地方。其他人可能会找相关政府部门的人来解决此事，安克罗姆却觉得这正好是个发挥他艺术才能的机会。他决定发起一次"游击式公共服务"行动，自己做个路标挂在 110 号公路上，并对此举保密。

  为了让计划奏效，这个路标必须看起来像是本来就属于那里，这意味着他需要测量其他官方路标的准确尺寸。安克罗姆还拿着色板与官方路标喷涂相比对，并阅读《加州统一交通管制设施手册》，以确保使用的字体正确。他甚至在他仿造的路标上喷了薄薄一层灰色油漆，使其更自然地融入它旁边的雾化玻璃标志牌。安克罗姆用黑色记号笔在标志牌背面签下了自己的大名，就像画家在画布上签名一样（但他没有在正面签名，以免被人发现这是他的个人作品）。

  经过大量的准备工作和策划，2001 年 8 月 5 日上午，安克罗姆跟一群朋友在目标地点附近集合。为了实施计划，这位艺术家剪了头发，买了一套工作服、一件橙色背心和一顶安全帽。他甚至在自己的卡车上贴了一枚磁性贴纸，让它看起来像是加州运输部的工程承包公司用车，以避免引起可能的怀疑，导致他被捕。安克罗姆架好梯子，爬上了高速公路上方30英尺高处的人行天桥，花了半个小时安装好标志。他一直担心自己会被抓，或者更糟——把工具掉在下方某个超速行驶的司机身上。最后，安装工作非常顺利，没人注意到这件事。

整件事一直处于保密状态，直到将近一年后，一位朋友向媒体透露了此事，加州交通运输部才派人去检查安克罗姆的手艺。令所有人惊讶的是，这个标志牌通过了检查，而且还被原地保留了8年。"他做得不错，"加州交通运输部的一位发言人承认，"但我们不想让他再这么做。"几年之后，当标志牌不得不更新时，加州交通运输部不仅换掉了安克罗姆的作品，还在110号公路又增设了几处I-5北出口标志。

当局对这类"维修"的反应因项目而异。警察局和市议会有时会为游击行为辩护，或者至少睁一只眼，闭一只眼，比如曾有一个人修理里诺市的运动场，还有一个人在巴尔的摩重新粉刷被忽视的人行横道线。但其他非法的人行横道油漆匠就没有那么幸运了：在印第安纳州曼西市和加州瓦列霍市，就有人因自己的行为而被捕。当局认为，这些人的干预行为并非每一次都是适当、有益和安全的。

许多案件介于根本没引起注意和导致行动者入狱这两种极端之间。更多时候，官方会在不抓捕任何人的情况下直接将干预性措施移除。纽约曾有一家名为"高效乘客项目"的组织，他们竖起了标志牌，声称要帮助乘客找到最佳出口和最快的换乘方式，纽约大都会运输署很快移除了这些标志牌。和安克罗姆一样，"高效乘客项目"组织模仿大都会运输署官方标志牌的用色、字体和版式。然而大都会运输署担心，这些标志牌效果好得过头，造成某些车厢过于拥挤，从而加剧拥堵的情况，使每个人换乘都更加困难。归根结底，这些干预措施能不能成功并长久存在不仅取决于设计的选择，还取决于官方和社会成员的反应——良好的初心和经过深思熟虑的设计会让项目走得更远。

引起注意

病毒式传播的标志牌

有的标志牌制作者为了使自己的作品看起来更像是官方制造的，会精确照搬市政当局使用的字体和布局。另一些人则不想受限于糟糕的城市设计，大胆提出了他们认为更好的设计，通过公开实施新的方案来引起人们对设计问题的关注。

和大多数在洛杉矶开车的人一样，设计师尼基·塞利安滕发现这座城市有许多难以辨认的路边停车标志。人们常常可以看到一根柱子上挂着一大堆垂直排列的停车标志。有的信息重复了，还有的要求彼此矛盾，而另一些显示了太多数据，无法有效地回答每个司机最关心的问题：我现在能把车停在这里吗？令人困惑的停车标志并非洛杉矶独有，但那里确实有着最令人困惑的例子。

塞利安滕解释说："问题在于路标上充斥着不必要的信息，比如'为什么'，却没说明最重要的信息——'是什么'。"她的对策是取消说明违规后果和注意事项的标志牌，把重点放在"什么时候可以停车、什么时候不能停车、可以停多久"上。她试图通过采用与官方标准相匹配的尺寸、用色和材料，在这个框架内打磨图形设计。这么做的目的不是为了让她的标志与周围环境里的标志看起来一致，而是为了证明她的设计是成功的，使市政府采用她的方案。她还给出了样稿，并向司机、市政府工作人员、交通工程师和色盲者征求反馈意见，找出不清晰的地方，最终验证了她的重要假设：看不懂路标内容是许多人共同面临的问题。她观察到，把最终版设计部署在一些测试点后,规范停车率提高了60%。这激励了远在澳大利亚布里斯班的政府工作人员,他们也开始用更清晰的图形设计来解决同样令人困惑的标志牌问题。

这并不是唯一一个积跬步以致千里的城市标志项目。马特·托马苏洛在北卡罗来纳州的罗利市设置了一系列步行方向标志,他的出发点是让人们意识到步行到达各处所需的时间有多短。他对他的一些朋友感到沮丧,因为他们一旦认为目的地不在合理的步行范围内,就会选择开车去那里,哪怕车程只有几分钟。托马苏洛认为,如果告诉人们实际的步行所需时间,可能就会有更多的人选择走路。在采取行动之前,他研究了现有的城市政策和法规并得出结论,他的设计干预原则上符合该市步行政策和总体规划中概述的目标。

托马苏洛考虑过申请许可,但这个过程漫长且费用太高,于是他决定自己印制一份标志牌用来测试。为了避免永久性地破坏现有的基础设施,他用扎带把自制的标志牌绑在了城市街道的电线杆上。这些标志牌简单明了地标出了主要地点的方向,并用无衬线字体标注了平均步行时长,比如"到罗利中心公墓需要步行7分钟"。这个项目很快被社交媒体和都市爱好者的博客圈注意到了。大量的曝光最初促使官方拆除了这些标志,但在公众压力下,市政府很快又妥协了。和塞利安滕的项目一样,托马苏洛的设计很快就传播到了其他城市。他还把模板和路标设计指南发布在了网站上,供其他城市参考。

这两个标志项目都是"战术城市主义"(tactical urbanism)的典范——以低成本、低风险的临时干预,获得了潜在的巨大影响。两者都是在法律的灰色地带发展起来的,虽然在未经许可的情况下竖立标志牌通常属于违法行为,但这些装置却能获得积极的公众关注和政治支持。虽然这两位设计师都直接或间接地影响了其他城市,但他们并没有致力于创建全球性的解决方案。正如许多战术城市学家发现的那样，在改善城市景观方面，寻求宽宥可能比寻求许可更好。

请求许可

打开消防栓

这是一个典型的城市场景：孩子们在户外玩耍，消防栓喷出的水花溅在纽约热浪滚滚的街道上。虽然这可能是我们共同文化想象的一部分，但撬开消防栓通常会被视为一种违法行为，破坏这一重要的基础设施可能会被处以罚款。尽管如此，今天在许多城市里，消防员仍然会在炎炎夏日里以可控的方式安全地打开消防栓来帮人们解暑。一个多世纪以来，纽约市政府以不同的方式，在不同的时间批准了这些打开消防栓的行为，这凸显了非法的干预和市政府批准的干预之间的灰色地带。

1896年，热浪席卷了美国东海岸，沿岸的城市深受其苦，因为城市热岛效应导致气温一路飙升。道路和人口密集的地方遭到的破坏最为惨重，曼哈顿下城有一千多人死亡。在电扇和空调普及之前，酷暑让市民们十分煎熬。有人甚至睡在屋顶或防火梯上，结果从建筑物上滚落下来摔伤或死亡。

在这场危机中，当时的警察局长（并且后来成了总统的）西奥多·罗斯福实行了应对措施，给市民分发免费冰块，尤其是在城市里的贫困地区。禁止在城市公园露宿的禁令也被暂时叫停，难忍酷热的市民得以在室外过夜。消防栓也被打开，以帮助清洗路面，给街道降温。住在廉价公寓的家庭举家外出，以逃离狭小拥挤、难以透气的室内居住环境。

在接下来的一个世纪里，市民在盛夏里自行打开消防栓成了纽约市的一种传统，尽管这有时也会引起争议。未经调整的高压水流会撞倒路人，或让路人滑倒，从而致人受伤。释放高压水流还会导致当地居民家里的水压下降，更不用说需要用高水压灭火的消防员了。无人控制的消防栓每分钟会喷出数千加仑[①]的水，导致大量优质自来水的浪费。

2007 年，纽约环境保护局出台了一个项目，向人们普及自行打开消防栓的危险。在夏季高峰期，他们雇佣年轻人加入消防栓教育行动小组（HEAT），向社区居民解释自行打开消防栓的风险及替代方案。"在消防栓上安装市政府批准的喷淋盖，就可以合法地打开消防栓，这种喷淋盖每分钟只喷出 20 至 25 加仑的水，"环保局解释道，"年满 18 岁的成年人都可以在当地消防站免费领取喷淋盖。"这样，市民开启消防栓这一做法从最初的市政府批准行为，演变成了一种非法的游击式活动，然后又成了一种官方批准的自助式行动，最终在两个极端之间找到了平衡。一个世纪以来，一个城市和它的市民间的对话，加上政府和民众的共同努力，最终形成了一个所有人都支持的常识性解决方案。

---

① 1 加仑 ≈ 3.785 升。

寻求谅解

巨石大战

一切都始于 2019 年底旧金山人行道上突然出现的二十多块巨石。一开始，没人知道这些大石头是用来做什么的，这些石头的长和宽都有好几英尺，大得一个彪形大汉都搬不动。大多数人都认为这些新添的石头一定是市政府的"杰作"，因为旧金山过去就曾用石头来阻拦露宿者。但很快人们就发现，这不是自上而下的强制措施，而是一种自下而上的干预，是一群当地居民为了阻止人行道上的非法活动而采取的措施。这些居民凑出了 2,000 美元，买了 24 块巨石，把它们放在了米申区市场街附近的一条人行道上。

一石激起千层浪。有当地人随即站出来支持这个巨石阵，理由是这条人行道上经常有犯罪活动。然而许多激进分子很快就站出来反对，他们认为这笔钱本可以有更好的用途，可以用更人道、更具实质性的举措来从根本上解决问题。反对者开始向市政府请愿，要求清除这些巨石。

政府没有采取行动，一位本地艺术家丹妮尔·巴斯金便在 Craigslist（克雷格清单）网站上发布了一则分类广告，将这 24 块巨石免费提供给想要取走它们的人。她开玩笑地表示，自己是石头的主人，她写道："我们正在处理我们收藏的漂亮的景观石，因为我们意识到家里没有足够的空间存放它们。我们把这些石头留在了外面的路边。"她在帖子里故意吹嘘道："这些石头个性十足，有褐色和灰色的，上面还附着新鲜的苔藓。"

随着关于巨石的争论逐渐升温，一些激进分子自作主张地把石头挪到了旁边的车道上。深陷争议的旧金山公共工程部派出发言人，表达对这些阻碍交通的大型障碍物的担忧。于是，市政工人终于介入了，但他们并没有像很多人想的那样把石头移走，而是把它们放回了人行道。显然，他们认为这些石头的摆放是符合城市管理条例的，因为它们给行人留出了足够的空间行走。

然而，巨石之争并未就此结束。在随后几天里，激进分子们又把石头移回了车道，接下来市政工人继续用重型机械把它们吊回人行道。当市政府以维持治安为由，用圆锥形路障和黄色胶带拦住路面时，有人开始用粉笔在石头上写下信息，为被这些巨石驱离的无家可归者辩护。"不帮助那些比我们更需要帮助的人，无异于盗窃。""我的邻居像是陌生人，但我们本可以做朋友。"有些居民质疑这些反对巨石的留言，认为这些石头本是为了威慑当地那些危险的毒贩，而不是露宿街头的无家可归者。

到最后，事情令人忍无可忍，市政府官员出面结束了这场西西弗斯式的战争。旧金山公共工程主管穆罕默德·努鲁对《旧金山纪事报》说："应居民要求，我们会搬走这些大石头。"当被问及原因时，他解释说"一些居民觉得他们受到了巨石反对者的攻击"。简而言之，那些为巨石集资的居民，从感到受毒贩的威胁变成了害怕激进分子的骚扰，这些激进分子反复移动巨石，将整个事件置于聚光灯下。市政府会移走并收起这些石头，而费用由纳税人承担。在这之后，这段备受争议的人行道仍前途未卜。努鲁补充说，公共工程部"将支持居民想做的任何事情"，这可能意味着更大、更难移除的石头。

现在，一切回到了原点，巨石消失了，只在人行道上留下了一些划痕。不过，这场冲突在整座城市都引起了反响，激发了市民对打击犯罪和解决无家可归等问题的兴趣。放置石头的人可能并没有取得他们期待的成果，却启动了围绕城市问题展开的更广泛的讨论，并以一种意想不到的方式制造出了巨大的影响。

合法化行动

中庸之道

奥克兰居民丹·史蒂文森从来不是那种发现自家附近有毒贩或卖淫者就报警的人。他对很多犯罪行为都波澜不惊，但他不能忍受不断出现在他家对面的垃圾堆。当市政府在他家旁边的十字路口设置了一个永久性的交通分流装置时，无论多少标志牌都无法阻止有人把不需要的家具、衣物、垃圾袋和各种垃圾丢弃在这片新铺好的混凝土地面上。有垃圾的地方总是会吸引更多垃圾，这里的垃圾越堆越多，政府却对此不闻不问。

因此，丹·史蒂文森和他的妻子露商量了各种方案，并决定尝试一种不寻常的做法：他们自己动手清除了垃圾，并在那里立起了一尊佛像。当播客《罪案》的主播菲比·贾奇问他们为何要选这个宗教人物时，丹的解释是："佛是中立的。"他指出，人们可能认为像基督这样的人物是"有争议的"，但他觉得佛不太可能成为争论的焦点。于是，露去五金店挑了一尊佛像，然后由丹在上面钻孔，在佛像内部用树脂材料安上钢筋，把它固定在地面上，再把它安在他家旁边那片无人看管的空地上。

有一段时间，佛像只是坐在那里一动不动，一切都没有变，但几个月过后，丹发现它被漆成了白色。很快就有人献上水果和硬币等供品。时间推移，佛像也一直在变，它被涂上金漆放在神坛上，最终人们把它供奉在了建筑中。奥克兰市越南佛教社区的成员一大早就出现在雕像前上香祈祷，游客们也来参观佛像，有时游客乘坐的巴士甚至都挤不进这条民宅小巷。当市政府想要拆除这座雕像时，社区不同意。附近地区的犯罪率也有所下降，不过

这种变化在多大程度上可以归因于这尊雕像还有待商榷。

这个空间得到的许多关心和改进都来自一位越南裔移民——武维纳，她在社区的帮助下照料佛像和神龛。武在越南战争中失去了家人和朋友，也失去了村庄里伴她成长的神龛。她于1982年逃离祖国，前往奥克兰，后来又在2010年听说了这座佛像。有人建议，武可以照顾它，把佛像周围的空间改造成一个聚会和祈祷的中心，就像她在几十年前与之告别的礼拜场所一样。多年来，佛像周围出现了更多东西，有标志牌、灯、旗帜、水果碗和其他雕像。夜幕降临后，在几个街区外就能看到旋转的LED灯照亮了这片扩张的神龛建筑群；走近就能闻到，空气中弥漫着香火的味道。

如今，神龛边上倚着一把扫帚，周围的地面会有人定期打扫。有人可能认为最初佛龛建立的初衷带有防御性，意在阻止某些不良行为。不过最终，它成了一个积极的社区场所，受到佛教徒和其他邻居的赞赏。丹·史蒂文森说："它已经成了整个社区的标志。"他注意到有很多"非佛教徒人士也来了，并对着佛像说话……这太神奇了"。事实证明，佛生佛——这附近的其他十字路口也开始出现新的佛像和神龛，这与佛教的理念不谋而合，即每个人都需要努力救赎自己，而不是依赖他人（如市政府）来代劳。

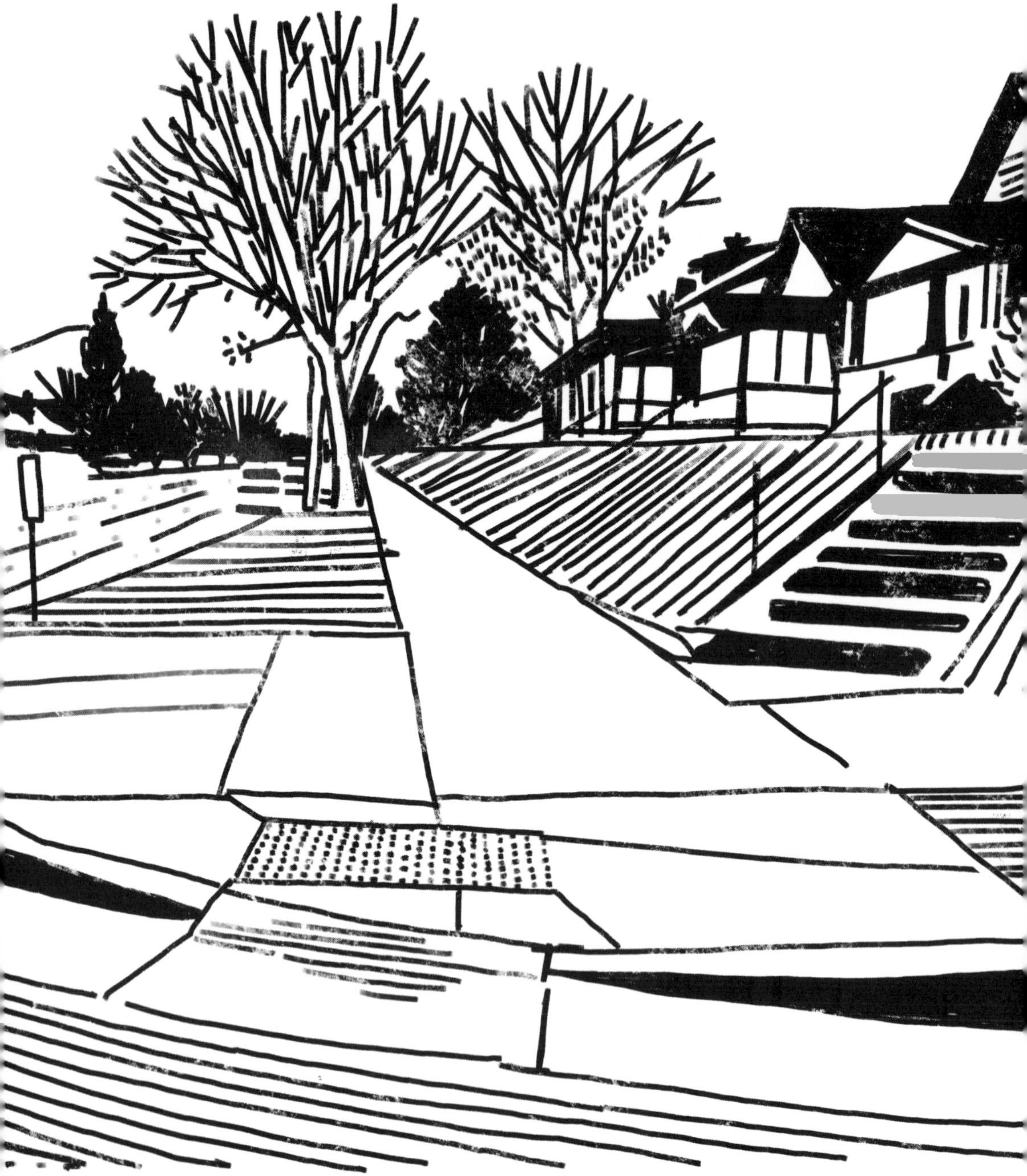

催化剂

　　一些城市干预措施旨在解决当地的日常问题，而另一些干预措施则是为了激起回应和引发辩论。如果处理得当，后者可以围绕共享空间和无障碍问题等事项展开对话，其催化作用会比一次性的、零敲碎打的解决办法影响更深远、更有力。由合适的行动人士或艺术家就建筑环境发表激动人心的宣言，会对公众产生不可抗拒的吸引力，以至于有时候会驱使当权者关注这些声音，说服他们做出改变。

左图：住宅街道拐角处的路缘坡，方便人们出行

爬上斜坡

路缘坡

不使用轮椅或没推过婴儿车的人往往认为路缘坡的存在是理所当然的，但在 50 年前，连接马路和人行横道的小型人行坡道还少之又少。在活动家埃德·罗伯茨年轻时，大多数路口的人行道都是直直截断的，这使得他和其他轮椅使用者很难在无人帮助的情况下在不同街区之间通行。

20 世纪 40、50 年代，罗伯茨和家人一起生活在旧金山附近的一座小城，他是家里 4 个孩子中的长子。14 岁时，他被诊断出患有脊髓灰质炎，颈部以下几乎完全瘫痪。他大部分时间都待在一个"铁肺"——一台帮助他呼吸的巨大机器——里面。他需要其他人的帮助才能在室外四处活动。在楼梯和路边，他的母亲有时不得不向陌生人寻求帮助，把他抬上抬下。

第六章　城市化

1962 年，当罗伯茨申请入读加州大学伯克利分校时，学校最初拒绝了他，部分理由是校方不确定他能否带着"铁肺"安全地在校园里生活。不过最后他被录取了，并搬进了校医院。他的故事成为全国性的大新闻，校园里开始出现更多残疾学生，常有带薪服务人员帮忙抬着他们的轮椅上楼梯、进讲堂。

所有这些都发生在 20 世纪 60 年代，"那是一个充满抗议、改革和变化的时代"。残疾文化研究所的联合创始人史蒂夫·布朗这样回忆道。在伯克利校园里，收容残疾学生的医院也成为一家热忱、大胆的活动组织"轮转四人组"（Rolling Quads）的总部。与全国各地的类似团体一样，他们发起倡议，推动残疾人士享有平等的公民权，包括受教育、就业、获得尊重，以及更好地融入公共生活的权利。

当时，物质世界还远未达到无障碍的状态，只有一些地方在残疾退伍军人敦促下，由政府机关和接待他们的机构建立了一些无障碍坡道，但这些都是特例。随着 20 世纪 60、70 年代的到来，一拨年轻的残疾人活动家不愿再等待官方的行动。罗伯茨和"轮转四人组"其他成员在夜幕下坐着轮椅与随从在伯克利校园里穿行，用大锤砸碎路边的障碍物，自己建造坡道，以此迫使城市采取行动，这个故事至今仍在流传。20 世纪 70 年代，曾为伯克利分校残疾学生提供服务的埃里克·迪布纳说："我觉得午夜突击队的故事有点夸张，我们只是将一两袋混凝土搅拌均匀，把它们浇在最有利于改善路线的拐角处。"由于这件事发生在晚上，物理干预措施可能是微小的，但它的影响是强烈而持久的。

"轮转四人组"在日常工作中取得的大部分进展都是官僚性质的，包括 1971 年向伯克利市议会发起的请愿。当时还是政治学研究生的埃德·罗伯茨也参与了抗议活动。他和盟友坚持要在伯克利的每个街角削出路缘坡，当市议会于 1971 年 9 月 28 日宣布"街道和人行道的设计和建造应方便残疾人在主要的商业区内通行"时，这次号召引出了世界上第一个大规模的路缘坡计划，该提议获得一致通过。

到了20世纪70年代中期，残疾人权利运动进一步发展蔓延，除了路缘坡计划，公共汽车上的轮椅升降机、楼梯旁的坡道、公共建筑中方便残疾人触摸的电梯按钮、无障碍浴室，以及能让坐轮椅的人与柜台里的人面对面说话的矮式服务柜台等设施也逐步建立。1977年，抗议者同时涌入了10座城市的联邦办公大楼，敦促政府用联邦资金履行被忽视的保护残疾人规定。旧金山的这场抗议演变成长达一个月的静坐示威，新闻报道不断，在政府采取行动之前，人们坐在轮椅上拒绝离开。几年后，坐轮椅的示威者公开用大锤砸碎了丹佛的混凝土路缘石，他们的激进精神和"轮转四人组"一样。

社会活动家们了解到，这种公开展示是引起公众关注的有力工具。当1990年的《美国残疾人法案》在众议院被搁置时，残疾人示威者离开轮椅，爬上国会大厦的大理石台阶，亲身证明了他们在一个排斥他们的建筑环境中所面临的挑战，这一做法使法案最终获得通过。

《美国残疾人法案》并不是第一部旨在为残疾人消除障碍的联邦法案，但其影响范围是前所未有的。它规定所有向公众开放的地方，包括企业和交通基础设施，都要为残疾人提供进出通道和便利。当然，它有限定条件：该法案只要求雇主和建筑商"在合理的情况下"这么做。这增加了模棱两可之处和很大的回旋余地，直到今天，哪怕在伯克利，也不是每个十字路口都有路缘坡。不过，这仍然是朝正确方向迈出的重要一步。在1990年的法案签署仪式上，乔治·H. W. 布什总统结合当时柏林墙的倒塌发表了强有力的讲话。"现在我签署了一项法案，用大锤砸碎了另一堵墙，这堵墙已经让几代美国残障人士与他们可望不可即的自由分隔开。推倒这道墙，我们将再次欢欣鼓舞，携手昭告：在美国，我们将不接受……对歧视的借口或容忍。"

加州大学伯克利分校的工作人员曾认为埃德·罗伯茨的生活自理能力太

差，不适宜大学生活，但他不仅完成了硕士学位，还留校任教，并与别人共同创立了"自立生活中心"——一个残疾人服务组织，后来它成了世界各地数百个组织机构的榜样。他还结了婚，生了一个儿子，然后离婚，获得了麦克阿瑟奖，并管理了加州康复部近10年。罗伯茨在56岁那年因心脏骤停去世，那时他已是国际公认的残疾人士自立倡导者。今天，他的轮椅被存放在史密森尼美国国家历史博物馆，并在博物馆的网页上醒目地展示。但是，对他的遗产最广泛也最有意义的纪念在美国各地成千上万的街道拐角处都可以找到，这些纪念提醒我们，战术性的干预可以改变人心、思想，并最终改变城市。

骑车上路

清除汽车

20世纪60年代，一个名叫海梅·奥尔蒂斯·马里尼奥的年轻学生离开他的祖国哥伦比亚，到美国攻读建筑与设计学位。回到波哥大时，他发现在海外游历过后，自己能以一种全新的眼光看待家乡。马里尼奥回忆说，"我感到很震惊，因为我发现我们哥伦比亚在走美国城市发展的老路"——这条路曾导致美国的城市被汽车所主宰。他坚信，人们必须采取一些措施，来防止这一历史在波哥大重演。

本着当时的时代精神，马里尼奥开始把骑自行车的权利视为公民权利。对他来说，骑自行车不仅体现个性，还体现了"妇女的权利、都市的流动性、简单性、新都市主义，当然，还有环境意识"。马里尼奥接触过美国的抗议文化，于是他组织当地骑自行车的人竖起路牌，并被批准暂时关闭两条主街，将它们向骑车的人和行人开放。于是，第一条自行车道诞生了，它的影响从此辐射开去。40年后的现在，每逢周日和公共假日，波哥大市都会关闭庞大的路网系统，禁止汽车通行，为跑步者、玩滑板者和骑自行车的人创造一个广阔的"路面公园"。这些每周举办的Ciclovía（西班牙语的"自行车道"）活动吸引了高达200万人走上街头（约占全城人口的1/3），享受70多英里被重新利用的道路空间。

城市和区域发展教授塞尔希奥·蒙特罗认为，"自行车道"可以向城市居民和设计师们展示充满各种可能的新世界。在他看来，问题出在市民已经习惯了以汽车为中心的城市。"人们以为城市本来就是这种样子，所以认为街道应该为小汽车服务……这也很正常。"自行车道打破了这一切，用实例示范说明在机动车被禁止横行霸道的同时，空间还可以有许多其他的使用方式。波哥大的自行车道能够在历届政府的管理下持续存在，这很大程度上归功于它毋庸置疑的受欢迎程度。公众的参与和支持在很大程度上推动了它的发展，同时也激发了全球类似团体和游击式骑行者的各种努力。

有些活动人士已经成功地推广了全市性的类似项目，另一些团体在对自行车的基础设施进行逐步的改善。在湾区，面对接二连三的骑行者死亡事故，一个名为"旧金山变革"（SFMTrA，不要与SFMTA混淆，后者是旧金山交通运输局）的组织用摆放圆锥形路障的方式在路面上划出自行车道。这种游击式的干预通常是暂时的，最终会被市政府推翻。不过有一次，当该组织在金门公园旁边安装一排弹性防撞柱以拦出一条更安全的自行车道时，市政府的反应是将这一举措正式化。该组织的目标不仅是让在这一地点骑车的人更安全，他们还想向众人展示，做出真正的、持久的改进是多么便宜和容易。其他城市的游击式活动人士也尝试过类似的干预措施，但效果不一。在堪萨斯州的威奇托，曾有一队人将120个马桶搋子粘在路上，隔出了一条临时的自行车道,以此提高民众的意识。在西雅图,市政府先是拆除了活动人士安装的一组自行车道标杆,随后又为此道歉,并最终安装了永久性的替代物。

污染、健康、噪音和空间是推动自行车骑行的因素,但这些工作还涉及城市设计史和城市本质更深的问题。"我们首先得记住,一个多世纪前,所有城市都没有汽车,"《无车城市》的作者 J. H. 克劳福德写道,"汽车从来就不是城市的必需品,而且在许多方面,它们违背了城市将许多人聚集在一个空间里,以使社会、文化和经济协同发展这一根本目标。而由于汽车出行和停放需要太多空间,所以汽车只能促使城市扩张来提供它们所需的土地,(由此)违背了这个目标。"

在骑自行车的人和行人继续为他们在城市空间中的份额而斗争的同时,新的出行方式也使事情变得更加复杂。个人电动滑板车有可能提供另一种低能耗、节省空间的城市交通方式,但随着电动滑板车共享服务的日益普及,人们对它颇有异议。其中一部分问题是,有些电动滑板车用户把车放在人行道上,因而阻碍了行人。在辛辛那提,一家名为 YARD & Company 的机构尝试在铺砌区域喷涂了一系列"鸟笼"图案(一家制造和安装滑板车的公司就叫 Bird)。这样做的目的是鼓励人们把电动滑板车停在更安全的指定位置,使其远离自行车骑行者和行人。

撇开对电动滑板车的批评不谈,降低城市里的汽车数量,转用自行车和其他多元联合运输方式,被普遍认为是对市民和环境都好的方法。尽管如此,我们最好还是对汽车主导空间的替代品保持冷静的思考。活动者们主导的干预措施往往更有利于其同类的生活方式。骑自行车的人自然而然地倾向于推广自行车基础设施。然而,最好的干预措施是调动整个社区,并利用当地资源来推动设计,从而为有着不同经验、偏好和观点的居民提供服务。

停车位

改造小公园

当旧金山雷巴尔艺术设计工作室的设计师们将草皮铺在路边的人行道上时,他们根本没想到这会引发一场全球性的运动。他们的灵感部分来自戈登·马塔·克拉克的作品,这位艺术家早在20世纪70年代就在纽约市购买了一系列小到无法建任何房子的迷你地皮和无法进入的空地。他一直对未得到充分利用的地方和各种边角地块感到着迷,比如街道与房屋之间易被忽视的狭长空地。几十年后,雷巴尔工作室试着用不同的方式探索城市,他们针对城市社会学家威廉姆·H.怀特所说的"尚未被想象力开发的巨大空间宝库"做了一些新的尝试。

在寻找城市景观中未被充分利用的土地时,雷巴尔工作室认为停车位是个尝试的机会——毕竟,这些停车位通常都是可出租的空间,却常常因为没人租而空在那里,这似乎是一种浪费。他们投入了一点小钱,在停车位上增加了草坪、座位和一棵盆栽,然后站在一旁等着看人们走近他们打造的这个小公园。一位参与者后来回忆说,当一位对此感到疑惑的停车管理员发问时,小公园的制造者成功地解释说他们已经付过停车费,因此哪怕他们以非传统方式使用停车位,也是合法的。

随着小公园的样式传播开,这个临时建筑的影响力迅速扩大。雷巴尔工作室开始接受对类似的干预措施的需求,并为那些希望在其他城市复制或扩展这类装置的人出版了指导材料。当小公园制造商遇到阻力时,他们当中的许多人发现,相对于昂贵的永久性改造,临时试点项目更容易得到市政府的准许。无论出于什么原因,哪怕其他方法都失败了,争取到一个小公园也算不上有多成功,这些低成本装置还是很容易被拆除和替换。旧金山市此时也加入到这场运动中来,每年举办一次"公园日"活动,并通过"路面公园计划"鼓励人们提出更多关于铺设空间的倡议。

许多小公园的设计越来越精致,从迷你高尔夫果岭到可攀爬的雕塑,无所不包。除了官方许可的停车位渠道,还有一些停车位经营者也在寻找系统漏洞和变通对策,比如把垃圾车改造成带绿化的可移动小公园,然后申请到合法的垃圾车停车许可证,以便长期将可移动小公园停放在路边。小公园从最初的一个实验逐渐演变成一个原型,然后发展成更通用的类型。

有几个因素促成了城市小公园理念的传播。有人估算,美国有高达20亿个停车位。由于停车位数量比汽车多得多,一些人认为在人口高密度地区,利用率低下、享受城市补贴的停车位可以用于有效地扩大人行道上的社

交空间，给各种活动腾出更多空间。从城市经济学的角度看，这些迷你公园对邻近的店铺也大有益处：事实上，已经有城市把空间让给那些愿意投入资金和精力创建小公园的本地企业。

虽然这听上去像是个人人都能从中受益的协同策略，但对这种在Instagram（照片墙）上火起来的项目，我们有理由保持警惕。某些本地企业经济前景的改善可能会导致像旧金山米申区这种街区租金上涨，而在那里，小公园很受欢迎。因此，虽然对一些人来说这些停车位提供了便利，但在其他人看来，它们加剧了社区的中产阶级化。而且，正如戈登·C.C.道格拉斯在《自助式城市》里指出的，即使小公园在技术上是公共场所，但它们"对那些没有能力或不愿买东西的人来说，可能一点也不友好，也不方便"。在咖啡店附近、与之有着协调美感的小公园从视觉和感受上来说像是这个私人场所的延伸，而并非公共设施，它是为喝拿铁的精英们打造的，而不是对每个人都同样开放和有吸引力。

小公园和类似的项目如此成功，还获得了官方认可，这让人不禁想问，谁才是这些设计的服务对象，更不用说有些人本来就不太可能因为尝试游击式干预而被捕。道格拉斯认为："官方对许多自助式城市设计行为背后的文化价值观的接受或许是以牺牲现有社区为代价的，而在很多方面，社区话语权可能会因为自助式改造行为进一步被压缩。"在米申区这个案例中，外来精英可能喜欢新的小公园（以及相关的时尚店铺），而那些长期住在这里的人则未必。

道格拉斯的基本观点是，无论是市政府还是自助式城市建设者，都会根据个人喜好来改造社区。无论是创造性的停车位、自行车道，还是农贸市场，当人们以为任何流行的"改进措施"都无疑是好的时，我们就应该谨慎。无论是好还是坏，所有的城市改造项目都会引发文化震荡和连锁效应。在评估这类城市干预措施时，道格拉斯建议"对我们正在建造的空间的社会特质、对'谁受益'和'谁被排除在外'保持一种批判性的眼光"。除此之外，这也意味着我们应该让真正受影响的社区参与到设计过程中。

嫁接

草根园艺

旧金山一家另辟蹊径的城市农业组织将观赏性树木变成了可以结果的绿植，让简单的园艺活动变成一种创造性的非暴力反抗行为。整个过程是这样的：在现有的行道树上切开一道小口子，让勤劳的嫁接者从其他果树上取来活的树枝嫁接上去。这些嫁接的枝条随即成为行道树的一部分，最终结出可食用的果实。这方法可算是一种"游击园艺"——这一术语源于绿色城市行动主义，可以追溯到纽约市。

20世纪70年代初，曼哈顿下城的活动人士开始将空置土地改造成社区花园，从小规模的战术干预开始，然后扩展到更大的项目。一位住在曼哈顿下东区的艺术家利兹·克里斯蒂与其他人共同创立了一个名为"绿色游击队"的组织。一开始，这些人把装满肥料、种子和水的"种子炸弹"扔进废弃的空地，随着活动的深入，他们还接管了鲍厄里和休斯敦交界处的一片空地，将它清理出来，种上花卉、树木、水果和蔬菜。该组织随后向纽约市住房保护和发展部门发出申请，将这里正式命名为鲍厄里休斯敦社区农场和花园。为了纪念利兹·克里斯蒂，这个地方被重新命名，并由一群热心的社区志愿者继续维护。

把闲置空间变成社区用地的想法已经在世界各地推广开来。游击园艺指的是一系列非正式的绿化项目，包括仍在进行的种子炸弹计划，目的是在荒地、道路中央分隔带和其他寸草不生的地方种植有生命的植物。这些"绿色手榴弹"中的内容物千差万别，其中既有出于生态考虑而选择的本地物种，还有精心挑选的、能在不同时节陆续开花的混合种子。还有些活动人士和艺术家开始在垂直表面种植绿色植物，其过程颇似绘制壁画。创作者将乳酪、园艺凝胶和碎苔藓等成分混合起来，制造出一种有机"涂料"，然后将其涂在旧混凝土墙等表面上。最终，这些有生命的艺术作品慢慢生长成了高调而大胆的视觉宣言。

有人认为，许多这样的工作与其说是为了对城市生态产生持久的影响，更多是为了通过艺术表达吸引眼球，但并非所有游击园艺项目都华丽夺目。许多成功的干预措施之所以能持续，是因为有深思熟虑的计划和执行方案，还有对当地环境的细致了解。加州游击园艺师斯科特·邦内尔耗时数年在道路中央分隔带和高速公路上种植芦荟、龙舌兰等耐旱植物和各种有着异国情调的多肉植物。在很大程度上，他因创立"南加州游击园艺俱乐部"而获得了赞誉。他们甚至向政府官员请愿，要求获得市政用水，使这些适合在当地生长的植物能够保持健康。

再说旧金山，人们可能会期待市政府对果树嫁接做出同样积极的反应，但该市的游击嫁接者有意保持低调，以避免官方审查。他们没有绘制地图，避免让人们找到他们曾经改造过的树木。他们的干预只有开花结果后，才能显现出来。之所以采取如此隐蔽的形式，是因为他们有充分的理由担心市政府可能会取缔他们的作品。从表面上看，把装饰性的树变成结果实的树似乎是积极的贡献，但从城市角度来看，这种行为破坏了市政目标。

尽管旧金山市有成千上万棵苹果树、李子树、梨树和其他果树，而且公共果树总计10万多棵，但为了避免吸引动物和造成混乱，这些树木都经过了不育处理。结果实的果树意味着城市维护人员要投入更多工作，来清理掉落在地面上的腐烂水果。嫁接者则认为，他们正在帮助解决城市食物短缺问题，同时提高人们对新鲜水果可获得性的意识。在许多自上而下的计划和自下而上的方法的交叉点上，都会出现这种紧张的关系：对于一个城市能做什么、应该做什么、应该如何为市民服务，各种愿景之间产生了冲突。

多伦多等其他城市的非营利组织——比如"离树不远"——提供了调解这种紧张关系的潜在模板。多年来，这个组织一直致力于将志愿采摘者与城市周边区域的果树供给网络配对。志愿者采下的水果被分配给拥有果树的居民、采水果的人，以及食品银行、社区厨房和其他类似的机构——这种帽子戏法开发出了一个巨大而分散的城市果园。

出格

合作建设场所

就像人在草地上用脚走出的期望路径，人和车在雪地上留下的痕迹向城市观察家和设计者展示了人们是如何在城市中穿行的。在一些公园，官方会根据冬天的行人足迹决定该在哪里铺设小路。当汽车在冬季道路上的冰雪中行驶时，会轧出一条狭长的车辙，在两侧留下积雪"围脖"。作家兼活动家乔恩·吉廷多年来一直在费城拍摄积雪时人行道朝车道延伸的样子，他强调车辆实际上只需占用很少的路面空间，并倡导更有效地对未充分利用的地方实施改造。他的影像记录不仅引起了人们对这些地区的兴趣，实际上还帮助城市行动主义者重塑了费城和其他地方的一些十字路口。

吉廷第一次关注城市规划问题是在 2007 年前后，当时纽约市正"通过

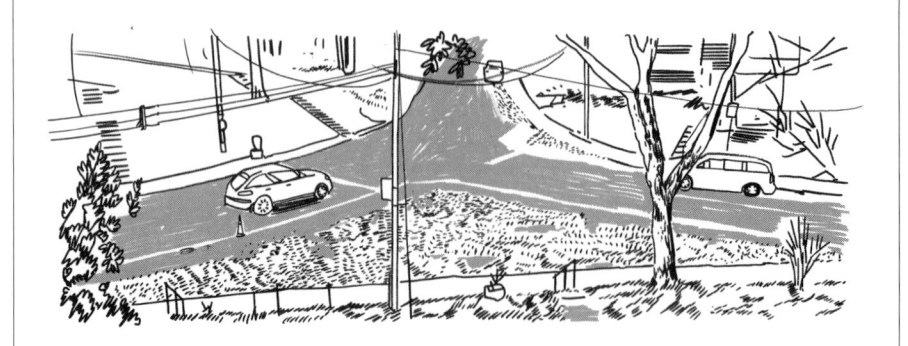

时代广场无车日和步行广场项目等举措，积极地改造街道"。在接受库尔特·科尔施泰特的播客"99% 视线之外"采访时，他回忆道："关注这个政治舞台的时光相当激动人心。"从那时起，他还开始阅读 Streetsblog（街道博客）网站，其创始人阿龙·纳帕斯特克开创了"雪地扩展"（sneckdown）①一词。吉廷后来搬到费城，开始记录雪地扩展。他在那里拍摄的照片被用于一场社会运动，说服市政府重新规划某个混乱而危险的十字路口。后来第 12 街和莫里斯街交叉路口的改造真的缩短了行人过街时间，令机动车交通更加平稳，路口的绿地也变多了。吉廷认为是当地其他的城市倡导者把他的照片变成了现实，其中包括"费城最早的城市倡导者之一"萨姆·谢尔曼，是他把吉廷拍的照片带到商业和街道部门，向市政府官员陈述吉廷的观点。

从那以后，吉廷和他所在的鱼镇社区协会一起，为建造其他由雪地扩展驱动的步行广场而努力，而当时，记录雪地扩展并使用类似方法推动城市变化的想法已经传开。其他城市的市民也纷纷在路口给因积雪而瘦身的车道拍照，并用这些照片敦促官方重新设计街道。

---

① 由 snow（雪）和 neckdown（路缘扩展）合成，指在下雪后的街道上，车辙显示的车辆行驶范围比实际的车道要窄，而人行道则更宽。sneckdown 的支持者据此提议重新考虑街道的设计，拓宽人行道，缩窄车道。

在不下雪的地方，市民也想出了其他办法来收集数据，记录车辆所需的空间。几年前，一位多伦多居民就在他家附近用粉笔和树叶这两样东西将人行道的路缘拓宽到车道上。他的"树叶扩展"看上去就像路边排水沟里溢出的落叶，这一方法确实缩窄了车道。他用粉笔画线，进一步引导司机驶入重新设定的车道。虽然仍有些人开车碾过落叶堆，但许多司机都尽量保持在压缩后的车道内行驶。该项目的发起者因此得出结论：在同一地点永久性地给车道"瘦身"能释放多达 2,000 平方英尺的空间。

虽然拍摄积雪是合法的，但大多数城市都不赞成人们阻塞街道，哪怕只是暂时的。但是，做这类项目的活动人士在他们熟悉的区域开展活动，不管是铺落叶，还是挪动有争议的巨石。《战术城市主义》的作者迈克·莱登和安东尼·加西亚在书中很好地记录了这些故事。吉廷援引莱登的观点时指出，在很多情况下，"公民主导的干预措施往往具有一定的持久性，即使是非法干预，也往往不会被消除"。

回到费城后，吉廷很高兴他所在的城市"如今拥有了一个由市民发起建立步行广场倡议的程序，即使当地官员不同意，人们也有一个提出想法的途径。"然而，并不是所有大都市都有这样的选择；他观察到在那些没有这样清晰的途径的地方，"非法改变街道是个不错的方法，市民可以提请城市管理部门关注他们可能不知道或忽视了的问题。"如果你能想出一个对策，"很可能别人也有同样的想法，临时测试是个特别棒的办法，这让你有机会认识那些人，并组织更持久的变革。"关于如何塑造城市，没有唯一"正确"的方法，但采取行动、观察结果、分享知识、与其他市民协作宣传，是个良好的开端。

尾声

就是这样！这就是你需要了解的关于一座城市的一切知识。开玩笑的！没有任何一本指南会是完整的，包括这本。我们当然可以写一整本关于井盖的书。我们每周在"99% 视线之外"播客上都会讲一个故事，揭示我们这个世界设计中的一些惊人之处。不可避免的是，一些具有专业知识或深谙本地情况的读者写信给我们，批评我们某期节目中忽略了一个很酷的事实。有时，他们提供的见解或观点对我们来说是全新的，但通常，我们的研究发现了这些方面，而我们选择不将它们收录在节目中。为了讲好一个有说服力的故事，我们必须用有限的时间结束它，而一些事情就只能被留在剪辑室的地板上，包括我们一路上遇到的引人入胜但有点儿跑题的趣闻。这本书也是一样的道理。

随着这本城市指南的展开，我们打算探索的细枝末节似乎不太适用了。关于极端的城市伪装就有讲不完的故事，包括一个伪造的郊区，其中所有房子和人行道都覆盖在一个飞机制造厂上；还有专门用来给警察和其他急救人员当培训基地的人工小镇；甚至还有为了给局势紧张的边境线上的邻居留下一个好印象而设计的空城。我们本可以同时讲述恶意住宅和钉子户，这些建筑是冲突和反抗的具体表现；还有更多以人物为中心的故事，比如有个男人在孟买街头不幸失去了儿子，从此他花了大量时间来修补城市地面的坑洼；或者费城的一个女人，为了纪念琐碎而幽默的事件而张贴牌匾，她记录的都是典型的历史学家们忽略的事。最后，我们还省略了许多关于随处可见的日常之物的故事，比如圆锥形路障、测绘标记，还有为了让行人心安而设置的人行横道按钮。到最后，够了，少就是多，明智的做法是，"在打开的消防栓上安装市政府批准的喷淋盖"，这样你就不会被上千加仑的水给冲倒。

　　幸运的是，关于这些主题的对话仍在"99% 视线之外"的播客和网站上继续——我们会把从书中删减的故事制作成一期节目或文章。十多年来，我们这群人和我们的合作者追随着共同的好奇心，走上了意想不到的"期望路径"，所有这些努力都是为了激发观众对日常生活的兴趣。我们希望能通过这本指南，用我们的热情感染你，你将继续与我们一起探索建筑世界里被忽视的各个方面。请原谅，如果我们需要更长时间才能到达目的地，那是因为我们会停下来阅读沿途的每一块牌匾。

致 谢

十年的研究、洞察力和知识构成了四百期"99% 视线之外"播客，它们是这本指南的基础。然而，我们并不满足于发布一系列建立在过去的节目之上、毫无创意的文字稿。因此，即使是那些已出现在节目中的故事也被拆开重组，我们根据想要描绘的更大的图景重新审视，然后从头开始写。于是我们又写了两百页没在播客上播出的文章，并把它们组织起来，创造出更大、更新、更与众不同的东西。

对于那些受到之前节目启发的故事，以及本书中的新故事，我们要感谢"99% 视线之外"的优秀团队。感谢你们多年来的出色工作，感谢你们在我们忙着创作这本书的同时，继续推出精彩的节目。除了本书作者，"99% 视线之外"的成员还有凯蒂·明格尔、德兰尼·霍尔、埃米特·菲茨杰拉德、谢里夫·优素福、肖恩·雷亚尔、乔·罗森伯格、薇薇安·勒、克里斯·贝鲁比、艾琳·萨塔罗贾纳和索菲亚·克拉茨克。没有哪个播客团队能做得更好。你们中有的人吃绿摩尔酱，有的人不吃，但无论如何我们都爱你们。此外，我们衷心感谢曾经的团队成员艾弗里·特鲁费尔曼、萨姆·格林斯潘和塔林·马扎。

工作人员创造了令人难以置信的故事，但我们也离不开外部制作人团队，他们的一些作品也是本书文章的基础。特别感谢朱莉娅·德维特、马修·基尔蒂、丹·韦斯曼、萨姆·埃文斯·布朗、洛根·香农、杰西·杜克斯、斯坦·奥尔科恩、威尔·科利、克里斯托夫·豪伯辛、扎克·代尔、乔尔·沃纳、切尔西·戴维斯、安·赫珀曼、艾米·德罗兹多斯卡、戴夫·麦奎尔，以及其他 Radiotopia 的成员本杰明·沃克（《万物理论》节目）、奈特·迪莫（《记忆宫殿》节目）、菲比·贾奇和劳伦·斯波勒（《罪案》节目）。我们还要感谢所有的受访者，以及多年来与我们交谈并向观众分享他们的兴趣和专业知识的人。

感谢 Arcsine 公司的丹尼尔·斯科维尔和亚当·温尼格慷慨地为节目提供了一个家，这也是为什么我们把总部设在美丽的加州奥克兰市中心。

尽管我们的播客的主题是设计，但事实上，我们的媒介是音频，这意味着我们很少有机会与视觉艺术家合作。我们很幸运能找到帕特里克·维尔，他为我们伏案工作了几个月，为这本书制作了精美的插图，并定期去世界各地写生，以便绘制出人行道公用设施上的涂鸦和其他非传统的城市景观。利兹·博伊德是我们孜孜不倦的事实核查员，她不仅要确保日期和地点正确，还要让每个故事变得清晰易懂、论证有力。海伦·扎尔茨曼读了初稿，鼓励我们多讲笑话。米歇尔·洛弗勒帮助我们整理了大量书单。

同时也要感谢 HMH 出版社，特别是我们的编辑凯特·纳波利塔诺，她是我们的教练和啦啦队队长。在两天时间里，WME 的杰伊·曼德尔带着罗曼参加了 17 次会议，以推广这本书。每个作家都应该有这么好的经纪人。

罗曼

"99% 视线之外"诞生于旧金山的 KALW 电台。在这个不起眼但强大的电台里，我们有好多人要感谢，特别要指出的是，如果没有前总经理马特·马汀，这个节目就不会存在。他在创立"关于设计的小型广播节目"的过程中发挥了重要作用，还无私地让"99% 视线之外"作为播客独立成长和发展。很少有人这么慷慨。如果不是妮可·萨瓦亚和艾伦·法利坐镇 KALW，我根本不会在这个电台工作。旧金山湾区很幸运有这两位为公共电

致 谢

台服务的人。我非常想念他们。

这个播客是一家名为 Radiotopia 的播客团体的创始成员。这是美国公共广播电台传播平台（PRX）旗下的一个项目，这家公司致力于提供优质创新型公共广播内容。我和 PRX 在创立 Radiotopia 时，杰克·夏皮罗是老板，现在这里由凯里·霍夫曼负责。杰克的前瞻性思维和雄心使得 Radiotopia 的创作成为可能。凯里的奉献精神、公正、智慧、执着与热情让它持续至今。朱莉·夏皮罗领导着这个集体的日常运作和创造性成长，她最喜欢有声故事，每个听过她讲故事的人都能感受到这一点。感谢整个 Radiotopia 团队和我们共同的播客联盟。

我将永远感谢梅·马尔斯对"99% 视线之外"的创立和我的播客生涯的支持。这是个疯狂的飞跃，但她从未质疑和嘲笑它，即使在没人认为它能成功的时候。你可以从她主持的许多早期单集中感受到她的聪明才智和善意。我的两个儿子马兹洛和卡弗是播客的第一批明星，他们三岁时就出现在第一个广告中，两个小家伙能说个没完。我相信这部剧的早期广告收入主要都归功于他们。如今他们已经成长为体贴、善良、好奇、可爱的年轻人。我很荣幸能成为他们的父亲。

感谢我的妈妈和我亲爱的贝蒂，还有我的姐妹利·马尔兹跟她的家人迈克尔和艾娃。我不知道还有哪个中年男人会把姐妹当作最好的朋友，但我认为这至少体现了利和我们母亲的性格，这是个事实。在走过这么多地方之后，我们最终抵达了距离出发地几千英里的旧金山湾区。我很幸运自己出生在这个小家庭。

如果没有我的伴侣乔伊·尤森的爱和支持，我不可能完成这本书。谢谢你邀请我来到这个世界，与我分享你喜欢的所有美好事物。我敬畏你有能力跟每个人交谈、敢尝试任何食物、探索每一片海滩、阅读每一块牌匾。我是你最忠实的粉丝。

库尔特

当罗曼请我加入"99% 视线之外"时,我早已是这个节目的粉丝。这份邀请使我有机会跟我后来的合著者以及其他对创意故事感兴趣的团队成员合作。能做到这些,都是因为有一大批才华横溢的人聚在一起,包括那些更早地开始坚持建立和发展类似项目的人,在"99% 视线之外"这个独立电台诞生之前,我在许多年里一直在做与城市艺术、建筑和设计相关内容的线上出版工作。

当 WebUrbanist 杂志在 2007 年推出时,我们的朋友和家人都犹豫地表示支持,但我也可以理解他们对独立的网络出版能够作为一种职业追求有所质疑。但多亏有了这些特约作者,特别是德拉·内弗尔斯、史蒂夫·文斯坦和萨·罗格,这本数字杂志得以发展壮大,成为流行的、以设计为中心的热门网络出版物中的头牌。很多技术专家(包括迈克·瓦格纳和杰夫·胡德)让这些网站保持正常运作,深夜里也能迅速帮我们解决问题。几年前,在安德烈·汤明加斯和加布·丹农的帮助下,WebUrbanist 从布局到标志,都被重新设计了一遍。与此同时,支撑这一切最根本的是忠诚、热情的读者,我对他们深表感谢。

我很幸运一路上有慷慨而耐心的老师引路,包括杰弗里·奥施纳和妮可·哈伯,他们极大地拓展了我对城市设计的理解,并担任了我在西雅图华盛顿大学建筑硕士的论文导师。我在卡尔顿学院上学时,还接受过另一种基础训练,教授和同龄人教我透过哲学、历史和艺术的视角观察和理解我周围的世界。

我对阅读、写作、旅行和学习情有独钟,对此我永远感谢我父亲大卫·科尔施泰特教授和母亲萨莉·格雷戈里·科尔施泰特教授,感谢他们夜以继日地工作。他们多年来一直是我坚实的后盾,以我无法一一列举的方式支持着我，有时还为我解答有关道路标志的技术问题（谢谢老爸！）和有关麻布纺织设计历史的问题（谢谢老妈！）。在我还是个小屁孩的时候，我总说你们的工作很无聊，对此请接受我最谦卑的歉意，我还要感谢我哥哥克里斯，在我生命中的关键时刻，他亲切地留我在他芝加哥的家里工作，还有他妻子考特尼，她简直就像我理想中的姐妹。最后，感谢米歇尔·洛弗勒，她在这本书编写过程中的每一步，都在兢兢业业地工作，随着项目的发展，她扮演的角色不断增加（研究者、编辑、译者、校对）。我会在一期播客中提到你们！

结语

虽然放在最后，但这话绝非不重要，感谢所有"可爱的书呆子"多年来对播客的支持。当人们认为创作播客只不过是种业余爱好时，除了 KALW，没有一家广播电台愿意播放我们的故事，是你给了我们金钱和情感支持，使我们得以茁壮成长。我们永远都不会忘记这一点。

参考文献

第一章 默默无闻

无处不在

官方涂鸦：公共设施代码

Burrington, Ingrid. *Networks of New York: An Illustrated Field Guide to Urban Internet Infrastructure*. Brooklyn, NY: Melville House, 2016.
Cawley, Laurence. "What do those squiggles on the pavement actually mean?" *BBC News*, February 18, 2014.
Common Ground Alliance. *Best Practices: The Definitive Guide for Underground Safety & Damage Prevention*. Alexandria, VA: CGA, 2018.
Healy, Patrick. "Why You Should Call 811 Before Digging." *NBC Los Angeles*, September 15, 2010.
"Holocaust: Pipeline Blast Creates Horror Scene in L.A." *The Evening Independent* (Los Angeles), June 17, 1976.
Kohlstedt, Kurt. "Decoding Streets: Secret Symbols of the Urban Underground." *WebUrbanist* (blog), February 27, 2014.
UK Health and Safety Executive. *Avoiding Danger from Underground Services*. HS(G). 3rd ed. Bootle, UK: HSE Books, 2014.

初始印象：人行道标记

Alden, Andrew. *Oakland Underfoot: Fossils in the City's Hardscape* (blog). Accessed September 28, 2019.
Cushing, Lincoln. "Sidewalk Contractor Stamps." Berkeley Historical Plaque Project, 2012.
Cushing, Lincoln. "Sidewalk Stamps Make Local History More Concrete." *Berkeley Daily Planet*, June 14, 2005.
Klingbeil, Annalise. "Concrete connection to Calgary's past preserved in sidewalk stamps." *Calgary Herald*, January 6, 2017.
Saksa, Jim. "Streetsplainer: What the heck do those 'The space between these lines not dedicated' street markers mean?" *WHYY* (PBS), May 10, 2016.

故意失败：分离柱

American Association of State Highway and Transportation Officials. *Roadside Design Guide*. Washington, DC: AASHTO, 2011.
Breakaway Timber Utility Poles. VHS, MPEG video. Federal Highway Administration. Washington, DC, 1989.
McGee, Hugh W. *Maintenance of Signs and Sign Supports: A Guide for Local Highway and Street Maintenance Personnel*. Washington, DC: Office of Safety, Federal Highway Administration, January 2010.

安全升级：应急箱

Harrell, Lauren. "41 Brand Names People Use as Generic Terms." *Mental Floss* (blog), May 9, 2014.
Jones, Cynthia. "Rapid Access: Gainesville Fire Department." Knoxbox (website). The Knox Company, June 26, 2014.
"Key Secure: Master Key Retention with Audit Trail." Knoxbox (website). The Knox Company. Accessed September 28, 2019.

伪装

桑顿的香水瓶：臭气管道

Barker, Geoff. "Cleopatra's Needle or 'Thornton's Scent Bottle.'" Museum of Applied Arts & Sciences website, June 13, 2012.
Fine, Duncan. "The Sweet Smell of Success—Hyde Park Obelisk Celebrates 150 Years." City of Sydney website, December 11, 2007.
"History of Hyde Park." City of Sydney website, updated November 1, 2016.
"Tall Tale About City's Aspiring Ambitions." *Daily Telegraph* (Sydney), December 19, 2007.
Winkless, Laurie. "Do You Know What a Stinkpipe Is?" *Londonist* (blog), updated December 14, 2016.

366

参考文献

穷尽出口：假立面

Manaugh, Geoff. "Brooklyn Vent." *BLDGBLOG,* December 22, 2011.
Rogers, SA. "Buildings That Don't Exist: Fake Facades Hide Infrastructure." *WebUrbanist* (blog), April 29, 2013.
Ross, David. "23-24 Leinster Gardens, London's False-Front Houses." Britain Express (website), accessed September 28, 2019.
Siksma, Walther. "Ehekarussell." *Atlas Obscura* (blog), accessed October 14, 2019.
Slocombe, Mike. "23/24 Leinster Gardens, Paddington, London W2—Dummy houses in the heart of London." *Urban 75* (blog), January 2007.

催化转向器：通风工程开发

"#93 Holland Tunnel Ventilation System." American Society of Mechanical Engineers website, accessed September 28, 2019.
"Erling Owre, 84, Tunnel Architect; Consultant to 'Engineers' Firm Dead—Supervised Holland, Queens Tubes." *New York Times,* February 1, 1961.
Gomez, John. "Brilliant design in Modernist towers that ventilate the Holland Tunnel: Legends & Landmarks." NJ.com website, April 10, 2012, updated March 30, 2019.
"Holland Tunnel." American Society of Civil Engineers, Metropolitan Section (website), accessed October 23, 2019.
"Pure Air Is Assured for the Vehicular Tunnel; There Will Be No Danger of Asphyxiation from Motor-Car Monoxide in the Big New Boring Under the North River, as Shown by Remarkable Experiments in Ventilation." *New York Times,* February 17, 1924.
"Tests Show Safety of Vehicle Tunnel; Ventilating System for Proposed Tube Under Hudson Tried Out in Pittsburgh. Smoke Bombs Exploded But Air Remains Pure, as It Also Does When Autos Are Run Through Test Tube." *New York Times,* October 30, 1921.

社区变压器：变电站

Bateman, Chris. "The transformer next door." *spacing* (blog), February 18, 2015.
Collyer, Robin. "Artist Project/Transformer Houses." *Cabinet Magazine,* Spring 2006.
"History of Toronto Hydro." Toronto Hydro website, accessed September 28, 2019.
Levenstein, Steve. "Power Houses: Toronto Hydro's Camouflaged Substations." *WebUrbanist* (blog), February 5, 2012.
Mok, Tanya. "Toronto Hydro's not-so-hidden residential substations." *blogTO,* May 12, 2018.

"Power Restored After Huge Hydro Vault Fire Leads to Blackout." *CityNews* (Toronto), December 16, 2008.

细胞生物学：无线发射塔

"Concealment Solutions." Valmont Structures website, accessed February 4, 2020.
Lefevers, Delana. "Faux-ny Phone Towers: Cleverly Concealed Cellular Sites." *WebUrbanist* (blog), March 26, 2010.
Madrigal, Alexis C. "How the 'Cellular' Phone Got Its Name." *The Atlantic,* September 15, 2011.
Oliver, Julian. "Stealth Infrastructure." *Rhizome* (blog), May 20, 2014.
U.S. Federal Communications Commission. Telecommunications Act of 1996. Public Law 104-104. Washington, DC: GPO, 1996.
Young, Lauren. "Take a Look at America's Least Convincing Cell Phone Tower Trees." *Atlas Obscura* (blog), May 17, 2016.

足智多谋的发明：生产井

Comras, Kelly. "The Brothers Behind Disney's Magical Landscapes." The Cultural Landscape Foundation's website, February 2, 2018.
Gilmartin, Wendy. "Beverly Hills' Fugliest Oil Well, AKA the 'Tower of Hope.'" *LA Weekly,* May 22, 2012.
Harold, Luke. "Venoco to vacate oil well at Beverly Hills High." *Beverly Press* (Los Angeles, CA), June 7, 2017.
King, Jason. "Urban Crude." *Landscape and Urbanism* (blog), November 22, 2009.
Levenstein, Steve. "School Fuel: Monumental Beverly Hills High's Tower of Hope." *WebUrbanist* (blog), April 18, 2010.
"Pico Blvd. Drill Sites" *STAND—L.A.* (blog), accessed January 31, 2020.
Schoch, Deborah. "Toasting Industry as Art." *Los Angeles Times,* September 13, 2006.
Tuttle, Robert, and Laura Blewitt. "California Oil Dreams Fade as Iconic Beverly Hills Derrick Comes Down." *Bloomberg,* April 26, 2018.
Wiscombe, Janet. "Drilling in Disguise: On Long Beach's Artificial Islands, Oil Comes Out and—Just as Important—Water Goes In." *Los Angeles Times,* November 15, 1996.

堆积

看到星星：锚板

American Institute of Architects, San Francisco Chapter Preservation Committee. "Architectural Design Guide

for Exterior Treatments of Unreinforced Masonry Buildings during Seismic Retrofit." November, 1991.
Michalski, Joseph. "Star Bolts . . . They Aren't Just Decoration!" *ActiveRain* (blog), February 8, 2011.
"The Secret Life of Buildings: Star Bolts." *Solo Real Estate* (blog), accessed September 28, 2019.
Toner, Ian. "Your House and Your Facade: A Separation Agreement." *Toner Architects* (blog), June 13, 2013.

瘢痕建筑：填补城市

Kohlstedt, Kurt. "Ghost Lanes: Angled 'Scarchitecture' Reveals Historic Urban Roads & Railways." *99% Invisible* (blog), April 17, 2017.
Manaugh, Geoff. "Ghost Streets of Los Angeles." *BLDGBLOG*, December 4, 2015.
Migurski, Michal. "Scar Tissue." *tecznotes* (blog), May 17, 2006.
User: the man of twists and turns. "The Ghost Streets of LA." *MetaFilter* (blog), December 5, 2017.

视线：中继节点

"CenturyLink Building." Newton Bonding website, accessed September 29, 2019.
"Fiber Optics." *Today's Engineer*, November 2011.
Harding, Spencer James. *The Long Lines*. Self-published, MagCloud, 2017.
Kohlstedt, Kurt. "Vintage Skynet: AT&T's Abandoned 'Long Lines' Microwave Tower Network." *99% Invisible* (blog), October 20, 2017.
LaFrance, Albert. "The Microwave Radio and Coaxial Cable Networks of the Bell System." *Long Lines* (blog), last modified April 11, 2013.
Lileks, James. "The CenturyLink building in downtown Mpls is losing its distinctive antenna." *Star Tribune* (Minneapolis), October 2, 2019.
"Long Lines Sites in U.S." Google Maps website, accessed September 29, 2019.
Teicher, Jordan. "The Abandoned Microwave Towers That Once Linked the US." *Wired*, March 10, 2015.
User: chrisd. "Discarded AT&T Microwave Bunkers for Sale." SlashDot website, September 11, 2002.

托马森们：保留的遗骸

Akasegawa, Genpei. *Hyperart: Thomasson*. Translated by Matthew Fargo. Los Angeles: Kaya Press, January 2010.

Hyperart: Thomasson (blog), accessed October 29, 2019.
Trufelman, Avery. "129: Thomassons." *99% Invisible* (podcast, MP3 audio), August 26, 2014.

积"重"难返：爱情锁

Bills, John William. "The Heartbreaking Origin of 'Love Locks.'" *Culture Trip* (blog), last modified February 12, 2018.
Daley, Beth. "From ancient China to an Italian chick flick: the story behind Venice's love lock burden." *The Conversation*, September 29, 2014.
"The Great Wall & Love Locks." Penn State: ENG 118 (course website), June 11, 2015.
Griffin, Dan. "Love locks weigh heavily on Dublin City Council discussions." *Irish Times* (Dublin), June 18, 2019.
Grundhauser, Eric. "Not-So-Loved Locks: 6 Love Lock Sites That Caused Both Controversy and Cuddling." *Atlas Obscura* (blog), June 2, 2015.
Jovanovic, Dragana. "The Bridge of Love Where the Romance of Padlocks Began." *ABC News*, February 13, 2013.
Mallonee, Laura C. "In Place of Love Locks, a Paris Bridge Gets Street Art." *Hyperallergic* (blog), June 11, 2015.
O'Callaghan, Laura. "Tourism crackdown: Rome bans toplessness, messy eating and Instagram staple 'love locks.'" *Express* (London), June 10, 2019.
Pearlman, Jonathan. "Melbourne to remove 20,000 'love locks' from bridge due to safety concerns." *The Telegraph*, May 18, 2015.
Rubin, Alissa J., and Aurelien Breeden. "Paris Bridge's Love Locks Are Taken Down." *New York Times*, June 1, 2015.

战争转用材：建设性再利用

"Corner Cannons." *Dartmouth History* (blog), May 15, 2014.
DeWitt, Julia. "174: From the Sea, Freedom." *99% Invisible* (podcast, MP3 audio), July 28, 2015.
Evans, Martin H. "Old cannon re-used as bollards." Westevan website, updated July 25, 2017.
"The fight to save a hidden part of Britain's war history." *CBC Radio-Canada*, November 10, 2017.
Hall, Heinrich. "Spolia—Recycling the Past." *Peter Sommer Travels* (blog), August 26, 2013.
"The history of bollards." Furnitubes website, August 22, 2013.
Johnson, Ben. "French Cannons as Street Bollards." Historic UK website, accessed October 2, 2019.
"A Load of Old Bollards." *CabbieBlog*, July 24, 2015.
"Plaza de la Catedral." TripAdvisor website, Havana, accessed October 3, 2019.
"The Stretcher Railing Society: For the promotion, protection and preservation of London's ARP stretcher railings." Stretcher Railing Society website, accessed September 29, 2019

参考文献

第二章　引人注目

身份

旗帜学规则：市旗

"City of Pocatello to Form Flag Design Committee." City of Pocatello website, February 2, 2016.

Harris, Shelbie. "Pocatello no longer has the worst city flag on the continent." *Idaho State Journal,* September 19, 2017.

Kaye, Edward B. "The American City Flag Survey of 2004." *Raven: A Journal of Vexillology* 12 (2005): 27–62.

Kaye, Ted. *Good Flag, Bad Flag: How to Design a Great Flag.* Trenton, NJ: North American Vexillological Association, 2006.

Kohlstedt, Kurt. "Vexillology Revisited: Fixing the Worst Civic Flag Designs in America." *99% Invisible* (podcast, MP3 audio), February 22, 2016.

Mars, Roman. "140: Vexillionaire." *99% Invisible* (podcast, MP3 audio), November 11, 2014.

Mars, Roman. "Why city flags may be the worst-designed thing you may never notice." TED talk, Vancouver Convention Centre, March 2015.

Schuffman, Stuart. "It's time for a new San Francisco flag." *San Francisco Examiner,* July 16, 2015.

公共的身体：公民纪念碑

"Audrey Munson Is Out of Danger." *New York Times,* May 29, 1922.

Donnelly, Elisabeth. "Descending Night." *The Believer,* July 1, 2015.

Geyer, Andrea. *Queen of the Artists' Studios: The Story of Audrey Munson.* New York: Art in General, 2007.

Jacobs, Andrew. "Neighborhood Report: New York Up Close; Rescuing a Heroine from the Clutches of Obscurity." *New York Times,* April 14, 1996.

Shilling, Donovan A. *Rochester's Marvels & Myths.* Victor, NY: Pancoast Publishing, 2011.

Trufelman, Avery. "200: Miss Manhattan." *99% Invisible* (podcast, MP3 audio), February 15, 2016.

知识的圣池：历史牌匾

Allen, Kester. "Read the Plaque." Read the Plaque website.

"Gold Fire Hydrant—1906 Earthquake." Roadside America website, accessed February 4, 2020.

Kohlstedt, Kurt. "Always Read the Plaque: Mapping Over 10,000 Global Markers & Memorials." *99% Invisible* (blog), May 13, 2016.

Loewen, James W. *Lies Across America: What Our Historic Sites Get Wrong.* 20th anniversary edition. New York: The New Press, 2019.

"London's Blue Plaques." English Heritage website, accessed February 4, 2020.

"Michael J. Smith." Read the Plaque website, accessed February 4, 2020.

Neno, Eric, and Nell Veshistine. "60B: Heyward Shepherd Memorial." *99% Invisible* (podcast and MP3 audio), September 10, 2012.

显著特征：奇特的图形

Anderson, Christy. *Renaissance Architecture.* Oxford, UK: Oxford University Press, February 2013.

Jones, Owen. *The Grammar of Ornament.* London: Day & Sons, 1856.

Tate, Carolyn E. *Yaxchilan: The Design of a Maya Ceremonial City.* Austin: University of Texas Press, August 2013.

Trufelman, Avery. "The Fancy Shape." *99% Invisible* (podcast and MP3 audio), March 17, 2014.

安全

混合信号：交通信号灯

Grabowski, Charley. "Tipperary Hill." *Apple's Tree* (blog), November 14, 2007.

"International Road Signs Guide." Auto Europe website, accessed October 7, 2019.

Kirst, Sean. "In Syracuse, an Irish lesson for the prime minister: Rocks against red lift green on Tipp Hill." Syracuse.com (blog), updated March 23, 2019.

Kirst, Sean. "On Tipp Hill, longtime neighbor keeps watch over Stone Throwers' Park." Syracuse.com (blog), updated March 23, 2019.

McCarthy, John Francis. "Legends of Tipp Hill: In Syracuse's Irish neighborhood, facts rarely get in the way of a good story." Syracuse.com (blog), updated March 22, 2019.

Pilling, Michael, and Ian Davies. "Linguistic relativism and colour cognition." *British Journal of Psychology* 95, no. 4 (2004): 429–55.

Richarz, Allan. "According to Japanese Traffic Lights, Bleen Means Go." *Atlas Obscura* (blog), September 12, 2017.

Scott, Tom. *All the Colours, Including Grue: How Languages See Colours Differently.* YouTube video, posted June 7, 2013.

"Stone Throwers' Park." City of Syracuse website, accessed February 4, 2020.

Tulloch, Katrina. "Green-over-red stoplight: Stone throwers remembered for stubborn Irish spirit." Syracuse.com (blog), updated January 30, 2019.

能见度助手：道钉

Colvile, Robert. "Percy Shaw: Man with his eye on the road." *The Telegraph* (UK), November 30, 2007.

"Guidelines for the Use of Raised Pavement Markers: Section 2. RPM Guidelines." Federal Highway Administration website, accessed February 4, 2020.

Irish, Vivian. "Percy Shaw OBE (1890–1976)—a successful inventor and entrepreneur." Yorkshire Philosophical Society website, accessed October 8, 2019.

Miglertz, James, Joseph K. Fish, and Jerry L. Graham. *Roadway Delineation Practices Handbook*. Washington, DC: Federal Highway Administration, 1994.

"Percy Shaw O.B.E. 15th April 1890 to 1st September 1976." Reflecting Roadstuds website, accessed October 8, 2019.

Plester, Jeremy. "Weatherwatch: Percy Shaw and the invention of the cat's eye reflector." *The Guardian*, December 3, 2018.

Richards, Gary. "Caltrans says bye-bye to Botts' dots." *Mercury News* (San Jose, CA), August 23, 2017.

Stein, Mark A. "On the Button: The Quest to Perfect Botts' Dots Continues." *Los Angeles Times*, August 11, 1991.

Swinford, Steven. "End of the road for cats eyes?" *The Telegraph*, September 4, 2015.

Vanhoenacker, Mark. "Reflections on Things That Go Bump in the Night." *Slate* (blog), January 23, 2014.

Winslow, Jonathan. "Botts' Dots, after a half-century, will disappear from freeways, highways." *The Orange County Register* (Anaheim, CA), May 21, 2017.

方格图案的过去：识别模式

"Chief Constable Sir Percy Sillitoe." *Rotary International, Howe of Fife* (blog), September 26, 2017.

Harrison, Paul. *High Conspicuity Livery for Police Vehicles*. Hertfordshire, UK: Home Office, Police Scientific Development Branch, 2004.

Killeen, John. "The difference between Battenburg high-visibility markings and Sillitoe chequers on Police, Fire & Ambulance vehicles." *Ambulance Visibility* (blog), April 27, 2012.

Scott, Mike. "Designing Police Vehicles: It's Not Just 'Black and White.'" *Government Fleet* (blog), March 18, 2010.

"The Sillitoe Tartan." Glasgow Police Museum website, accessed October 10, 2019.

"Tartan Details—Sillitoe." The Scottish Register of Tartans website, accessed October 11, 2019.

U.S. Fire Administration. *Emergency Vehicle Visibility and Conspicuity Study*. Emmitsburg, MD: U.S. Department of Homeland Security, 2009.

难忘却无意义：警示标志

Baldwin, C. L., and R. S. Runkle. "Biohazards Symbol: Development of a Biological Hazards Warning Signal." *Science* 158, no. 3798 (1967): 264–265.

Cook, John. "Symbol Making." *New York Times Magazine*, November 18, 2001.

Frame, Paul. "Radiation Warning Symbol (Trefoil)." Oak Ridge Associated Universities website, accessed February 4, 2020.

Haubursin, Christophe, Kurt Kohlstedt, and Roman Mars. "Beyond Biohazard: Why Danger Symbols Can't Last Forever." *99% Invisible* and Vox Media, January 26, 2018.

Hora, Steven C., Detlof von Winterfeldt, and Kathleen M. Trauth. *Expert Judgment on Inadvertent Human Intrusion into the Waste Isolation Pilot Plant*. Albuquerque, NM: U.S. Department of Energy, 1991.

Human Interference Task Force. "Reducing the likelihood of future human activities that could affect geologic high-level waste repositories." Report for the Office of Nuclear Waste Isolation, May 1984.

Kielty, Matthew. "114: Ten Thousand Years." *99% Invisible* (podcast and MP3 audio), May 12, 2014.

Lerner, Steve. *Sacrifice Zones: The Front Lines of Toxic Chemical Exposure in the United States*. Cambridge, MA: MIT Press, 2012.

时代印记：避难所标志

"Abo Elementary School and Fallout Shelter." US National Park Service website, updated December 27, 2017.

"The Abo School." *Atomic Skies* (blog), July 12, 2013.

Kennedy, John F. "Radio and television report to the American people on the Berlin crisis." John F. Kennedy Presidential Library and Museum, July 25, 1961.

Klara, Robert. "Nuclear Fallout Shelters Were Never Going to Work." *History* (blog), September 1, 2018.

McFadden, Robert D. "Obituary: Robert Blakely, Who Created a Sign of the Cold War, Dies at 95." *New York Times*, October 27, 2017.

Mingle, Katie. "121: Cold War Kids." *99% Invisible* (podcast and MP3 audio), July 1, 2014.

招牌

粗笔画：手绘图案

Fraser, Laura. "The New Sign Painters." *Craftsmanship Quarterly*, Spring 2017.

Levine, Faythe, and Sam Macon. *Sign Painters*. Hudson, NY: Princeton Architectural Press, 2012.

Rich, Sara C. "The Return of the Hand-Painted Sign." *Smithsonian*, November 2, 2012.

参考文献

Walker, Benjamin. "74: Hand Painted Signs." *99% Invisible* (podcast and MP3 audio), March 8, 2013.

弯管工：霓虹灯

Auer, Michael J. "The Preservation of Historic Signs." Preservation Brief 25, for the U.S. National Park Service, October 1991.

Downs, Tom. *Walking San Francisco: 30 Savvy Tours Exploring Steep Streets, Grand Hotels, Dive Bars, and Waterfront Parks*. Berkeley, CA: Wilderness Press, 2008.

Harper, Pat, Janice Neumann, and Barbara Dargis. "Struggle over business signs." *Chicago Tribune*, June 26, 2009.

Ribbat, Christoph. *Flickering Light: A History of Neon*. Translated by Mathews Anthony. London: Reaktion Books, 2013.

Roosblad, Serginho. "San Francisco Was Once Aglow with Neon." *KQED News*, February 8, 2018.

Seelie, Todd. "Oakland's Historic Tribune Tower and the Renegade Artist Who Keeps It Glowing." *Atlas Obscura* (blog), May 6, 2016.

Trufelman, Avery. "193: Tube Benders." *99% Invisible* (podcast and MP3 audio), December 13, 2015.

Tse, Crystal. "Hong Kong Is Slowly Dimming Its Neon Glow." *New York Times*, October 13, 2015.

空中舞者：充气人偶

Bettleheim, Judith, and John Nunley. *Caribbean Festival Arts*. Seattle: University of Washington Press, 1988.

Dean, Sam. "Biography of an Inflatable Tube Guy." *Medium* (blog), October 20, 2014.

Greenspan, Sam. "143: Inflatable Men." *99% Invisible*. (podcast and MP3 audio), December 2, 2014.

"INFORMATIONAL LETTER 0019-2009—ATTENTION GETTING DEVICES." City of Houston—Public Works. Effective January 1, 2010.

Laughlin, Nicholas, Attillah Springer, and Georgia Popplewell. "Masman: Peter Minshall." *Caribbean Beat*, May/June 2009.

杰出导演：片场标语牌

Ferguson, Kevin. "The story behind LA's mysterious yellow and black filming location signs." *Off-Ramp* (podcast and MP3 audio), January 30, 2015.

Kohlstedt, Kurt. "L.A. Misdirection: Secret Codes on Yellow Filming Location Signs." *99% Invisible* (blog), March 7, 2016.

Millar, Diangelea. "Film set signs specialize in misdirection." *Los Angeles Times*, July 10, 2013.

Roberts, Randall. "Pop duo YACHT talks about yellow film location signs and visual language in 'L.A. Plays Itself.'" *Los Angeles Times*, September 24, 2015.

刻意为之：去掉广告

Burgoyne, Patrick. "São Paulo: The City That Said No to Advertising." *Bloomberg*, June 18, 2007.

Curtis, Amy. "Five Years After Banning Outdoor Ads, Brazil's Largest City Is More Vibrant Than Ever." *New Dream* (blog), December 8, 2011.

Garfield, Bob. "Clearing the Air." *On the Media* (podcast and MP3 audio), May 29, 2008.

Ghorashi, Hannah. "Tehran's Mayor Replaces Ads on All 1,500 City Billboards with Famous Artworks." *ARTnews*, May 7, 2015.

Leow, Jason. "Beijing Mystery: What's Happening to the Billboards?" *Wall Street Journal*, June 25, 2007.

Mahdawi, Awra. "Can cities kick ads? Inside the global movement to ban urban billboards." *The Guardian*, August 12, 2015.

Plummer, Robert. "Brazil's ad men face billboard ban." *BBC News*, September 19, 2006.

Queiroz Galvão, Vinícius. "Retirada de outdoors revela favela na avenida 23 de Maio." *Folha de S. Paulo*, April 19, 2007.

Rogers, SA. "Super Clean City: São Paulo Entirely Scrubbed of Outdoor Ads." *WebUrbanist* (blog), March 3, 2010.

"Visual pollution: Advertising firms fret over billboard bans." *The Economist*, October 11, 2007.

Wentz, Laurel. "Sao Paulo's Ingenious Move for Return of Banned Billboards." *AdAge*, October 30, 2017.

Winterstein, Paulo. "Scrub Sao Paulo's Graffiti? Not So Fast, London's Tate Says." *Bloomberg*, August 24, 2008.

第三章　市政设施

市政

官僚不作为：并非故意捣乱的大桥

Henn, Jurgen. "The end of 'Overheight when Flashing.'" *11 FOOT 8* (blog), May 8, 2016.

Henn, Jurgen. "Raising 11foot8." *11 FOOT 8* (blog), accessed January 4, 2020.

Henn, Jurgen. "Very hungry canopener bridge defeats fancy, new warning system." *11 FOOT 8* (blog), July 7, 2016.

Klee, Miles. "Farewell to the Legendary Truck-Destroying Bridge that Captivated a Nation." *Mel Magazine* (blog), accessed February 4, 2020.

Krueger, Sarah. "Durham's 'can opener bridge' being raised." WRAL-TV website, accessed October 28, 2019.

"Section 2C.22 Low Clearance Signs." In *Manual of Uniform Traffic Control Devices*. Federal Highway Administration website, updated February 5, 2017.

妥善交货：邮政服务

"Benjamin Franklin, First Postmaster General." U.S. Postal Service website, accessed October 23, 2019.
Gallagher, Winifred. *How the Post Office Created America: A History*. New York: Penguin Press, 2016.
"Mail Service and the Civil War." The USPS website.
Mingle, Katie. "244: The Revolutionary Post." *99% Invisible* (podcast and MP3 audio), January 24, 2017.
Ostroff, Hannah S. "In the Grand Canyon, the U.S. Postal Service still delivers mail by mule." *Smithsonian Insider* (blog), August 25, 2016.
Ritholtz, Barry. "Congress, Not Amazon, Messed Up the Post Office." *Bloomberg*, April 4, 2018.
Thomas, JD. "The Postal Act: A Free Press, Personal Privacy and National Growth." The Accessible Archives website, February 20, 2011.

水

脚下的圆形：井盖

Brooks, David. "City inevitably must replace unique triangular manhole covers." *The Telegraph* (Nashua, NH), July 18, 2012.
Camerota, Remo. *Drainspotting: Japanese Manhole Covers*. New York: Mark Batty Publisher, 2010.
Gordenker, Alice. "Manhole covers." *Japan Times*, December 16, 2008.
"Japanese manhole covers: how design became a tool to collect more city taxes." *Brand Backstage* (blog), July 8, 2018.
Ragalye, Rachel. "Art at Your Feet: Japan's Beautiful Manhole Covers." *DIGJAPAN* (blog), April 25, 2016.
Scales, Lauren. "London's History in Manholes." *Londonist* (blog), January 2015.
"A short history of manhole covers." Metro Rod website, December 7, 2017.
Sturdevant, Andy. "Minneapolis' sense of itself revealed in artist-designed manhole covers." *MinnPost*, July 10, 2013.
Williams, David B. "Seattle Map 3 = Manhole Covers." *GeologyWriter* (blog), October 7, 2014.
Wullur, Melissa. "The Story Behind Japanese Manhole Covers." *Wonderland Japan WAttention* (blog), accessed October 8, 2019.
Yasuka. "Contemporary Art: Japanese Manhole Covers." *KPC International* (blog), March 31, 2014.

朝上的饮用水：喷泉式直饮水机

Ackroyd, Peter. *London Under: The Secret History Beneath the Streets*. New York: Knopf Doubleday Publishing Group, November 2011.
"Benson Bubblers." City of Portland Water Bureau website, May 2013.
Davies, Philip. *Troughs & Drinking Fountains: Fountains of Life*. London: Chatto & Windus, 1989.
Docevski, Bob. "The Great Stink: That time when London was overwhelmed with sewage stench." *The Vintage News* (blog), September 5, 2016.
Gutman, Marta. *A City for Children: Women, Architecture, and the Charitable Landscapes of Oakland, 1850–1950*. Chicago: The University of Chicago Press, 2014.
Mann, Emily. "Story of cities #14: London's Great Stink heralds a wonder of the industrial world." *The Guardian*, April 4, 2016.
Mingle, Katie. "188: Fountain Drinks." *99% Invisible* (podcast and MP3 audio), November 10, 2015.

倒流：垃圾处理

Driesen, David M., Robert W. Adler, and Kirsten H. Engel. *Environmental Law: A Conceptual and Pragmatic Approach*. New York: Wolters Kluwer, 2016.
Loe, Claire. "Reversing the Chicago River, Again." *Helix* (blog), February 25, 2015.
Moser, Whet. "Dyeing the Chicago River Green: Its Origins in the Actual Greening of the River." *Chicago Magazine*, March 16, 2012.
O'Carroll, Eoin. "Is the dye in the Chicago River really green?" *Christian Science Monitor*, March 16, 2009.
Sudo, Chuck. "What Are the Property Management Ties to Dyeing the Chicago River Green on St. Patrick's Day?" *Bisnow* (blog), March 9, 2017.
Weissmann, Dan. "86: Reversal of Fortune." *99% Invisible* (podcast and MP3 audio), August 8, 2013.
Williams, Michael, and Richard Cahan. *The Lost Panoramas: When Chicago Changed Its River and the Land Beyond*. Chicago: CityFiles Press, 2011.

回旋：地下蓄水池

Dunnigan, Frank. "Streetwise—Water, Water, Everywhere." *Outside Lands* (blog), October 19, 2015.
Pabst, Greg. "In Case of Fire, Look to Twin Peaks." San Francisco City Guides (blog), accessed October 15, 2019.
Thompson, Walter. "Century-Old Auxiliary Water Supply System Gets New Ashbury Heights Tank." Hoodline San Francisco (blog), January 22, 2015.
Van Dyke, Steve. "San Francisco Fire Department Water Supply System." Virtual Museum of the City of San Francisco (blog), accessed October 12, 2019.
"Water Supply Systems." The San Francisco Fire Department website, accessed October 12, 2019.

参考文献

从"大苹果"到"大牡蛎":抗洪

Environmental Protection Agency. *Summary of the Clean Water Act.* Washington, DC: Government Printing Office, 2019.

FitzGerald, Emmett. "282: Oyster-tecture." *99% Invisible* (podcast and MP3 audio), October 31, 2017.

Greenberg, Paul. *American Catch: The Fight for Our Local Seafood.* New York: Penguin, 2015.

Kurlansky, Mark. *The Big Oyster: History on the Half Shell.* New York: Random House, 2007.

Orff, Kate. *Toward an Urban Ecology.* New York: The Monacelli Press, 2016.

"Our Purpose." *Billion Oyster Project* (blog), accessed February 4, 2020.

技术

细线:电线杆

Botjer, George. *Samuel F.B. Morse and the Dawn of Electricity.* Washington, DC: Lexington Books, 2015.

Bullard, Gabe. "The Heartbreak That May Have Inspired the Telegraph." *National Geographic,* April 26, 2016.

Lowndes, Coleman. "DC's abandoned fire and police call boxes, explained." Vox website, August 10, 2017.

Mulqueen, April. "A Natural History of the Wooden Telephone Pole." California Public Utilities Commission—Policy and Planning Division website, accessed October 23, 2019.

Updike, John. *Telephone Poles and Other Poems.* New York: Alfred A. Knopf, 1963.

Wildermuth, John. "Why S.F. still counts on street fire alarm." *San Francisco Chronicle,* February 7, 2012.

交流电:电网

"First Electricity in Los Angeles." *Water and Power Associates* (blog), accessed October 13, 2019.

"L.A. Confidential: Energy's Changing Landscape, Yesterday and Today." *Energy Today* (blog), July 25, 2018.

Masters, Nathan. "Before 1948, LA's Power Grid Was Incompatible with the Rest of the US." *Gizmodo* (blog), February 4, 2015.

Mingle, Katie. "263: You Should Do a Story." *99% Invisible* (podcast and MP3 audio), June 20, 2017.

月光塔:路灯

Dazed and Confused. Directed by Richard Linklater. Universal City, CA: Universal Studios, 1993.

Freeberg, Ernest. *The Age of Edison: Electric Light and the Invention of Modern America.* New York: Penguin, 2014.

Oppenheimer, Mark. "Austin's Moon Towers, Beyond 'Dazed and Confused.'" *New York Times,* February 13, 2014.

Prince, Jackson. "The Complete Guide to Austin's Moonlight Towers." *The Austinot* (blog), March 26, 2018.

Thornby, Hanna. "Celebrate the 120th anniversary of Austin's moonlight towers." *All Ablog Austin* (blog), May 19, 2015.

Trufelman, Avery. "150: Under the Moonlight." *99% Invisible* (podcast and MP3 audio), January 27, 2015.

回拨:电表

Evans-Brown, Sam, and Logan Shannon. "257: Reversing the Grid." *99% Invisible* (podcast and MP3 audio), May 2, 2017.

Johnstone, Bob. *Switching to Solar: What We Can Learn from Germany's Success in Harnessing Clean Energy.* Blue Ridge Summit, PA: Prometheus Books, 2010.

"Net Metering." Solar Energy Industries Association website, accessed November 9, 2019.

网络效应:互联网电缆

Burgess, Matt. "Ever wondered how underwater cables are laid? We take a trip on the ship that keeps us online." *Wired,* November 30, 2016.

Edwards, Phil. "A map of all the underwater cables that connect the internet." Vox website, updated November 8, 2015.

A Journey to the Bottom of the Internet. YouTube video, December 16, 2016.

"Secrets of Submarine Cables—Transmitting 99 percent of all international data!" NEC Global website, accessed January 4, 2020.

"Submarine Cable Frequently Asked Questions." TeleGeography website, accessed January 4, 2020.

What's Inside the Undersea Internet Cable? YouTube video, December 16, 2016.

道路

加速变化:绘制中心线

Chabot, Larry. "Highway Whodunit." *Marquette Monthly* (blog), May 9, 2018.

Highway Finance Data Collection. *Our Nation's Highways: 2011.* Washington, DC: Federal Highway Administration, 2011.

"Hines, Edward N. (1870–1938)." Michigan Department of Transportation website, accessed October 15, 2019.

Lehto, Steve. "The Man Who Invented 'The Most Important Single Traffic Safety Device.'" *OppositeLock* (blog), January 3, 2015.

Manual on Uniform Traffic Control Devices. Washington, DC: Federal Highway Administration, 2003.

Mars, Roman. "68: Built for Speed." *99% Invisible* (podcast and MP3 audio), December 12, 2012.

Robinson, John. "Michigan Hero: Edward N. Hines (1870–1938)." *99.1 WFMK* (blog), August 12, 2018.

Vanderbilt, Tom. *Traffic: Why We Drive the Way We Do (and What It Says About Us)*. New York: Vintage, 2009.

转移责任：责怪乱穿马路的人

Dukes, Jesse. "76: The Modern Moloch." *99% Invisible* (podcast and MP3 audio), April 4, 2013.

Gangloff, Amy. "The Automobile and American Life (review)." *Technology and Culture* 51, no. 2 (April 2010): 517–518.

Goodyear, Sarah. "The Invention of Jaywalking." *Citylab* (blog), April 24, 2012.

"Nation Roused Against Motor Killings." *New York Times*, November 23, 1924.

Norton, Peter D. *Fighting Traffic*. Cambridge, MA: MIT Press, 2008.

关键指标：撞击测试

Alcorn, Stan. "287: The Nut Behind the Wheel." *99% Invisible* (podcast and MP3 audio), December 5, 2017.

Alcorn, Stan. "Trial and terror." *Reveal* (podcast and MP3 audio), June 24, 2017.

Nader, Ralph. *Unsafe at Any Speed*. New York: Grossman Publishers, 1965.

"Vehicle Safety Technology Has Saved Over 600,000 Lives Since 1960 Says NHTSA." *Global NCAP* (blog), January 26, 2015.

加强分区：车道分隔带

Giblin, Kelly A. "The Jersey Barrier." *Invention & Technology* 22, no. 1 (Summer 2006).

Kehe, Andy. "Ridge Route history: The long and winding road." *Bakersfield Californian*, September 26, 2015.

Kozel, Scott M. "New Jersey Median Barrier History." *Roads to the Future* website, updated June 21, 2004.

Petrova, Magdalena. "This machine has eliminated head-on collisions on the Golden Gate Bridge." *CNBC*, February 8, 2018.

额外转弯：更安全的十字路口

Hummer, Joseph E., and Jonathan D. Reid. "Unconventional Left-Turn Alternatives for Urban and Suburban Arterials." Urban Street Symposium website, accessed July 28, 2019.

"Jersey Left." Urban Dictionary website, accessed January 12, 2019.

Kendall, Graham. "Why UPS drivers don't turn left and you probably shouldn't either." *The Conversation* (blog), January 20, 2017.

Mayyasi, Alex. "Why UPS Trucks Don't Turn Left." *Priceonomics* (blog), April 4, 2014.

McFarland, Matt. "The case for almost never turning left while driving." *Washington Post*, April 9, 2014.

"Michigan Lefts." Michigan Department of Transportation website, accessed October 16, 2019.

Najm, Wassim G., John D. Smith, and David L. Smith. *Analysis of Crossing Path Crashes*. Springfield, VA: National Technical Information Service, 2001.

Prisco, Jacopo. "Why UPS trucks (almost) never turn left." *CNN*, February 23, 2017.

"There's Nothing Right About the 'Boston Left.'" *Boston Globe*, May 14, 2006.

循环逻辑：旋转连接

Beresford, Kevin. "About Us—Roundabouts of Britain." UK Roundabout Appreciation Society website, accessed October 15, 2019.

"Brits Vote on the Best and Worst Roundabouts." *Easier* (blog), December 20, 2005.

Disdale, James. "World's worst junctions." *Auto Express* (blog), September 3, 2007.

"London road junction 'scariest.'" *BBC News*, December 12, 2007.

"The Magic Roundabout." Roads website, accessed October 15, 2019.

Metcalfe, John. "Why Does America Hate Roundabouts?" *Citylab* (blog), March 10, 2016.

"Roundabouts." City of Carmel, Indiana, website, accessed October 15, 2019.

Scott, Tom. *The Magic Roundabout: Swindon's Terrifying Traffic Circle and Emergent Behaviour*. YouTube video, posted January 12, 2015.

User: nick2ny. *Decoding the Magic Roundabout*. YouTube video, October 9, 2014.

不完全停车：交通稳静化

"Cambridge 'ghost roundabout' attracts ridicule on social media." *BBC News*, November 22, 2016.

"Camcycle requests correction after misrepresentation of our views on Tenison Road scheme by County Council to BBC." *Cambridge Cycling Campaign* (blog), accessed October 19, 2019.

Collins, Tim. "What do YOU see? Optical illusions of speed bumps are being used in London to trick drivers into slowing down." *Daily Mail*, August 7, 2017.

Joyce, Ed. "Sacramento Traffic 'Calming' Takes Many Forms." *Capital Public Radio* (blog), August 20, 2014.

Rogers, SA. "Walk on the Wild Side: 13 Crosswalk Illusions & Interventions." *WebUrbanist* (blog), April 27, 2016.

"Urban Street Design Guide: Vertical Speed Control Elements." National Association of City Transportation Officials website, accessed December 15, 2019.

回动装置：改换车道

Coley, Will. "215: H-Day." *99% Invisible* (podcast and MP3 audio), June 7, 2016.

Geoghegan, Tom. "Could the UK drive on the right?" *BBC News*, September 7, 2009.

"History of the Volvo Car: September 3, 1967. 40 years of driving on the right side in Sweden." The Volvo Owners' Club website, accessed January 16, 2020.

Kincaid, Robert. *The Rule of the Road: An International Guide to History and Practice*. Westport, CT: Greenwood, 1986.

"Samoa switches smoothly to driving on the left." *The Guardian*, September 8, 2009.

The Telstars. "Håll Dej Till Höger, Svensson." Song, 1967.

公共性

边缘：夹缝空间

Briggs, Helen. "Roadside verges 'last refuge for wild flowers.'" *BBC News*, June 6, 2015.

"Designing Sidewalks and Trails for Access." Federal Highway Administration Bicycle and Pedestrian Program website, accessed October 16, 2019.

"Green Infrastructure." The City of Portland, Oregon, website, accessed October 19, 2019.

"Pavement History." Pavement Interactive website, accessed October 23, 2019.

过马路：行人信号灯

"Ampelmännchen Is Still Going Places." *Deutsche Welle*, June 16, 2005.

Barkai, Maya. Walking Men Worldwide website, accessed October 19, 2019.

"The development of the East German Ampelmännchen." Ampelmänn website, accessed October 19, 2019.

"East German Loses Copyright Battle over Beloved Traffic Symbol." *Deutsche Welle*, June 17, 2006.

Peglau, Karl. "Das Ampelmännchen oder: Kleine östliche Verkehrsgeschichte." Das Buch vom Ampelmännchen, 1997.

Pidd, Helen. "Hats off to Ampelmännchen, 50 today." *The Guardian*, October 13, 2011.

共用车道：自行车道

Alta Planning + Design for the San Francisco Department of Parking & Traffic. "San Francisco's Shared Lane Pavement Markings: Improving Bicycle Safety." Report, February 2004.

"Evaluation of Shared Lane Markings." Federal Highway Administration report, October, 2019.

Ferenchak, Nicholas N., and Wesley Marshall. "The Relative (In)Effectiveness of Bicycle Sharrows on Ridership and Safety Outcomes." Report for the Transportation Research Board's 95th Annual Meeting, 2016.

Getuiza, Cheryl. "Oakland introduces color to bike lanes to increase safety." California Economic Summit, September 25, 2013.

"How the SFMTA Invented—and Named—the Bike 'Sharrow.'" *San Francisco Municipal Transportation Agency* (blog), June 17, 2016.

Powers, Martine. "New 'sharrows on steroids' debut on Allston's Brighton Ave." Boston.com website, November 20, 2013.

Schmitt, Angie. "American Sharrow Inventor: 'I Was Always Under Pressure to Do Less.'" *StreetsBlog USA*, March 10, 2016.

拥堵成本：缓解交通堵塞

Coffey, Helen. "Paris to Ban Cars in City Centre One Sunday a Month." *The Independent*, October 3, 2018.

"Congestion Charge." Transport for London website, accessed October 21, 2019.

"Great City Master Plan Chengdu." Adrian Smith + Gordon Gill Architecture website, accessed October 20, 2019.

"Grünes Netz." Hamburg.de website, accessed October 20, 2019.

Marshall, Aarian. "Downtown Manhattan Is the New Frontier of the Car-Free City." *Wired*, August 13, 2016.

Paris Sans Voiture (blog), accessed October 19, 2019.

Peters, Adele. "Paris Is Redesigning Its Major Intersections for Pedestrians, Not Cars." *Fast Company*, April 8, 2016.

Renn, Aaron M. "When New York City tried to ban cars—the extraordinary story of 'Gridlock Sam.'" *The Guardian*, June 1, 2016.

"Superblocks." Ajuntament de Barcelona—Ecology, Urban Planning and Mobility website, accessed October 21, 2019.

Willsher, Kim. "Paris divided: two-mile highway by Seine goes car-free for six months." *The Guardian*, September 9, 2016.

车外活动：裸街

Edquist, Jessica, and Bruce Corben. "Potential application of Shared Space principles in urban road design: effects on safety and amenity." Monash University Accident Research Centre report to the NRMA-ACT Road Safety Trust, March 2012.

Frosch, Colin, David Martinelli, and Avinash Unnikrishnan. "Evaluation of Shared Space to Reduce Traffic Congestion." *Journal of Advanced Transportation* (2019).

Goodyear, Sarah. "Lots of Cars and Trucks, No Traffic Signs or Lights: Chaos or Calm?" *Citylab* (blog), April 2, 2013.

Haubursin, Christophe, Kurt Kohlstedt, and Roman Mars. "Road signs suck. What if we got rid of them all?" *99% Invisible* and Vox Media, November 24, 2017.

Mihaly, Warwick. "Naked streets." *Streets Without Cars* (blog), January 24, 2014.

Moody, Simon. "Shared space—research, policy and problems." *Proceedings of the Institute of Civil Engineers-Transport* 167, no. 6 (2014): 384–92.

Nyvig, Ramboll. "Shared Space >>> Safe Space: Meeting the requirements of blind and partially sighted people in a shared space." Report for the Guide Dogs for the Blind Association and Danish Building Research Institute, accessed October 2, 2019.

"'Shared' road schemes paused over dangers to blind people." *BBC News*, July 27, 2018.

Toth, Gary. "Where the Sidewalk Doesn't End: What Shared Space Has to Share." Project for Public Spaces website, August 16, 2009.

第四章　建筑

阈限

缺乏安全感：上了锁的入口

Greenspan, Sam. "160: Perfect Security." *99% Invisible* (podcast and MP3 audio), April 14, 2015.

Phillips, Bill. *Locksmith and Security Professionals' Exam Study Guide*. New York: McGraw Hill, 2009.

Towne, Schuyler. "Rethinking the Origins of the Lock." *Schuyler Towne* (blog), accessed October 21, 2019.

Vanderbilt, Tom. "Alfred C. Hobbs: The American who shocked Victorian England by picking the world's strongest lock." *Slate*, March 11, 2013.

开与关：旋转门

Cullum, B. A., Olivia Lee, Sittha Sukkasi, and Dan Wesolowski. "Modifying Habits Towards Sustainability—A Study of Revolving Door Usage on the MIT Campus." Report for Planning for Sustainable Development, May 25, 2006.

"Deadliest U.S. nightclub fire influences safety codes, burn care." *CBS News*, November 28, 2017.

Grant, Casey E. "Last Dance at the Cocoanut Grove." *NFPA Journal* 101, no. 6 (2007): 46–71.

Greenspan, Sam. "93: Revolving Doors." *99% Invisible* (podcast and MP3 audio), November 6, 2013.

"The Story of the Cocoanut Grove Fire." Boston Fire Historical Society website, accessed July 2, 2019.

改进逃生通道：紧急出口

"Keep a Fire-Escape Under the Window-Sill." *Popular Science Monthly*, December 1918.

Lynch, Timothy D. "Deterioration of the Historic Construction & Prior Codes—How They Mesh." IES—Investigative Engineering Services course outline, October 22, 2015.

"Triangle Shirtwaist Factory Fire." The History Channel website, December 2, 2009.

Trufelman, Avery. "122: Good Egress." *99% Invisible* (podcast and MP3 audio), August 8, 2014.

"U.S. Census Bureau History: The Triangle Shirtwaist Fire." U.S. Census Bureau website, March 2016.

Young, Lauren. "The Creative and Forgotten Fire Escape Designs of the 1800s." *Atlas Obscura* (blog), December 9, 2016.

材料

被盗的外墙：回收砖块

Dyer, Zach. "283: Dollhouses of St. Louis." *99% Invisible* (podcast and MP3 audio), November 7, 2017.

Gay, Malcolm. "Thieves Cart Off St. Louis Bricks." *New York Times*, September 19, 2010.

Hayden, Liz. "St. Louis' Brick Paradox." *Urbanist Dispatch* (blog), January 28, 2014.

"The History of Bricks and Brickmaking." *Brick Architecture* (blog), accessed October 21, 2019.

骨料效应：开裂的混凝土

Beiser, Vince. *The World in a Grain: The Story of Sand and How It Transformed Civilization*. New York: Riverhead Books, 2018.

Courland, Robert. *Concrete Planet: The Strange and Fascinating Story of the World's Most Common Man-Made Material*. Buffalo, NY: Prometheus, 2011.

Davis, Nicola. "Why Roman concrete still stands strong while modern version decays." *The Guardian*, July 4, 2017.

参考文献

Forty, Adrian. *Concrete and Culture: A Material History.* London: Reaktion Books, 2012.
Huxtable, Ada Louise. *On Architecture: Collected Reflections on a Century of Change.* New York: Bloomsbury Publishing, 2010.
Jackson, Marie D., et al. "Phillipsite and Al-tobermorite mineral cements produced through low-temperature water-rock reactions in Roman marine concrete." *American Mineralogist* 102, no. 7 (2017): 1435–50.
Mars, Roman. "81: Rebar and the Alvord Lake Bridge." *99% Invisible* (podcast and MP3 audio), June 7, 2013.
Mars, Roman. "361: Built on Sand." *99% Invisible* (podcast and MP3 audio), July 9, 2019.
Neyfekh, Leon. "How Boston City Hall was born." *Boston Globe*, February 12, 2012.
Pasnik, Mark, Chris Grimley, and Michael Kubo. *Heroic: Concrete Architecture and the New Boston.* New York: Monacelli Press, 2015.
Stewart, Andrew. "The 'living concrete' that can heal itself." *CNN*, March 7, 2016.
Trufelman, Avery. "176: Hard to Love a Brute." *99% Invisible* (podcast and MP3 audio), August 11, 2015.

混合手段：积累木材

"Brock Commons Tallwood House: Design and Preconstruction Overview." Naturally:Wood website, 2016.
"CLT Gets Double Boost: ICC Clears Path for Taller Mass Timber Buildings in the U.S., Plus Overall Demand for CLT Predicted to Grow Significantly." *TimberLine*, March 1, 2019.
"Demonstrating the viability of mass wood structures." *Think Wood* (blog), accessed October 21, 2019.
"A Guide to Engineered Wood Products." The Engineered Wood Association website, accessed October 16, 2019.
Gul Hasan, Zoya. "Inside Vancouver's Brock Commons, the World's Tallest Mass Timber Building." *ArchDaily* (blog), September 18, 2017.
Kohlstedt, Kurt. "Branching Out: Sustainable Wood Skyscrapers Continue to Reach New Heights." *99% Invisible* (blog), October 30, 2017.
Pyati, Archana. "Faster Project Delivery Is a Hidden Feature of Sustainable Mass Timber." *UrbanLand*, May 3, 2017.
Quintal, Becky. "Wooden Skyscraper/Berg|C. F. Møller Architects with Dinnell Johansson." *ArchDaily* (blog), June 17, 2013.

规章制度

世俗订单：收税项目

"Brick Tax 1784–1850." Scottish Brick History website, accessed October 21, 2019.
Howell, Jeff. "On the level: building tax." *The Telegraph*, July 31, 2002.
Hurst-Vose, Ruth. *Glass.* New York: Collins, 1980.
Janse, Herman. *Building Amsterdam.* London: Egmont, 1994.
Kohlstedt, Kurt. "Vernacular Economics: How Building Codes & Taxes Shape Regional Architecture." *99% Invisible* (blog), January 22, 2018.
"The narrowest houses in Amsterdam." Holland.com website, accessed October 25, 2019.
Sullivan, Paul. *Little Book of Oxfordshire.* Cheltenham, UK: The History Press, 2012.
Theobald, Mary Miley. "Stuff and Nonsense: Myths That Should Now Be History." The Colonial Williamsburg Foundation website, accessed October 21, 2019.
"Window Tax." The National Archives website, accessed October 21, 2019.

正式退线：折线形屋顶

Bassett, Edward Murray. "Commission on Building Districts and Restrictions: Final Report." City of New York Board of Estimate and Apportionment, 1916.
Chey, Katy. *Multi-Unit Housing in Urban Cities: From 1800 to Present Day.* Milton Park, UK: Taylor & Francis, 2017.
Goodman, David C., and Colin Chant. *European Cities & Technology: Industrial to Post-industrial City.* Milton Park, UK: Routledge, 1999.
Stark, Stuart. "The Mansard Style: Politics, Tax Evasion and Beauty." *Old House Living* (blog), accessed October 25, 2019.
Willsher, Kim. "Story of cities #12: Haussmann rips up Paris—and divides France to this day." *The Guardian*, March 21, 2016.

从天堂到地狱：财产限制

"Airmail Creates an Industry: Postal Act Facts." Smithsonian National Postal Museum website, accessed October 22, 2019.
"A Brief History of the FAA." Federal Aviation Administration website.
"*Bury v Pope*: 1587." Swarb.co.uk website.
Goldberger, Paul. "Architecture View; Theaters and Churches Are the City's New Battleground." *New York Times*, May 30, 1982.
Kohlstedt, Kurt. "From Heaven to Hell: Exploring the Odd Vertical Limits of Land Ownership." *99% Invisible* (blog), June 19, 2017.
Kohlstedt, Kurt. "Selling the Sky: 'Air Rights' Take Strange Bites Out of Big Apple Architecture." *99% Invisible* (blog), June 23, 2017.
Lashbrook, Lora D. "Ad Coelum Maxim as Applied to Aviation Law." *Notre Dame Law Review* 21, no. 3 (1946).

Lowther, Ed. "Location, salvation, damnation." *BBC News*, January 29, 2014.
Quintana, Mariela. "What Are NYC Air Rights All About?" *StreetEasy* (blog), October 12, 2015.
"Special Purpose Districts." NYC Department of City Planning website, accessed October 22, 2019.
Tong, Ziya. *The Reality Bubble: Blind Spots, Hidden Truths, and the Dangerous Illusions That Shape Our World*. New York: Penguin, 2019.
United States v. Causby, 328 U.S. 256 (1946).
User: filthy light thief. "Cuius est solum, eius est usque ad coelum et ad inferos." *MetaFilter* (blog), July 16, 2018.
"What Are 'Air Rights' and Why Are They Important to Central?" *Los Angeles Public Library* (blog), February 10, 2017.

大厦

平稳制动：现代电梯

Carroll, Andrew. "Here Is Where: Elisha Otis rises out of small-town Vermont." HistoryNet website, accessed February 2, 2020.
DiMeo, Nate. "98: Six Stories." *99% Invisible* (podcast and MP3 audio), January 2, 2014.
"Facts & Figures." Burj Khalifa website, accessed February 14, 2019.
Robbins, Dan. "Founded in Yonkers, Otis Elevators Took American Industry to New Heights." *Westchester Magazine* website, accessed September 20, 2019.

龙骨：幕墙

Dimeo, Nate. "27: Bridge to the Sky." *99% Invisible* (podcast and MP3 audio), June 3, 2011.
Gray, Christopher. "Streetscapes/The Tower Building: The Idea That Led to New York's First Skyscraper." *New York Times*, May 5, 1996.
"Monadnock Building." Chicagology website, accessed October 25, 2019.
Morris, Lloyd. *Incredible New York: High Life and Low Life from 1850 to 1950*. Syracuse, NY: Syracuse University Press, 1996.

封顶：摩天大楼竞赛

Bascomb, Neal. *Higher: A Historic Race to the Sky and the Making of a City*. New York: Broadway Books, 2004.
Gray, Christopher. "Streetscapes: 40 Wall Street; A Race for the Skies, Lost by a Spire." *New York Times*, November 15, 1992.
Mars, Roman. "100: Higher and Higher." *99% Invisible* (podcast and MP3 audio), February 3, 2014.

意外负荷：危机管理

Bellows, Alan. "A Potentially Disastrous Design Error." *Damn Interesting* (blog), April 12, 2006.
Morgenstern, Joe. "City Perils: The Fifty-Nine Story Crisis." *The New Yorker*, May 29, 1995.
"OEC—Addendum: The Diane Hartley Case." The Online Ethics Center website, accessed March 13, 2019.
Werner, Joel, and Sam Greenspan. "110: Structural Integrity." *99% Invisible* (podcast and MP3 audio), April 15, 2014.

透视的影响：重新定义天际线

"History." Transamerica Pyramid Center website, accessed October 20, 2019.
King, John. "An ode to the Transamerica Pyramid as a new tallest tower rises." *San Francisco Chronicle*, October 7, 2016.
King, John. "Pyramid's steep path from civic eyesore to icon." SFGate website, December 27, 2009.
Mars, Roman. "2: 99% 180." *99% Invisible* (podcast and MP3 audio), September 9, 2010.

超越高度：地标工程

"Experience the Skyslide at OUE Skyspace Los Angeles." Discover Los Angeles website, accessed February 2, 2020.
Poon, Dennis, Shaw-Song Shieh, Leonard Joseph, and Ching-Chang Chang. "Structural Design of Taipei 101, World's Tallest Building." Research paper presented at the Council on Tall Buildings and Urban Habitat 2004 Seoul Conference, October 10–13.
"Taipei Financial Center (Taipei 101)." C. Y. Lee & Partners website, accessed October 22, 2019.
Trufelman, Avery. "201: Supertall 101." *99% Invisible* (podcast and MP3 audio), April 19, 2016.

群组动力学：城市峡谷

"Bridgewater Place lorry crush death referred to CPS by coroner." *BBC News*, February 10, 2012.
ChiFai, Cheung, and Ernest Kao. "Scientists examine the health risks of Hong Kong's notorious 'street canyons.'" *South China Morning Post*, October 13, 2014.
Kiprop, Victor. "What Is a Street Canyon?" World Atlas website, accessed October 22, 2019.
Kulig, Paul. "Seeking Sunlight in a Skyscraper City." *CityLab* (blog), May 1, 2017.
"London's 'Walkie Talkie' skyscraper reflects light hot enough to fry an egg." *The Guardian*, September 3, 2013.

Mullin, Emma. "No more Walkie Scorchie! London skyscraper which melted cars by reflecting sunlight is fitted with shading." *Daily Mail Online,* October 9, 2014.

Rao, Joe. "The Story of 'Manhattanhenge': An NYC Phenomenon Explained." Space.com website, May 19, 2018.

Spillane, Chris, and Eshe Nelson. "London's Walkie-Talkie 'Fryscraper' Draws Crowds in Heat." *Bloomberg,* September 6, 2013.

Stuart, Andrew. "Why does the Beetham Tower hum in the wind?" *Manchester Evening News,* March 2, 2018.

Tanner, Jane. "Sears Loses Windows in High Winds." *Chicago Tribune,* February 23, 1988.

Tyson, Neil deGrasse. "Manhattanhenge." *American Museum of Natural History* (blog), accessed October 22, 2019.

"Urban Street Canyons—Wind." MIT student projects, 2009.

Wainwright, Oliver. "'Killer towers': how architects are battling hazardous high-rises." *The Guardian Architecture and Design Blog,* August 14, 2014.

Ward, Victoria. "Walkie Talkie skyscraper blamed for creating wind tunnel on the street." *The Telegraph,* July 22, 2015.

地基

乡土飞地：国际化地区

Davis, Chelsea. "192: Pagodas and Dragon Gates." *99% Invisible* (podcast and MP3 audio), December 8, 2015.

Lee, Jennifer 8. *The Fortune Cookie Chronicles: Adventures in the World of Chinese Food.* New York: Hachette Book Group, 2009.

Reeves, Richard. *Infamy: The Shocking Story of the Japanese American Internment in World War II.* New York: Henry Holt and Co., 2015.

Trufelman, Avery. "182: A Sweet Surprise Awaits You." *99% Invisible* (podcast and MP3 audio), September 22, 2015.

Tsui, Bonnie. *American Chinatown: A People's History of Five Neighborhoods.* New York: Free Press, 2010.

兑现支票：营业点

Mars, Roman. "18: Check Cashing Stores." *99% Invisible* (podcast and MP3 audio), March 4, 2011.

McGray, Douglas. "Check Cashers, Redeemed." *New York Times Magazine,* November 7, 2008.

Nix, Tom. *Nixland: My Wild Ride in the Inner City Check Cashing Industry.* Irvine, CA: BusinessGhost Books, 2013.

平易近人的鸭子：商业符号

Al, Stefan. *The Strip: Las Vegas and the Architecture of the American Dream.* Cambridge, MA: MIT Press, 2017.

DylanDog. "Ducks and decorated sheds." Everything2.com website, accessed October 2, 2019.

Green, Dennis. "Nobody wants to buy this $5 million basket-shaped building in Ohio." *Business Insider,* September 8, 2016.

Hill, John. "Of Ducks and Decorated Sheds: A Review of I Am a Monument." *Architect,* July 31, 2009.

Ketcham, Diane. "About Long Island; A Cherished Roadside Symbol of the Region." *New York Times,* July 30, 1995.

Mallett, Kate. "Longaberger empties famous basket building." *Newark Advocate,* July 8, 2016.

Trex, Ethan. "10 Buildings Shaped Like What They Sell." *Mental Floss* (blog), November 16, 2010.

Trufelman, Avery. "302: Lessons from Las Vegas." *99% Invisible* (podcast and MP3 audio), April 9, 2018.

Venturi, Robert, Steven Izenour, and Denise Scott Brown. *Learning from Las Vegas: The Forgotten Symbolism of Architectural Form.* Cambridge, MA: MIT Press, 1977.

争奇斗艳的明星建筑：反差式扩建

Dickinson, Elizabeth Evitts. "Louvre Pyramid: The Folly That Became a Triumph." *Architect,* April 19, 2017.

Jones, Sam. "'What the hell have they done?' Spanish castle restoration mocked." *The Guardian,* March 9, 2016.

Kohlstedt, Kurt. "Legible Cities: Fitting Outstanding Architecture into Everyday Contexts." *99% Invisible* (blog), August 25, 2016.

Loomans, Taz. "Why Fake Vintage Buildings Are a Blow to Architecture, Historic Neighborhoods and the Character of a City." *Blooming Rock* (blog), June 4, 2014.

TheOneInTheHat. "That's the last time we hire TWO architects." Reddit website, December 18, 2011.

Pavka, Evan. "AD Classics: Jewish Museum, Berlin/Studio Libeskind." *ArchDaily* (blog), November 25, 2010.

Pogrebin, Robin. "British Architect Wins 2007 Pritzker Prize." *New York Times,* March 28, 2007.

"Royal Ontario Museum opens Michael Lee-Chin Crystal Today." Royal Ontario Museum website, June 2, 2007.

Tschumi, Bernard. *Architecture and Disjunction.* Cambridge, MA: MIT Press, 1996.

Yasunaga, Yodai. "Old & New: Can Contemporary and Historical Architecture Exist?" *MKThink* (blog), August 1, 2014.

遗产

异教徒之门：重叠的叙述

Downson, Thomas. "Three Ingenious Achaeological 'Re-Constructions.'" *Archaeology Travel* (blog), accessed October 2, 2019.

Kirsch, Jonathan. *God Against the Gods: The History of the War Between Monotheism and Polytheism.* New York: Viking, 2004.

Norris, Shawn T. "Carnuntum—A City of Emperors." Rome Across Europe website, October 4, 2015.

裁定地标：历史性建筑保护

"About LPC." The New York Landmarks Preservation Commission website, accessed October 15, 2019.

"Action Group for Better Architecture in New York." The New York Preservation Archive Project website, accessed October 2, 2019.

Heppermann, Ann. "147: Penn Station Sucks." *99% Invisible* (podcast and MP3 audio), January 6, 2015.

Jonnes, Jill. *Conquering Gotham: Building Penn Station and Its Tunnels*. New York: Penguin Books, 2008.

Muschamp, Herbert. "Architecture View; In This Dream Station Future and Past Collide." *New York Times*, June 20, 1993.

Penn Central Transportation Co. v. New York City, 438 U.S. 104 (1978).

Quintana, Mariela. "What Are NYC Air Rights All About?" *StreetEasy* (blog), October 12, 2015.

Williams, Keith. "What Is That Spot on the Ceiling of Grand Central Terminal?" *New York Times*, June 7, 2018.

重获新生的珍宝：复杂的修复

"Bright look for ancient castle." *BBC News—Scotland*, October 19, 1999.

Bryson, Bill. *At Home: A Short History of Private Life*. New York: Anchor Books, 2011.

Mars, Roman. "178: The Great Restoration." *99% Invisible* (podcast and MP3 audio), August 25, 2015.

"Restoration work has turned the golden great hall into white elephant, claim townsfolk Stirling effort under fire." *Herald Scotland*, April 21, 1999.

"Stirling Castle: Castle Wynd, Stirling, FK8 1EJ." Historic Environment Scotland website, accessed November 28, 2019.

"Stirling Castle Timeline." Stirling Castle website, accessed October 11, 2019.

Talbot, Margaret. "The Myth of Whiteness in Classical Sculpture." *The New Yorker*, October 29, 2018.

建筑许可：不忠实的重建

Drozdowska, Amy, and Dave McGuire. "72: New Old Town." *99% Invisible* (podcast and MP3 audio), February 5, 2013.

Gliński, Mikołaj. "How Warsaw Came Close to Never Being Rebuilt." *Culture.pl* (blog), February 3, 2015.

McCouat, Philip. "Bernardo Bellotto and the Reconstruction of Warsaw." *Journal of Art in Society*, 2015.

Mersom, Daryl. "Story of cities #28: how postwar Warsaw was rebuilt using 18th century paintings." *The Guardian*, May 11, 2018.

"Trakt Królewski." Zabytki w Warszawie website, accessed October 29, 2019.

Zarecor, Kimberly E. "Architecture in Eastern Europe and the Former Soviet Union." In *A Critical History of Contemporary Architecture, 1960–2010*, edited by Elie G. Haddad and David Rifkind. Farnham, UK: Ashgate Publishing, 2014.

非自然选择：主观稳定

Cooper, Paul. "Rome's Colosseum Was Once a Wild, Tangled Garden." *The Atlantic*, December 5, 2017.

Dickens, Charles. *Pictures from Italy*. London: Bradbury & Evans, 1846.

FitzGerald, Emmett. "289: Mini-Stories: Volume 3: The Green Colosseum." *99% Invisible* (podcast and MP3 audio), December 19, 2017.

"Issues Relevant to U.S. Foreign Diplomacy: Unification of Italian States." Office of the Historian website, accessed January 5, 2020.

Poe, Edgar A. "The Coliseum." In *The Works of Edgar Allan Poe, The Raven Edition*, vol. 5. New York: P. F. Collier and Son, 1903.

褪色的吸引力：诱人的遗弃物

"A History of the Sutro Pleasure Grounds and Merrie Way Stands." Sonoma State University website.

Martini, John A. *Sutro's Glass Palace: The Story of Sutro Baths*. Bodega Bay, CA: Hole in the Head Press, 2013.

Sutro Baths. Directed by James H. White. San Francisco: Edison Manufacturing Company, 1897.

"Sutro Baths History." National Park Service website, updated February 28, 2015.

Trufelman, Avery. "112: Young Ruin." *99% Invisible* (podcast and MP3 audio), April 29, 2014.

符文景观：地表的痕迹

Cooper, Paul M. M. "The Mysterious Landscapes of Heat-Scorched Britain." *New York Times*, August 15, 2018.

Dockrill, Peter. "Brutal Heat in the UK Is Revealing Hidden Footprints of Historic Civilisations." Scient Alert website, July 11, 2018.

"Hidden landscapes the heatwave is revealing." *BBC News*, July 25, 2018.

"UK heatwave exposes ancient Chatsworth House gardens." *BBC News*, July 25, 2018.

Victor, Daniel. "Drought and Drone Reveal 'Once-in-a-Lifetime' Signs of Ancient Henge in Ireland." *New York Times*, July 13, 2018.

建筑拆除规范：计划性拆除

Brasor, Philip, and Masako Tsubuku. "Japan's 30-year building shelf-life is not quite true." *Japan Times*, March 31, 2014.

"High-Tech Demolition Systems for High-rises." *Web Japan—Trends in Japan* (blog), March 2013.

"The Kajima Cut and Take Down Method." Kajima Corporation website, accessed October 23, 2019.

Kohlstedt, Kurt. "Earth Defense: Shaking Buildings in the World's Largest Earthquake Simulator." *99% Invisible* (blog), March 20, 2017.

Nuwer, Rachel. "This Japanese Shrine Has Been Torn Down and Rebuilt Every 20 Years for the Past Millennium." *Smithsonian*, October 4, 2013.

Townsend, Alastair. "Testing Buildings to Destruction." *Alatown* (blog), February 19, 2015.

"Why Japanese houses have such limited lifespans." *The Economist*, March 15, 2018.

第五章　地理

划界

起始点：零英里标志

"Cuba's Famous Diamond Stolen from Capital." *The Barrier Miner*, March 27, 1946.

Grout, James. "Milliarium Aureum." Encyclopedia Romana website, accessed October 20, 2019.

Kohlstedt, Kurt. "Point Zero: Circling the Globe with Central City 'Zero Stones.'" *99% Invisible* (blog), August 11, 2016.

"Nuestra Señora de Luján, Patrona de la República Argentina." Agencia Informativa Católica Argentina website, accessed October 20, 2019.

Rubenstein, Steve. "SF marks the very middle of town, more or less." SFGate website, June 8, 2016.

Saperstein, Susan. "Sutro's Triumph of Light Statue." *Guidelines Newsletter*, accessed October 20, 2019.

Weingroff, Richard F. "Zero Milestone—Washington, DC." National Highway Administration website, June 27, 2017.

城市的边界：界石

"Boundary Stones of the District of Columbia." Boundary Stones website.

Manaugh, Geoff. "Boundary Stones and Capital Magic." *BLDGBLOG*, May 20, 2017.

Records of the Columbia Historical Society of Washington, D.C. Vol. 10. Washington, DC: Historical Society of Washington, DC, 1907.

St. Onge, Tim. "Modest Monuments: The District of Columbia Boundary Stones." *Geography and Map Division of the Library of Congress* (blog), May 17, 2017.

Vitka, William. "Quest to save DC's 1st federal monuments: Boundary stones." *Washington Times*, April 15, 2018.

确定时刻表：标准时间

Bartky, Ian R. *Selling the True Time: Nineteenth-century Timekeeping in America*. Redwood City, CA: Stanford University Press, 2000.

Dinsmore's American Railroad and Steam Navigation Guide and Route-Book. New York: Dinsmore & Co., 1800.

Myers, Joseph. "History of legal time in Britain." Polyomino website.

Powell, Alvin. "America's first time zone." *Harvard Gazette*, November 10, 2011.

"Railroads create the first time zones." The History Channel website, updated July 17, 2019.

Reed, Robert Carroll. *Train Wrecks: A Pictorial History of Accidents on the Main Line*. Prineville, OR: Bonanza Books, 1982.

"Russia Turns Clocks Back to 'Winter' Time." Sputnik News website, October 26, 2014.

"Time Standardization." The Linda Hall Library Transcontinental Railroad website, accessed October 20, 2019.

"Uniform Time." US Department of Transportation website, updated February 13, 2015.

"Why Do We Have Time Zones?" Time and Date website.

公路推广者：国家公路

"Futurama: 'Magic City of Progress.'" The New York Public Library's website, accessed October 20, 2019.

Hirst, AR. "Marking and Mapping the Wisconsin Trunk Line Highway System." *Good Roads: Devoted to the Construction and Maintenance of Roads and Streets* 55, no. 2 (1919).

"History and Significance of US Route 66." National Park Service's website, accessed December 26, 2019.

Lawson, Wayne. "The Woman Who Saved New York City from Superhighway Hell." *Vanity Fair*, April 14, 2017.

Pfeiffer, David A. "Ike's Interstates at 50." *Prologue Magazine* 38, no. 2 (2006).

Weingroff, Richard F. "From Names to Numbers: The Origins of the U.S. Numbered Highway System." Federal Highway Administration website, updated June 27, 2017.

布局

舍入误差：杰斐逊的网格

California Land Title Association's Claims Awareness Committee. "Filling the Holes in a 'Swiss Cheese Parcel': Correcting Flawed Metes & Bounds Descriptions." Wendel Rosen website, March 7, 2018.

Corner, James. *Taking Measures Across the American Landscape*. New Haven, CT: Yale University Press, 1996.

Delpeut, Peter. *Gerco de Ruijter: Grid Corrections*. Rotterdam: nai010 publishers, 2019.

Knight, Paul. "A History of the American Grid in 4 Minutes." *The Great American Grid* (blog), January 9, 2012.

Land Ordinance of 1785. May 20, 1785.

Manaugh, Geoff. "Mysterious Detour While Driving? It Could Be Due to the Curvature of the Earth." *Travel + Leisure*, December 10, 2015.

未规划土地：拼凑地块

Anderson, Sam. *Boom Town: The Fantastical Saga of Oklahoma City, Its Chaotic Founding, Its Apocalyptic Weather, Its Purloined Basketball Team, and the Dream of Becoming a World-class Metropolis*. New York: Crown Publishing Group, 2018.

Blackburn, Bob L. "Unassigned Lands." Encyclopedia of Oklahoma History and Culture website, accessed October 20, 2019.

Mars, Roman. "325: The Worst Way to Start a City." *99% Invisible* (podcast and MP3 audio), October 16, 2018.

"Removal of Tribes to Oklahoma." Oklahoma Historical Society website, accessed February 5, 2020.

直线启示：协调布局

Dagenais, Travis. "Why city blocks work." *Harvard Gazette*, January 9, 2017.

Dalrymple II, Jim. "Urban designers in Salt Lake City praise innovations of the 'Mormon Grid.'" *Salt Lake Tribune*, June 13, 2013.

"Granary Row: Shipping Container Pop-up Market Jump-Starts Industrial Neighborhood in Salt Lake City." *Inhabitat* (blog), August 31, 2013.

Greenspan, Sam. "240: Plat of Zion." *99% Invisible* (podcast and MP3 audio), December 12, 2016.

Speck, Jeff. *Walkable City: How Downtown Can Save America, One Step at a Time*. New York: North Point Press, 2013.

Williams, Frederick G. "Revised Plat of the City of Zion, circa Early August 1833." The Joseph Smith Papers website, accessed October 20, 2019.

优秀的巴塞罗那扩展区：重置超级街区

Bausells, Marta. "Superblocks to the rescue: Barcelona's plan to give streets back to residents." *The Guardian*, May 17, 2016.

De Decker, Kris. "The solar envelope: how to heat and cool cities without fossil fuels." Low-Tech Magazine website, accessed January 20, 2020.

Roberts, David. "Barcelona's radical plan to take back streets from cars." Vox website, updated May 26, 2019.

Soria y Puig, Arturo. "Ildefonso Cerdà's general theory of 'Urbanización.'" *The Town Planning Review* 66, no. 1 (1995).

Southworth, Michael, and Eran Ben-Joseph. *Streets and the Shaping of Towns and Cities*. Washington, DC: Island Press, 2013.

"The Urban Mobility Plan of Barcelona." The Urban Ecology Agency of Barcelona website, accessed September 22, 2019.

"The Visionary Urban Design of the Eixample District, Barcelona." *Latitude 41* (blog), January 10, 2019.

标准偏差：发展模式

"8 Mile Road is eight miles from where?" Michigan Radio website, October 4, 2014.

Detroit's Pattern of Growth. Directed by Robert J. Goodman and Gordon W. Draper. Detroit: Wayne State University Audio-Visual Utilization Center, 1965.

"The Explorers: Antoine Laumet dit de la Mothe Cadillac 1694–1701." Canadian Museum of History website, accessed October 20, 2019.

Sewek, Paul. "Woodward Plan Part II: Dawn of the Radial City." *Detroit Urbanism* (blog), April 25, 2016.

命名

要说明出处：非正式地名

"Busta Rhymes Island." Wikipedia entry, accessed January 6, 2020.

Cole, Sean. "105: One Man Is an Island." *99% Invisible* (podcast and MP3 audio), March 11, 2014.

"House Approves Renaming Cape Kennedy." *Daytona Beach Morning Journal*, May 19, 1973.

Reed, James. "Sound off." *Boston Globe*, March 13, 2009.

"U.S. Board on Geographic Names." United States Geological Survey website, accessed October 28, 2019.

参考文献

混合首字母缩写：社区的绰号

Carroll, Ruaidhri. "How Did London's Soho Get Its Name?" *Culture Trip* (blog), updated June 7, 2018.
"Graduate Hospital." Visit Philadelphia website, accessed October 12, 2019.
"Hell's Hundred Acres." *New York History Walks* (blog), March 14, 2012.
Mahdawi, Arwa. "Neighbourhood rebranding: wanna meet in LoHo, CanDo or GoCaGa?" *The Guardian*, January 15, 2015.
Nigro, Carmen. "A Helluva Town: The Origins of New York's Hellish Place Names." *New York Public Library—NYC Neighbors* (blog), April 22, 2011.
NOBENeighborhood.com (website). Inaccessible.
South Park, episode 3, season 19, "The City Part of Town." Directed by Trey Parker, aired September 30, 2015, on Comedy Central.
Trufelman, Avery. "204: The SoHo Effect." *99% Invisible* (podcast and MP3 audio), March 15, 2016.
Zaltzman, Helen. "32: Soho." *The Allusionist* (podcast and MP3 audio), March 18, 2016.

故意跳过：不吉利的数字

"How Many Floors Does the 51-Floor Rio Have?" *Las Vegas Blog*, May 1, 2012.
Kohlstedt, Kurt. "Floor M: Avoiding Unlucky Numbers Amounts to Design by Omission." *99% Invisible* (blog), April 4, 2016.
Lee, Jeff. "New Vancouver tower Burrard Place caters to luxury buyers." *Vancouver Sun*, October 7, 2015.
Mitra, Anusuya. "Lucky Numbers and Unlucky Numbers in China." *China Highlights* (blog), updated September 27, 2019.
"Superstitious Chinese Willing to Pay for Lucky Address: Vancouver Study." *Huffington Post*, March 26, 2014.
Wells, Nick. "Days of Vancouver developers skipping 'unlucky' floor numbers are numbered." *CTV News*, November 5, 2015.

深思熟虑的错误：虚构条目

"Errors on Road Maps." Petrol Maps website, 2006. Inaccessible.
Green, John. *Paper Towns*. New York: Dutton Books, 2008.
Krulwich, Robert. "An Imaginary Town Becomes Real, Then Not. True Story." *Krulwich Wonders* (NPR), March 18, 2014.
Youssef, Sharif. "242: Mini-Stories: Volume 2: Fictitious Entry by Sharif." *99% Invisible* (podcast and MP3 audio), December 19, 2017.
Zaltzman, Helen. "7: Mountweazel." *The Allusionist* (podcast and MP3 audio), March 25, 2015.

错置的地点：空虚岛

Hill, Kashmir. "How an internet mapping glitch turned a random Kansas farm into a digital hell." *Splinter* (blog), April 10, 2016.
St. Onge, Tim. "The Geographical Oddity of Null Island." *Geography and Map Division of the Library of Congress* (blog), April 22, 2016.
"Station 13010—Soul." National Ocean and Atmospheric Administration's National Data Buoy Center website, accessed January 20, 2020.

道路：图森大道

Edwards, Phil, and Gina Barton. "How streets, roads, and avenues are different." Vox website, November 14, 2016.
Kelly, Andrea. "'Stravenue': Is it unique to Tucson?" *Road Runner* blog at Tucson.com, March 3, 2008.
"Most Common U.S. Street Names." National League of Cities website.
"Official USPS Abbreviations." United States Postal Service website, accessed January 14, 2020.
Rudd, Damien. *Sad Topographies*. London: Simon & Schuster, 2017.

可达的空地：无名之地

Coreil-Allen, Graham. "The Typology of New Public Sites." Graham Projects website, 2010.
Greenspan, Sam. "60: Names vs the Nothing." *99% Invisible* (podcast and MP3 audio), August 6, 2012.
"What Is the Gore Area in Driving?" Legal Beagle website, updated October 14, 2019.

景观

墓地变身：乡村公园

Branch, John. "The Town of Colma, Where San Francisco's Dead Live." *New York Times*, February 5, 2016.
"Colma History: The City of Souls." City of Colma website, accessed January 20, 2020.
Cranz, Galen. "Urban Parks of the Past and Future." Project for Public Spaces website, December 31, 2008.
Eggener, Keith. *Cemeteries*. New York: W. W. Norton & Company, 2010.
Greenfield, Rebecca. "Our First Public Parks: The Forgotten History of Cemeteries." *The Atlantic*, March 16, 2011.
Trufelman, Avery. "258: The Modern Necropolis." *99% Invisible* (podcast and MP3 audio), May 9, 2017.

轨道空间：改头换面的绿道

"About the Greenway." Midtown Greenway Coalition website, accessed October 20, 2019.

Berg, Madeline. "The History of 'Death Avenue.'" *The High Line* (blog), October 22, 2015.

Beveridge, Charles E. "Frederick Law Olmsted Sr.: Landscape Architect, Author, Conservationist (1822–1903)." National Association for Olmsted Parks website, accessed February 1, 2020.

Bilis, Madeline. "The History Behind Boston's Treasured Emerald Necklace." *Boston Magazine*, May 15, 2018.

"Garden Bridge should be scrapped, Hodge review finds." *BBC News*, April 7, 2017.

Hynes, Sasha Khlyavich. "The Story Behind the High Line." Center for Active Design website, accessed October 20, 2019.

"Lowline: About/Project." The Lowline website, accessed October 20, 2019.

National Trails System Act Amendments of 1983, Pub. L. No. 98-11, 97 Stat. 42 (1983).

Rogers, SA. "Rail to Trail: 12 U.S. Park Projects Reclaiming Urban Infrastructure." *WebUrbanist* (blog), October 9, 2017.

吸引小偷的棕榈树：行道树

Carroll, Rory. "Los Angeles' legendary palm trees are dying—and few will be replaced." *The Guardian*, September 29, 2017.

Dümpelmann, Sonja. "Not so long ago, cities were starved for trees. That inspired a fight against urban warming." *PBS NewsHour*, January 25, 2019.

Farmer, Jared. *Trees in Paradise: A California History*. New York: W. W. Norton Company, 2013.

Greenspan, Sam. "155: Palm Reading." *99% Invisible* (podcast and MP3 audio), March 3, 2015.

Pinkerton, James. "Palm tree poachers plaguing the Valley." *Houston Chronicle*, May 30, 2004.

Schulz, Bailey. "Campus evergreens sprayed with fox urine to prevent theft." *Daily Nebraskan*, October 8, 2015.

草坪执法：自家后院

Barnard, Cornell. "Bay Area homeowners turn to paint to cover brown lawns." *ABC7 News*, June 1, 2015.

"Boys mow lawn to keep elderly Texas woman out of jail." *CBS News*, June 12, 2015.

Downing, Andrew Jackson. *The Architecture of Country Houses*. New York: Dover Publications, 1969.

Gimme Green. Directed by Isaac Brown and Eric Flagg. Yulee, FL: Jellyfish Smack Productions, 2006.

"Gov. Jerry Brown Issues Calls for Mandatory 25 Percent Water Reduction with No End in Sight for Drought." *CBS SF*, April 1, 2015.

"Grand Prairie man goes to jail for overgrown lawn." *WFAA 8 News*, April 6, 2015.

Greenspan, Sam. "177: Lawn Order." *99% Invisible* (podcast and MP3 audio), August 18, 2015.

"More Lawns Than Irrigated Corn." NASA Earth Observatory website, November 8, 2005.

Pollan, Michael. "Why Mow? The Case Against Lawns." *New York Times*, May 28, 1989.

Robbins, Paul. *Lawn People: How Grasses, Weeds, and Chemicals Make Us Who We Are*. Philadelphia: Temple University Press, 2007.

Vogt, Benjamin. "Our Gardens Are at the Center of Vanishing Bees and Butterflies—and in Saving Nature." *Medium* (blog), February 4, 2019.

Wilson, Kirby. "Dunedin fined a man $30,000 for tall grass. Now the city is foreclosing on his home." *Tampa Bay Times*, May 9, 2019.

"Xeriscaping." National Geographic Resource Library website, accessed October 20, 2019.

空中树屋：不接地的植物

Capps, Kriston. "Are 'Treescrapers' the Future of Dense Urban Living?" *CityLab* (blog), November 16, 2015.

De Chant, Tim. "Can We Please Stop Drawing Trees on Top of Skyscrapers?" *ArchDaily* (blog), March 21, 2013.

Kohlstedt, Kurt. "Parisian Treescraper: Vertical Mixed-Use Planter Will Also Have Room for People." *99% Invisible* (blog), November 27, 2017.

Kohlstedt, Kurt. "Renderings vs. Reality: The Improbable Rise of Tree-Covered Skyscrapers." *99% Invisible* (blog), April 11, 2016.

"La Forêt Blanche and Balcon sur Paris win the Marne Europe—Villiers sur Marne competition." Stefano Boeri Architetti website, October 20, 2017.

"Nanjing Vertical Forest." Stefano Boeri Architetti website, accessed October 28, 2019.

Onniboni, Luca. "Vertical Forest in Milan—Boeri Studio." *Archiobjects* (blog), accessed October 20, 2019.

Sun, Yitan, and Jianshi Wu. "New York Horizon." Conceptual urban design, winner of the eVolo Skyscraper Award, 2016.

"Vertical Forest." Stefano Boeri Architetti website, accessed October 28, 2019.

与人共生

归化的居民：灰松鼠

Benson, Etienne. "The Urbanization of the Eastern Gray Squirrel in the United States." *Journal of American History* 100, no. 3 (2013): 691–710.

Carrington, Damian. "Return of pine martens could save Britain's red squirrels, say scientists." *The Guardian*, March 7, 2018.

参考文献

"Central Park Squirrel Census—2019 Report." The Squirrel Census website, accessed October 28, 2019.

Gilpin, Kenneth N. "Stray Squirrel Shuts Down Nasdaq System." *New York Times*, December 10, 1987.

Greig, Emma. "Analysis: Do Bird Feeders Help or Hurt Birds?" The Cornell Lab of Ornithology's All About Birds website, January 11, 2017.

Ingraham, Christopher. "A terrifying and hilarious map of squirrel attacks on the U.S. power grid." *Washington Post*, January 12, 2016.

Metcalfe, John. "The Forgotten History of How Cities Almost Killed the Common Squirrel." *CityLab* (blog), December 20, 2013.

Schwalje, Kaitlyn. "352: Uptown Squirrel." *99% Invisible* (podcast and MP3 audio), April 30, 2019.

Sundseth, Kerstin. *Invasive Alien Species: A European Union Response*. Luxembourg: Publications Office of the European Union, 2017.

Zuylen-Wood, Simon van. "Philly Was the First City in America to Have Squirrels." *Philadelphia Magazine*, December 12, 2013.

幽灵溪：鱼的故事

Bliss, Laura. "The Hidden Health Dangers of Buried Urban Rivers." *CityLab* (blog), August 5, 2015.

Chan, Sewell. "Fishing Under the City." *New York Times Empire Zone* (blog), May 16, 2007.

Gasnick, Jack. "Manhattan Reminiscence: Fishing in 2d Ave." *New York Times*, Letters to the Editor, August 22, 1971.

Kadinsky, Sergey. "Sunfish Pond, Manhattan." *Hidden Waters Blog*, May 11, 2016

"A lively subterranean riverlet." *Urbablurb* (blog), May 18, 2007.

Manaugh, Geoff. "Deep in the basement of an ancient tenement on Second Avenue in the heart of midtown New York City, I was fishing." *BLDGBLOG*, May 5, 2008.

O'Donnell, Bryan. "'Ghost Streams' Sound Supernatural, but Their Impact on Your Health Is Very Real." *Popular Science*, February 5, 2019.

栖息地：不受待见的鸽子

Bryce, Emma. "Why Are There So Many Pigeons?" Live Science website, October 27, 2018.

Clayton, Indya. "Spikes on branches of tree in Oxford to stop bird droppings on parked cars." *Oxford Mail*, April 24, 2019.

Johnson, Nathanael. *Unseen City: The Majesty of Pigeons, the Discreet Charm of Snails & Other Wonders of the Urban Wilderness*. New York: Rodale Books, 2016.

Mars, Roman. "210: Unseen City: Wonders of the Urban Wilderness." *99% Invisible* (podcast and MP3 audio), April 26, 2016.

Primm, Arallyn. "A History of the Pigeon." *Mental Floss* (blog), February 3, 2014.

大战浣熊：垃圾熊猫

Bowler, Jacinta. "Raccoons Have Passed an Ancient Intelligence Test by Knocking It Over." Science Alert website, October 23, 2017.

Dempsey, Amy. "Toronto built a better green bin and—oops—maybe a smarter raccoon." *Toronto Star*, August 30, 2018.

Hsu, Jeremy. "Why Raccoons Didn't Cut It as Lab Rats." Live Science website, September 15, 2010.

Kohlstedt, Kurt. "MPR Raccoon: Exploring the Urban Architecture Behind an Antisocial Climber." *99% Invisible* (blog), June 15, 2018.

Main, Douglas. "Raccoons are spreading across Earth—and climate change could help." National Geographic website, July 29, 2019.

Mingle, Katie. "330: Raccoon Resistance." *99% Invisible* (podcast and MP3 audio), November 27, 2018.

Nelson, Tim. "Social climber: Raccoon scales St. Paul skyscraper, captures internet." *MPR News*, June 12, 2018.

Pettit, Michael. "Raccoon intelligence at the borderlands of science." *Monitor on Psychology* 41, no. 10 (2010): 26.

无人区：野生动物走廊

"Adult Upstream Passage on the West Coast." NOAA Fisheries website, updated September 27, 2019.

"European Green Belt Initiative." European Green Belt website, accessed January 28, 2020.

FitzGerald, Emmett. "197: Fish Cannon." *99% Invisible* (podcast and MP3 audio), January 26, 2016.

Groves, Martha. "Caltrans proposes wildlife overpass on 101 Freeway." *Los Angeles Times*, September 2, 2015.

McKenna, Phil. "Life in the Death Zone." PBS NOVA website, February 18, 2015.

Montgomery, David. *King of Fish: The Thousand-Year Run of Salmon*. New York: Basic Books, 2004.

Rogers, SA. "Urban Rewilding: Reverse-Engineering Cities to Save Nature—and Ourselves." *WebUrbanist* (blog), August 6, 2018.

"Wildlife Corridors." New South Wales Department of Environment and Conservation website, August 2004.

第六章　城市化

敌意

人见人爱的公园：可疑的滑板障碍物

Bracali, Anthony. "Thanks, Le Corbusier (. . . from the skateboarders)." AnthonyBracali.com (website). Inaccessible.

Madej, Patricia. "LOVE Park reopens after renovations." *Philadelphia Inquirer*, May 30, 2018

McQuade, Dan. "A Farewell: LOVE Park, Skateboard Mecca." *Philadelphia Magazine*, February 12, 2016.

Norton, Andrew. "71: In and Out of LOVE." *99% Invisible* (podcast and MP3 audio), January 23, 2013.

"Philly mayor shows love to skateboarders, lifts ban in Love Park." *The Morning Call* (Allentown, PA), February 10, 2016.

Rafkin, Louise. "Sea Life Skate Stoppers." *New York Times*, December 3, 2011.

"Rob Dyrdek/DC Shoes Foundation Skate Plaza." City of Kettering Recreation Department website, accessed October 1, 2019.

小便的麻烦：令人沮丧的尖头钉

Halliday, Josh. "Tesco to remove anti-homeless spikes from Regent Street store after protests." *The Guardian*, June 12, 2014.

Jackson, Lee. "Urine Deflectors in Fleet Street." *The Cat's Meat Shop* (blog), July 23, 2013.

McAteer, Oliver. "'Anti-homeless' spikes are 'ugly, self-defeating and stupid', says Boris Johnson." *Metro* (UK), June 9, 2014.

Nelson, Sara C. "Anti-Homeless Spikes Outside Tesco Vandalised with Concrete." *Huffington Post*, June 12, 2014.

"On Human Exuviae and Soil Holes." *The Farmer's Magazine* 10 (1809).

"Residents of Hamburg's St Pauli nightclub district use pee-repellent paint against public urination." Australian Broadcasting Corporation website, March 5, 2015.

Rogers, SA. "Hostile Urbanism: 22 Intentionally Inhospitable Examples of Defensive Design." *WebUrbanist* (blog), January 1, 2018.

顽固的东西：让人不舒服的座椅

Andersen, Ted. "What happened to SF's controversial 'sit-lie' ordinance?" SFGate website, October 18, 2018.

Bastide, Danielle de la. "The Sinister Story Behind the Design of McDonald's Chairs." *Loaded* (blog), August 12, 2016.

"Great Queen Street, Camden." Factory Furniture website, accessed October 28, 2019.

Kohlstedt, Kurt. "Hostile Architecture: 'Design Crimes' Campaign Gets Bars Removed from Benches." *99% Invisible* (blog), February 9, 2018.

Mars, Roman. "219: Unpleasant Design & Hostile Urban Architecture." *99% Invisible* (podcast and MP3 audio), August 5, 2016.

Norman, Nils. "Defensive Architecture." Dismal Garden website, accessed October 3, 2019.

Savić, Selena, and Gordan Savičić, eds. *Unpleasant Design*. Berlin: GLORIA Publishing, 2013.

Swain, Frank. "Designing the Perfect Anti-Object." *Medium* (blog), December 5, 2013.

光明之城：劝阻性照明

"Blue streetlights believed to prevent suicides, street crime." *Seattle Times—Yomiuri Shimbun*, December 11, 2008.

"Crime statistics for Buchanan Street/streets with blue street lighting in Glasgow before/after they were installed and the recent situation." What Do They Know website, updated January 18, 2011.

Heathcote, Edwin. "Architecture: how street lights have illuminated city life." *Financial Times*, March 13, 2015.

"History of Street Lighting." History of Lighting website, accessed October 15, 2019.

Jacobs, Jane. *The Death and Life of Great American Cities*. New York: Random House, 1961.

Mikkelson, David. "Blue Streetlight Crime Reduction." Snopes Fact Check website, May 2015.

"Pink Cardiff street lights plan 'to deter Asbo yobs.'" *BBC News—Wales*, March 5, 2012.

Roberts, Warren. "Images of Popular Violence in the French Revolution: Evidence for the Historian?" American Historical Review website, accessed October 29, 2019.

Schivelbusch, Wolfgang. "The Policing of Street Lighting." *Yale French Studies*, no. 73, Everyday Life (1987): 61–74.

针对特定人群：声音干预措施

Campbell, Sarah. "Now crime gadget can annoy us all." *BBC News*, December 2, 2008.

Conan, Neal. "Mosquito Targets Teens with Audio Repellent." *Talk of the Nation* (NPR), September 1, 2010.

"EU rejects bid to ban Mosquito." *The Herald* (Plymouth, UK), September 14, 2008.

Lawton, B. W. "Damage to human hearing by airborne sound of very high frequency or ultrasonic frequency." An Institute of Sound and Vibration Research report for the UK's Health and Safety Executive, 2001.

Lyall, Sarah. "What's the Buzz? Rowdy Teenagers Don't Want to Hear It." *New York Times*, November 29, 2005.

参考文献

Ng, David. "Classical music still effective at dispersing loitering teens." *Los Angeles Times*, April 4, 2011.

另有所图：欺骗性威慑

Groover, Heidi. "Seattle Uses Bike Racks to Discourage Homeless Camping." *The Stranger: Slog* (blog), December 19, 2017.

Kohlstedt, Kurt. "Unpleasant Design in Disguise: Bike Racks & Boulders as Defensive Urbanism." *99% Invisible* (blog), February 5, 2018.

Mark, Julian. "Defensive boulders arrive at a cleared SF homeless encampment." Mission Local website, December 20, 2017.

Monahan, Rachel. "Oregon Officials Deter Portland Homeless Campers with a Million Dollars' Worth of Boulders." *Willamette Week*, June 19, 2019.

Smith, Joseph. "Anti-homeless sprinklers installed by Bristol tanning salon could be 'a death sentence' for rough sleepers." Bristol Live website, January 30, 2018.

干预措施

游击式维修：非官方的标志牌

Aaron, Brad. "Refused by His City, Man Jailed for Painting a Crosswalk." *Streetsblog NYC*, February 7, 2008.

Ankrom, Richard. "Freeway Signs: The installation of guide signs on the 110 Pasadena freeway." Ankrom website, accessed October 19, 2019.

Bednar, Adam. "Hampden's DIY Crosswalks." *Patch* (blog), February 1, 2012.

Burchyns, Tony. "Police: Vallejo man arrested for spray-painting crosswalk." *Vallejo Times-Herald*, May 31, 2013.

California Manual on Uniform Traffic Control Devices. Caltrans website, updated March 29, 2019.

Noe, Rain. "The Efficient Passenger Project vs. the MTA: Is Good Signage a Bad Idea?" *Core77* (blog), February 12, 2014.

Stephens, Craig. "Richard Ankrom's Freeway Art: Caltrans Buys into the Prank." *LA Weekly*, December 30, 2009.

Weinberg, David. "288: Guerrilla Public Service Redux." *99% Invisible* (podcast and MP3 audio), December 12, 2017.

引起注意：病毒式传播的标志牌

Badger, Emily. "Raleigh's Guerrilla Wayfinding Signs Deemed Illegal." *CityLab* (blog), February 27, 2012.

Lydon, Mike, and Anthony Garcia. *Tactical Urbanism: Short-term Action for Long-term Change*. Washington, DC: Island Press, 2015.

"Matt Tomasulo—From Pedestrian Campaigns to Pop-Ups, This 'Civic Instigator' Makes His Mark." *Next City* (blog), March 25, 2015.

Rogers, SA. "Guerrilla Wayfinding: User-Powered Signs Aid Exploration." *WebUrbanist* (blog), September 30, 2013.

Stinson, Liz. "A Redesigned Parking Sign So Simple That You'll Never Get Towed." *Wired*, July 15, 2014.

Sylianteng, Nikki. "Parking Sign Redesign." NikkiSylianTeng.com, accessed October 28, 2019.

请求许可：打开消防栓

"Busy Street Deluged; A Little Boy's Prank; He Loosened the Hydrant on a Fifth Avenue Corner." *New York Times*, May 17, 1904.

"City H.E.A.T. Campaign Warns of Dangers of Illegally Opening Fire Hydrants." NYC Department of Environmental Protection website, July 26, 2019.

"Department of Environmental Protection Launches 2014 Summer Fire Hydrant Abuse Prevention Campaign." NYC Department of Environmental Protection website, July 23, 2014.

Fernandez, Manny. "Cracking the Locks on Relief." *New York Times*, August 6, 2010.

Kohn, Edward P. *Hot Time in the Old Town: The Great Heat Wave of 1896 and the Making of Theodore Roosevelt*. New York: Basic Books, 2011.

Nosowitz, Dan. "New Yorkers Have Been Illicitly Cracking Open Fire Hydrants for Centuries." *Atlas Obscura* (blog), July 30, 2015.

寻求谅解：巨石大战

Baskin, Danielle (@djbaskin). "Some neighbors pooled together $2000 to dump 24 boulders into the sidewalk as a form of 'anti-homeless decoration.' The city won't remove them, so I put their rocks on the Craigslist free section." Twitter, September 26, 2019.

Cabanatuan, Michael, Phil Matier, and Kevin Fagan. "Anti-tent boulders trucked away from SF neighborhood—may be replaced by bigger ones." *San Francisco Chronicle*, September 30, 2019.

Nielsen, Katie. "'Boulder Battle' in Response to Homeless Crisis Continues on San Francisco Street." *CBS SF*, September 29, 2019.

Nielsen, Katie (@KatieKPIX). "SF native Wesley House writes 'and in the end the love you take is equal to the love you make' on the sidewalk near Clinton Park where neighbors put boulders on the sidewalk to prevent encampments. It's an ongoing neighborhood battle that now involves SF Public Works." Twitter, September 29, 2019.

Ockerman, Emma. "Some San Franciscans Are Trying to Get Rid of Homeless People with Boulders. Here's How That's Going." VICE website, September 30, 2019.

合法化行动：中庸之道

Buddha of Oakland. Video by Oakland North posted on Vimeo, October 24, 2014.

Judge, Phoebe, and Lauren Spohrer. "119: He's Still Neutral." *Criminal* (podcast and MP3 audio), August 19, 2019.

Lewis, Craig. "The 'Buddha of Oakland' Transforms California Neighborhood." *The Buddhist Next Door* (blog), December 20, 2017.

Silber, Julie. "How a cynic, Vietnamese immigrants, and the Buddha cleaned up a neighborhood." *Crosscurrents* (KALW), November 6, 2014.

催化剂

爬上斜坡：路缘坡

Dawson, Victoria. "Ed Roberts' Wheelchair Records a Story of Obstacles Overcome." *Smithsonian,* March 13, 2015.

@DREAMdisability. "Ed Roberts and the Legacy of the Rolling Quads." *Medium* (blog), January 29, 2018.

Gorney, Cynthia. "308: Curb Cuts." *99% Invisible* (podcast and MP3 audio), May 22, 2018.

Iman, Asata. "'We Shall Not Be Moved': The 504 Sit-in for Disability Civil Rights." Disability Rights Education & Defense Fund website, June 1, 1997.

Ward, Stephanie Francis. "Disability rights movement's legislative impact sprang from on-campus activism." ABA Journal website, January 1, 2018.

"What Is the Americans with Disabilities Act (ADA)?" ADA National Network website.

Worthington, Danika. "Meet the disabled activists from Denver who changed a nation." *Denver Post,* July 5, 2017.

骑车上路：清除汽车

Alcindor, Yamiche. "A Day Without the Detriments of Driving." *Washington Post,* September 22, 2009.

"Bird Cages." YARD & Company website, accessed February 4, 2020.

Crawford, J. H. "The car century was a mistake. It's time to move on." *Washington Post,* February 29, 2016.

Dixon, Laura. "How Bogotá's Cycling Superhighway Shaped a Generation." *CityLab* (blog), October 2, 2018.

Ellison, Stephen, and Terry McSweeney. "Two Cyclists Killed in Separate Hit-and-Runs in San Francisco: Police." NBC Bay Area website, June 22, 2016.

Fucoloro, Tom. "New York guerrilla bike lane painters hope city takes cue from Seattle." *Seattle Bike Blog,* September 26, 2013.

Goodyear, Sarah. "Are Guerrilla Bike Lanes a Good Idea?" *CityLab* (blog), September 25, 3013.

Hernández, Javier C. "Car-Free Streets, a Colombian Export, Inspire Debate." *New York Times,* June 24, 2008.

Jenkins, Mark. "How a Colombian Cycling Tradition Changed the World." *Bicycling* (blog), August 17, 2015.

Metcalfe, John. "San Francisco Makes a Guerrilla Bike Lane Permanent." *CityLab* (blog), October 12, 2016.

SF Transformation (@SFMTrA). "We've transformed two sections of bike lanes at JFK and Kezar in Golden Gate Park. #DemandMore." Twitter, posted September 11, 2016.

SFMTA San Francisco Municipal Transportation Agency. "We always look for opportunities to more comfortably separate bike lanes from motor traffic using low-cost measures like plastic 'safe-hit' posts." Facebook post, October 8, 2016.

Willsher, Kim. "Paris divided: two-mile highway by Seine goes car-free for six months." *The Guardian,* September 9, 2016.

停车位：改造小公园

Bialick, Aaron. "In Park(ing) Day's Seventh Year, Parklets Now a San Francisco Institution." *Streetsblog San Francisco,* September 20, 2012.

"Case Study: Pavement to Parks; San Francisco, USA." Global Designing Cities Initiative website, accessed October 19, 2019.

Douglas, Gordon C. C. *The Help-Yourself City: Legitimacy and Inequality in DIY Urbanism.* Oxford, UK: Oxford University Press, 2018.

Kimmelman, Michael. "Paved, but Still Alive." *New York Times,* January 6, 2012.

Marohn, Charles. "Iterating the Neighborhood: The Big Returns of Small Investments." Strong Towns website, October 3, 2019.

Mars, Roman. "372: The Help-Yourself City." *99% Invisible* (podcast and MP3 audio), September 30, 2019.

Rogers, SA. "Free of Parking: Cities Have a Lot to Gain from Recycling Car-Centric Space." *99% Invisible* (blog), March 1, 2019.

Schneider, Benjamin. "How Park(ing) Day Went Global." *CityLab* (blog), September 15, 2017.

Spector, Nancy. "Gordon Matta-Clark: Reality Properties: Fake Estates, Little Alley Block 2497, Lot 42." Guggenheim Museum website, accessed October 19, 2019.

Veltri, Bridget. "San Francisco's Weird and Wonderful Parklets." The Bold Italic website, September 23, 2016.

嫁接：草根园艺

Broverman, Neal. "See Scott, One of LA's Guerrilla Gardeners, in Action." *Curbed—Los Angeles* (blog), July 12, 2010.

Dotan, Hamutal. "Not Far from the Tree, Very Close to Home." *Torontoist* (blog), November 3, 2009.

"History of the Community Garden Movement." New York City Department of Parks & Recreation website, accessed February 4, 2020.

"How to Make Moss Graffiti: An Organic Art Form." Sproutable website, accessed October 19, 2019.

Kelley, Michael B. "Crazy Invention Lets Gardeners Plant Seeds with a Shotgun." *Business Insider,* December 17, 2013.

"Manual." *Guerrilla Grafters* (blog), accessed October 29, 2019.

Marshall, Joanna. "Remembering Liz Christy on Earth Day." The Local East Village website, April 22, 2013.

Range. "Flower Grenades: For Peaceful Eco-Terrorists." *Technabob* (blog), July 24, 2011.

Robinson, Joe. "Guerrilla gardener movement takes root in L.A. area." *Los Angeles Times,* September 16, 2014.

Rogers, SA. "Hack Your City: 12 Creative DIY Urbanism Interventions." *WebUrbanist* (blog), March 12, 2014.

Shavelson, Lonny. "Guerrilla Grafters Bring Forbidden Fruit Back to City Trees." *The Salt* (NPR blog), April 7, 2012.

Wilson, Kendra. "DIY: Make Your Own Wildflower Seed Bombs." *Gardenista* (blog), May 16, 2019.

出格：合作建设场所

"Dirt paths on Drillfield to be paved." *Virginia Tech Daily* (blog), August 5, 2014.

"Earls Court Project Application 1: The 21st Century High Street." Royal Borough of Kensington and Chelsea website, June 2011.

Geeting, Jon. "Readers: Brave the snow and send us your sneckdown photos." WHYY website, January 26, 2015.

Jennings, James. "Headlines: 'Sneckdown' Post Leads to Real Changes on East Passyunk Avenue." *Philadelphia Magazine,* May 11, 2015.

Kohlstedt, Kurt. "Least Resistance: How Desire Paths Can Lead to Better Design." *99% Invisible* (blog), January 25, 2016.

Kohlstedt, Kurt. "Undriven Snow: Activists Trace Winter Car Routes to Reshape City Streets." *99% Invisible* (blog), January 29, 2018.

Kohlstedt, Kurt. "Leafy Neckdowns: Cornstarch, Water & Leaves Reshape Unsafe Intersection." *99% Invisible* (blog), December 8, 2017.

Lydon, Mike, and Anthony Garcia. *Tactical Urbanism: Short-term Action for Long-term Change.* Washington, DC: Island Press, 2015.

Malone, Erin, and Christian Crumlish. "Pave the Cowpaths." *Designing Social Interfaces* (blog), accessed October 19, 2019.

Mesline, David. "Last week I got together with some neighbors and we temporarily re-designed a dangerous intersection near our homes." Facebook post, November 29, 2017.

Sasko, Claire. "How Snowstorms Help Philadelphia Redesign Its Streets." *Philadelphia Magazine,* March 10, 2018.

Schmitt, Angie. "The Summer Heat Can't Melt This Famous Philly 'Sneckdown—It's Here to Stay." *Streetsblog USA,* August 14, 2017.

Walker, Alissa. "'Desire Lines' Are the Real Future of Urban Transit." *The Daily Grid* (blog), April 22, 2014.

尾声

99% Invisible (podcast and blog), https://99pi.org, accessed 2010–2020.

图书在版编目（CIP）数据

另眼相看：99%被忽略的城市细节 /（美）罗曼·马尔斯（Roman Mars），（美）库尔特·科尔施泰特（Kurt Kohlstedt）著；江北译. -- 上海：文汇出版社，2024.10. -- ISBN 978-7-5496-4287-8

Ⅰ.K915

中国国家版本馆CIP数据核字第2024UJ2150号

THE 99% INVISIBLE CITY : A FIELD GUIDE TO THE HIDDEN WORLD OF EVERYDAY DESIGN
by ROMAN MARS and KURT KOHLSTEDT
©Roman Mars, 2020
All rights reserved

版权登记图字 09-2024-0544

另眼相看：99% 被忽略的城市细节

作　　者/	[美]罗曼·马尔斯　[美]库尔特·科尔施泰特
译　　者/	江　北
责任编辑/	苏　菲
特邀编辑/	张馨予　张　典　刘书含
营销编辑/	李琼琼　杨美德　陈歆怡
装帧设计/	李照祥
内文制作/	田小波
出　　版/	文匯出版社 上海市威海路 755 号 （邮政编码 200041）
发　　行/	新经典发行有限公司
电　　话/	010-68423599　邮　箱/ editor@readinglife.com
印刷装订/	北京富诚彩色印刷有限公司
版　　次/	2024 年 10 月第 1 版
印　　次/	2024 年 10 月第 1 次印刷
开　　本/	548×850　1/16
字　　数/	252 千
印　　张/	25.5

ISBN 978-7-5496-4287-8
定　　价/　129.00 元

敬启读者，如发现本书有印装质量问题，请与发行方联系。